■2025年度高等学校受験用

作新学院高等学校（総合進学部・情報科学部）

収録内容一覧

★この問題集は以下の収録内容となっています。また、編集の都合上、解説、解答用紙を省略させていただいている場合もございますのでご了承ください。

（○印は収録、一印は未収録）

入試問題と解説・解答の収録内容			解答用紙
2024年度	第1回	英語・数学・社会・理科・国語	○
	第2回	英語・数学・国語	○
2023年度	第1回	英語・数学・社会・理科・国語	○
	第2回	英語・数学・国語	○
2022年度	第1回	英語・数学・社会・理科・国語	○
	第2回	英語・数学・国語	○

★当問題集のバックナンバーは在庫がございません。あらかじめご了承ください。

●凡例●

【英語】

≪解答≫

〔　〕　①別解

②置き換え可能な語句（なお下線は置き換える箇所が2語以上の場合）

（例）I am〔I'm〕glad〔happy〕to～

（　）　省略可能な言葉

≪解説≫

1, **2**…　本文の段落（ただし本文が会話文の場合は話者の１つの発言）

〔　〕　置き換え可能な語句（なお〔　〕の前の下線は置き換える箇所が２語以上の場合）

（　）　①省略が可能な言葉

（例）「（数が）いくつかの」

②単語・代名詞の意味

（例）「彼（＝警察官）が叫んだ」

③言い換え可能な言葉

（例）「いやなにおいがするなべにはふたをするべきだ（＝くさいものにはふたをしろ）」

//　訳文と解説の区切り

cf.　比較・参照

≒　ほぼ同じ意味

【数学】

≪解答≫

〔　〕　別解

≪解説≫

（　）　補足的指示

（例）（右図１参照）など

〔　〕　①公式の文字部分

（例）〔長方形の面積〕＝〔縦〕×〔横〕

②面積・体積を表す場合

（例）〔立方体ABCDEFGH〕

∴　ゆえに

≒　約、およそ

【社会】

≪解答≫

〔　〕　別解

（　）　省略可能な語

＿＿　使用を指示された語句

≪解説≫

〔　〕　別称・略称

（例）政府開発援助〔ODA〕

（　）　①年号

（例）壬申の乱が起きた（672年）。

②意味・補足的説明

（例）資本収支（海外への投資など）

【理科】

≪解答≫

〔　〕　別解

（　）　省略可能な語

＿＿　使用を指示された語句

≪解説≫

〔　〕　公式の文字部分

（　）　①単位

②補足的説明

③同義・言い換え可能な言葉

（例）カエルの子（オタマジャクシ）

≒　約、およそ

【国語】

≪解答≫

〔　〕　別解

（　）　省略してもよい言葉

＿＿　使用を指示された語句

≪解説≫

〈　〉　課題文中の空所部分（現代語訳・通釈・書き下し文）

（　）　①引用文の指示語の内容

（例）「それ（＝過去の経験）が　～」

②選択肢の正誤を示す場合

（例）（ア，ウ…×）

③現代語訳で主語などを補った部分

（例）（女は）出てきた。

／　漢詩の書き下し文・現代語訳の改行部分

作新学院高等学校

所在地	〒320-8525 栃木県宇都宮市一の沢1-1-41
電　話	028-648-1811（代表）・028-647-4591（入試・情報課）
ホームページ	https://www.sakushin.ac.jp/
交通案内	JR宇都宮駅よりバス15分，東武宇都宮駅よりバス10分 鹿沼・粟野，芳賀・茂木，真岡・益子方面よりスクールバス

創立年
明治18年

男女共学

くわしい情報は
ホームページへ

▌応募状況

年度	募集数	受験数	合格数	倍率
2024	特進　60名 進学 450名	2222名	2165名	1.0倍
	商業　80名	241名	230名	1.0倍
	電気　80名	257名	240名	1.1倍
	整備　80名	140名	118名	1.2倍
	美術　80名	158名	144名	1.1倍
	ﾗｲﾌ　80名	231名	211名	1.1倍
	普通 280名	1033名	912名	1.1倍

※特別進学クラスと進学クラスは一括募集。
※第１回・第２回の合計。内進生・スライド合格含む。

▌試験科目　（参考：2024年度入試）

第１回：国語・数学・英語・理科・社会
第２回：国語・数学・英語
※単願者はグループ面接あり。
※英語はリスニングを含む。

▌クラス編成

［総合進学部］

＜特別進学クラス＞

成績優秀者によって編成された少数精鋭のクラスで，国公立大・難関私立大への合格を目指す。進級時には成績によりクラス編成が行われるため，常に切磋琢磨できる環境が整っている。

＜進学クラス（１年次）→大学進学クラス＞

勉強と部活動の両立を図り，充実した学校生活を送りながら，国公立大・有名私立大合格を目指す。また，多くの学校推薦型選抜の指定校枠を活用して，生徒の目的に合った進路をサポートする。

［情報科学部］

＜商業システム科＞

ビジネスやコンピュータ技術など幅広い専門分野を学び，多様化する社会のニーズに応えられる人材を育成する。情報処理，簿記・会計，ビジネス文書，電卓などさまざまな資格の取得ができる。

＜電気・電子システム科＞

モーターやコンピュータ，ロボットなどのデジタル技術をはじめ，各種機器の原理から製作・操作の実習まで，内容の濃い授業を展開。２年次からはコースを選択し，より専門的な学習を行う。

＜自動車整備士養成科＞

自動車の基礎から応用までを学ぶことにより，自動車整備のスペシャリストとして社会貢献できる人材を育成する。在学中に三級自動車整備士の資格取得を目指す。

＜美術デザイン科＞

基礎から制作までの実技を徹底して行い，感性と創造力豊かな人材を育成する。１年次では絵画・デッサン・立体造形・製図・デザイン理論などの基礎学習を行う。２年次からコースに分かれ，専門性の高い授業を展開していく。

＜ライフデザイン科＞

１年次は家庭科の基礎となる食物，被服を中心に学ぶ。２年次からは将来の目的に合ったファッション，フード，保育・福祉のいずれかの授業を選択する。実習に重点を置いた授業を展開することで，専門的な知識と技術を身につける。

＜普通科 総合選択コース＞

普通科で学びながら専門教科（商業系・工業系・家庭系）の授業を受けることができる。１年次から専門教科を学ぶことにより，視野の拡大を図る。２・３年次には普通教科に加え，進学，商業，工業，家庭の選択領域の中から，それぞれの進路に応じた授業を行う。

編集部注―本書の内容は2024年3月現在のものであり，変更されている場合があります。正確な情報は，学校のホームページ等で必ずご確認ください。

出題傾向と今後への対策 英語

出題内容

	2024 1回	2024 2回	2023 1回	2023 2回	2022 1回	2022 2回
大問数	5	5	5	5	5	5
小問数	35	35	35	35	35	35
リスニング	○	○	○	○	○	○

◎大問５題で，小問数は35問である。出題構成は，放送問題１題，長文読解２題，適語(句)選択・(語形変化)１題，整序結合１題で，例年ほぼ一定している。

2024年度の出題状況

《第１回》

1 放送問題
2 適語選択・語形変化
3 整序結合
4 長文読解―英問英答―対話文
5 長文読解総合―説明文

《第２回》

1 放送問題
2 適語(句)選択・語形変化
3 整序結合
4 長文読解―英問英答―対話文
5 長文読解総合―説明文

解答形式

《第１回》 記　述／マーク／併　用

《第２回》 記　述／マーク／併　用

出題傾向

中学で学習する基本的な事柄が出題の中心である。長文読解はやや短めで，読みやすいものが選ばれている。設問は文法問題も見られるが内容理解を試す問題が中心である。文法問題は基本的な構文と熟語が出題されている。整序結合は日本語付きで，５語程度の並べかえ。放送問題は２つのパートで構成されて，計10問。

今後への対策

中学で学習する内容の範囲で出題されているので，日頃の学校の定期テストなどで間違えた問題を復習することが何よりの対策である。教科書の単語や重要構文を全文暗記し教科書を何度も音読しよう。単語と構文は自分でノートにまとめ繰り返し手書きをしよう。放送問題はラジオ講座などを利用し毎日英語を聴こう。仕上げに過去問。

◆◆◆◆◆ 英語出題分野一覧表 ◆◆◆◆◆

分野			2022 1回	2022 2回	2023 1回	2023 2回	2024 1回	2024 2回	2025予想※ 1回	2025予想※ 2回
音声	放送問題		■	■	■	■	■	■	◎	◎
	単語の発音・アクセント									
	文の区切り・強勢・抑揚									
語彙・文法	単語の意味・綴り・関連知識									
	適語(句)選択・補充		■	■	■	■	■	■	◎	◎
	書き換え・同意文完成									
	語形変化		●	●	●	●	●	●	◎	◎
	用法選択									
	正誤問題・誤文訂正									
	その他									
作文	整序結合		●	●	●	●	●	●	◎	◎
	日本語英訳	適語(句)・適文選択								
		部分・完全記述								
	条件作文									
	テーマ作文									
会話文	適文選択									
	適語(句)選択・補充									
	その他									
長文読解	内容把握	主題・表題		●		●				◎
		内容真偽	●	●	●	●	●	●	◎	◎
		内容一致・要約文完成								
		文脈・要旨把握	●	●				●	△	◎
		英問英答	●	●	●	●	●	●	◎	◎
	適語(句)選択・補充		●	●	●	●	●	●	◎	◎
	適文選択・補充			●		●	●		△	◎
	文(章)整序									
	英文・語句解釈(指示語など)		●		●	●	●	●	◎	◎
	その他									

●印：１～５問出題，■印：６～10問出題，★印：11問以上出題。
※予想欄　◎印：出題されると思われるもの。　△印：出題されるかもしれないもの。

出題傾向と今後への対策 数学

出題内容

2024年度

《第１回》 ~~作~~ 証 ~~グ~~

1，2は小問集合で，計16問。基本的な計算力や各分野の基礎知識を問うもの。3は数と式で，文字式を利用した証明問題。4は関数で，放物線と直線に関するもの。5は特殊・新傾向問題で，黒と白の正方形のタイルを規則的に並べるもの。

《第２回》 ~~作~~ ~~証~~ ~~グ~~

1，2は小問集合で，計16問。3は数と式で，速さと時間と距離の関係の理解を問うもの。やや複雑なので，ていねいな計算を心がけたい。4は関数で，時間と水の深さの関係を利用するもの。5は関数で，放物線と直線に関するもの。

2023年度

《第１回》 ~~作~~ ~~証~~ ~~グ~~

1，2は小問集合で，計16問。やや計算量が多くなる問題も含まれている。3はデータの活用で，箱ひげ図などを利用した問題。4は関数で，放物線と直線に関するもの。5は数字のカードを利用した確率４問。

《第２回》 ~~作~~ 証 ~~グ~~

1，2は小問集合で，計16問。円周率について問うものもある。3は関数で，時間と距離の関係を利用するもの。4は平面図形で，三平方の定理の証明問題。5は平面図形で，２つの三角形を組み合わせた図について問うもの。

作…作図問題　証…証明問題　グ…グラフ作成問題

解答形式

《第１回》　記　述／マーク／併　用（マークに丸印）

《第２回》　記　述／マーク／併　用（マークに丸印）

出題傾向

大問５題，設問22～28問の出題。前半の小問集合で，15問以上の出題。基本的な計算力や知識を問うものが中心である。後半は，関数，図形，場合の数・確率などからの総合題。関数はほぼ必出であるが，他は年度による。規則性に関する問題が顔を見せることもある。

今後への対策

基礎，基本を問う問題が大半を占めるので，まずは教科書を完全理解することを第一に考えよう。練習問題，章末問題などはひと通り解けるようにすること。さらに基礎を定着させるために，基本問題集で演習を積もう。また，これと並行して計算練習もしっかりしよう。問題数がやや多いので，すばやく処理できるよう，実践的な演習も。

◆◆◆◆◆ 数学出題分野一覧表 ◆◆◆◆◆

分野		2022 1回	2022 2回	2023 1回	2023 2回	2024 1回	2024 2回	2025予想※ 1回	2025予想※ 2回
数と式	計算，因数分解	★	★	★	★	★	★	◎	◎
	数の性質，数の表し方	■	●	★	■	●	■	◎	◎
	文字式の利用，等式変形					■			
	方程式の解法，解の利用	■	■	■	■	★	■	◎	◎
	方程式の応用	■	●		●	●	●	◎	◎
関　数	比例・反比例，一次関数	●	●			●		◎	△
	関数 $y=ax^2$ とその他の関数	★	★	★	●	★	★	◎	◎
	関数の利用，図形の移動と関数	■			★		★	△	△
図　形	（平面）計　量	●	■	■	★	■	●	◎	◎
	（平面）証明，作図	●			●			△	△
	（平面）その他				●		●		
	（空間）計　量		★		●		●		◎
	（空間）頂点・辺・面，展開図								
	（空間）その他								
データの活用	場合の数，確率	●	●	★	●			◎	◎
	データの分析・活用，標本調査		★	★	●			△	△
その他	不 等 式								
	特殊・新傾向問題など		●	●		★		△	
	融合問題								

●印：１問出題，■印：２問出題，★印：３問以上出題。
※予想欄　◎印：出題されると思われるもの。　△印：出題されるかもしれないもの。

出題傾向と今後への対策　社会

出題内容

2024年度

地理・世界地理は，世界の気候や産業等に関する問題。
・日本地理は，中部地方を中心に産業や地形図等に関する問題。

歴史・古代～現代の世界と日本の政治等に関する問題。

公民・憲法や政治，SDGs，流通等に関する問題。

総合・小問集合と，新潟県を題材とした三分野総合問題。

2023年度

地理・世界各地の地形や気候，産業等に関する問題。
・日本各地の特色や産業，地形図に関する問題。

歴史・古代～現代の日本の政治や社会，外交等に関する問題。

公民・経済や労働と福祉，選挙制度等に関する問題。

総合・ワールドカップを題材とした三分野総合問題。

2022年度

地理・世界各地の地形や気候，産業等に関する問題。
・中部地方の産業や地形図等に関する問題。

歴史・古代～現代の日本の政治や外交等に関する問題。

公民・憲法や政治，外国人人口，選挙等に関する問題。

総合・社会の用語と，上野公園を題材とした三分野総合問題。

解答形式

2024年度	記　述／マーク／併　用

出題傾向

大問数は6題，小問数は40問と一定である。総合問題2題，地理2題，歴史・公民が各1題の構成で，問題数で見ると，各分野ともにバランスよく出題されている。地理はグラフや統計資料を使った問題が頻出である。歴史は略年表や資料を使った問題が多い。公民は政治，経済を中心に出題され，資料の読み取り問題も見られる。

今後への対策

教科書の重要事項を押さえ，基本的な知識を問う問題に対応できるようにしておくこと。地図帳や資料集に載っているグラフや統計資料にも目を通しておくとよい。地理は国・地域ごとに特色を整理し，歴史は時代ごとに政治，文化などテーマ別にまとめよう。公民はニュースや新聞などを見ておくと，より理解が深まる。

◆◆◆◆◆ 社会出題分野一覧表 ◆◆◆◆◆

分野	年度	2022	2023	2024	2025 予想※
地理的分野	地形図	●	●	●	△
	アジア	人	人		△
	アフリカ				△
	オセアニア	産	産		△
	ヨーロッパ・ロシア	産	産	地	◎
	北アメリカ		地		△
	中・南アメリカ	地			△
	世界全般	地	地産	地産　総	◎
	九州・四国		産	地	◎
	中国・近畿		総		△
	中部・関東	地産	地	地	◎
	東北・北海道			人	△
	日本全般	地	地	地産	◎
歴史的分野	旧石器～平安	●	●	●	◎
	鎌倉		●		△
	室町～安土桃山	●	●	●	◎
	江戸	●	●	●	◎
	明治	●	●	●	◎
	大正～第二次世界大戦終結	●	●	●	◎
	第二次世界大戦後	●	●	●	◎
公民的分野	生活と文化	●			△
	人権と憲法	●	●	●	◎
	政治	●	●	●	◎
	経済	●	●	●	◎
	労働と福祉		●	●	◎
	国際社会と環境問題	●		●	◎
	時事問題				

※予想欄　◎印：出題されると思われるもの。　△印：出題されるかもしれないもの。
地理的分野については，各地域ごとに出題内容を以下の記号で分類しました。
地…地形・気候・時差，　産…産業・貿易・交通，　人…人口・文化・歴史・環境，　総…総合

出題傾向と今後への対策 理科

出題内容

2024年度

大問数９題，総小問数40問。1小問集合８問。放射線，電磁誘導，化合物，気体の性質，動物のなかま，生殖，日本の気象，気圧に関する問題。2物体の運動。 3力のはたらきからフックの法則。 4蒸留。 5水溶液から溶解度。 6血液の流れ。 7生物の成長から細胞分裂。 8火山。9空気中の水蒸気の変化。

2023年度

大問数９題，総小問数40問。1小問集合８問。エネルギー，凸レンズによる像，密度，電気分解，遺伝の規則性，呼吸，雲の種類，示準化石に関する問題。 2放電。 3力のつり合いや合成・分解。 4イオン化傾向。 5エタノールの燃焼。6細胞のつくり。 7細胞分裂。 8大気の動き。9地層の観察。

	2024	2023	2022
大問数	9	9	9
作図問題	0	0	0

作 …作図・グラフ作成問題　記 …文章記述問題

解答形式

2024年度	記　述／マーク／併　用

出題傾向

大問数は９題，総小問数は40問。物理・化学・生物・地学の各分野から均等に出題されている。

出題範囲が広いが，問題は教科書に載っている実験・観察や図・表を題材に，基礎的な内容のものが中心で，正確な知識や科学的な思考力を試すものとなっている。

今後への対策

まず，教科書の重要用語や実験・観察の手順・結果・考察をまとめよう。その後，基礎的な問題集を１冊解き，正確な知識が身についているかを確認。特に，間違えた問題は，教科書やノートを見直すこと。

さらに，過去の入試問題を解いて，自分の弱点をチェック。また，解答形式や時間配分などにも慣れておきたい。

◆◆◆◆◆ 理科出題分野一覧表 ◆◆◆◆◆

分野	年度	2022	2023	2024	2025 予想※
身近な物理現象	光　と　音	●	●		◎
	力のはたらき(力のつり合い)		●	●	◎
物質のすがた	気体の発生と性質	●		●	◎
	物質の性質と状態変化	●	●	●	◎
	水　溶　液			●	◎
電流とその利用	電流と回路	●			◎
	電流と磁界(電流の正体)		●	●	◎
化学変化と原子・分子	いろいろな化学変化(化学反応式)	●	●	●	◎
	化学変化と物質の質量				◎
運動とエネルギー	力の合成と分解(浮力・水圧)		●		△
	物体の運動			●	◎
	仕事とエネルギー	●	●		◎
化学変化とイオン	水溶液とイオン(電池)		●		◎
	酸・アルカリとイオン	●			◎
生物の世界	植物のなかま				◎
	動物のなかま	●		●	◎
大地の変化	火山・地震			●	◎
	地層・大地の変動(自然の恵み)	●	●		◎
生物の体のつくりとはたらき	生物をつくる細胞		●		△
	植物の体のつくりとはたらき	●			◎
	動物の体のつくりとはたらき	●	●	●	◎
気象と天気の変化	気象観察・気圧と風(圧力)			●	◎
	天気の変化・日本の気象	●	●	●	◎
生命・自然界のつながり	生物の成長とふえ方		●	●	◎
	遺伝の規則性と遺伝子(進化)	●	●		◎
	生物どうしのつながり				△
地球と宇宙	天体の動き	●			◎
	宇宙の中の地球				
自然環境・科学技術と人間					
総　合	実験の操作と実験器具の使い方	●	●	●	◎

※予想欄　◎印：出題されると思われるもの。　△印：出題されるかもしれないもの。
分野のカッコ内は主な小項目

出題傾向と今後への対策

国語

出題内容

2024年度

《第１回》

- 一 漢字
- 二 国語の知識
- 三 国語の知識
- 四 古文
- 五 論説文
- 六 小説

課題文
四 浅井了意『浮世物語』
五 内山　節『怯えの時代』
六 青山美智子『お探し物は図書室まで』

《第２回》

- 一 漢字
- 二 国語の知識
- 三 国語の知識
- 四 古文
- 五 論説文
- 六 小説

課題文
四『今昔物語集』
五 長田　弘『読書からはじまる』
六 町田そのこ『宙ごはん』

2023年度

《第１回》

- 一 漢字
- 二 国語の知識
- 三 国語の知識
- 四 古文
- 五 論説文
- 六 小説

課題文
四『二十四孝』
五 榎本博明『〈自分らしさ〉って何だろう？』
六 西條奈加『若みどり』

《第２回》

- 一 漢字
- 二 国語の知識
- 三 国語の知識
- 四 古文
- 五 論説文
- 六 小説

課題文
四『十訓抄』
五 荷方邦夫『心を動かすデザインの秘密』
六 原田マハ『生きるぼくら』

解答形式

《第１回》　記　述／マーク／併　用（マークに○）

《第２回》　記　述／マーク／併　用（マークに○）

出題傾向

設問は，漢字に５問，国語の知識や資料の読み取りに10問前後，古文に５問，現代文に７問ずつとなっている。現代文の課題文は，分量は標準的で，内容も読みやすいものが選ばれている。古文の課題文は，平安時代の説話から江戸時代の読本まで，時代的にもジャンル的にも幅広い範囲からの出題になっている。

今後への対策

現代文については，基礎学力を養成するための問題集で勉強するとよい。古文については，問題集で練習するほか，基本的な文法などについても復習しておくとよい。国語の知識については，全体に占める割合が高いので，確実に点数に結びつけるため，分野ごとにノートに整理し，最後に問題集で確認しておくこと。

◆◆◆◆◆ 国語出題分野一覧表 ◆◆◆◆◆

分野		年度	2022 1回	2022 2回	2023 1回	2023 2回	2024 1回	2024 2回	2025予想※ 1回	2025予想※ 2回
現代文	論説文 説明文	主題・要旨	●	●	●	●			◎	◎
		文脈・接続語・指示語・段落関係	●	●	●		●	●	◎	◎
		文章内容	●	●	●	●	●	●	◎	◎
		表現					●		△	
	随筆 日記 手紙	主題・要旨								
		文脈・接続語・指示語・段落関係								
		文章内容								
		表現								
		心情								
	小説	主題・要旨								
		文脈・接続語・指示語・段落関係		●				●		◎
		文章内容	●	●	●	●	●	●	◎	◎
		表現			●				△	
		心情	●	●	●	●	●	●	◎	◎
		状況・情景								
韻文	詩	内容理解								
		形式・技法								
	俳句 和歌 短歌	内容理解				●				△
		技法								
古典	古文	古語・内容理解・現代語訳	●	●	●	●	●	●	◎	◎
		古典の知識・古典文法		●		●				◎
	漢文	（漢詩を含む）	●	●					△	△
国語の知識	漢字 語句	漢字	●	●	●	●	●	●	◎	◎
		語句・四字熟語	●	●	●	●	●	●	◎	◎
		慣用句・ことわざ・故事成語	●	●	●	●		●	◎	◎
		熟語の構成・漢字の知識	●	●		●	●	●	◎	◎
	文法	品詞	●	●	●	●		●	◎	◎
		ことばの単位・文の組み立て	●				●		◎	
		敬語・表現技法		●						△
	文学史			●	●		●	●	◎	◎
作文・文章の構成・資料			●		●		●		◎	
その他										

※予想欄　◎印：出題されると思われるもの。　△印：出題されるかもしれないもの。

2024年度 作新学院高等学校[総合進学部・情報科学部](第１回)

【英　語】（50分）〈満点：100点〉

1　次のＡとＢは，放送による問題です。それぞれ放送の指示に従って答えなさい。

A

(1)

(2)

(3)

(4)

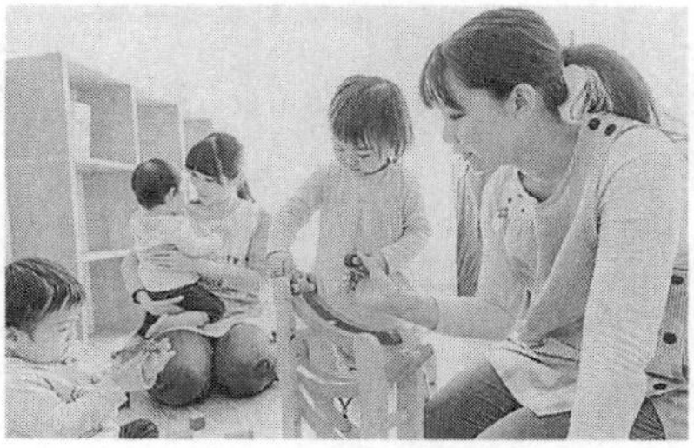

(5)

B

(6) ア He's going to cook dinner.　イ He's going to go to work.

ウ He's going to do his homework.　エ He's going to take the dog for a walk.

(7) ア By bus.　イ By bike.

ウ By train.　エ On foot.

(8) ア $30.　イ $45.　ウ $60.　エ $75.

(9) ア Blue.　イ White.　ウ Red.　エ Yellow.

(10) ア He'll play table tennis with the girl.　イ He'll help the girl with her homework.

ウ He'll play in a table tennis tournament.　エ He'll ask her to practice for the tournament.

※リスニングテスト放送文は，英語の問題の終わりに付けてあります。

2 次の各文の（　　）に入る最も適切なものを，ア～エの中から１つずつ選びなさい。

(1) Tom met Mike a (　　) years ago.

ア small　イ little　ウ few　エ many

(2) It is very dangerous (　　) the children to swim in this river.

ア for　イ from　ウ of　エ in

(3) (　　) right and you will find ABC Hotel.

ア Take　イ Turn　ウ Build　エ Become

(4) I have a sister (　　) is three years younger than I.

ア who　イ whose　ウ what　エ which

(5) Because of child (　　), Susan is very busy every day.

ア toy　イ friend　ウ care　エ dream

(6) Mr. Aoki went back to his country (　　) trouble.

ア without　イ to　ウ away　エ at

(7) It has been raining ( ) a week.

ア since　イ for　ウ before　エ ago

(8) Because it was windy last night, Hitoshi ( ) not go out.

ア is　イ was　ウ does　エ did

(9) I had a cold, ( ) I didn't go swimming yesterday.

ア so　イ for　ウ because　エ but

(10) Yoko can sing a song as ( ) as her teacher.

ア well　イ better　ウ best　エ more

3

次の日本文の意味になるように，（　）内の語(句)を並べかえたとき，その中で２番目と４番目にくるものを，ア～オの中から１つずつ選びなさい。ただし，文頭にくるべき語も小文字で書かれています。

(1) 駅で私を待つようにスージーに言ってくれませんか。

Will (ア tell　イ wait　ウ Susie　エ you　オ to) for me at the station?

(2) ここでは靴を脱ぐ必要はありません。

You (ア off　イ to　ウ don't　エ take　オ have) your shoes here.

(3) あなたの通学方法は何ですか。

(ア you　イ how　ウ to　エ come　オ do) school?

(4) これはジムが先月に撮った写真です。

(ア taken　イ this　ウ a picture　エ by　オ is) Jim last month.

(5) 学校のとなりに郵便局があります。

(ア a post office　イ next　ウ is　エ to　オ there) our school.

4 次の英文を読んで，(1)〜(4)の問いに対する答えとして最も適切なものを，ア〜エの中から１つずつ選びなさい。

太郎君のクラスは１週間，学校周辺の清掃ボランティアを行うことにしました。ボランティア活動の後，近所の方々からコメントをもらい，生徒たちがその活動について考えました。

> **Comments from a clerk of a shop near our school**
>
> Thank you for all your hard work. The area in front of my shop is clean and I have more customers. We have made new drinks for this season. Please come and try one.

Taro : I was able to gain many things from my volunteer experience. At first, I wanted to do something *other than picking up trash, but when I did it, I was glad to see that the area became clean. Next time, I want to clean a place other than our school, for example, a park. I think that we should continue this to keep our town clean.

Hanako : Volunteering was hard work, but I was able to learn a lot of things from this experience. We had to *bend down to pick up the trash, so I had a pain in my back all the time. However, all my pain went away because the neighbors thanked us for our volunteer work. Next time, I want to try something different.

(注) other than 〜「〜以外の」 bend down「体をかがめる」

(1) What is not included in the clerk's comments?

ア The clerk thanked the students for their volunteer work.
イ The clerk has more customers because the area is cleaner.
ウ The shop became cleaner because of the class's volunteer work.
エ The shop has made new drinks for this season.

(2) What did Taro say after he finished the volunteer work?

ア He said more people should do volunteer work.
イ He said he wanted to clean other places in the town.
ウ He said the volunteer work was very hard for him.
エ He said he liked to pick up trash with his friends.

(3) What did Hanako say after she finished the volunteer work?

ア She said she was good at picking up the trash.
イ She said it was easy for her to do volunteer work.
ウ She said she still had a pain in her back.
エ She said she wanted to try other volunteer work.

(4) Which is true about this story?

ア Taro and Hanako learned many things from the volunteer work.
イ Taro and Hanako shouldn't do any volunteer work.
ウ Taro and Hanako did a lot of volunteer work in the past.
エ Taro and Hanako didn't want to take part in volunteer work anymore.

5 次の英文を読んで，(1)～(6)の問いに答えなさい。

When I was a fifth-grade student, Mark came to our class. When he introduced himself, he said he had *HIV. We felt sorry for Mark, but no one talked to him. So, (①).

One day everyone had to make a speech. Mark talked about ②his dream. He said, "I was born with HIV. Do you know that there are many children like me in the world? They need friends like you. If people understand HIV better and have a little *courage to talk to those children, the children can live a better life. I'd like to work for those children in the future." I was so *moved by his words that (③).

During the next class I asked Mark, "Can I borrow a pen?" Mark looked up at me, smiled a little, and said, "Sure." This was the beginning of (④). We often played together, and soon other students began to join us.

A few months later, it was difficult for Mark to come to school. His disease got worse. On his birthday, each student wrote a card to him. I brought the cards to Mark and read them to him. When I finished, he said, "It's very nice to know I'm not alone." Then he showed me a pen and said, "Do you remember this? This is the pen I lent you when you first talked to me. You had your own pen at that time, didn't you?" He was right. In fact, I had my own pen with me then. He said, "This pen brought me (⑤). I would like you to keep this pen."

Now I keep the pen with me. When I look at it, I always remember Mark and his words.

(注) HIV「ヒト免疫不全ウィルス（エイズの原因となる病原体）」 courage「勇気」 moved「感動した」

(1) (①) に入る最も適切なものを，ア～エの中から１つ選びなさい。

ア I was very satisfied with his self-introduction

イ everyone made friends with him

ウ he was always alone in his class

エ I had to talk about my dream in my class

(2) 下線部②の示す内容を，ア～エの中から１つ選びなさい。

ア クラス全員の前で立派なスピーチをすること。

イ HIV に感染した子供たちのために将来働くこと。

ウ クラスの中で多くの友人をつくること。

エ HIV についてさらに理解を深めること。

(3) (③) に入る最も適切なものを，ア～エの中から１つ選びなさい。

ア I decided to talk to him

イ I could understand how to make a speech

ウ I had to be alone in my class

エ I became a sixth-grade student

(4) (④) に入る最も適切なものを，ア～エの中から１つ選びなさい。

ア our next class　　イ his disease　　ウ my dream　　エ our friendship

(5) (⑤) に入る最も適切なものを，ア～エの中から１つ選びなさい。

ア a lot of new friends

イ a chance to make a speech

ウ my disease, HIV

エ a bad life

(6) 次の英文の中で本文の内容と<u>一致しないもの</u>を，ア～エの中から１つ選びなさい。

ア When Mark came to our class for the first time, he had a disease.

イ One day I borrowed a pen from Mark during the class.

ウ Mark was able to go to school though his disease got worse.

エ Mark was very glad to know he was not alone after receiving his birthday cards.

[リスニングテスト放送文]

『これからリスニングテストを始めます。』

『では，四角１を見てください。』『四角１は問題Ａと問題Ｂの２つの部分に分かれています。』

『問題 A』『問題 A は(1)から(5)の５問です。それぞれの写真について４つの英文が１回放送されます。その内容を最も的確に表しているものを，ア，イ，ウ，エの中から１つずつ選びなさい。』『では，始めます。』

1 Ａ

(1)

ア The boy can look at nearby things clearly.

イ The boy can look at things that are a long way away.

ウ The boy can look for a book about the sky.

エ The boy can look like a tourist.

（間隔５秒）

(2)

ア The man gives me his computer.

イ The man gives me some presents.

ウ The man gives his hand to shake.

エ The man gives his hand with my homework.

（間隔５秒）

(3)

ア I have boiled eggs and coffee for breakfast.

イ I have sandwiches and soup for breakfast.

ウ I have some fruits and coffee for breakfast.

エ I have fried eggs and vegetables for breakfast.

（間隔５秒）

(4)

ア Children are playing with their nursery school teachers.

イ Children are drawing a picture in the sun.

ウ Children are taking a picture with their family.

エ Children are taking a bath with their mother.

（間隔５秒）

(5)

ア We can see them on Children's Day, May 5th.

イ We can see them on Mountain Day, August 11th.

ウ We can see them on Sports Day, October 9th.

エ We can see them on Culture Day, November 3rd.

（間隔５秒）

『問題B』『問題Bは(6)から(10)の５問です。それぞれの対話に問いが１つあります。答えとして最も適切なものを，ア，イ，ウ，エの中から１つずつ選びなさい。』『放送は２回繰り返されます。』『では，始めます。』

B

(6) W : Did you take the dog for a walk?

M : No, Mom. I was doing my homework.

W : It's your job, Bill.

M: I'll do it before dinner.

Question What is the boy going to do before dinner?

※2回繰り返し (間隔７秒)

(7) M : I'm sorry I'm late.

W : Class began five minutes ago. Why are you late?

M : Well, I always come to school by bus and on foot. But I came to school by bike today.

W : I see.

Question How did the boy come to school today?

※2回繰り返し (間隔７秒)

(8) W : Excuse me. How much is the ticket to New York?

M : Thirty dollars.

W : How about for a child?

M : It's half the adult price.

W : All right. One adult and two children, please.

Question How much is the total?

※2回繰り返し (間隔７秒)

(9) M : Can I help you?

W : I like the design of this blue skirt. Do you have the same one in any other colors?

M : Yes. White, yellow, and red.

W : All right. Can I try on a red one?

Question What color skirt will the woman try on?

※2回繰り返し (間隔７秒)

(10) W : Are you free after school?

M : Yes. Why are you asking?

W : I have a table tennis tournament that starts next month. Can you help me practice for it?

M : OK.

Question What is the boy going to do after school?

※2回繰り返し (間隔７秒)

『以上でリスニングテストを終了します。引き続き，筆記試験を続けて下さい。』

【数　学】　(50分)　〈満点：100点〉

(注意)　解答は，設問の指示に従って丁寧にマークしなさい。

・答えが分数になるときは，約分して最も簡単な分数にしなさい。

・$\sqrt{}$ の中は最も小さい整数にしなさい。

・ア，イ，ウ，……で示した解答欄に－の符号，または，０から９までの数字のいずれか一つをマークしなさい。また，選択の場合は，その番号(数字)を一つマークしなさい。

［例１］ $\boxed{\text{ア}\vdots\text{イ}}$ に -5 と答えたいとき，次のようにマークしなさい。

	マイナス	0	1	2	3	4	5	6	7	8	9
ア	●	0	1	2	3	4	5	6	7	8	9
イ	−	0	1	2	3	4	●	6	7	8	9

［例２］ $\dfrac{\boxed{\text{ウ}\vdots\text{エ}}}{\boxed{\text{オ}}}$ に $-\dfrac{4}{5}$ と答えたいとき，$\dfrac{-4}{5}$ として，次のようにマークしなさい。

	マイナス	0	1	2	3	4	5	6	7	8	9
ウ	●	0	1	2	3	4	5	6	7	8	9
エ	−	0	1	2	3	●	5	6	7	8	9
オ	−	0	1	2	3	4	●	6	7	8	9

［例３］ $\boxed{\text{カ}}$ に選択した解答 ② と答えたいとき，２として，次のようにマークしなさい。

	マイナス	0	1	2	3	4	5	6	7	8	9
カ	−	0	1	●	3	4	5	6	7	8	9

1

次の(1)から(10)までの問いに答えなさい。

(1)　$(1-7)\div 2$ を計算すると，$\boxed{\text{ア}\vdots\text{イ}}$ である。

(2)　$2x-(-5x+7y)-(-3y)$ を計算すると，$\boxed{\text{ウ}}\,x-\boxed{\text{エ}}\,y$ である。

(3)　$5\sqrt{3}$ を $\sqrt{a}$ の形に表すと，$\sqrt{\boxed{\text{オ}\vdots\text{カ}}}$ である。

(4)　$(8xy-12y^3)\div 4y$ を計算すると，$\boxed{\text{キ}}\,x-\boxed{\text{ク}}\,y^{\boxed{\text{ケ}}}$ である。

(5)　$-x^2-5xy+14y^2$ を因数分解すると，コ$(x-$サ$y)(x+$シ$y)$である。

(6)　連立方程式 $\begin{cases} x=5+y \\ 2x+5y=-4 \end{cases}$ を解くと，$x=$ス，$y=$セソである。

(7)　$3:x=4:(2x-3)$ を満たす x の値は，$\dfrac{\text{タ}}{\text{チ}}$ である。

(8)　2次方程式 $x^2-1=8(x+1)$ を解くと，$x=$ツテ，トである。

(9)　$\sqrt{12}\times\sqrt{6}-\dfrac{4}{\sqrt{2}}$ を計算すると，ナ$\sqrt{\text{ニ}}$ である。

(10)　$(x+4)(x+1)-(x+4)^2$ を計算すると，ヌネ$x-$ノハである。

2 次の (1) から (6) までの問いに答えなさい。

(1) 式 $2a+3b$ で表されている数量を，次の ①〜④ から選ぶと，$\boxed{ア}$ である。

> ① 1辺の長さが $2a$ cm の正方形の面積と1辺の長さが $3b$ cm の正方形の面積の和
> ② 十の位の数が a，一の位の数が b である自然数
> ③ ジュース $2a$ L を $3b$ 人で同量ずつに分けたとき，1人当たりのジュースの量
> ④ 映画館で大人1人の入館料 a 円，中学生1人の入館料 b 円のとき，大人2人と中学生3人の入館料の合計

(2) 右の図において，$\ell \parallel m \parallel n$ のとき，
x の値は，$\dfrac{\boxed{イウ}}{\boxed{エオ}}$ である。

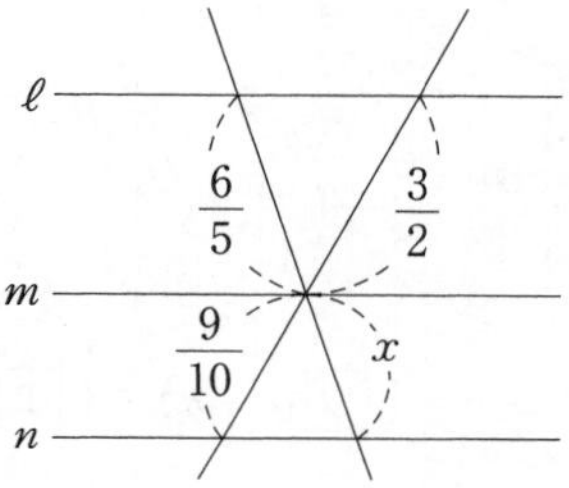

(3) 右の図のような平行四辺形において，
x の値は，$\boxed{カ}$ である。

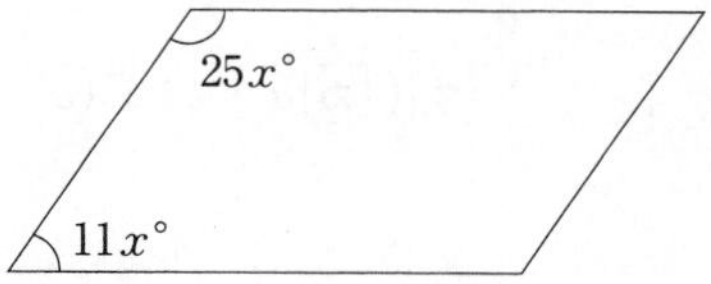

(4) A 市と B 市の間を自動車で往復した。A 市を出発して B 市へ向かうときは時速 50 km で走り，B 市から A 市へ向かうときは，天気が悪かったので時速 35 km で走った。
往復の移動時間は 8 時間 30 分であった。
A 市と B 市の間の道のりは，$\boxed{キクケ}$ km である。

(5) 右の図において，① は $y=\dfrac{2}{3}x$ のグラフで，② は反比例のグラフである。① と ② の交点 A の x 座標が -3 のとき，
② の式は，$y=\dfrac{\boxed{コ}}{x}$ である。
また，② のグラフ上で，x 座標と y 座標がともに整数である点は，$\boxed{サ}$ 個ある。

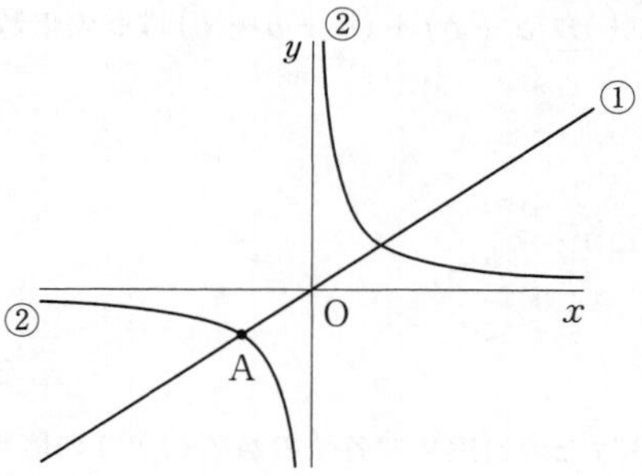

(6) 関数 $y=-\dfrac{1}{2}x^2$ において，x の変域が $-2 \leqq x \leqq 6$ であるとき，
y の変域は，$\boxed{シスセ} \leqq y \leqq \boxed{ソ}$ である。

3

「３けたの自然数で各位の数の和が９の倍数になる数は，９の倍数である」

ことを以下のように証明した。このとき，□ に当てはまるものを ⓪～⑨ から選んで，証明を完成させなさい。ただし，同じ番号を何度選んでもよいものとする。

【証明】

３けたの自然数の百の位の数を a，十の位の数を b，一の位の数を c とすると，

この３けたの自然数は，$\boxed{\text{ア}}\,a+\boxed{\text{イ}}\,b+c$ と表される。

このとき，

$$\boxed{\text{ア}}\,a+\boxed{\text{イ}}\,b+c=\left(\boxed{\text{ウ}}\,a+a\right)+\left(\boxed{\text{エ}}\,b+b\right)+c$$

$$=\boxed{\text{オ}}\left(\boxed{\text{カ}}\,a+b\right)+\left(a+b+c\right)$$

$\boxed{\text{カ}}\,a+b$ は自然数なので，$\boxed{\text{オ}}\left(\boxed{\text{カ}}\,a+b\right)$ は $\boxed{\text{キ}}$ の倍数である。

よって，$a+b+c$ が $\boxed{\text{ク}}$ の倍数ならば，

$\boxed{\text{オ}}\left(\boxed{\text{カ}}\,a+b\right)+\left(a+b+c\right)$ は９の倍数となる。

したがって，

「３けたの自然数で各位の数の和が９の倍数になる数は，９の倍数である」

⓪ 1	① 3	② 9	③ 10	④ 11
⑤ 33	⑥ 99	⑦ 100	⑧ 333	⑨ 999

4 x 軸と y 軸を含む平面上に7個の点 $(-\sqrt{2},\ 3)$，$(-1,\ 1)$，$(0,\ 0)$，$(\sqrt{2},\ -2)$，$(2,\ 2)$，$(3,\ 9)$，$(-8,\ \sqrt{8})$ と関数 $y=x^2$ のグラフがある。

このとき，次の(1)から(3)までの問いに答えなさい。

(1)　7個の点のうち，関数 $y=x^2$ のグラフ上にある点は，[ア] 個である。

(2)　7個の点のうち，関数 $y=x^2$ のグラフ上の点で，x 座標が最大の点と x 座標が最小の点を直線で結ぶ。

このとき，直線の式は，$y=$ [イ] $x+$ [ウ] である。

(3)　7個の点のうち，関数 $y=x^2$ のグラフ上にある点を2点ずつ選んで直線で結ぶとき，すべての直線で囲まれてできる図形の面積は，[エ] である。

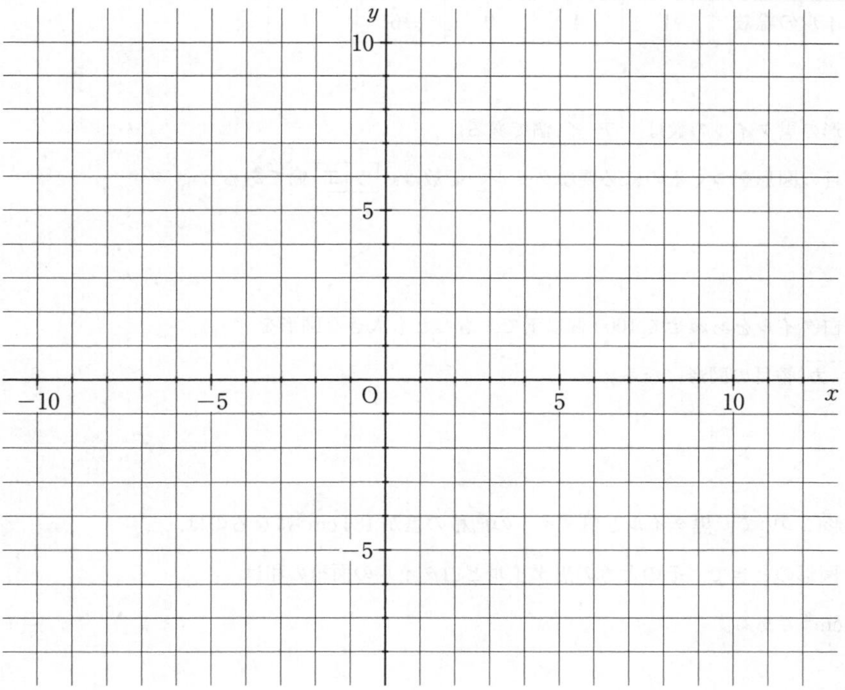

5 下の図のように，１辺の長さが２cm である正方形の黒タイルと白タイルを交互にすき間なく，一定の規則に従って並べる。

１番目，２番目，３番目，……，の図形をつくるときに必要とするタイルの数は，下の表である。

このとき，次の(1)から(3)までの問いに答えなさい。

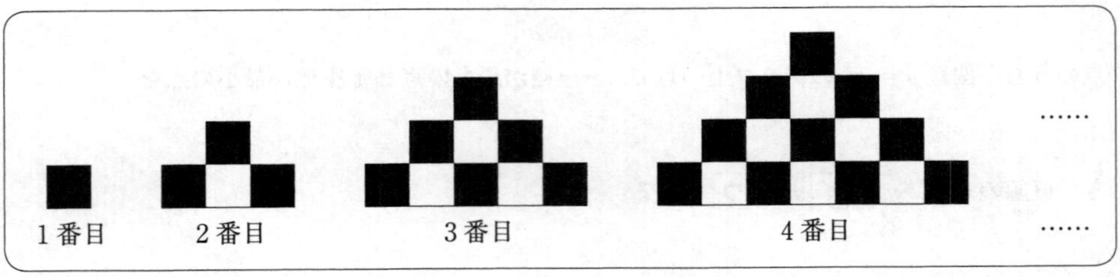

	１番目	２番目	３番目	４番目	５番目	６番目	……
黒タイルの個数	1	3	6	10			
白タイルの個数	0	1	3	6			
タイルの総数	1	4	9	16			

(1) ５番目の図形の黒タイルの数は，アイ 個である。

また，５番目の図形をつくるのに必要なタイルの総数は，ウエ 個である。

(2) 黒タイルと白タイルをあわせて 1000 個以下で，もっとも大きな図形をつくると，オカ 番目の図形になる。

(3) n 番目の図形について，黒タイルと白タイルの面積の差が 184 cm^2 になるのは，キク 番目の図形のときで，そのときの黒タイルと白タイルの面積の和は，ケコサシ cm^2 である。

【社　会】（50分）〈満点：100点〉

1

次の各文の空欄にあてはまるものを選びなさい。

問1　世界で一番大きな島は，［　　］島である。

ア　マダガスカル　　イ　ニューギニア　　ウ　グリーンランド　　エ　ニューファンドランド

問2　本初子午線（経度0度）は，北極点から［　　］の旧グリニッジ天文台を通り，南極点までを結ぶ線である。

ア　アメリカ　　イ　イギリス　　ウ　ドイツ　　エ　インド

問3　日本列島の周辺には，［　　］のプレートの境界が集中している。

ア　2　つ　　イ　3　つ　　ウ　4　つ　　エ　5　つ

問4　47都道府県を7地方区分に分けた場合，佐賀県は［　　］地方にあてはまる。

ア　九　州　　イ　中　国・四　国　　ウ　近　畿　　エ　中　部

問5　江戸幕府において［　　］は，老中を補佐する役職である。

ア　大　老　　イ　大目付　　ウ　目　付　　エ　若年寄

問6　1914年6月，オーストリアの皇太子夫妻がセルビア人の青年によって暗殺される［　　］が起こった。

ア　ノルマントン号事件　　イ　江華島事件

ウ　義和団事件　　エ　サラエボ事件

問7　革新的なアイデアや技術をもとにして，新しいサービスやビジネスを展開する企業を［　　］という。

ア　公企業　　イ　ベンチャー企業　　ウ　地方公営企業　　エ　系列企業

問8　刑事事件において，被疑者を被告人として起訴するのは［　　］である。

ア　検察官　　イ　警察官　　ウ　弁護士　　エ　裁判官

2　次の文章を読み，各問いに答えなさい。

高校生のともこさんは，家族でおばあちゃんの故郷である①新潟県へ旅行をする計画を立てるため，次のような会話をした。

ともこ
おばあちゃんの実家ってどんなところにあるの？

おばあちゃん
新潟県の②長岡市というところにあるんだよ。昔は，越路町って言ったんだけど，今から20年ほど前に③平成の大合併で長岡市に編入されたの。田んぼがたくさんあって，夏にはホタルが飛び交う自然豊かなところだよ。

ともこ
新潟県の冬って，雪がたくさん降るイメージがあるんだけど。

おばあちゃん
そうだね。特に実家から南に向かって山沿いに行ったところの④十日町市《とおかまちし》周辺は，毎年3m以上の雪が積もるんだよ。ともちゃんは寒いのが苦手でしょ。冬は屋根に積もった雪をおろす作業がとっても大変なんだ。

ともこ
新潟の冬は厳しそうだね。ホタルも見てみたいから，旅行をするなら夏がいいかな。

問1　下線部①について，新潟県に隣接する県として，**誤っているもの**はどれか。
ア　福島県　　**イ**　秋田県　　**ウ**　群馬県　　**エ**　長野県

問2　下線部②について，長岡市は，アメリカ合衆国ハワイ州のホノルル市と姉妹都市であり，国際交流を行っている。ホノルルの標準時子午線は西経150度であるが，日本との時差として，正しいものはどれか。
ア　6時間　　**イ**　10時間　　**ウ**　15時間　　**エ**　19時間

問3　下線部③について，市町村合併による市町村数は，全国で1999（平成11）年の3,232から2016（平成28）年には1,718となったが，地方公共団体に関して述べた文として，**誤っているもの**はどれか。
ア　歳入のうち自主財源である地方税の割合は8割程度であり，地方財政を支えている。
イ　地方の政治では，その地域の住民自身がみんなで問題を解決する住民自治の原則がとられている。
ウ　地方分権の考え方が重視され，地方分権一括法が施行された。
エ　近年，地方では少子化や大都市への人口移動で急激な人口減少にともなう過疎の問題が起こっている。

問4　下線部④について，豪雪地である十日町市の雨温図として，正しいものはどれか。

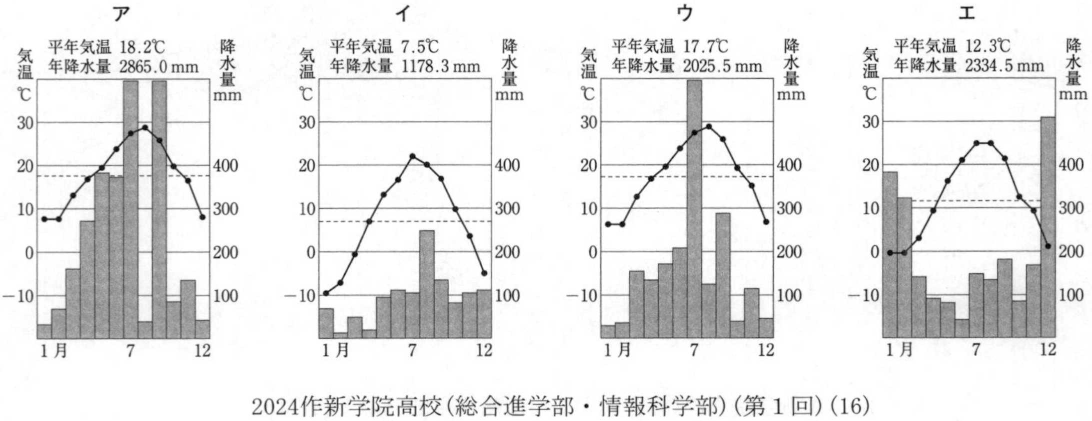

ともこさんは，インターネットを利用して新潟県について調べ，興味を持った内容をまとめてみた。

＜日本のミケランジェロ石川雲蝶《いしかわうんちょう》が手掛けた彫刻絵画＞

魚沼市にある西福寺には，江戸時代後期の彫刻家で「日本の⑤ミケランジェロ」と評される石川雲蝶が手掛けた作品があり，新潟県の文化財に指定されている。日光東照宮にも劣らないほど素晴らしい彫刻であることから，西福寺は「越後日光開山堂」ともよばれている。

＜見て，触って，感じる十日町市博物館＞

十日町市の多様で豊かな自然と歴史・文化について知ることのできる十日町市博物館には，新潟県で唯一国宝に指定されている⑥縄文時代の火焔《かえん》型土器が展示されている。この特殊なデザインの土器は，ほとんどが新潟県内の信濃川流域の縄文遺跡から出土しており，この土器を学ぶことで新潟の風土を知ることができる。

＜長岡まつりに思いを込めた大花火＞

日本三大花火大会のひとつである長岡の花火大会は，1879（明治12）年にはじまり，140年以上もの歴史がある。毎年8月1日に開催される長岡まつりは，⑦1945（昭和20）年に起こった長岡空襲の日にあわせて開催され，亡くなった方々への慰霊とまちの復興に尽力した先人への感謝，恒久平和への願いを込めて花火が打ち上げられる。

＜ＳＤＧｓ未来都市　新潟県＞

ＳＤＧｓ未来都市とは，内閣府が⑧ＳＤＧｓの達成に向けた取り組みを積極的に進める自治体を認定した制度である。新潟県は，「豊かな自然としなやかに共存する，住んでよしの新潟」をめざすとして2022年に選ばれた。新潟県は，企業や教育・研究機関，ＮＧＯ団体などとの地域ネットワークを広げ，⑨さまざまな課題の解決に向けて活動している。

NIIGATA
CONSTRUCTION
SDGs

問5　下線部⑤について，ミケランジェロは，15～16世紀にかけて活躍したイタリアの彫刻家である。ヨーロッパでは14世紀以降，ルネサンスとよばれる学問や芸術の新しい動きが起こったが，この時期の出来事として，正しいものはどれか。

ア　西アジアのアラビア半島では，ムハンマドが現れ，イスラム教が広がった。

イ　中国では，大帝国を築いたモンゴル民族が支配していたが，漢民族が明を建国した。

ウ　ドイツでは，「鉄血宰相」とよばれたビスマルクの指導のもと，統一帝国となった。

エ　エジプトでは，強力な王の権力による国家が生まれ，巨大なピラミッドがつくられた。

問６　下線部⑥について，縄文時代につくられたものとして，正しいものはどれか。

ア

イ

ウ

エ

問７　下線部⑦について，第二次世界大戦が終結したこの年に起こった次のＡ～Ｄのできごとを，古い順に並べたものとして，正しいものはどれか。

Ａ　連合国が日本にポツダム宣言を通告した Ｂ　アメリカ軍が沖縄に上陸した	→長岡で空襲が起きた→	Ｃ　アメリカが広島に原子爆弾を投下した Ｄ　ソ連が日ソ中立条約を破って宣戦布告した

ア　Ａ→Ｂ→Ｃ→Ｄ　　**イ**　Ａ→Ｂ→Ｄ→Ｃ　　**ウ**　Ｂ→Ａ→Ｃ→Ｄ　　**エ**　Ｂ→Ａ→Ｄ→Ｃ

問８　下線部⑧について，ＳＤＧｓとは「持続可能な開発目標」であり，国際連合に加盟するすべての国が地球規模の課題を達成することをめざして取り組んでいる。次の日本の取り組むべき課題の文Ⅰ・Ⅱの正誤の組み合わせとして，正しいものはどれか。

Ⅰ　人工知能（ＡＩ）を利用して，地震や台風などによる災害を予測する研究が進められている。

Ⅱ　女性の社会進出が進む中，差別や職場での性的いやがらせを解消する試みがなされている。

ア　Ⅰ－正　Ⅱ－正　　**イ**　Ⅰ－正　Ⅱ－誤　　**ウ**　Ⅰ－誤　Ⅱ－正　　**エ**　Ⅰ－誤　Ⅱ－誤

問９　下線部⑨について，ＳＤＧｓのひとつに食品ロス対策やフードバンクなど「食」に関する取り組みがある。この課題には食料自給率が大きく関わっているが，次の資料から読み取れる内容と日本の食料自給率に関して述べた文として，正しいものはどれか。

＜資　料＞

諸外国の食料自給率（カロリーベース）の推移

（単位：％）

	2015 平成27	2016 28	2017 29	2018 30	2019 令和元	2020 2	2021 3	2022 4
アメリカ	129	138	131	132	121	115	―	―
カナダ	255	257	255	266	233	221	―	―
ドイツ	93	91	95	86	84	84	―	―
スペイン	83	89	83	100	82	94	―	―
フランス	132	119	130	125	131	117	―	―
イタリア	62	63	59	60	58	58	―	―
オランダ	64	64	70	65	61	61	―	―
スウェーデン	77	76	78	63	81	80	―	―
イギリス	71	65	68	65	70	54	―	―
スイス	52	48	52	51	50	49	―	―
オーストラリア	214	202	233	200	169	173	―	―
韓国	43	37	37	35	35	34	32	―
日本	39	38	38	37	38	37	38	38

（農林水産省「令和４年度食料自給率指標について」による）

ア　2020年の日本の食料自給率は，資料中の国々と比較すると一番低い。

イ　2015年以降資料中のヨーロッパの国々は，100％以上の食料自給率を維持できていない。

ウ　日本の食料自給率が低いのは，国産品より高い海外の輸入品を多く消費しているからだと考えられる。

エ　日本の食料自給率が低いのは，農業従事者の高齢化など農業に携わる人口の減少が考えられる。

3 次の地図を見て，各問いに答えなさい。

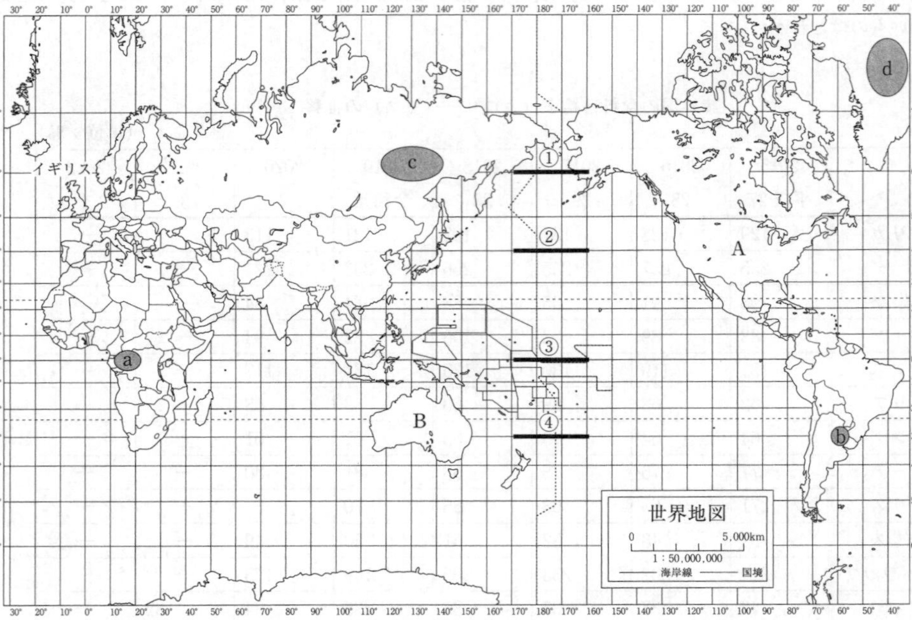

問１　地図中①～④で示した ━━━ は，地図上では同じ長さであるが，地球上での距離はそれぞれ異なっている。①～④のうち，地球上での距離が最も長いものとして，正しいものはどれか。

ア　①　　　イ　②　　　ウ　③　　　エ　④

問２　次の説明文と写真は，地図中ａ～ｄのいずれかの地域の特徴を述べたものである。その地域と気候帯名との組み合わせとして，正しいものはどれか。

特に冬の寒さが厳しく，一年の気温の差が大きい。また，「タイガ」と呼ばれる針葉樹の森林が広がっている。

ア　ａ－熱　帯　　　イ　ｂ－温　帯

ウ　ｃ－冷　帯（亜寒帯）　　　エ　ｄ－寒　帯

問３　イギリスと日本の農業の特色を比較した次のグラフと表から読み取れることとして，正しいものはどれか。

≪土地面積における土地利用の割合≫

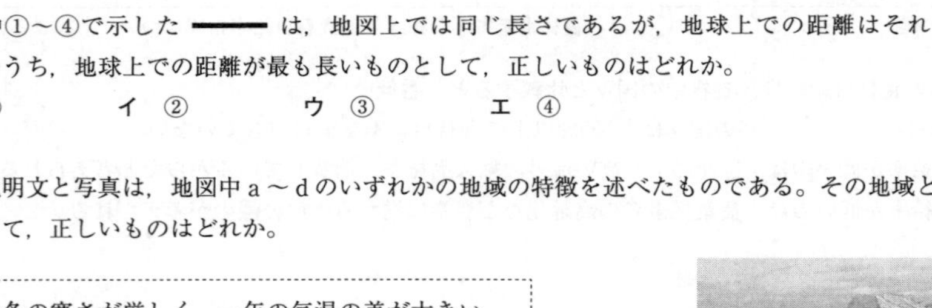

＜おもな家畜頭数＞

	牛（万頭）	羊（万頭）	豚（万頭）	鶏（億羽）
イギリス	974.0	3 358.0	513.0	1.8
日　本	384.0	1.6	916.0	3.2

（二宮書店『2022 データブック オブ・ザ・ワールド・Vol. 34』による）

ア　イギリスは，日本と比べて農地面積が広く，土地面積に占める牧場・牧草地の割合が 30 倍以上ある。

イ　イギリスは，日本と比べて羊の頭数が 2000 倍以上である。

ウ　日本は，イギリスと比べて土地面積に占める耕地・樹園地の割合が高い。

エ　日本は，イギリスと比べて豚・鶏の頭数が 2 倍以上である。

問 4　次のグラフは，地図中のＡ国，Ｂ国，ＥＵ，ＡＳＥＡＮ，日本における面積，人口，国民総所得を表している。Ａ国とＡＳＥＡＮとの組み合わせとして，正しいものはどれか。

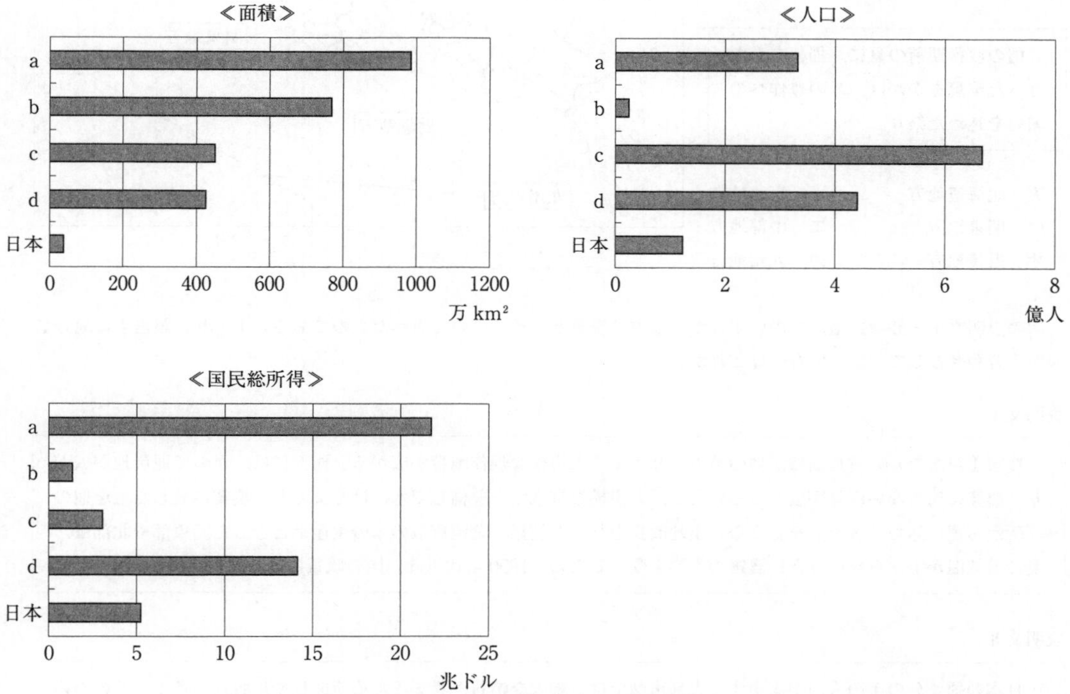

（二宮書店『2022 データブック オブ・ザ・ワールド・Vol. 34』による）

ア　Ａ 国－a	ＡＳＥＡＮ－b	**イ**　Ａ 国－c	ＡＳＥＡＮ－d
ウ　Ａ 国－d	ＡＳＥＡＮ－c	**エ**　Ａ 国－b	ＡＳＥＡＮ－a
オ　Ａ 国－a	ＡＳＥＡＮ－c	**カ**　Ａ 国－d	ＡＳＥＡＮ－b

4 次の地図を見て，各問いに答えなさい。

問１　次の写真と説明文は，ある地方に見られる伝統的な祭りの様子を示したものである。その祭りが見られる地方名として，正しいものはどれか。

稲の収穫期前の夏に，稲穂をかたどった竿燈をかかげ，米の豊作への願いを込めた祭り。

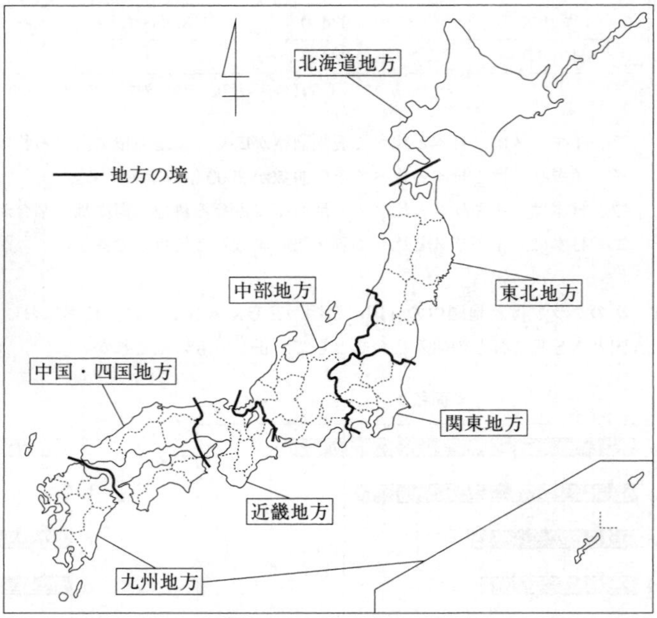

ア　北海道地方　　イ　東北地方
ウ　関東地方　　エ　中部地方
オ　近畿地方　　カ　九州地方

問２　次の説明文Ⅰ・Ⅱは，地図中のいずれかの地方の農業と工業について述べたものである。Ⅰ・Ⅱに該当する地方名の組み合わせとして，正しいものはどれか。

説明文Ⅰ

農家１戸あたりの耕地面積が他の地方より広く，大規模な畑作地帯が広がる。西部には，かつて泥炭地が広がり，農業に適さない湿地が広がっていたが，大規模な排水路を整備して水はけをよくし，農業に適した土を他の場所から運び込む「客土」を行うなど土地改良を行った結果，全国有数の米の生産地となった。東部や北部は，夏でも気温が上がらないうえに濃霧の影響を受けるため，1950年代以降，国の政策により酪農が発展してきた。

説明文Ⅱ

日本の約４分の１の人口が集中する大都市圏では，膨大な情報が集まるため新聞社や出版社が多く，そのため印刷業が盛んである。また，その大消費地を支えるため，都市部周辺にはビールなどの飲料工場や，パンや生菓子など食品にかかわる工業も盛んである。そして，海外からの原材料の輸入や製品の輸出に便利な沿岸部の埋立地には，製鉄所や火力発電所などが立地し，日本有数の工業地帯となっている。さらに内陸部では，高速道路などの幹線道路沿いに，自動車関連や電気機械などの工場が発達してきた。

ア　Ⅰ－中国・四国地方　Ⅱ－近畿地方　　イ　Ⅰ－東北地方　Ⅱ－近畿地方
ウ　Ⅰ－東北地方　Ⅱ－関東地方　　エ　Ⅰ－北海道地方　Ⅱ－中部地方
オ　Ⅰ－中部地方　Ⅱ－九州地方　　カ　Ⅰ－北海道地方　Ⅱ－関東地方

問3　次の表は，米，野菜，果実，畜産，それぞれの都道府県別農業産出額（2020年）に占める割合について，上位5位までを示したものである。表中①～④にあてはまる品目の組み合わせとして，正しいものはどれか。

	①		②		③		④	
位	都道府県名	%	都道府県名	%	都道府県名	%	都道府県名	%
1	和歌山	66.7	富　山	69.1	鹿児島	66.0	高　知	64.0
2	山　梨	65.1	福　井	66.0	宮　崎	65.0	東　京	51.7
3	愛　媛	43.7	新　潟	60.2	岩　手	58.6	神奈川	50.8
4	青　森	29.1	滋　賀	58.4	北海道	58.5	埼　玉	47.4
5	長　野	29.1	秋　田	58.3	沖　縄	47.0	大　阪	42.5

（二宮書店『2022データブック オブ・ザ・ワールド・Vol. 34』による）

ア　①－米　②－野菜　③－果実　④－畜産

イ　①－果実　②－畜産　③－米　④－野菜

ウ　①－野菜　②－米　③－果実　④－畜産

エ　①－果実　②－米　③－畜産　④－野菜

オ　①－野菜　②－畜産　③－米　④－果実

カ　①－畜産　②－果実　③－野菜　④－米

問4　次の地形図①と②は，1969年と2009年の岐阜県白川村「鳩谷《はとがや》」地域（1/25,000）の一部を示したものである。①と②の地形図を比較して読み取れる地域の変容として，正しいものはどれか。

地形図①（1969年）

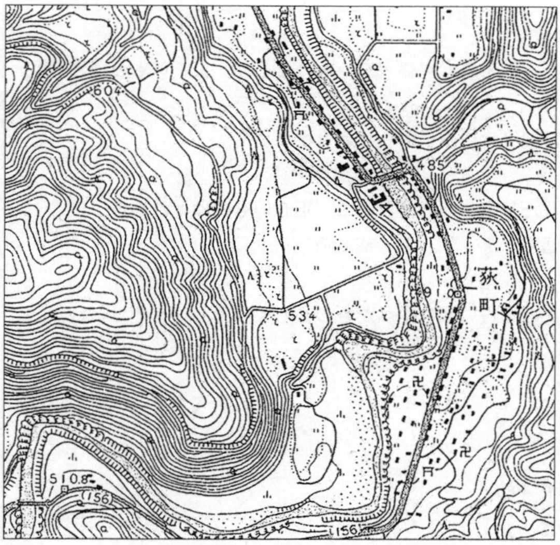

地形図②（2009年）

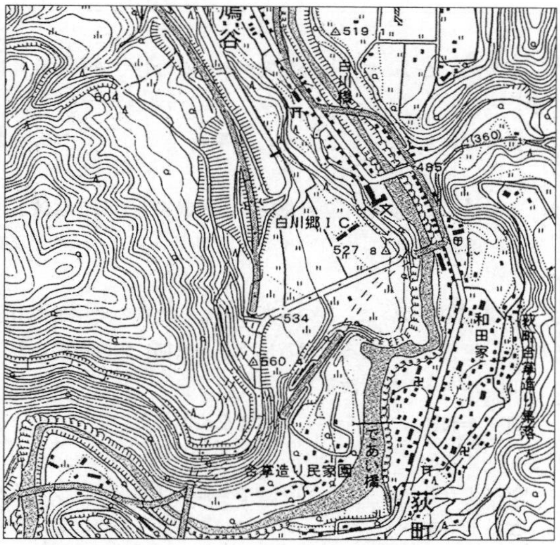

〈編集部注：編集上の都合により原図の81%に縮小してあります。〉

ア　1969年当初，この地域を通る道路は限られていたが，その後，主要道路の混雑緩和のため幹線道路が整備され，その際「白川橋」が新設された。

イ　1969年当初，河川の東側に位置する「荻町」では集落の周りに水田が広がっていたが，その後，徐々に水田は縮小し，この集落の北西部には新たに小学校が設置された。

ウ　1969年当初，南部の河川と山麓との間には荒れ地が広がっていたが，その後「合掌造り民家園」が作られ，その西側には新幹線専用トンネルも建設された。

エ　1969年当初，河川沿いの平地では水田が広がり稲作が行われていたが，その後の高速道路の整備に伴い，大きなショッピングセンターや高層ビル，マンションが立ち並ぶエリアへ変貌した。

5 次の文章を読み，各問いに答えなさい。

日本で銅が初めて使用されたのは，①紀元前300年頃の弥生時代といわれている。当時，日本にはほとんど銅資源がなかった。そのため，日本製ではなく朝鮮半島を経由し中国から輸入された青銅器を使用していた。

日本で銅が初めて産出されたのは，698年である。『日本書紀』に因幡《いなば》国から朝廷に銅が献上されたと記述が残っている。その後，708年に武蔵国秩父で大規模な鉱脈が発見され，産出された銅は朝廷に献上された。これを喜んだ元明天皇は年号を「慶雲」から「和銅」に改元し，献上された銅を使用して②貨幣をつくった。

奈良時代には，高さ約15メートル，重さ約250トンの巨大な大仏がつくられた。この巨大な大仏をつくるために日本中から約500トンの銅が集められた。③室町時代になると銅の産出量が増え，日本でも鉄砲の弾丸などに多くの銅が使われた。④江戸時代になると多くの銅山が新たに発見された。中でも栃木県の足尾銅山，秋田県の尾去沢《おさりざわ》銅山が栄え，1697年には銅の生産量は約6,000トンになり，日本の銅産出量は世界一となった。そして，約3,000トンもの銅が長崎から海外に輸出された。

⑤明治時代になると，近代設備による機械化された銅の製造法が始まった。また，電気の普及により，電気をよく通す銅の特徴が注目され，用途が大きく広がった。しかし，足尾銅山は日本の近代化を支えた一方で，深刻な環境破壊をもたらした。足尾銅山は，日本初の⑥公害問題である「⑦足尾銅山鉱毒事件」の舞台としても知られている。精錬所から発生した亜硫酸ガスは周辺の木々を枯らし，精錬過程で出た鉱毒は渡良瀬川下流域に流出し，水質や土壌の汚染を引き起こして社会問題となった。⑧第二次世界大戦後は，私たちの生活が豊かになるとともに，銅が造船，車両，電気機器，通信機器をはじめ，生活用品に多く使用されるようになった。現在においても，日本は量・品質ともに世界でも有数な銅製品の生産国となっている。

問1　下線部①について，この頃漢が秦を滅ぼして領土を拡大した。漢と最も関係が深いものとして，正しいものはどれか。

ア　シルクロード　　**イ**　兵馬俑　　**ウ**　くさび型文字　　**エ**　ヒエログリフ

問2　下線部②について，7世紀後半の天武天皇の時代に鋳造された日本初の貨幣として，正しいものはどれか。

ア　慶長小判　　**イ**　和同開珎　　**ウ**　永楽通宝　　**エ**　富本銭

問3　下線部③について，この時期に起こった次のⅠ～Ⅲのできごとを古い順に並べたものとして，正しいものはどれか。

Ⅰ　足利尊氏が征夷大将軍になり，京都に幕府を開いた。

Ⅱ　ルターが宗教改革を始めた。

Ⅲ　李成桂が高麗を倒し，朝鮮を建国した。

ア　Ⅰ→Ⅱ→Ⅲ　　**イ**　Ⅰ→Ⅲ→Ⅱ　　**ウ**　Ⅱ→Ⅰ→Ⅲ

エ　Ⅱ→Ⅲ→Ⅰ　　**オ**　Ⅲ→Ⅰ→Ⅱ　　**カ**　Ⅲ→Ⅱ→Ⅰ

問4　下線部④について，18世紀半ばから19世紀にかけてイギリスで産業革命が始まった。次の資料1～3は，当時のイギリスの様子を示したものである。これらから読み取れる内容として，正しいものはどれか。

資料1　岩倉使節団が見た19世紀のイギリス

〔リヴァプールでは〕地上から100mほど上空まで石炭の煙がもうもうと覆い，空は晴れているのにいつも薄暗い。…だからここの人たちの平均寿命は上層階級の人でも35，中層階級は23，下層の労働者たちはたった15歳だという。

この市〔マンチェスター〕には，工場が多く，とくに綿紡織は他に肩を並べられるところはない。蒸気機関を使用しているので，全市の石炭の煙が空を覆い，大気は暗く濁っている。

（久米邦武編『米欧回覧実記』による）

資料２　労働者の内訳

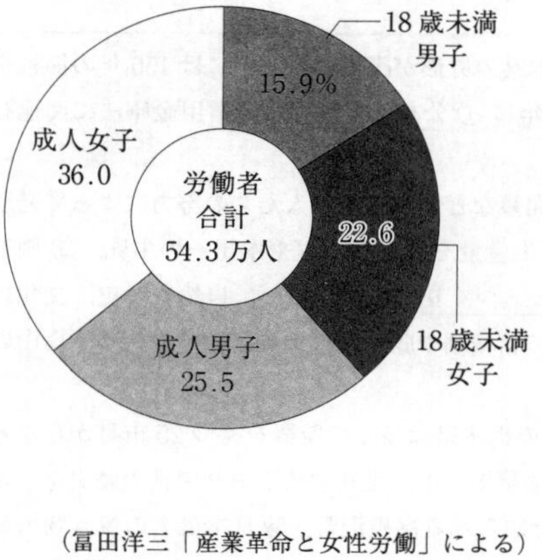

（冨田洋三「産業革命と女性労働」による）

資料３　都市人口の推移

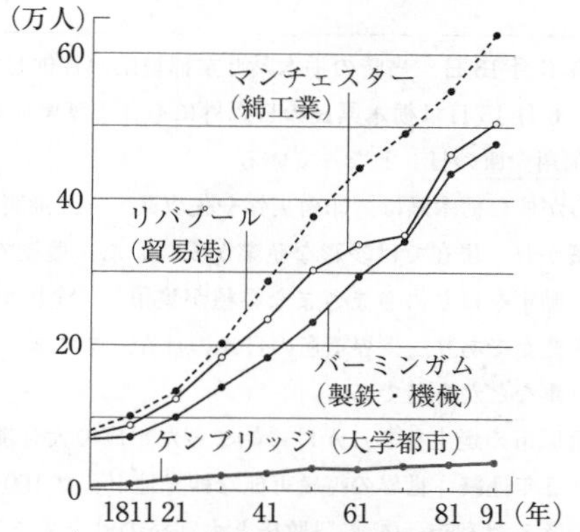

（ミッチェル編『イギリス歴史統計』による）

ア　産業革命期において，労働者の７割以上は女性や 18 歳未満の子どもであった。

イ　産業革命期において，女性が労働者の半数以上占めており，その中で占める 18 歳未満の子どもの割合も半数以上に達する。

ウ　産業革命が始まると，すべての都市で著しく人口が増加し，平均寿命も長くなった。

エ　イギリスの産業革命は，環境汚染を引き起こすことなく達成された。

問５　下線部⑤について，1894 年に起こった日清戦争の講和条約の内容として，**誤っているもの**はどれか。

ア　清国は朝鮮の独立を認める。　　イ　清国は日本に２億両の賠償金を支払う。

ウ　日本は琉球を国内に組み込む。　　エ　遼東半島と台湾を日本に譲る。

問６　下線部⑥について，公害対策基本法が制定された時期として，正しいものはどれか。

第二次世界大戦終結

［A］

第五福竜丸事件

［B］

東京オリンピック

［C］

環境庁設置

［D］

ア　Aの時期　　イ　Bの時期　　ウ　Cの時期　　エ　Dの時期

問７　下線部⑦について，農民のために議会で政府を厳しく追及し，議員を辞職して明治天皇に直訴するなど反対運動をおこなった栃木県出身の政治家として，正しいものはどれか。

ア　柳宗悦　　イ　小林多喜二　　ウ　新渡戸稲造　　エ　田中正造

問８　下線部⑧について，1950 年代から始まった高度経済成長期において，人々のあこがれの的となった「三種の神器」の組み合わせとして，正しいものはどれか。

ア　電気冷蔵庫・白黒テレビ・自動車　　イ　電気冷蔵庫・白黒テレビ・電気洗濯機

ウ　電気洗濯機・カラーテレビ・クーラー　　エ　クーラー・カラーテレビ・自動車

6 次の文章を読み，各問いに答えなさい。

1873年6月15日，当時の栃木県と宇都宮県が合併して，現在の栃木県の原形が誕生し，昨年には150年の節目を迎えた。6月15日は栃木県民の日以外にも「千葉県民の日」や1951年に①公布・施行された信用金庫法に関連して「②信用金庫の日」となっている。

私たちが住む栃木県は，印南文作や矢板武，三島通庸らによる那須開墾など，多くの先人たちの努力によって発展の礎が築かれ，現在では多彩な産業が成長した。農業では，日本一の生産量を誇るイチゴや本州一の牛乳，③製造業でも自動車をはじめさまざまな業種が集積し，全国でも有数の④モノづくり県に成長した。自然や歴史，文化においても豊かであり，世界遺産の日光の社寺，ユネスコ無形文化遺産の結城紬や鹿沼今宮神社祭の屋台行事，烏山の山あげ行事などが有名である。

那須塩原市の誕生をきっかけに始まった平成の大合併を経て，現在の栃木県は多くの特徴を持つ25市町からなっている。2年連続「世界の持続可能な観光地トップ100選」となった那須塩原市，足利学校があり中世の歴史を学ぶことができる足利市，⑤御料牧場と大嘗祭の献上米を生産したことで知られる高根沢町，東日本最大の焼き物の町である益子町など，それぞれが個性を生かしたまちづくりに取り組んでいる。2023年6月には先進7か国（G7）男女共同参画・女性活躍担当相会合が日光市で開催され，⑥男女格差解消に向けた取り組みを世界に向けて栃木から発信した。

県内一15歳未満の人口割合が高いのがさくら市であるが，2022年の人口動向調査では，合計特殊出生率が過去最低の1.26に並んでしまったと発表があった。⑦人口減少社会となり今後の見通しは不透明であるが，私たちは栃木県の魅力をこれからも引継ぎ，未来へとつなげていきたいものだ。

問1　下線部①について，法律を制定できるのは立法権を持つ国会の仕事である。国会と内閣の関係について述べた文として，正しいものはどれか。

ア　国会は，内閣総理大臣と国務大臣を指名することができる。
イ　内閣不信任決議が可決された場合，内閣は衆議院を解散することができる。
ウ　衆議院・参議院ともに内閣に対して不信任決議を行うことができる。
エ　内閣は，参議院の緊急集会の召集を要求できない。

問2　下線部②について，次の表は日本銀行と一般銀行とが紙幣の発行，国債の買い入れ，私企業への貸付を行うことができるかを示したものである。A，B，Cにあてはまる○と×の組み合わせとして，正しいものはどれか。

	日本銀行	一般銀行
千円札，二千円札，五千円札，一万円札などの紙幣を発行したり，回収したりする。	○	×
不況の時は，金融政策として国債を買い入れて，民間に出回る資金量を増やして対応する。	A	×
個人から預かっているお金の一部を，私企業へ設備投資などの事業資金として貸し付ける。	B	C

ア　A－○　B－○　C－×　**イ**　A－○　B－×　C－×
ウ　A－○　B－×　C－○　**エ**　A－×　B－○　C－○

問3　下線部③について，次の文中の空欄にあてはまる語として，正しいものはどれか。

> 製品の欠陥によって消費者が被害を受けてしまった場合，たとえその製品の製造業者に過失がなかったとしても，製造業者に被害者救済を義務づけた［　　　］が制定されている。
> また，訪問販売などで商品を購入した場合には，一定期間であれば契約を解除できるクーリングオフの制度もある。

ア　消費者契約法　　イ　消費者保護基本法　　ウ　特定商取引法　　エ　製造物責任法

問4　下線部④について，次の図は野菜の流通を示したものである。A，B，Cにあてはまる語句の組み合わせとして，正しいものはどれか。

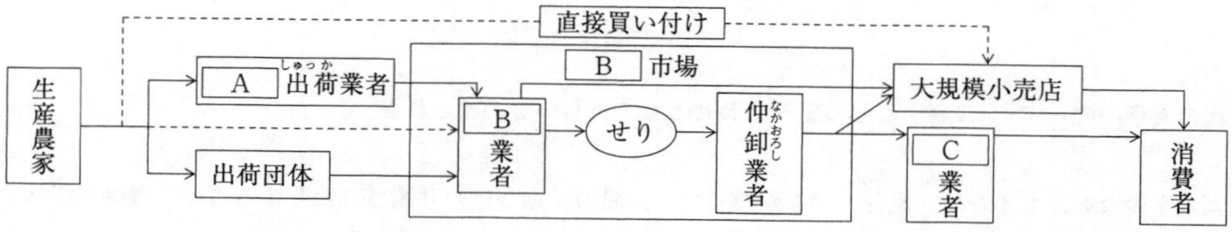

Ⅰ－小売り　　Ⅱ－運　搬　　Ⅲ－卸　売　　Ⅳ－販売協力店　　Ⅴ－産　地

ア　A－Ⅴ　B－Ⅲ　C－Ⅰ　　イ　A－Ⅴ　B－Ⅲ　C－Ⅳ
ウ　A－Ⅴ　B－Ⅳ　C－Ⅰ　　エ　A－Ⅴ　B－Ⅳ　C－Ⅱ

問5　下線部⑤について，栃木県は天皇家との結びつきがある場所であるが，天皇が任命するものとして，正しいものはどれか。

ア　衆議院議長　　イ　国務大臣　　ウ　国連大使　　エ　最高裁判所長官

問6　下線部⑥について，格差解消には基本的人権が保障されていることが重要である。次の日本国憲法の条文中の空欄にあてはまる語句として，正しいものはどれか。

> 第14条　すべて国民は，［　　　］に平等であつて，人種，信条，性別，社会的身分又は門地により，政治的，経済的又は社会的関係において，差別されない。

ア　人の下　　イ　全体の下　　ウ　社会の下　　エ　法の下

問7　下線部⑦について，次の表Ⅰ～Ⅲは1960年，2010年，2060年のいずれかの人口ピラミッドである。年代の古い順に並べたものとして，正しいものはどれか。

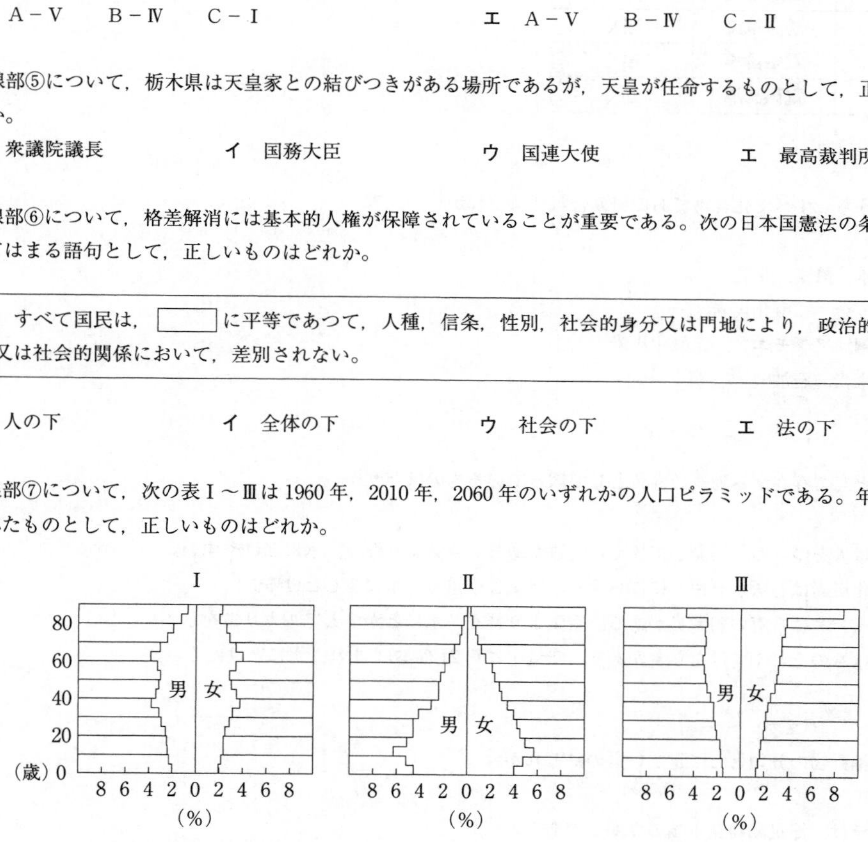

ア　Ⅱ→Ⅰ→Ⅲ　　イ　Ⅰ→Ⅱ→Ⅲ　　ウ　Ⅲ→Ⅰ→Ⅱ　　エ　Ⅱ→Ⅲ→Ⅰ

【理　科】 (50分) 〈満点：100点〉

1 次の各問いに答えよ。

問１　放射線の性質について**誤っているもの**はどれか。

ア　放射線を出す能力を放射能といい，放射線を出す物質を放射性物質という。
イ　３種類の放射線を透過力の強い順にならべると，α 線，β 線，γ 線となる。
ウ　放射線はウランやラジウムなどの原子から出ているが，身のまわりにある食物や岩石などからも出ている。
エ　放射線は医療や農業，工業など幅広いところで利用されているが，生物が浴びると健康な細胞が傷ついてしまう可能性がある。

問２　次の文章中の［　　］に適する語の組み合わせとして正しいものはどれか。

両端をつないだコイルは，電源につながなくても，磁石を近づけたり遠ざけたりすることで電流が流れる。この現象を［ ① ］という。流れる電流を大きくするためには，磁石を［ ② ］動かせばよい。

	①	②
ア	誘導電流	速く
イ	誘導電流	遅く
ウ	電磁誘導	速く
エ	電磁誘導	遅く

問３　次のうち，すべて化合物である組み合わせはどれか。

ア　食塩水，酸素，牛乳
イ　空気，金，二酸化炭素
ウ　酸化銅，アンモニア，二酸化炭素
エ　水，塩素，石油

問４　気体として存在する物質の性質として**誤っているもの**はどれか。

ア　水素は火をつけると爆発して燃える性質がある。空気より軽く，水にとけやすい。
イ　二酸化炭素は石灰水を白くにごらせる。空気より重く，水に少しとける。
ウ　アンモニアは特有の刺激臭がある。空気より軽く，水にとかすとアルカリ性を示す。
エ　酸素はものを燃やすはたらきがある。空気中に約 21 % ふくまれ，水にとけにくい。

問５　無脊椎動物の分類として正しいものはどれか。

ア　ヤスデは，節足動物昆虫類のなかまである。
イ　ミジンコは，節足動物甲殻類のなかまである。
ウ　イソギンチャクは，軟体動物のなかまである。
エ　ミミズは，軟体動物のなかまである。

問６　生殖の説明文として正しいものはどれか。

ア　無性生殖では，生殖細胞が受精をすることで新しい個体を増やす。
イ　無性生殖は，植物だけにみられる生殖方法である。
ウ　無性生殖では，親と同一の形質をもつ子が生じる。
エ　すべての生物は，無性生殖か有性生殖のどちらかしか行えない。

問７　図ａの天気図から読みとれる天気の特徴として正しいものはどれか。

図ａ

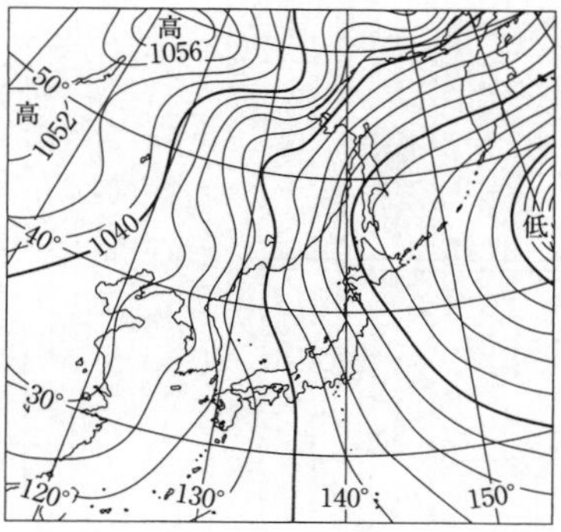

ア　日本付近で２つの気団がぶつかり合い，東西に長くのびた停滞前線が発生する。
イ　偏西風の影響を受けて，日本付近を移動性高気圧と低気圧が交互に通過し，天気が周期的に変化する。
ウ　南東からあたたかく湿った季節風がふいて蒸し暑くなる。また，昼に大気が局地的に熱せられると，急激な上昇気流を生じて積乱雲が発達し，夕立のようなにわか雨や雷が発生しやすくなる。
エ　冷たい北西の季節風が日本にふき寄せ，日本各地は寒くなり，日本海側を中心に大雪が降りやすくなる。

問８　気圧に関する文章として正しいものはどれか。

ア　１気圧はおよそ 100 hPa である。
イ　標高が高いほど，大気圧は大きくなる。
ウ　等圧線は 100 hPa を基準に結ぶ。
エ　風は気圧の高い方から低い方へ向かってふく。

2 力と物体の運動について調べるために，台車・記録テープ・記録タイマーを用いて以下の実験を行った。記録タイマーは $\frac{1}{50}$ 秒間隔で記録テープに点を打つものを用いた。ただし，空気抵抗や摩擦はないものとする。

【実験１】 図ｂのように，台車に記録テープをつけて水平面に置き，水平方向に手で押して台車を動かした。その後，台車が手から離れた後の記録テープを５打点ごとに切って台紙にはりつけた。

【実験２】 図ｃのように，実験１の水平面を斜面に変え，斜面上向きに手で押して台車を斜面にそって上向きに動かした。台車が手から離れた後の記録テープを５打点ごとに切って台紙にはりつけた。

【実験３】 台車の質量を２倍にして，実験２と同じ操作を行った。

図ｂ

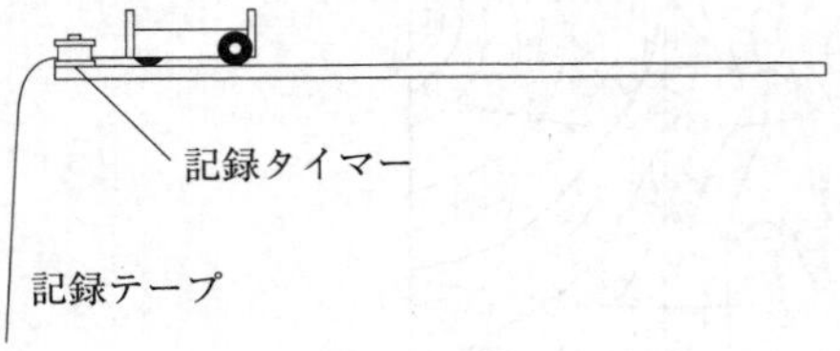

図ｃ

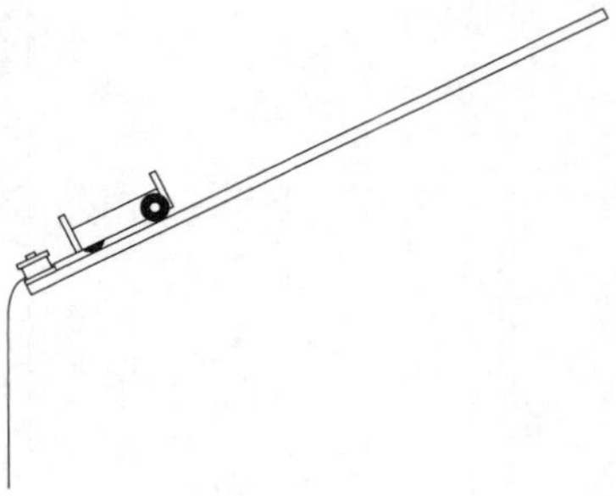

問１　５打点ごとに切った記録テープのうち，ある１本の長さをはかったところ 12 cm であった。この区間の平均の速さとして正しいものはどれか。

ア　2.4 cm/s　　イ　12 cm/s　　ウ　60 cm/s　　エ　120 cm/s

問２　実験１と実験２で，できあがった台紙は①～③のいずれかである。実験と台紙の組み合わせとして正しいものはどれか。

① ② ③

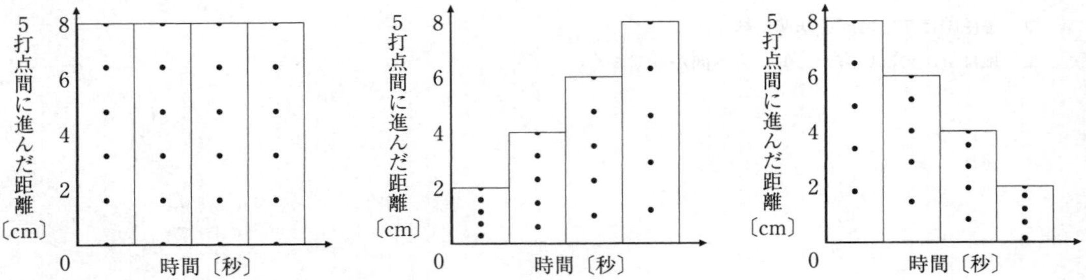

	実験１	実験２
ア	①	②
イ	①	③
ウ	②	③
エ	③	②

問３　実験１の台車が0.30秒間で進む距離として正しいものはどれか。

ア　12 cm　　イ　18 cm　　ウ　24 cm　　エ　32 cm

問４　実験２と実験３について，台車の速さと時間の関係を比較したグラフとして考えられるものはどれか。ただし，実験２を実線（―），実験３を破線（---）として表している。

ア

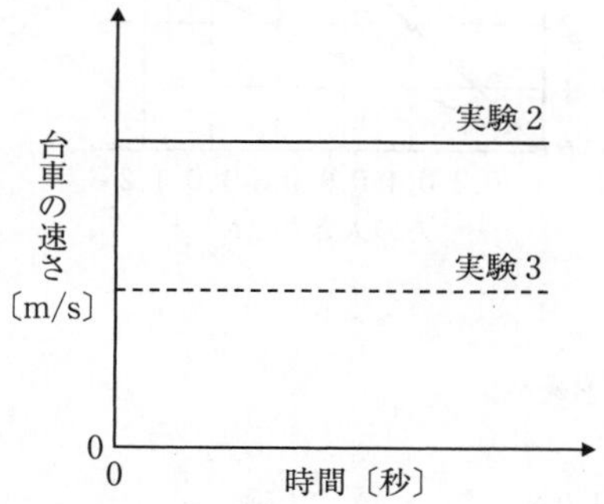

イ

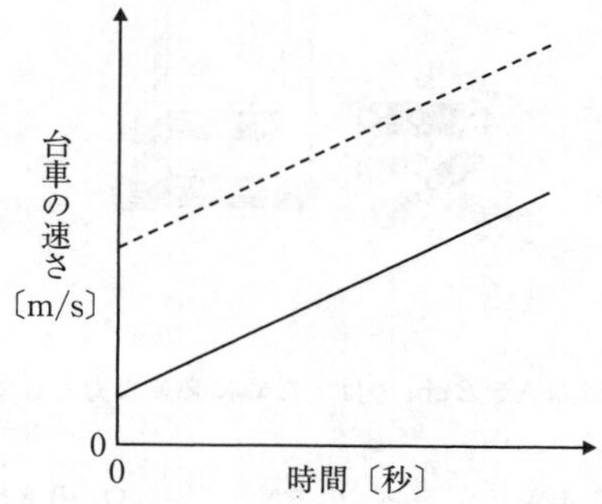

ウ

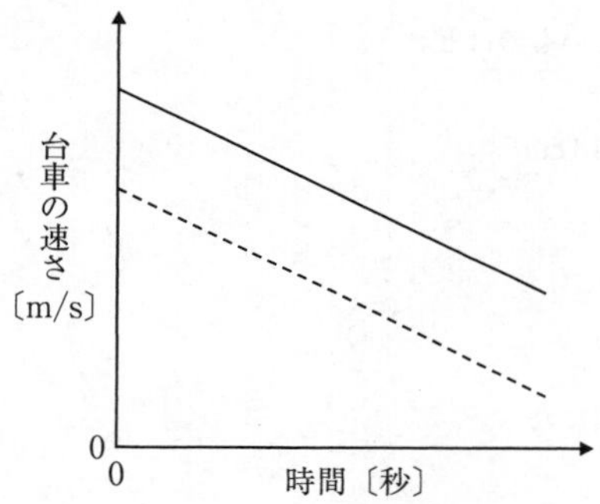

エ

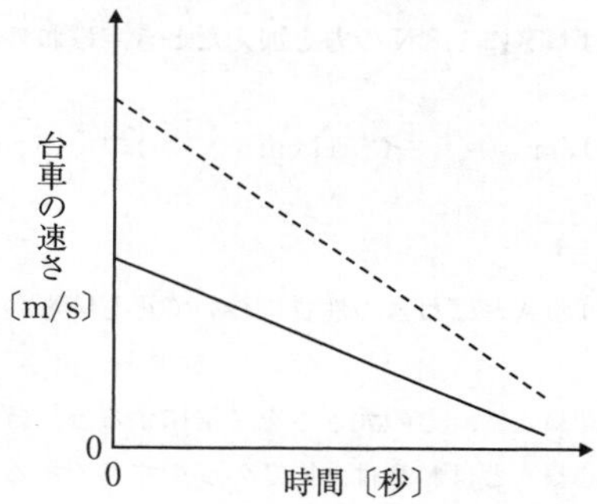

3　図ｄのような装置を用いてばねＡとばねＢにおもりをつるしたときのばねののびを調べる実験を行った。図ｅは，力の大きさ（おもりの個数）とばねののびの関係を表したものである。ただし，おもり１個の質量はすべて同じものとする。ただし，いずれの問いにおいてもばねののびは十分小さく，フックの法則にしたがうものとする。

図ｄ

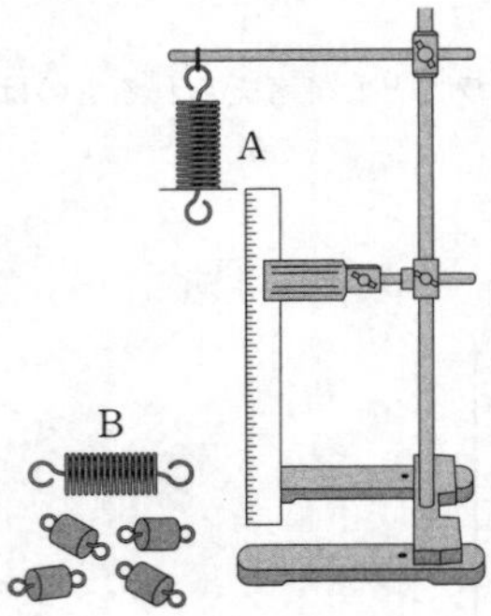

図ｅ

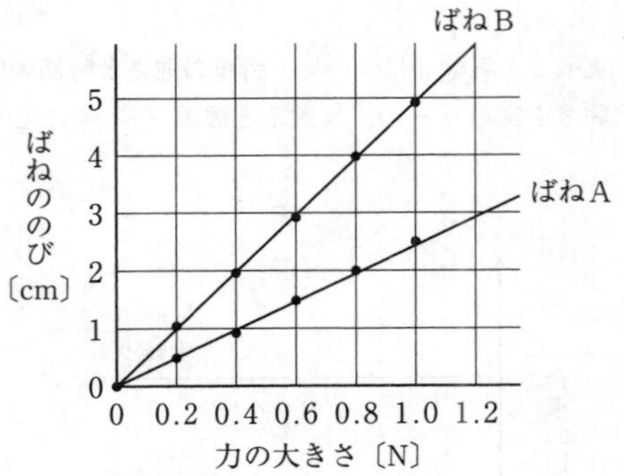

問１　ばねＡを２cm のばすために必要な力として正しいものはどれか。

ア　0.4 N　　イ　0.6 N　　ウ　0.8 N　　エ　1.0 N

問２　ばねＢに 1.8 N の力を加えたとき，ばねののびとして正しいものはどれか。

ア　9 cm　　イ　11 cm　　ウ　15 cm　　エ　18 cm

問３　ばねＡとばねＢの性質について正しいものはどれか。

ア　ばねＡは，力の大きさを２倍にすると，ばねののびは３倍になる。
イ　ばねＡとばねＢは，同じのびやすさである。
ウ　ばねＡの方がのびやすい。
エ　ばねＢの方がのびやすい。

問４　図ｆのように，ばねＡとばねＢをつなげ，ばねＢに 1.6 N の力を加えた。２個のばね全体ののびとして正しいものはどれか。

ア　6 cm　　イ　8 cm　　ウ　12 cm　　エ　16 cm

図ｆ

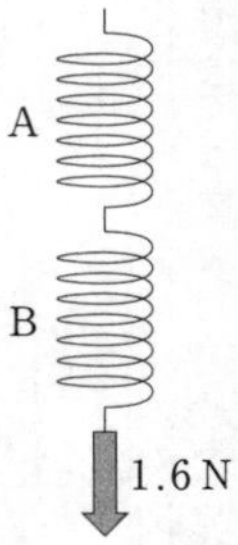

4　エタノールを用いて以下の実験を行った。

【実験1】　エタノール5.0 cm^3 と水15 cm^3 の混合物を枝つきフラスコに入れ，図gのような蒸留装置を組み立てた。一定量の熱を加え続け，加熱時間と蒸気の温度を記録しながら蒸留を行った。

【実験2】　図hのように，液体のエタノールに固体のエタノールを入れたところ，固体のエタノールはしずんだ。

図g

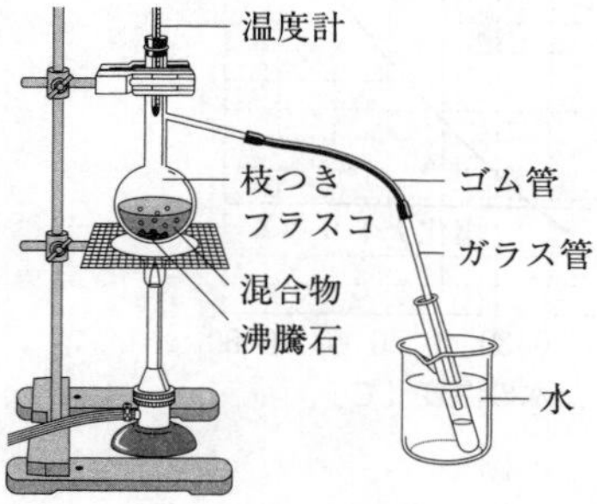

図h

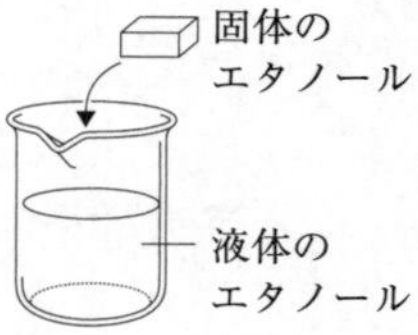

問1　実験1の下線部の混合物の質量パーセント濃度として正しいものはどれか。ただし，エタノールを溶質，水を溶媒とし，エタノールの密度を0.79 g/cm^3，水の密度を1.0 g/cm^3 とする。

ア　18 %　　イ　21 %　　ウ　25 %　　エ　26 %

問2　実験1で記録した加熱時間と蒸気の温度との関係を示したグラフとして正しいものはどれか。

ア

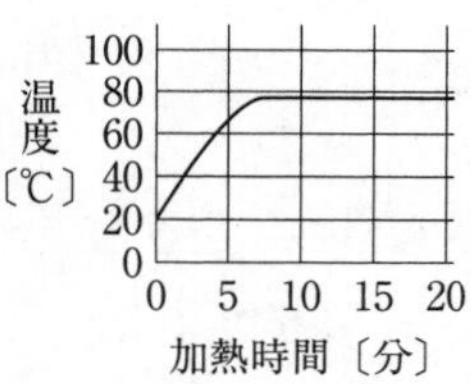

イ

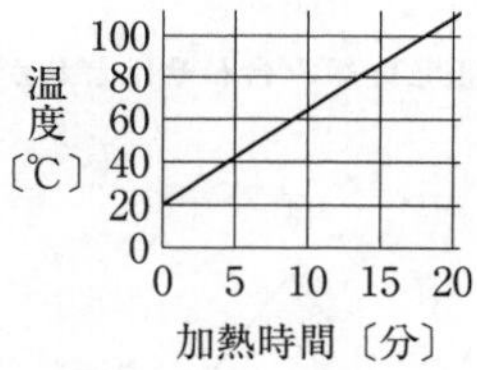

ウ

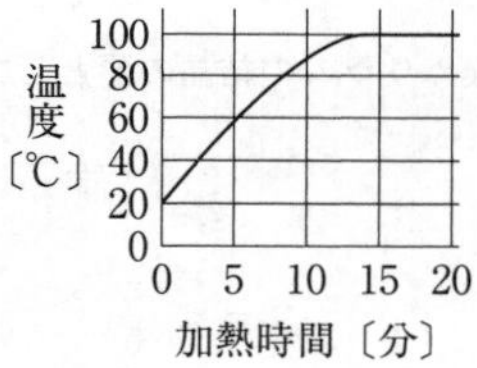

エ

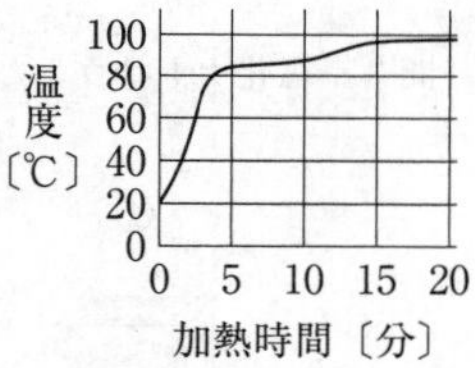

問3　実験1で試験管に集められた液体について最も適切なものはどれか。

ア　最初はエタノールの割合が高いが，しだいに水の割合が高くなる。
イ　最初は水の割合が高いが，しだいにエタノールの割合が高くなる。
ウ　エタノールと水の体積比が1：3の液体がたまり続ける。
エ　水だけがたまり続ける。

問4　実験2について**誤っているもの**はどれか。

ア　液体のエタノールよりも固体のエタノールの方が密度が大きい。
イ　液体のエタノールが固体になると体積が小さくなる。
ウ　液体のエタノールが固体になっても質量は変わらない。
エ　液体のエタノールに固体のエタノールを入れておけば固体は溶けない。

5 図 i は，100 g の水にとける塩化ナトリウムと硝酸カリウムそれぞれの質量と水の温度との関係を表したものである。

図 i

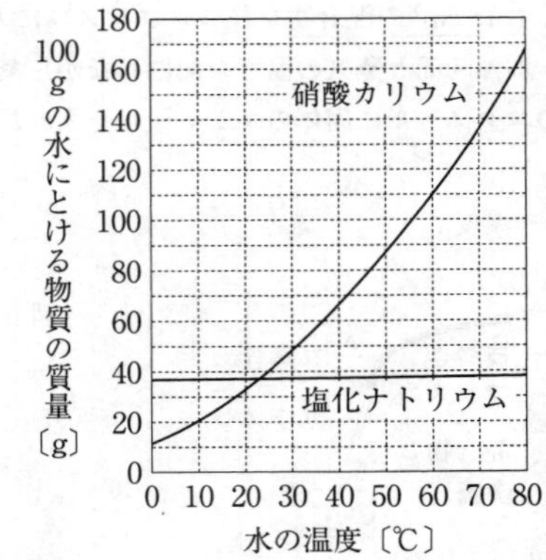

問 1　水 100 g にとける物質の質量と水の温度との関係を表したグラフの名称として正しいものはどれか。

ア　等圧線　　イ　磁力線　　ウ　溶解度曲線　　エ　変換効率

問 2　塩化ナトリウムの飽和水溶液から溶質をとり出すのに適した方法はどれか。

ア　水を蒸発させる　　イ　水溶液を冷やす　　ウ　ろ過する　　エ　蒸留する

問 3　塩化ナトリウムと硝酸カリウムの結晶の形として，正しい組み合わせはどれか。

①

②

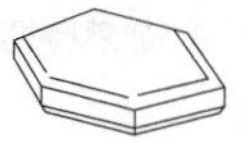

③

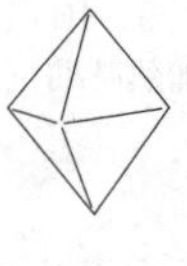

④

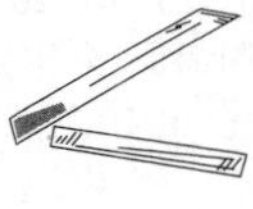

	塩化ナトリウム	硝酸カリウム
ア	①	③
イ	①	④
ウ	②	③
エ	②	④

問 4　60 ℃ の水 100 g に 30 g の塩化ナトリウムもしくは硝酸カリウムを入れてよくかき混ぜたところ，すべてとけた。この水溶液を 10 ℃ まで冷やしたとき，結晶が得られた。得られた結晶の質量と物質名の正しい組み合わせはどれか。

ア　7 g の塩化ナトリウム　　イ　10 g の塩化ナトリウム
ウ　7 g の硝酸カリウム　　エ　10 g の硝酸カリウム

6 図 j は，ヒトの循環系を模式的に示したものである。

図 j

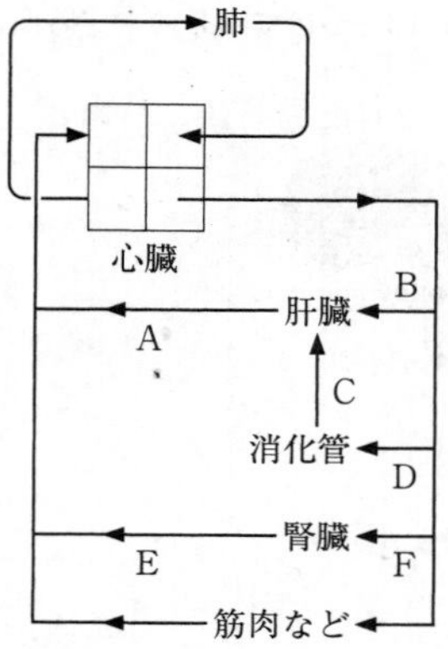

問1　図中の血管A～Dのうち，養分を最も多くふくむ血液が流れる血管はどれか。

ア　A
イ　B
ウ　C
エ　D

問2　心臓から血液が流れる瞬間の心臓の拍動と血液の流れを説明した文として正しいものをすべてふくむ組み合わせはどれか。

①　心室が収縮して，肺へ静脈血が流れ出る。
②　心室が収縮して，肺へ動脈血が流れ出る。
③　心室が収縮して，肺以外の全身へ動脈血が流れ出る。
④　心房が収縮して，肺へ静脈血が流れ出る。
⑤　心房が収縮して，肺へ動脈血が流れ出る。
⑥　心房が収縮して，肺以外の全身へ動脈血が流れ出る。

ア　①と③　　**イ**　②と③　　**ウ**　④と⑥　　**エ**　⑤と⑥

問3　柔毛内の毛細血管に吸収できる養分をすべてふくむ組み合わせはどれか。

ア　ブドウ糖，脂肪酸
イ　アミノ酸，脂肪酸
ウ　ブドウ糖，アミノ酸，脂肪酸
エ　ブドウ糖，アミノ酸

問4　血管Eを流れる血液が，血管Fを流れる血液より減少するおもな物質はどれか。

ア　アミノ酸
イ　二酸化炭素
ウ　尿素
エ　アンモニア

7 ソラマメを使って植物の根が成長するしくみを調べた。種子が発芽して根が2cmぐらいにのびたとき，図kのように等間隔に印をつけ，A，B，Cとした。実験開始から2日後に観察・測定したところ，AB間の長さの変化は小さく，BC間の長さの変化は大きかった。図ℓは印をつけてからの一定時間ごとのBC間の長さを測定したグラフである。

図k　実験開始時　2日後

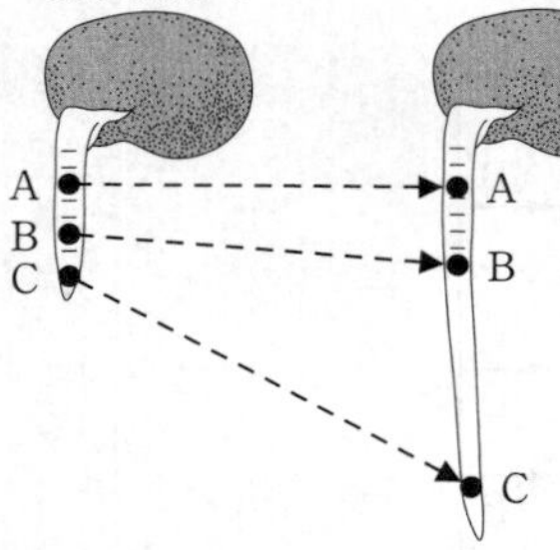

図ℓ

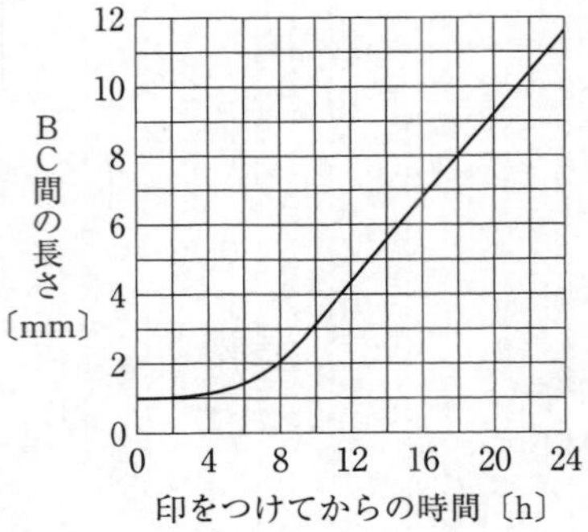

問1　A，B，Cの各部分の細胞を顕微鏡で観察したときの模式図が①～③である。AとCの各部分の模式図の組み合わせとして正しいものはどれか。ただし，A，B，Cの各部分の細胞はすべて同じ倍率で観察したものとする。

①

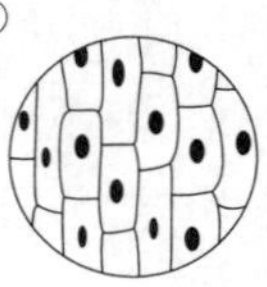

②

③

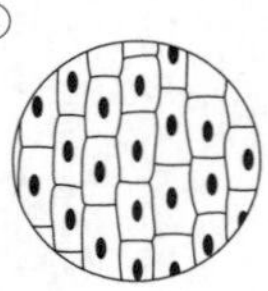

	A	C
ア	①	③
イ	①	②
ウ	③	②
エ	②	①

問2　図ℓより，BC間の長さが実験開始時の長さから10mmのびるのは実験開始からおよそ何時間後か。

ア　10時間後　　イ　12時間後　　ウ　21時間後　　エ　23時間後

問3　次の文は，根の成長について実験結果からわかることをまとめたものである。文章中の□に適する文の組み合わせとして，正しいものはどれか。

植物の根が成長するしくみは，根の先端付近の細胞が［①］。その後，それらの細胞ひとつひとつがおもに［②］ためである。

a　分裂して数を増やす　　b　結合して数を減らす
c　核を大きくする　　d　細長くのびる

	①	②
ア	a	c
イ	a	d
ウ	b	d
エ	c	a

問4　体細胞分裂の説明として，正しい文の組み合わせはどれか。

① 体細胞から，体細胞をつくる細胞分裂である。
② 細胞分裂の前後で核の中の染色体数は，半分になる。
③ 核の中で染色体が複製され，2倍になった染色体がそれぞれ分かれて新しい細胞になる。
④ 核の中の染色体と核のまわりの細胞質が，同時に2つに分かれる。
⑤ 動物だけにみられる細胞分裂である。
⑥ 細胞質が分かれはじめるとき，動物細胞は全体にくびれて2つになる。

ア	①，③，⑥
イ	①，④，⑤
ウ	②，③，④
エ	②，⑤，⑥

8

活火山Ａの火山灰を，次の手順で処理し双眼実体顕微鏡を用いて観察した。

【手順１】　蒸発皿に少量の火山灰を入れ，（　　　）。
【手順２】　（　　　）処理を数回くり返し，残った粒をペトリ皿に移す。
【手順３】　磁石の先を薬包紙に包んで，磁石に引きつけられた粒を除いた後，双眼実体顕微鏡で20～40倍に拡大して観察する。

問１　（　　）にあてはまる操作として正しいものはどれか。

ア　水を加えて指先で軽く押し，にごった水は捨てる
イ　アルコールランプで加熱し，冷めるまで放置する
ウ　粒が細かくなるように乳棒ですりつぶす
エ　塩素系の漂白剤を加え５分間置いたのち，水ですすぐ

問２　磁石に引きつけられた粒（鉱物）は，何であると考えられるか。

ア　磁鉄鉱　　　**イ**　クロウンモ　　　**ウ**　セキエイ　　　**エ**　キ石

問３　次の文章中の□に適する語句はどれか。

火山ガスの主成分は水蒸気だが，二酸化硫黄や温泉のような特有のにおい（腐卵臭）がある□などの有毒物質をふくむ場合がある。

ア　オゾン　　　**イ**　塩化水素　　　**ウ**　一酸化炭素　　　**エ**　硫化水素

問４　火山灰を観察したところ無色透明の鉱物や白色の鉱物が有色鉱物より多くふくまれており，全体的に白っぽく見えた。活火山Ａについての説明文として正しいものはどれか。

ア　活火山Ａのマグマはねばりけが強く，山の形は雲仙普賢岳（平成新山）に似ている。
イ　活火山Ａのマグマはねばりけが強く，山の形は伊豆大島の三原山に似ている。
ウ　活火山Ａのマグマはねばりけが弱く，山の形は昭和新山に似ている。
エ　活火山Ａのマグマはねばりけが弱く，山の形は伊豆大島の三原山に似ている。

9　5月12日の15時に宇都宮市で気象観測を行ったところ，気温は21℃，湿度は57％であった。表1は湿度表，表2はそれぞれの気温における飽和水蒸気量である。

乾球の示度〔℃〕	乾球と湿球との示度の読みの差〔℃〕									
	0	**1**	**2**	**3**	**4**	**5**	**6**	**7**	**8**	**9**
30	100	92	85	78	72	65	59	53	47	41
29	100	92	85	78	71	64	58	52	46	40
28	100	92	85	77	70	64	57	51	45	39
27	100	92	84	77	70	63	56	50	43	37
26	100	92	84	76	69	62	55	48	42	36
25	100	92	84	76	68	61	54	47	41	34
24	100	91	83	75	68	60	53	46	39	33
23	100	91	83	75	67	59	52	45	38	31
22	100	91	82	74	66	58	50	43	36	29
21	100	91	82	73	65	57	49	42	34	27
20	100	91	81	73	64	56	48	40	32	25
19	100	90	81	72	63	54	46	38	30	23
18	100	90	80	71	62	53	44	36	28	20
17	100	90	80	70	61	51	43	34	26	18
16	100	89	79	69	59	50	41	32	23	15
15	100	89	78	68	58	48	39	30	21	12

表1

気温	飽和水蒸気量〔g/m^3〕	気温	飽和水蒸気量〔g/m^3〕
0℃	4.8	20℃	17.3
1℃	5.2	21℃	18.3
2℃	5.6	22℃	19.4
3℃	5.9	23℃	20.6
4℃	6.4	24℃	21.8
5℃	6.8	25℃	23.1
6℃	7.3	26℃	24.4
7℃	7.8	27℃	25.8
8℃	8.3	28℃	27.2
9℃	8.8	29℃	28.8
10℃	9.4	30℃	30.4
11℃	10.0	31℃	32.1
12℃	10.7	32℃	33.8
13℃	11.4	33℃	35.6
14℃	12.1	34℃	37.5
15℃	12.8	35℃	39.6
16℃	13.6	36℃	41.6
17℃	14.5	37℃	43.9
18℃	15.4	38℃	46.2
19℃	16.3	39℃	48.6

表2

問1　全国約1,300か所にある無人の気象観測所から，自動的に気象データを集める気象庁の地域気象観測システムの名称として正しいものはどれか。

ア　気象レーダー　　**イ**　アメダス　　**ウ**　ひまわり　　**エ**　CTD

問2　観測した時の乾湿計のそれぞれの示度〔℃〕の数値として正しい組み合わせはどれか。

	乾球温度計	湿球温度計
ア	21	16
イ	21	26
ウ	21	57
エ	28	22

問3　観測した時の空気1 m^3 中にふくまれる水蒸気量は約何gか。

ア　6.8g　　**イ**　7.8g　　**ウ**　9.2g　　**エ**　10.4g

問4　観測した時の空気の露点として，最も近いものはどれか。

ア　5℃　　**イ**　8℃　　**ウ**　11℃　　**エ**　14℃

【国語】（五〇分）〈満点：一〇〇点〉

一　1と2は、傍線部の漢字と同じ読みのものをそれぞれ一つ選びなさい。また、3から5は、傍線部を漢字に直した時に同じ漢字を使うものをそれぞれ一つ選びなさい。

1　盟友と戦う。
ア　神楽《かぐら》を奉納する。　イ　地中に埋没する。
ウ　迷信にとらわれる。　エ　妙案が浮かぶ。

2　甘苦をともにする。
ア　軒先を借りる。　イ　圧巻の試合運びをする。
ウ　落花枝に帰らず。　エ　辛酸をなめる。

3　国際紛争にカイ入する。
ア　病人をカイ抱する。　イ　失敗を弁カイする。
ウ　駅のカイ札を出る。　エ　軽カイな音楽を聴く。

4　イ任状を提出する。
ア　講演をイ頼する。　イ　学級イ員長に立候補する。
ウ　ダムの水イが上がる。　エ　親切な行イで表彰される。

5　彼は大器バン成な人だ。
ア　順バンを守って並ぶ。　イ　活躍をバン感の思いで見る。
ウ　回覧バンを届ける。　エ　作家のバン年の業績を調べる。

二　次の1から6の問いに答えなさい。

1　次の漢字の中から、部首が異なるものを一つ選びなさい。
ア　種　イ　秋　ウ　税　エ　和

2　次の□に共通して入る語として、適当なものを一つ選びなさい。
□作為・□頓着・□作法
ア　無　イ　非　ウ　不　エ　未

3　「多種多様」と同じ意味を表すものとして、適当なものを一つ選びなさい。
ア　森羅万象　イ　大同小異　ウ　適材適所　エ　千差万別

4　傍線部の言葉の意味合いとして、適当なものを一つ選びなさい。
小一時間ほど近所を散歩してきた。
ア　一時間弱　イ　約一時間半　ウ　一時間強　エ　約三〇分

5　傍線部の言葉の意味として、適当なものを一つ選びなさい。
田舎から柿を送ってきたのでご近所の人におすそ分けをした。
ア　相手の気を引くために贈ること。　イ　もらい物の一部を分け与えること。
ウ　大事な物をあえて譲ること。　エ　余り物を山分けすること。

6　傍線部の語が係る言葉として、適当なものを一つ選びなさい。
日本では、流行現象はすでに江戸時代からあったとよくいわれる。
ア　江戸時代から　イ　あった　ウ　よく　エ　いわれる

三　次の会話は、AさんとBさんとCさんが総合的な探究の時間で調べ学習している時のものです。これを読んで、1から5の問いに答えなさい。

A「つい最近、ヘルプマークをバッグにつけている人を街で見かけたよ。」

B「ヘルプマークは『外見から分からなくても援助や配慮を必要としている方々が、周囲に配慮を必要としていることを知らせることで、援助を得やすくなるよう、作成されたマーク』という意味だったよね。」

C「そうだね。私は授業で学ぶまで『ヘルプマーク』のことを知らなかったよ。とても素晴らしい意義あるマークだと思うんだけど、それほど広まっていないこの状況が気になるな。」

A「確かにそうだね。1ヘルプマークの認知率がとても気になるね。」

B「うん、気になるよね。」

C「一概には言えないと思うけど、首都圏以外の地域は車社会のような気がするから交通網の発達も認知率を左右する要因の一つになっていそうだよね。」

A「それもあるね。でも他に2何か特別な理由があるのかな? 首都圏は確かに公共交通機関に掲示してあるポスターなどで知る機会が多いのかもね。」

B「社会的弱者に配慮するような環境整備がますます必要になってくるよね。」

C「でも、中には利用したくないと感じている人もいるようだよ。このギャップは問題だね。」

A「モラルの問題にも関わってくるのかな。周囲から奇異な目で見られることに抵抗がある人はまだまだ多いよ。どうしたらヘルプマークの存在価値を［3］できるかな?」

B「そうだね。弱者が気を遣わなければならないのは4腑《ふ》に落ちないよね。」

C「もっと気兼ねなく使ってもらうにはどうしたらいいだろう?」

A「例えばポスターやインターネットで啓蒙《もう》活動を積極的に行うことが大切だと思わない?」

B「うん、インターネットはいつでもどこでも誰でも発信できる有意義なものだよね。常日頃からインターネットが身近にある私たちの世代がもっとヘルプマークを普及させていけるといいな。」

A「そうだね。援助が欲しい人にすぐに手を差し伸べられる世の中であってほしいし、私たちももっと5思いやりの心をもっていたいな。」

1　傍線部1「ヘルプマークの認知率」とあるが、表1から読み取れる内容として、最も適当なものを一つ選びなさい。

ア　首都圏以外の地域では約8割の人がヘルプマーク自体を知らないと回答しており、地域格差が顕著にあらわれている。

イ　ヘルプマークの認知率は地域によってかなりの差があり、その他の地域の認知率は首都圏の認知率の半数にも満たない割合になっている。

ウ　首都圏とその他の地域のヘルプマークの認知率には大した差はなく、ヘルプマークの認知率はどの地域でもおおむね高いと知られている。

エ　ヘルプマークの認知率を地域別にみてみると、首都圏では半分以上の人が知っていると答えているのに対し、その他の地域では約4割に留まっている。

2　傍線部2「何か特別な理由があるのかな」とあるが、表2から読み取れる内容として、最も適当なものを一つ選びなさい。

ア　首都圏では役所など公的機関を通じて知った人や周囲の人から教えてもらったと答えた人の割合が、その他の地域の人たちの割合の3倍以上になっている。

イ　首都圏の人たちはSNSなどインターネットを通じて知ったと答えた人の割合が圧倒的に高く、店舗および会社内で知ったと答えた人の割合はほぼない。

ウ　テレビや新聞などマスコミを通じて知った人の割合は、首都圏でもその他の地域でも大きな差はなく、どちらも4分の1程度に留まっている。

エ　ヘルプマークを知った手段として、公共交通機関を利用した際に知ったと答えた人の割合が、首都圏とその他の地域ともに最も多い。

3　空欄 3 には「広く知らせて隅々までいきわたらせる」という意味の語句が入る。最も適当なものを一つ選びなさい。

ア　面目躍如　　イ　衆人環視　　ウ　縦横無尽　　エ　周知徹底

4　傍線部4「腑に落ちない」の意味として、最も適当なものを一つ選びなさい。

ア　納得がいかない　　イ　味気ない　　ウ　性根が悪い　　エ　心底嫌われる

5　傍線部5「思いやりの心」とあるが、これは儒家の祖である人物が「仁」として最も大切にしていた理念である。この人物を選びなさい。

ア　老子　　イ　孟子　　ウ　孔子　　エ　荘子

表1　あなたはヘルプマークを知っていますか
（障がい者総合研究所）

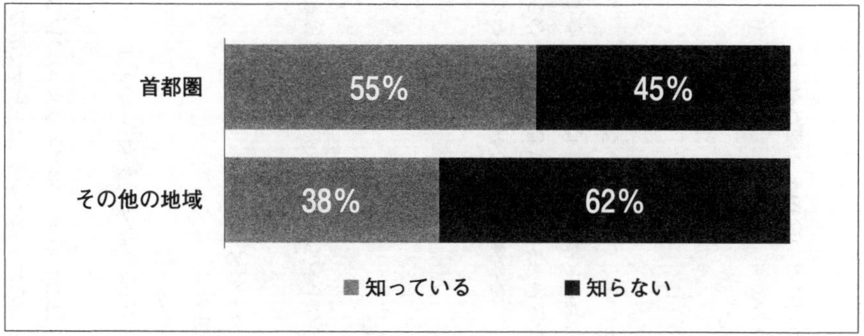

表2　あなたはどのようにして、ヘルプマークを知りましたか
（複数選択可）（障がい者総合研究所）

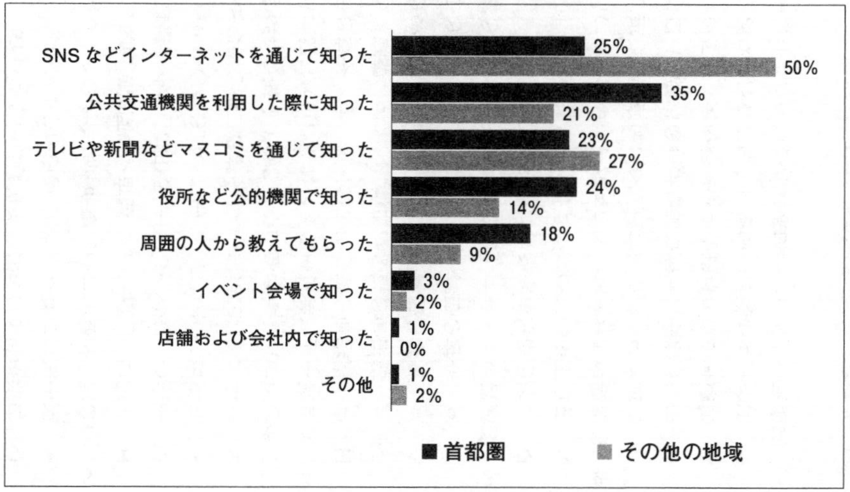

四

次の文章を読んで、1から5の問いに答えなさい。（問題作成の都合で原文を一部変更したところがあります。）

今は昔、物ごと自慢くさきは未練のゆへなり。物の上手の上からは《すでに名人、達人の域に達している者は、》、[1]すこしも自慢はせぬことなり。我より手上《てうへ》《技量が》の者ども《優れている者たち、》、広き天下にいかほどもあるなり。諸芸ばかりに限らず、侍《さぶらひ》道にも武辺・口上《武芸・武士としての口の利き方、》以下、さらに自慢はならぬものを、今の世は、貴賤《きせん》上下それぞれに自慢して、声高に荒言はきちらし、わがままをする者多し。その癖に、おのれが疵《きず》をかくさんとて、[2]よき者をそしり笑ふことあり。ある者、座敷をたてて絵を描かする。白鷺の一色を望む《白鷺だけを描いてほしいと注文した。》。絵描き、「心得たり」とて焼筆をあつる《焼筆で下絵を描いた。》。亭主のいはく、「いづれも良さそうなれども、この白鷺の飛びあがりたる、[3a]羽づかひがかやうでは、飛ばれまい」といふ。絵描きのいはく、「いやいやこの飛びやうが第一の出来物ぢや」といふうちに、本の《本物の》白鷺が四五羽うちつれて飛ぶ。亭主これを見て、「あれ見給へ。あのやうに描きたいものぢや」といへば、絵描きこれを見て、「いやいやあの[3b]羽づかひではあつてこそ、それがしが描いたやうには、[4]え飛ぶまい《飛ぶことができない》」といふた。

（『浮世物語』による）

注　＊焼筆――下絵を描くのに用いる筆。

1　傍線部1「すこしも自慢はせぬことなり」の理由として、最も適当なものを一つ選びなさい。
ア　自分よりも秀でる者がこの世にはたくさんいると知っているから。
イ　自慢することで偉そうな態度を取っていると思われたくないから。
ウ　自分の芸事に大変自信があるので敢えて口に出したくないから。
エ　自慢しなくても優れていることは周りが知っているから。

2　傍線部2「よき者をそしり笑ふ」の理由として、最も適当なものを一つ選びなさい。
ア　体の傷を誰にも見られたくないから。
イ　自分の欠点を指摘されたくないから。
ウ　自分の過去を暴かれたくないから。
エ　わがままであると責められたくないから。

3　傍線部3a・3b「羽づかひ」が示すものの組み合わせとして、最も適当なものを一つ選びなさい。
ア　a　本物の白鷺　　b　本物の白鷺
イ　a　本物の白鷺　　b　絵描きの描いた白鷺
ウ　a　絵描きの描いた白鷺　　b　絵描きの描いた白鷺
エ　a　絵描きの描いた白鷺　　b　本物の白鷺

4　傍線部4「え飛ぶまい」と言ったことに関して生徒たちが話し合っている場面である。本文の趣旨に**合致しないもの**として、最も適当なものを一つ選びなさい。
ア　生徒A「結局絵描きは本物の白鷺の飛び方を上手に描けなかったんだよね。」
イ　生徒B「それに、亭主にもこの絵のままでは飛べないと指摘されているよ。」
ウ　生徒C「違うよ。亭主の白鷺に対する観察力が足りないからだよ。」
エ　生徒D「いやいや、絵描きは屁理屈を言って自分を正当化したかったんじゃないかな。」

5　この話の主題として、最も適当なものを一つ選びなさい。
ア　武士道には様々な掟《おきて》があるということ。
イ　芸に自信がある者ほど堂々としているということ。
ウ　自慢をすることは芸が未熟だということ。
エ　正しい目を養うためには冷静に観察せよということ。

五 次の文章を読んで、1から7の問いに答えなさい。

すでに述べたように、善悪はその社会における共有された規範である。だから共有関係がこわれれば、善悪の共有もまた失《うし》なわれる。

たとえばこういうことである。かつての農村や山村においては、そこに暮らす大多数の人々は同じような労働と生活をしていた。田畑を耕やし、山を利用し、ときには縄をなったり籠を編んだり、機《はた》織りをしたりといった家内職人的な仕事をしながら、村のなかの大多数の人々は暮らしていた。そういう時代には、自然に、人々はいろいろなことを共有していた。田畑の価値も、水田に水を入れる水路の意味も、森の役割や人の技の価値も、さらにはその村でおこなわれる行事や祭り、祀《まつ》られた神々の意味も人々は共有していた。

それは必然的に善悪の共有を生みだす。田畑を荒らすことも、水路の管理を怠ることも、行事や祭りや神々を大事にしないこともここでは悪として共有される。それに対して自分の技を磨き、助け合って生きることは善である。何が悪で何が善かを決めなくても、共有された世界の存在が自然に善悪の共有を生みだしていた。

ところが近代社会に入ると、次第にこのような関係は成り立たなくなってくる。かつての農山村のような、ひとつの時空をみんなで共有することがなくなったのである。それに代わって、時空の分裂が進行した。そしてそのことは、当然のように善悪の分裂をも促進させる。

たとえば企業である。企業もまたひとつの共有された時空であり、それゆえに企業内的な規範としての善悪の基準を発生させる。しかしその善悪は全社会的に共有されることはない。企業のなかでは善とされることでも、企業的時空の外の規範では、悪としてとらえられることは1往々にしてありうる。

住宅地の住民の善悪の規範と元からの住民の規範がくい違うこともおこるし、高齢者たちの規範と若者の規範が相違することも発生する。こうして善悪の規範は無限に拡散し、最終的には一人一人の規範にまでいきつく。共有された世界がなくなれば、善悪の規範も一人一人のものになるからである。

2 A そうなってもなお、一定の善悪の規範は共有されつづけるだろう。その理由は簡単なところにあって、その時代の社会的ルールをあまり大きく踏みだしてしまうと、自分にとっての不利益が大きくなるからである。それは自動車を運転するときの交通ルールのようなものである。自分の運転が安全であるという確信があれば、ドライバーは交通ルールを守ることが社会に対する義務だなどとはほとんど思っていないだろう。2 B 多くのドライバーは自動車運転に関する法規を少し無視する程度にとどめる。それは大きく無視して捕まったときの自己の不利益が大きいからである。

共有された世界から離れて人間の個人化がすすめば、本質的には善悪は個人のものになり、しかし現実にはその個人を不利益から守るために社会ルールから大きく踏みはずさないという行動が生まれる。共有化された規範がそうさせているのではなく、個人の社会における自己防衛がそのような行動を生みだすのである。

2 C それが自分の不利益になるという思いがなければ、自分だけの善悪の基準で行動する人もでてくる。たとえばサラリーマンにとっては社会でトラブルをおこすことは、自分の不利益を招きかねないが、不利益を生じさせる関係をもっていなければ、社会でトラブルをおこしたところでどのような不利益も発生しない。それは自分だけの善悪の基準にしたがって行動する「自由」を手にすることを意味する。

現代社会では善悪の規範は共有されていない。だから自分が善や悪だと感じていることが、社会で通用するとはかぎらない。3その結果善悪を主張すればするほど社会との断絶を感じ、孤独を感じるという現象がでてくる。あるいは自分とは違う善悪の基準をもつ人々がいるだろうことに怯《おび》えるといった現象もでてくる。

とするとこのような時代においては、社会はどのようなかたちでつくられるのだろうか。社会に共有された規範があれば、その規範にしたがって社会を維持すればよいが、その共有された規範が存在しない。

このような社会にあっては、主導権をとった者たちが社会ルールをつくり、多くの人たちは自己防衛的にそのルールに従うというかたちが生まれる。その結果主導権を握った者たちが善として振る舞うことが可能になる。

たとえばそれは、企業もまたひとつの社会だと考えればわかりやすい。企業のなかで主導権を握った者たちがその企業の善悪のルールをつくり、多くの社員たちは自己防衛的にそのルールに従う。

（中略）

こうして私たちは「善」の意味が短期的に変わっていく社会のなかに身をおくようになった。主導権を失なえば、昨日の善は今日の悪になる。そしてそれは共有された世界が失なわれた時代の必然的な結果であった。

善悪は、もともとは、共有された社会がつくりだす共有された規範であり、人間がつくりだすものというより、共有された世界がつくりだすものである。だからかつての農村社会には、農村社会がつくりだす善悪の基準があった。職人たちにも職人の共有された善悪の基準があり、戦国時代の武士団にも武士団としての共有された善悪があった。そしてこの共有された善悪の世界を近代社会が解体し、最終的には善悪は個人の判断へと分解していったのである。

だがそのとき、多様な善悪の基準が生まれたわけではなかった。たえず一時の主導権を握ったものが自己を善として振る舞い、多数派は自己防衛的にその善に従うことによって、それがあたかも善であるかのごとく力を発揮する時代がつくられたのである。

この構造が*扇動屋の時代をつくりだした。4主導権を握るための扇動が何よりも重要になったのである。そして有効な扇動のシナリオを書く企画会社の役割が大きくなった。何が善で何が悪かではない。どのように扇動をしたら主導権がとれるか、である。その結果主導権をとるために扇動した内容が、主導権を確立した後は善として主張されることになる。

こうして現代社会は、5善が不在ともいえる社会をつくりだしてしまったのである。善が主導権の変更によってたえず変容する時代、といってもよい。ゆえに善の側にいようとするなら、私たちはたえず主導権をとった側に、多数派に身をおかねばならなくなった。扇動によって生まれた多数派の側に身をおくようになったのである。

現在の私たちは、家にはパソコンがあり、ポケットかバッグには携帯電話を入れている。このふたつは時代が私たちに提供した［ 6 ］贈り物だと私は思っているが、しかしこの現実に私は従っている。それを持たなければ仕事もうまくいかない時代に、私も飲み込まれてしまったからだ。それらが良いものかどうかは問いたくもない。それを問うたところで私の現実は変わらないだろう。ここでも私は多数派の一員でなければならない。

現在はアメリカがつくりだした金融システムが、善から悪に変わりつつある時代である。昨日までは善だと言っていた人々が、今日からは悪だと言いはじめるだろう。なぜならそこに多数派が形成されはじめているからだ。経済のグローバル化として語られたアメリカ型の経済システムを批判しつづけてきた人々が正当に評価されることなく、そこに多数派が形成されるのである。

終身雇用制や年功序列型賃金に守られた日本的経営システムは、この十数年の間は「悪」とみなされてきた。なぜならそれが悪だと扇動した人々が多数派を形成することに成功したからである。しかし、これからは急速にそれが善だとみなされるようになるだろう。なぜならそれが善だとする扇動が、多数派を形成しそうになっているからである。労働と雇用、賃金の関係を深く洞察するわけでもなく、そしてそのような考察をしてきた人々が力をつけるわけでもなく、この転換はすすんでいくだろう。

まるで共同幻想のように何かが生まれ、また新しい共同幻想が発生してくる。そして私たちは多数派の共同幻想のなかに身を置こうとする。

とするとすべては失なわれていることにはならないか。ゆだねること、同調することによって自己を失なわれた存在へと落としていく。7そのことによって自由に生きる自己を再確立する。それが私たちの時代に与えられた生き方である。

（内山　節『怯えの時代』による）

注　*扇動――人の気持ちをあおり立てて、ある行動をすすめそそのかすこと。

1　傍線部1「往々にして」の意味として、最も適当なものを一つ選びなさい。

ア　しばしば　　イ　ごくまれに　　ウ　必ず　　エ　一方的に

2　空欄 A [2]・ B [2]・ C [2] に入る語の組み合わせとして、最も適当なものを一つ選びなさい。

ア　A　しかも　B　さらに　C　あるいは　　イ　A　もっとも　B　しかし　C　だから

ウ　A　したがって　B　それで　C　そして　　エ　A　すでに　B　また　C　けれども

3　傍線部3「その結果善悪を主張すればするほど社会との断絶を感じ、孤独を感じるという現象がでてくる。」の理由として、最も適当なものを一つ選びなさい。

ア　社会で共有される規範の基準は曖昧になるので、善悪の判断に差異が生まれることで、お互いが疑心暗鬼になるから。

イ　善悪の判断は個人の裁量なので、自分の不利益にならないように行動できる自由を手に入れると、周囲の妬みを買うから。

ウ　共有される善悪の規範が消滅すると善悪の判断は個人に委ねられるので、その判断が正解なのかどうかがわからなくなるから。

エ　共有される善悪の判断の基準は甘くなっていくので、ルールに厳しい人達と常にいさかいが生じることで孤立する状態になるから。

4　傍線部4「主導権を握るための扇動が何よりも重要になったのである。」の説明として、最も適当なものを一つ選びなさい。

ア　善悪が曖昧になった現代においては、社会の中で存在感を増した者がより善になり、周囲の人達も自己保身から、その善に従う構図ができ上がっていったということ。

イ　善悪の線引きが難しくなってしまった現代では、その判断は自己責任になっていくので、扇動屋の勧誘によりどちらの立場に加担するかを決めるしかないということ。

ウ　善悪の判断が共有されなくなった現代社会においては、扇動屋という職業が新たに認知され、自分の立ち位置を確認するためには不可欠な存在になったということ。

エ　複雑化した現代社会において、善悪の判断が正しいと言える存在になるには、多様な考えの持ち主を集めて、多くの支持者を得ることが必要になるということ。

5　傍線部5「善が不在ともいえる社会」の解釈として、最も適当なものを一つ選びなさい。

ア　善悪の思考がないので、自己中心的な人ばかりになった社会。

イ　近代社会によって道徳心が喪失し、善の主導者がいない社会。

ウ　企業の都合により善と悪の価値も、目まぐるしく変わる社会。

エ　主導権を握ったものの考え方次第で、善と悪が変容する社会。

6　空欄 6 に入る語として、最も適当なものを一つ選びなさい。

ア　高額な　　イ　便利な　　ウ　不快な　　エ　豊かな

7　傍線部7「そのことによって自由に生きる自己を再確立する。」の説明として、最も適当なものを一つ選びなさい。

ア　本質的に善悪の判断は個人のものとなった時点で、すべての物事を自分の裁量で決定できる自由と、人生の豊かさが同時に手に入れられるようになったということ。

イ　善悪の規範が変わる時代に、自分の生き方をその都度合わせていくことで、自分が思い描いていなかった方向に進んだとしても、人生を自在に生き直していけるということ。

ウ　社会情勢が、農山村社会からの脱却を図ったことにより善悪の分裂も促進されていったことで、様々な縛りから解放されて人生を謳《おう》歌できるようになったということ。

エ　共有された世界の崩壊は、善悪の判断を多数派により常に書き換えられる不安定な状況を招く結果になったが、少数派の考えも自由に選択できるようになったということ。

六　次の文章を読んで、１から７の問いに答えなさい。

【　デザイン学校を卒業したものの三十歳になった今も無職の菅田浩弥は、ある日参加した高校の同窓会の席で、水道局に勤めている征太郎が今も小説を書き続けていることを知る。ふとしたきっかけで知り合った小町さんから勧められた本を見るため、浩弥は今日もコミュニティハウス内にある図書室に出かけた。】

コミュニティハウスを出たところで、スマホが鳴った。

征太郎からの電話だった。友達からの電話なんてほぼかかってきたことがなくて、俺は立ち止まり、緊張気味に出た。

「浩弥、僕……僕…」

スマホの向こうで征太郎が泣きじゃくっている。俺はうろたえた。

「どうしたんだよ、おい、征太郎」

「……作家デビュー、決まった」

「は？」

「実は、年末にメイプル書房の編集さんからメールがあったんだ。僕、秋の文学フリマで小説の冊子を出していて、それを読んでくれた崎谷さんって人から。何度か会って打ち合わせして、少し手を入れる方向で、今日、企画が通ったって」

「す、すげえ！　よかったじゃん！」

震えた。

すげえ、ほんとにすげえ。夢かなえちゃったよ、征太郎。

「浩弥に、一番に言いたかったんだ」

「え」

「僕が作家になれるわけないって、きっとみんな思ってた。でも高校のとき、浩弥だけは言ってくれたんだ。征太郎の小説は面白いから書き続けろって。浩弥は忘れちゃったかもしれないけど、僕にとってはそのひとことが原動力で、1最強に信じられるお守りだったんだ」

征太郎は大泣きしていたけど、俺も涙があふれて止まらなかった。俺の……俺の小さなひとことを、そこまで大事にしてくれてたなんて。

でも、征太郎が書き続けて発表し続けてこられたのは、そのせいだけじゃない。きっと、征太郎の中に自分を信じる気持ちがあったからだ。

「じゃあ、もう水道局員じゃなくて作家だな」

鼻水をすすりながら俺が言うと、征太郎は「ううん」と笑った。

「水道局の仕事があったから、小説を書き続けることができたんだ。これからも辞めないよ」

俺はその言葉を、頭の中で繰り返した。2どういう意味だろうと考えてしまうような、でも理屈じゃなくすごくわかるような。

「今度、お祝いしような」と言って、俺は電話を切った。

（中略）

次の日俺は、クロッキー帳といろんな種類の筆記具を持ってコミュニティハウスに行った。

*孔子鳥がそうだったように、『進化の記録』には俺の創作意欲をかきたてる写真がいっぱいある。コンテストに出すかどうかは別として、またちゃんと絵を描くことと向き合いたいと思ったのだ。

コミュニティハウスの入口から中に入ると、いつも受付にいる白髪のおじさんと小町さんが立ち話をしていた。その脇を通って図書室に向かう。

もはや勝手に『進化の記録』を取り出し、俺は閲覧席で写真を選び始めた。絵を描くという気持ちで見ると、新たな高ぶりがあった。北米のカミキリムシをデッサンしようか。コウモリの羽から着想してキャラデザインしてもいい。ああ、*ウォレスの肖像を硬筆エンピツで写し取るのも面白い。

わくわくとページをめくっていると、小町さんが戻ってきた。貸出カウンターにいたのぞみちゃんに話しかけている。

「室井さん、しばらく来られないって」

俺はカウンターのほうに顔を上げた。

「娘さんのお産が、早まったみたいで。のぞみちゃん、悪いけど、三月いっぱい事務室の手伝いもしてもらっていいかな」

のぞみちゃんは少し困惑した表情でうなずいている。

いや、それは……。

俺は立ち上がった。頭よりも体が先に動いていた。

「あのっ」

小町さんが振り返る。

「お、俺。俺にやらせてもらえませんか」

額に汗がにじむ。何言ってるんだ、俺。

でも、だって、のぞみちゃんは図書室にいなくちゃだめだ。司書になるために、あんなにがんばってるんだから。

ここでの仕事って、何すればいいのかはわからないけど、とりあえず俺には時間だけはたっぷりある。

小町さんは3眉毛ひとつ動かさず俺の顔をじっと見つめたあと、かすかに微笑《ほほえ》んだ。

室井さんの代わりに週四回、朝八時半にここに来ることがまずつらかった。それまでだらだらと朝方まで起きていて、目覚まし時計もかけずに昼まで寝ていたのだから仕方ない。

それでも、起きるときの壮絶なしんどさを乗り切りさえすれば、外の空気に触れるころには完全に目が覚めた。なまっていた体には館内の掃除もきついほどだったけど、数日こなすうちに、一日中なんとなくだるかったのがシャンとしてきた。何より、自分の労働がお金になることがものすごく久しぶりで、新鮮だった。使い道は、最初から決めていた。

受付、掃除、パソコン入力、講座の案内やサポート。行ったことのなかった二階は広いスペースがとられていて、ダンスレッスンや講演会も行われていた。俺にでもできるぐらいの掃除や備品管理をする仕事は、思っていた以上にたくさんあった。

俺が絵が描けると小町さんが吹聴したようで、コミハ通信のイラストやイベントのポスターも頼まれた。「うまいなあ」と褒められたり、壁に貼ってあるポスターの前で人が足を止めたりすると、密かにガッツポーズをして喜んだ。俺の絵は、なぜか小さな子どもによくウケるようだった。

ここでの時間は、ゆっくりこっくり流れていた。今までバイトしてきたどことも違う。俺は出来損ないじゃなくて、自分を活かせる場を間違えていただけだったのかもしれない。少しだけでも、「役に立っている」という実感があった。そのことは大きな安心をくれた。4俺はここにいてもいいのだと。

コミュニティハウスにはいろんな人が来た。講座の先生、それを受講する生徒。カラーセラピーのセッション、工芸のワークショップ、さまざまな催しがあった。

この街に住む人々が、豊かな時間を過ごせるように、学びや娯楽を得られるように、安心して来られるように。考えられ、配慮され、広く受け入れられる場。それを用意するのが、この施設の大きな目的だった。

よく顔を見せるおばあさんとロビーで話し込んだり、若い母親に連れられてきた子どもと仲良くなったり、俺はこんな社交的な自分がいることにびっくりした。

事務室のシフトが入っていない日は、図書室で本を読んだり絵を描いたりした。不思議だった。5今まで覆われていた布が取り外されたかのように、アイディアがむくむくと湧いてくるのだった。あんなに時間があったときは、まったく思い浮かばなかったのに。描こうという気にさえなれなかったのに。

スタッフともいろいろ話すようになった。いつも受付にいる白髪のおじさん……古田さんは館長で、区民利用施設協会という一般社団法人の職員だった。この協会は、都が設置した区民施設の管理や運営を委託されているのだ。

就職活動って、これまで企業や店しか思い浮かばなかった。すぐ身近に、俺の知らなかったいろんな仕事がある。もっと調べてみたら、自分にぴったりの場が見つかるかもしれない。

感謝したいことがいっぱいだった。ここで働かせてもらえること、気持ちよく動く体、利用者が笑顔を向けてくれること。

そして母さん。

俺が会社を辞めても、少しも責めなかった母さん。

家でごろごろしている俺に、無理強いはせずそれとなく外に出るように仕向けてくれていた母さん。

人からは「 6 」と言われていただろう。

法事なんかで、何も知らない親戚から「浩弥は何の仕事してるんだ」と訊《たず》ねられて、気まずくなったことも何度かある。そういうことを訊《き》いてくる人にまったく悪意はない。それがなおさらつらかった。学生でもない大人は仕事をしていて当然だと、それが世間一般の認識なのだと思い知らされるから。

それでも母さんは、人目を気にして俺をせっついたりなんかしなかった。

兄ちゃんが帰ってきたって、それはきっと変わらない。俺が卑屈になってただけじゃないか。母さんは兄ちゃんのほうが大事に違いない、なんて。

空港には、ちゃんと迎えに行こう。母さんと一緒に、兄ちゃんに「おかえり」って言おう。

ここで初めてもらった給料。それが丸ごと入った封筒を、俺は母さんに渡した。小さな花束を添えて。

母さん、ごめん。ありがとう。いつも明るくしてくれてたけど、本当はずっと俺のこと心配だったよね。

7母さんは封筒を受け取らず、黙って押し返してきた。そしてそのあと、花束に顔をくっつけるみたいにして、ほろほろと泣いた。

（青山美智子『お探し物は図書室まで』による）

注　＊孔子鳥——白亜紀前期の中国に生息していた古代の鳥類の一種。

＊ウォレス——イギリスの博物学者・生物学者。ダーウィンの理論（進化生物学）の公表を促した。

1　傍線部1「最強に信じられるお守りだったんだ」の説明として、適当なものを一つ選びなさい。

ア　自分を笑った友人らを見返すためにも、絶対有名になってやろうと決意させる言葉になったということ。

イ　浩弥の言葉が、征太郎の中にある作家になりたいという思いを後押ししてくれたものだったということ。

ウ　作家としてデビューできさえすれば、自分の小説は必ず評判になると予感するひと言になったということ。

エ　浩弥がかけてくれた言葉だけが、辛い高校時代を過ごした征太郎にとって嬉しい思い出であったということ。

2　傍線部2「どういう意味だろうと考えてしまうような、でも理屈じゃなくすごくわかるような。」の説明として、適当なものを一つ選びなさい。

ア　水道局員と小説家という二足のわらじを履くことでメディアからも注目され、有名になるのも早いと考えて働き続けることを選ぶのだと思ったということ。

イ　作家デビューできるといっても次の作品依頼が来るか分からないのだから、とりあえず水道局員としての肩書きは捨てたくないのだろうと察したということ。

ウ　メイプル書房の崎谷さんが手を入れて出版する小説の社会的評価を見極めてから、水道局の仕事を辞めるかどうか決めるのだろうと感じ取ったということ。

エ　水道局員として忙しく過ごす日々に起こるすべての出来事が小説を書く原動力になっており、これからも書き続ける意欲となるのだろうと悟ったということ。

3　傍線部3「眉毛ひとつ動かさず俺の顔をじっと見つめたあと、かすかに微笑んだ」の心情として、最も適当なものを一つ選びなさい。

ア　浩弥が急に話に割り込んできたことに多少腹立たしさを覚えたが、自分でやるといった以上はしっかり働いてもらおうと激励したくなった。

イ　自分から願い出た浩弥に対して多少の不安を感じつつも、人の役に立ちたいという気持ちから一歩を踏み出してくれたことに嬉しくなった。

ウ　図書室で本を読みふけっていただけの浩弥が急に仕事を覚えられるはずはないし、勢いで手を挙げただけなのではないかと見極めたくなった。

エ　ここで働きたいと言った浩弥の様子から、司書になりたいと頑張っているのぞみちゃんのことが好きだったのかと気づいて応援したくなった。

4　傍線部4「俺はここにいてもいいのだと。」の解釈として、最も適当なものを一つ選びなさい。

ア　歴史に名を残す絵を描くことにこだわるより、地域のポスターなどで生計を立てる道があると知ったこと。

イ　周囲から浮いていた自分が同じ傷を持つ人と出会い、仲間意識が生まれて居心地が良くなったということ。

ウ　自分の特技を活かし、目の前にいる人に喜んでもらえるという実感を得られる場所に出会えたということ。

エ　同年代の人にはなかなか受け入れられなかったが、お年寄りや子どもとは上手くいくと分かったということ。

5　傍線部5「今まで覆われていた布が取り外されたかのように、アイデアがむくむくと湧いてくるのだった。」の理由として、最も適当なものを一つ選びなさい。

ア　人との交わりが充実した時間を生み出し、新しい視点で周囲を見つめることができるようになったから。

イ　仕事のない日も図書室に通うようになったことにより、様々な本や写真に対する知識が身についたから。

ウ　卑屈になっていた自分を変えてくれたのぞみちゃんたちに認められたいという意欲が増してきたから。

エ　予想したよりずっと忙しい業務だったことで、かえって時間を効率よく使う方法が分かってきたから。

6　空欄[6]に入る語句として、最も適当なものを一つ選びなさい。

ア　なげやりになっている　　イ　甘やかしてる

ウ　コントロールしている　　エ　弱気になってる

7　傍線部7「母さんは封筒を受け取らず、黙って押し返してきた。」の心情として最も適当なものを一つ選びなさい。

ア　優秀な兄とは異なる浩弥について親戚たちから責められてきたが、自分で稼いだお金を手にする浩弥の様子を目の当たりにして、やっと解放されるのだと安堵《ど》した気持ち。

イ　デザイン学校を卒業してから定職に就くことなく家に居続けた息子が、急に花束を買って来たことで金銭面での自立を感じ、家を出て行く日が近いと寂しくなった気持ち。

ウ　卑屈で後ろ向きだった息子の心の成長を感じ取り、信じてきて良かったと感極まるとともに、浩弥の成長の証であるこの給料だけは受け取るわけにいかないという気持ち。

エ　この給料袋を受け取ってしまったら、また何かで挫折した時に元の生活に戻ってしまうような気がして、もう少し働き続けられてから改めて受け取りたいという気持ち。

英語解答

1 A (1)…イ (2)…ウ (3)…エ (4)…ア
(5)…ア
B (6)…エ (7)…イ (8)…ウ (9)…ウ
(10)…ア

2 (1) ウ (2) ア (3) イ (4) ア
(5) ウ (6) ア (7) イ (8) エ
(9) ア (10) ア

3 (1) ２番目…ア ４番目…オ
(2) ２番目…オ ４番目…エ
(3) ２番目…オ ４番目…エ
(4) ２番目…オ ４番目…ア
(5) ２番目…ウ ４番目…イ

4 (1) ウ (2) イ (3) エ (4) ア

5 (1) ウ (2) イ (3) ア (4) エ
(5) ア (6) ウ

1 〔放送問題〕解説省略

2 〔適語(句)選択・語形変化〕

(1) ‘a few＋数えられる名詞の複数形’で「少しの～」の意味。‘数えられない名詞’について「少しの～」を表すのはa littleである。 「トムは数年前にマイクに出会った」

(2) ‘It is ～ for ― to …’で「―にとって…することは～だ」の構文。‘for ―’の部分はto不定詞の意味上の主語になっている。 「子どもたちがこの川で泳ぐのはとても危険だ」

(3) turn right/leftで「右に／左に曲がる」という意味。‘命令文，and ～’「…しなさい，そうすれば～」の文。 「右に曲がるとABCホテルが見つかります」

(4) a sisterが‘人’で後ろに動詞が続くので，‘人’を先行詞とする主格の関係代名詞が入る。 「私には３歳年下の妹がいる」

(5) 忙しい原因は「子どもの世話」と考えられる。because of ～は「～のために，～が原因で」という意味。 「子どもの世話のために，スーザンは毎日とても忙しい」

(6) without troubleで「トラブルなく，無事に，容易に」という意味。 「アオキさんは無事に自分の国に戻った」

(7) 現在完了進行形の文。「１週間」という‘期間’を表すのはfor。sinceは「～から，～以来」の意味。「１週間ずっと雨が降っている」

(8) 一般動詞goを使った過去の内容を表す否定文である。 「昨夜は風が強かったので，ヒトシは外出しなかった」

(9) 空所前後が‘原因’→‘結果’の関係になっている。この関係を結ぶのは，so「だから，それで」。becauseは後ろに‘原因’を表す文が続くのでここでは不適。 「私は風邪をひいていたので昨日は泳ぎに行かなかった」

(10) ‘as＋形容詞〔副詞〕の原級＋as ～’「～と同じくらい…」の形。 「ヨウコは彼女の先生と同じくらい上手に歌を歌うことができる」

3 〔整序結合〕

(1) 「～してくれませんか」はWill you ～？で，「〈人〉に～するように言う」は‘tell＋人＋to ～’で表せる。「～を待つ」はwait for ～。 Will you tell Susie to wait for me at the station？

(2)「～する必要はない」は don't have to ～で表せる。「～を脱ぐ」は take off ～。 You don't have to take off your shoes here.

(3)「通学方法は何ですか」を「どうやって学校に来ますか」と読み換え，How で始まる疑問文にする。 How do you come to school?

(4)「ジムが先月に撮った写真」を「ジムによって先月に撮られた写真」と読み換え，過去分詞の形容詞的用法を使って‘名詞＋過去分詞＋語句’の語順で表す。 This is a picture taken by Jim last month.

(5)「～がある〔いる〕」は There is/are ～. の文で表せる。「～のとなりに」は next to ～。 There is a post office next to our school.

4〔長文読解―英問英答―対話文〕

≪全訳≫❶学校の近くのお店の店員さんからのコメント／いつも懸命に働いてくれてありがとうございます。お店の前の場所がきれいになってお客さんが増えています。この季節にふさわしい新しいドリンクをつくりました。試しに飲みに来てください。❷タロウ：ボランティアの経験から，多くのものを得ることができたよ。最初はゴミ拾い以外のことをしたかったんだけど，やってみたら，地域がきれいになったのを見てうれしかった。次回は学校以外の場所，例えば公園をきれいにしたいな。僕たちは町をきれいにするために，これを続けるべきだと思うよ。❸ハナコ：ボランティアは大変な仕事だったけど，この経験から多くのことを学ぶことができたわ。ゴミを拾うのに体をかがめなければならなかったので，ずっと腰が痛かった。でも，近所の人たちが私たちにボランティア活動のお礼を言ってくれたので，全ての痛みがなくなったの。次回は何か違うことをやってみたいな。

＜解説＞(1)「店員のコメントに含まれていないのは何か」―ウ．「店はクラスのボランティア活動のためによりきれいになった」 きれいになったのは店ではなく店の前の場所。 (2)「タロウはボランティア活動を終えた後，何と言ったか」―イ．「彼は町の違う場所をきれいにしたいと言った」 第２段落第３文参照。 (3)「ハナコはボランティア活動を終えた後，何と言ったか」―エ．「彼女は他のボランティア活動をやってみたいと言った」 第３段落最終文参照。something different で「何か違うこと」という意味。語順に注意。 (4)「この話についてどれが正しいか」―ア．「タロウとハナコはボランティア活動から多くのことを学んだ」 第２段落第１文および第３段落第１文参照。gain「～を得る」 take part in ～「～に参加する」

5〔長文読解総合―物語〕

≪全訳≫❶私が小学５年生のとき，マークが私たちのクラスにやってきた。彼は自己紹介をしたとき，HIV に感染していると言った。私たちはマークを気の毒に思ったが，誰も彼に話しかけなかった。だから，①彼はいつもクラスで１人だった。❷ある日，みんながスピーチをしなければならなくなった。マークは自分の夢について話した。彼は「僕は HIV に感染して生まれました。世界中に僕のような子どもがたくさんいることを知っていますか？ 彼らは皆さんのような友達を必要としています。人々が HIV をもっとよく理解し，その子どもたちに話しかける少しの勇気を持てば，子どもたちはより良い生活を送ることができます。僕は将来，そういう子どもたちのために働きたいです」と言った。私は彼の言葉にとても感動したので，③彼に話しかけることにした。❸次の授業中，私はマークに「ペンを借りてもいい？」と尋ねた。マークは顔を上げて私を見て，少しほほ笑み，「いいよ」と言った。これが私たちの友情の始まりだった。私たちはよく一緒に遊び，まもなく他の生徒たちも私たちに加わった。❹数か月後，マークは学校に来るのが難しくなった。彼の病気が悪化したのだ。彼の誕生日に，それぞれの生徒が彼にカードを書いた。私はそのカードをマークの所に持っていき，彼に読んであげた。読み終わると，彼は「自分が１人ではないとわかってとてもうれしい」と言った。そして彼は私に１本のペンを見せて，「これを覚えてる？　これは，君が初めて僕に話しかけてくれたときに貸したペンだよ。あのとき君は自分のペンを持っていたよね？」と言った。彼の言うとおりだった。実際，私はそのとき自分のペンを持っていた。彼は「このペンは僕にたくさんの新しい友達をもたらしてくれた。君にこのペンを持っていてほしいんだ」と言った。❺今，私はそのペンをいつも持っている。それを見ると，いつもマークと彼の言葉を思い出す。

⑴＜適文選択＞直前の So「だから」に着目。この前後は‘理由’→‘結果’の関係になるので，「誰も彼に話しかけなかった」ことの結果となるものを選ぶ。

⑵＜語句解釈＞この後に続く，マークが話したスピーチの最終文に「僕は将来，そういう子どもたち(＝HIV に感染している子どもたち)のために働きたい」とある。ここでの I'd は I would の短縮形。would like to ～「～したい」

⑶＜適文選択＞空所を含む文は‘so ～ that …’「とても～なので…」の形。筆者がマークの言葉に感動した結果としてどうしたかを考える。第１段落第３文の「誰も彼に話しかけなかった」，第２段落のマークのスピーチ内での「HIV に感染している子どもたちが友達を必要としている」といった内容から，筆者はマークの友達になろうとしたと考えられる。

⑷＜適語句選択＞この後に続く内容から，２人は友達になったことがわかる。ペンのやり取りから筆者とマークの友情が始まったのである。

⑸＜適語句選択＞空所を含む文は「このペンは私に(　)をもたらしてくれた」という意味。第３段落の内容から，筆者がこのペンを借りたことをきっかけにして，マークは筆者や他の生徒たちと友達になったことがわかる。

⑹＜内容真偽＞ア.「マークが初めて私たちのクラスに来たとき，彼は病気にかかっていた」…○　第１段落第１，２文の内容に一致する。　イ.「ある日，私は授業中にマークからペンを借りた」…○　第３段落第１，２文の内容に一致する。　ウ.「マークは病気が悪化したにもかかわらず，学校に行くことができた」…×　第４段落第１，２文参照。マークは病気が悪化して学校に来られなくなった。　エ.「バースデーカードをもらった後，マークは１人じゃないと知ってとても喜んでいた」…○　第４段落第４，５文の内容に一致する。

── 2024年度／作新学院高等学校（総合進学部・情報科学部）（第１回）──

数学解答

1

(1) ア…－　イ…3

(2) ウ…7　エ…4

(3) オ…7　カ…5

(4) キ…2　ク…3　ケ…2

(5) コ…－　サ…2　シ…7

(6) ス…3　セ…－　ソ…2

(7) タ…9　チ…2

(8) ツ…－　テ…1　ト…9

(9) ナ…4　ニ…2

(10) ヌ…－　ネ…3　ノ…1　ハ…2

2

(1) ④

(2) イ…1　ウ…8　エ…2　オ…5

(3) 5　(4) キ…1　ク…7　ケ…5

(5) コ…6　サ…8

(6) シ…－　ス…1　セ…8　ソ…0

3 ア…⑦　イ…③　ウ…⑥　エ…②

オ…②　カ…④　キ…②　ク…②

4

(1) 3　(2) イ…2　ウ…3

(3) 6

5

(1) ア…1　イ…5　ウ…2　エ…5

(2) オ…3　カ…1

(3) キ…4　ク…6　ケ…8　コ…4

サ…6　シ…4

1〔独立小問集合題〕

(1)＜数の計算＞与式 $=-6\div2=-3$

(2)＜式の計算＞与式 $=2x+5x-7y+3y=7x-4y$

(3)＜数の性質＞$5\sqrt{3}=5\times\sqrt{3}=\sqrt{25}\times\sqrt{3}=\sqrt{25\times3}=\sqrt{75}$

(4)＜式の計算＞与式 $=(8xy-12y^3)\times\dfrac{1}{4y}=8xy\times\dfrac{1}{4y}-12y^3\times\dfrac{1}{4y}=\dfrac{8xy\times1}{4y}-\dfrac{12y^3\times1}{4y}=2x-3y^2$

(5)＜式の計算―因数分解＞与式 $=-(x^2+5xy-14y^2)=-(x-2y)(x+7y)$

(6)＜連立方程式＞$x=5+y$……①，$2x+5y=-4$……②とする。①を②に代入して，$2(5+y)+5y=-4$，$10+2y+5y=-4$，$7y=-14$　$\therefore y=-2$　これを①に代入して，$x=5+(-2)$　$\therefore x=3$

(7)＜一次方程式―比例式＞$3\times(2x-3)=x\times4$，$6x-9=4x$，$6x-4x=9$，$2x=9$　$\therefore x=\dfrac{9}{2}$

(8)＜二次方程式＞$x^2-1=8x+8$，$x^2-8x-9=0$，$(x+1)(x-9)=0$　$\therefore x=-1,\ 9$

(9)＜数の計算＞与式 $=\sqrt{12\times6}-\dfrac{4\times\sqrt{2}}{\sqrt{2}\times\sqrt{2}}=\sqrt{6^2\times2}-\dfrac{4\sqrt{2}}{2}=6\sqrt{2}-2\sqrt{2}=4\sqrt{2}$

(10)＜式の計算＞与式 $=(x^2+5x+4)-(x^2+8x+16)=x^2+5x+4-x^2-8x-16=-3x-12$

2〔独立小問集合題〕

(1)＜文字式の利用＞①１辺の長さが $2a$ cm の正方形の面積は $2a\times2a=4a^2$，１辺の長さが $3b$ cm の正方形の面積は $3b\times3b=9b^2$ だから，その和は，$4a^2+9b^2$ cm^2 である。　②十の位の数が a，一の位の数が b である自然数は，$10a+b$ と表せる。　③ $2a$ L のジュースを $3b$ 人で同量に分けると，１人当たり，$2a\div3b=\dfrac{2a}{3b}$ (L) となる。　④大人１人の入館料が a 円，中学生１人の入館料が b 円だから，大人２人と中学生３人の入館料の合計は，$a\times2+b\times3=2a+3b$ (円) となる。　よって，$2a+3b$ で表せる数量は，④である。

(2)＜平面図形―長さ＞右図１のように，５点A，B，C，D，Eを定めると，$l /\!/ m /\!/ n$ より，AB：BC＝DB：BE である。よって，$\dfrac{6}{5}:x=\dfrac{3}{2}:\dfrac{9}{10}$ が成り立ち，$x\times\dfrac{3}{2}=\dfrac{6}{5}\times\dfrac{9}{10}$，$x=\dfrac{18}{25}$ と

図１

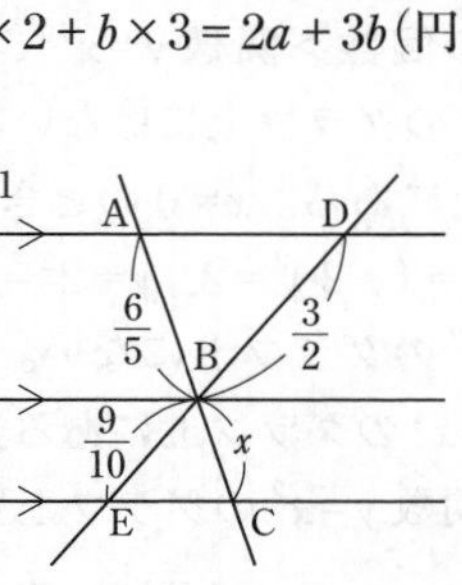

図２

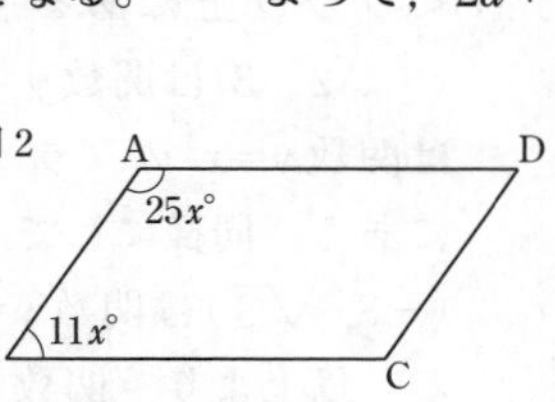

なる。

(3)＜平面図形—xの値＞前ページの図2のように，4点A，B，C，Dを定めると，▱ABCDの対角より，$\angle C=\angle A=25x^\circ$，$\angle D=\angle B=11x^\circ$と表せる。四角形の内角の和が$360^\circ$より，$\angle A+\angle B+\angle C+\angle D=360^\circ$だから，$25x^\circ+11x^\circ+25x^\circ+11x^\circ=360^\circ$が成り立つ。これより，$72x^\circ=360^\circ$，$x^\circ=5^\circ$となるので，$x=5$である。

(4)＜一次方程式の応用＞A市とB市の間の道のりを$x$kmとする。A市からB市まで時速50kmで走ると，かかる時間は$\frac{x}{50}$時間である。B市からA市まで時速35kmで走ると，かかる時間は$\frac{x}{35}$時間である。往復の移動時間は8時間30分，つまり$8+\frac{30}{60}=8+\frac{1}{2}=\frac{17}{2}$(時間)だから，$\frac{x}{50}+\frac{x}{35}=\frac{17}{2}$が成り立つ。両辺に350をかけて解くと，$7x+10x=2975$，$17x=2975$，$x=175$となるので，A市とB市の間の道のりは175kmである。

(5)＜関数—グラフの式，点の個数＞右図3で，②は反比例のグラフだから，その式は$y=\frac{a}{x}$とおける。点Aは関数$y=\frac{2}{3}x$のグラフ上にあるから，x座標が-3より，$y=\frac{2}{3}\times(-3)=-2$となり，A$(-3,\ -2)$である。点Aは反比例$y=\frac{a}{x}$のグラフ上にもあるので，$x=-3$，$y=-2$を代入して，$-2=\frac{a}{-3}$，$a=6$となり，②のグラフの式は，$y=\frac{6}{x}$である。

図3

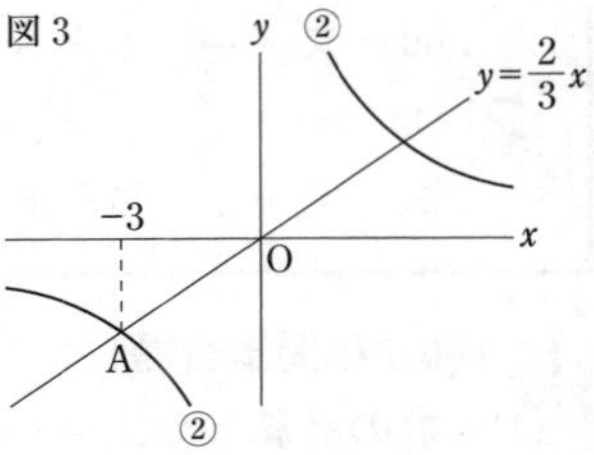

また，関数$y=\frac{6}{x}$で，yの値が整数となる整数xは，6の約数が1，2，3，6だから，$x=1$，2，3，6，-1，-2，-3，-6である。よって，関数$y=\frac{6}{x}$のグラフ上で，x座標とy座標がともに整数となる点は，x座標が1，2，3，6，-1，-2，-3，-6である点の8個ある。なお，x座標とy座標がともに整数となる点は，(1，6)，(2，3)，(3，2)，(6，1)，$(-1,\ -6)$，$(-2,\ -3)$，$(-3,\ -2)$，$(-6,\ -1)$である。

(6)＜関数—変域＞関数$y=-\frac{1}{2}x^2$は，比例定数が負だから，xの絶対値が大きいほどyの値は小さくなる。xの変域が$-2\leqq x\leqq 6$だから，絶対値が最大の$x=6$のときyは最小で$y=-\frac{1}{2}\times 6^2=-18$となり，絶対値が最小の$x=0$のとき$y$は最大で$y=0$である。よって，$y$の変域は，$-18\leqq y\leqq 0$となる。

3 〔数と式—文字式の利用—証明〕

百の位の数がa，十の位の数がb，一の位の数がcである3けたの自然数は，$100a+10b+c$と表せる。$100a=99a+a$，$10b=9b+b$だから，$100a+10b+c=(99a+a)+(9b+b)+c=99a+9b+a+b+c=9(11a+b)+(a+b+c)$となる。$11a+b$は自然数なので，$9(11a+b)$は9の倍数である。よって，$a+b+c$が9の倍数ならば，$9(11a+b)+(a+b+c)$は9の倍数となる。

4 〔関数—関数$y=ax^2$と一次関数のグラフ〕

(1)＜グラフ上にある点の個数＞関数$y=x^2$で，$x=-\sqrt{2}$のとき，$y=(-\sqrt{2})^2=2$となるので，点$(-\sqrt{2},\ 3)$は関数$y=x^2$のグラフ上にはない。$x=-1$のとき，$y=(-1)^2=1$となるので，点$(-1,\ 1)$は関数$y=x^2$のグラフ上にある。$x=0$のとき，$y=0$となるので，点(0，0)は関数$y=x^2$のグラフ上にある。同様にして，$y=(\sqrt{2})^2=2$，$y=2^2=4$，$y=(-8)^2=64$より，点$(\sqrt{2},\ -2)$，点(2，2)，点$(-8,\ \sqrt{8})$は関数$y=x^2$のグラフ上にない。$y=3^2=9$より，点(3，9)は関数$y=x^2$のグラフ上にある。以上より，関数$y=x^2$のグラフ上にある点は，点$(-1,\ 1)$，点(0，0)，点(3，9)の3個である。

(2)＜直線の式＞(1)より，関数$y=x^2$のグラフ上にある点で，x座標が最大の点は点(3，9)，最小の点は点$(-1,\ 1)$である。この2点を通る直線の式を求めればよい。傾きは$\dfrac{9-1}{3-(-1)}=2$だから，その式は$y=2x+b$とおける。点$(-1,\ 1)$を通るので，$1=2\times(-1)+b$，$b=3$となり，求める直線の式は$y=2x+3$である。

(3)＜面積＞右図のように，点$(-1,\ 1)$を点A，点$(0,\ 0)$を点O，点$(3,\ 9)$を点Bとすると，関数$y=x^2$のグラフ上にある点を2点ずつ選んで直線で結んでできる図形は，△AOBとなる。直線ABとy軸の交点をCとすると，(2)より直線ABの切片は3だから，C$(0,\ 3)$であり，OC＝3となる。OCを底辺と見ると，点Aのx座標が-1，点Bのx座標が3より，△AOCの高さは1，△BOCの高さは3となる。よって，求める面積は，△AOB＝△AOC＋△BOC＝$\frac{1}{2}\times3\times1+\frac{1}{2}\times3\times3=6$である。

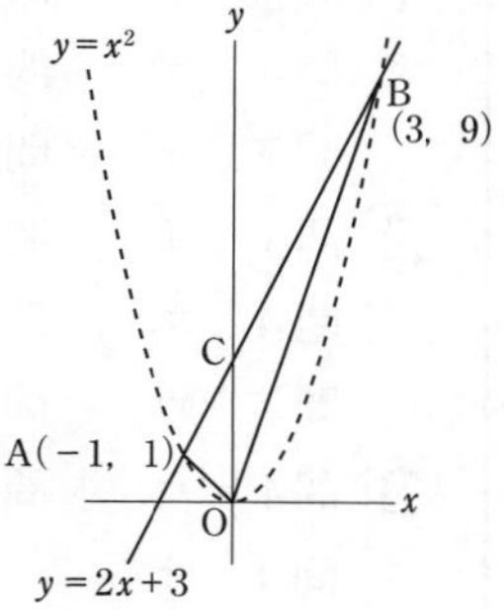

5 〔特殊・新傾向問題―規則性〕

≪基本方針の決定≫(3)　黒タイルと白タイルの個数の差を考える。

(1)＜タイルの数＞黒タイルは，一番上の段から，1個，2個，3個，4個，……と並ぶので，5番目の図形で並ぶ黒タイルは，一番上の段から，1個，2個，3個，4個，5個である。よって，その個数は，$1+2+3+4+5=15$(個)となる。また，タイルの総数は，1番目の図形が$1=1^2$(個)，2番目の図形が$4=2^2$(個)，3番目の図形が$9=3^2$(個)，4番目の図形が$16=4^2$(個)と表せるので，5番目の図形のタイルの総数は，$5^2=25$(個)となる。

(2)＜順番＞(1)と同様に考えると，タイルの総数は，31番目の図形が$31^2=961$(個)，32番目の図形が$32^2=1024$(個)となる。よって，黒タイルと白タイルを合わせて1000個以下でつくることのできる最も大きい図形は，31番目の図形となる。

(3)＜順番，面積＞タイルは1辺の長さが2cmの正方形だから，面積は$2\times2=4(\mathrm{cm}^2)$である。$n$番目の図形について，黒タイルと白タイルの面積の差が$184\mathrm{cm}^2$だから，個数の差は$184\div4=46$(個)となる。また，黒タイルと白タイルの個数の差は，1番目の図形が$1-0=1$(個)，2番目の図形が$3-1=2$(個)，3番目の図形が$6-3=3$(個)，4番目の図形が$10-6=4$(個)だから，差が46個となるのは，46番目の図形である。このとき，タイルの総数は$46^2=2116$(個)だから，黒タイルと白タイルの面積の和は，$4\times2116=8464(\mathrm{cm}^2)$となる。

═読者へのメッセージ═

5で，黒タイルの個数を表す数は，1番目の図形から順に，1，3，6，10，15，……となります。隣どうしの数の差は，$3-1=2$，$6-3=3$，$10-6=4$，$15-10=5$となり，1ずつ大きくなります。このように，隣どうしの数の差が一定の数ずつ変化する数の列を「階差数列」といいます。

2024年度／作新学院高等学校（総合進学部・情報科学部）（第１回）

社会解答

1
問１　ウ　　問２　イ　　問３　ウ
問４　ア　　問５　エ　　問６　エ
問７　イ　　問８　ア

2
問１　イ　　問２　エ　　問３　ア
問４　エ　　問５　イ　　問６　ウ
問７　ウ　　問８　ア　　問９　エ

3
問１　ウ　　問２　ウ　　問３　イ
問４　オ

4
問１　イ　　問２　カ　　問３　エ
問４　ア

5
問１　ア　　問２　エ　　問３　イ
問４　ア　　問５　ウ　　問６　ウ
問７　エ　　問８　イ

6
問１　イ　　問２　ウ　　問３　エ
問４　ア　　問５　エ　　問６　エ
問７　ア

1〔三分野総合─小問集合問題〕

問１＜世界の島＞世界で一番大きい島は，デンマーク自治領のグリーンランドであり，２番目に大きいニューギニア島の２倍以上の面積を持つ。

問２＜本初子午線＞1884年にワシントンD.C.で開催された国際子午線会議で，イギリスの旧グリニッジ天文台を通る子午線を，世界の公式な本初子午線とすることが採択された。

問３＜プレート＞日本列島の周辺には，北米プレート，太平洋プレート，ユーラシアプレート，フィリピン海プレートの４つのプレートの境界が集中している。

問４＜７地方区分＞佐賀県は，東は福岡県，西は長崎県に接している，九州地方の県である。

問５＜江戸幕府の役職＞江戸幕府において老中を補佐する役職は，若年寄である。若年寄は，譜代大名の中から通常４人選ばれ，交替制で仕事を行った。なお，大老は臨時で老中の上に置かれ，政務を総轄する最高位の職，大目付は老中の配下で大名を監視する職，目付は若年寄の配下で旗本・御家人を監視する職である。

問６＜サラエボ事件＞1914年，オーストリアの皇太子夫妻がセルビア人の青年に暗殺された事件は，サラエボ事件である。この事件を引き金に，第一次世界大戦が勃発することとなった。なお，ノルマントン号事件は，1886年に起こったイギリス船の沈没事件で，日本で不平等条約改正の機運が高まるきっかけとなった事件である。江華島事件は，1875年に朝鮮の江華島で起こった日本と朝鮮の武力衝突で，これをきっかけに翌年，日朝修好条規が結ばれた。義和団事件は，1900年に中国（清）で起こった外国排斥運動の１つで，列強による中国の植民地化をさらに強める結果を招いた。

問７＜企業の種類＞革新的なアイデアや技術をもとに，新しいサービスやビジネスを展開する企業は，ベンチャー企業と呼ばれる。なお，公企業は，国または地方公共団体が，公共の利益のために出資したり経営したりする企業のことであり，なかでも地方公共団体が経営するものは地方公営企業と呼ばれる。系列企業は，核となる企業のもとに形成される，グループ化された企業のことを指す。

問８＜刑事裁判＞刑事事件において，警察官は，捜査および被疑者の逮捕を行い，被疑者や事件を検察官に送検する。その後，被疑者を被告人として起訴するのは検察官の仕事である。なお，弁護士は刑事裁判において，弁護人として被告人を弁護し，裁判官は審理の中で証拠を調べたうえで，法に基づいて被告人の有罪・無罪および有罪の場合の刑の量定について判断し，判決を宣告する。

2〔三分野総合—新潟県を題材とした問題〕

問１＜都道府県の位置＞新潟県は，福島県，群馬県，長野県，富山県，山形県と隣接しており，秋田県とは隣接していない。

問２＜時差＞東経に位置する地点と西経に位置する地点の間の経度の差は，両地点が本初子午線をまたいでいることから，両地点の経度の数字をたしたものとなる。日本の標準時子午線は東経135度なので，西経150度を標準時子午線とするホノルルとの経度の差は，135＋150＝285度である。経度15度の違いで１時間の時差が生じることから，両地点間の時差は285÷15＝19時間である。

問３＜地方自治＞地方公共団体の歳入のうち，自主財源である地方税の割合は，令和３年度決算で約33％である。この割合は年によってばらつきがみられるものの，総じて３割～４割程度である。

問４＜日本海側の気候＞新潟県十日町市は，日本でも有数の豪雪地帯で，冬の時期の降水量が多い。したがって，夏よりも冬の方が降水量が多い，エの雨温図が当てはまる。

問５＜14世紀の出来事＞ルネサンス(文芸復興)と呼ばれる動きが起こったのは，14世紀の時期である。中国で漢民族が明を建国し，モンゴル民族が支配する元の勢力を北へ退けたのは1368年のことであり，ルネサンスと同じ時期に当てはまる(イ…○)。なお，ムハンマドがイスラム教を説いたのは７世紀(ア…×)，ビスマルクによりドイツ帝国が成立したのは19世紀(ウ…×)，エジプトで最大級のピラミッドがつくられたのは紀元前2500年頃のことである(エ…×)。

問６＜土偶＞ウは縄文時代中期以降につくられた土偶である。土偶は，土製の小型の人形で，女性をかたどったものが多く，豊穣や子孫繁栄などを祈る際に使われたと考えられている。なお，アは弥生時代につくられた銅鐸，イは古墳時代につくられたはにわ，エは古墳時代につくられた須恵器である。

問７＜第二次世界大戦の終結＞第二次世界大戦が終結した1945年のＡ～Ｄの出来事を，日付の古い順に並べると，Ｂ(アメリカ軍の沖縄上陸—３月26日)，Ａ(連合国によるポツダム宣言通告—７月26日)，Ｃ(広島への原爆投下—８月６日)，Ｄ(ソ連の対日宣戦布告—８月８日)となる。

問８＜持続可能な開発目標＞日本は災害大国であり，地震や台風に対する防災や減災の取り組みの重要性が高いため，人工知能(AI)を活用した災害予測の研究が進んでいる(Ⅰ…正)。また，女性の社会進出が進み，男女差別や職場での性的いやがらせ(セクシャルハラスメント)を解消する取り組みが進んでいる(Ⅱ…正)。

問９＜資料の読み取り—食料自給率＞日本では，農業就業人口の減少と農業従事者の高齢化が進んでおり，食料自給率は低水準で推移している(エ…○)。なお，2020年の日本の食料自給率は，韓国よりも高い(ア…×)。2015年以降，ヨーロッパの国々の中で，フランスは100％以上の食料自給率を維持している(イ…×)。農産物については，一般的に国産品よりも海外の輸入品の方が安価であり，日本の食料自給率が上昇しない１つの要因になっている(ウ…×)。

3〔世界地理—世界の姿と諸地域〕

問１＜地図の図法＞地球はほぼ球体であるため，緯線と経線が直角に交わる図法で描かれた地図(メルカトル図法)では，地球上での距離を正しく表すことができない。具体的には，赤道からはなれ，高緯度になればなるほど，地球上での距離よりも長く描かれる。したがって，地球上での距離が最も長いのは，赤道を示す③である。なお，地球上での距離が最も短いのは，緯度が最も高い①である。

問２＜世界の気候帯＞冬の寒さが厳しく，一年の気温の差が大きいのは冷帯(亜寒帯)の特徴であり，また冷帯には「タイガ」と呼ばれる針葉樹林が広がる。冷帯は，おもに北アメリカ大陸北部とユーラシア大陸北部に分布しており，地図中ａ～ｄの中でこれに該当するのはｃ(ロシアのシベリア東部)の地域である。なお，ｄ(デンマーク領のグリーンランド中央部)は寒帯に属し，一年の大半が雪や氷におおわれている。

問３＜資料の読み取り―農業の特徴＞イギリスの羊の頭数を，日本の羊の頭数で割ると，3358万÷1.6万＝2098.75となり，イギリスは，日本と比べて羊の頭数が2000倍以上であることがわかる(イ…○)。なお，土地面積に占める牧場・牧草地の割合はイギリスが46.6％，日本は1.6％であることから，46.6÷1.6＝29.125より，イギリスは日本の約29倍である(ア…×)。土地面積に占める耕地・樹園地の割合は，イギリスが25.1％，日本は12.1％と，イギリスの方が高い(ウ…×)。日本の豚・鶏の頭数は，いずれもイギリスの頭数の約1.8倍で２倍を下回っている(エ…×)。

問４＜国や地域の特徴＞地図中のＡ国はアメリカ，Ｂ国はオーストラリアである。５つの国や地域の中で，最も面積が大きく，国民総所得が高いことから，ａはアメリカ(Ａ国)である。また，最も人口が多いことから，ｃがASEANであると判断できる。なお，ｂは最も人口が少ないため，オーストラリア(Ｂ国)が当てはまり，国民総所得が２番目に高いｄはEUを表している。

4〔日本地理―日本の諸地域，地形図〕

問１＜東北地方の祭り＞写真の祭りは，毎年８月３日から６日に秋田県秋田市で行われる「秋田竿燈《かんとう》まつり」である。この祭りは，「青森ねぶた祭」，「仙台七夕まつり」とあわせて東北三大祭りと呼ばれる。

問２＜日本の諸地域＞説明文Ⅰは，西部に泥炭地が広がっていて，「客土」によって土地改良を行い，米の生産地となった点，東部や北部は夏でも冷涼で濃霧の影響を受けるため，酪農が発展してきた点から，北海道地方についての記述である。また，説明文Ⅱは，多くの人口が集中する大都市圏で，新聞社や出版社が多く，印刷業が盛んである点，内陸部に自動車関連などの工場が発達してきた点から，関東地方についての記述である。

問３＜日本の農業＞和歌山県と愛媛県はみかん，山梨県はぶどうやもも，青森県や長野県はりんごの栽培が盛んであることから，①は果実を示している。②は，富山県，福井県，新潟県など日本海側の県が上位に多いことから，米が当てはまる。③の鹿児島県，宮崎県，岩手県，北海道はいずれも牛や豚などの飼育が盛んなことから，畜産が当てはまる。④は促成栽培が盛んな高知県，人口が多い大消費地である東京都，神奈川県などから，野菜である。

問４＜地形図の読み取り＞2009年の地形図では，1969年には見られない高速道路や幹線道路が見られ，地図の中心より北に，新たに「白川橋」が設置されたことが読み取れる(ア…○)。なお，「荻町」の北西部に見られる小学校は，1969年および2009年の両方の地形図で確認できる(イ…×)。2009年の地形図で，南部の河川と山麓との間につくられた「合掌造り民家園」の西側の２つのトンネルは，いずれも道路用のものである(ウ…×)。2009年の地形図においても，1969年と同様に，河川沿いの平地では水田が広がっている(エ…×)。

5〔歴史―総合〕

問１＜シルクロード＞漢王朝(前漢・後漢)の時代，漢と西方を東西に結ぶ交通路が整備された。中国から中央アジア，西アジアを通ってローマに至る陸路はシルクロードと呼ばれ，絹をはじめさまざまなものが行き来し，東西の文化や思想の交流も盛んになった。なお，兵馬俑は，秦の始皇帝の墓の周辺から多数出土した，兵士などの陶器の人形であり，始皇帝の権力の大きさを示すものだと考えられている。くさび型文字はメソポタミア文明，ヒエログリフ(象形文字)はエジプト文明で使用されていた古代文字である。

問２＜日本の貨幣＞日本で最初の貨幣は，しばらく和同開珎であるとされてきたが，奈良県で発掘された富本銭は，７世紀後半の天武天皇の時代に鋳造された日本初の貨幣であると考えられている。なお，慶長小判は江戸時代の初期に発行された貨幣，永楽通宝は，室町時代に日明貿易によって明から輸入した貨幣である。

問３＜年代整序―室町時代の出来事＞年代の古い順に，Ⅰ(足利尊氏による室町幕府の成立―1338年)，Ⅲ(李氏朝鮮の建国―1392年)，Ⅱ(ルターによる宗教改革の開始―1517年)となる。

問４＜資料の読み取り―産業革命＞資料２より，成人女子，18歳未満女子，18歳未満男子を合計すると，36.0＋22.6＋15.9＝74.5％となり，労働者の７割以上は女性や18歳未満の子どもであることがわかる(ア…○)。なお，成人女子と18歳未満女子では，成人女子の方が割合が高いため，女性労働者に占める18歳未満の子どもの割合は半数未満である(イ…×)。また，資料３より，産業革命期のイギリスでは，工業都市は著しく人口が増加しているものの，大学都市では，顕著な人口の増加は見られない。また，資料１は，産業革命期のイギリスで大気汚染が発生していることや，工業都市の平均寿命が決して高くないことを示している(ウ，エ…×)。

問５＜下関条約＞日本は，1894年に起こった日清戦争の講和条約として，1895年に下関条約を結んだ。琉球を国内に組み込んだのは，1879年の琉球藩廃止および沖縄県設置のときであり，下関条約締結以前のことである。

問６＜公害対策基本法＞問題中の出来事の起こった年は，第二次世界大戦終結―1945年，第五福竜丸事件―1954年，東京オリンピック―1964年，環境庁設置―1971年である。公害対策基本法は，高度経済成長に伴い，1960年代に公害が大きな社会問題となったことから，1967年に制定されている。

問７＜田中正造＞田中正造は，明治時代に足尾銅山鉱毒事件の解決を政府に迫り，明治天皇にも直訴するなどの活動をした衆議院議員である。なお，柳宗悦は大正～昭和時代の民芸研究家で，志賀直哉らとともに雑誌『白樺』を創刊した人物，小林多喜二は，『蟹工船』などの作品を残した，昭和初期のプロレタリア文学を代表する小説家，新渡戸稲造は教育者，思想家で大正時代に国際連盟の事務局次長となった人物である。

問８＜三種の神器＞1950年代以降の高度経済成長期には，電気冷蔵庫・白黒テレビ・電気洗濯機が「三種の神器」として，家庭に普及した。なお，1960年代に入ると，「新三種の神器」として，クーラー・カラーテレビ・自動車が普及した。

6〔公民―総合〕

問１＜国会と内閣の関係＞日本国憲法第69条で，内閣不信任案が可決された場合，内閣は10日以内に衆議院を解散するか，総辞職しなければならないと定められている(イ…○)。なお，国務大臣は内閣総理大臣によって任命されるものであり，国会が指名することはできない(ア…×)。内閣に対して不信任決議を行うことができるのは，衆議院のみである(ウ…×)。衆議院が解散中で，内閣が国に緊急の必要があると判断したときは，参議院の緊急集会を内閣は求めることができる(エ…×)。

問２＜日本銀行と一般銀行＞不況のときは，日本銀行が一般銀行から国債の買い入れなどを行い，民間に出回る資金量を増やすことで景気を刺激する場合がある。景気の安定のために日本銀行が行うこのような政策を金融政策と呼ぶ(Ａ…○)。また，人々からお金を預かり，個人や企業に事業資金として貸し付けるのは，一般銀行の業務の１つである(Ｃ…○)。一方，日本銀行に預金ができるのは政府と一般銀行のみで，日本銀行は一般銀行に対して預金の預かりや貸し付けを行うことから「銀行の銀行」と呼ばれる(Ｂ…×)。

問３＜製造物責任法＞1995年に施行された，製造物責任法(PL 法)では，製品の欠陥によって消費者が被害を受けた場合，製造業者に過失がなかったとしても，製造業者が損害賠償責任を負うことが定められている。なお，消費者契約法，消費者保護基本法，特定商取引法はいずれも，製造物責任法と同様に，消費者の権利保護を目的とした法律である。

問４＜流通の経路＞一般的に，生産農家によって生産された野菜は，農業協同組合などの産地出荷業者から出荷され，卸売市場を通し，卸売業者や仲卸業者を仲介して小売業者へ売り渡され，小売店などで最終的に消費者に購入される，といった流通の経路をたどる。

問５＜天皇の任命権＞日本国憲法第６条２項で，「天皇は，内閣の指名に基いて，最高裁判所の長たる裁判官を任命する」と規定されている。また，同条１項で，「天皇は，国会の指名に基いて，内閣総理大臣を任命する」と定められており，行政および司法の長は，天皇が任命することとなっている。

問６＜法の下の平等＞日本国憲法第14条は，法の適用が全ての国民に平等である「法の下の平等」をうたっているものであり，日本の平等権の基本となっている条文である。

問７＜人口ピラミッド＞日本は，1970年に老年人口(65歳以上の人口)が７％を超え高齢化社会になり，1994年には14％を超え高齢社会に，2007年には21.5％となり21％を超え超高齢社会に達している。日本の高齢化は非常に速く進んでおり，今後もこの傾向は続くと予想されている。高齢者の割合は毎年増えているので，高齢者の層に着目するとⅡ→Ⅰ→Ⅲのように推移すると考えられる。

2024年度／作新学院高等学校（総合進学部・情報科学部）（第１回）

理科解答

1 問１　イ　　問２　ウ　　問３　ウ
問４　ア　　問５　イ　　問６　ウ
問７　エ　　問８　エ

2 問１　エ　　問２　イ　　問３　ウ
問４　ウ

3 問１　ウ　　問２　ア　　問３　エ
問４　ウ

4 問１　イ　　問２　エ　　問３　ア
問４　エ

5 問１　ウ　　問２　ア　　問３　イ
問４　エ

6 問１　ウ　　問２　ア　　問３　エ
問４　ウ

7 問１　イ　　問２　エ　　問３　イ
問４　ア

8 問１　ア　　問２　ア　　問３　エ
問４　ア

9 問１　イ　　問２　ア　　問３　エ
問４　ウ

1〔小問集合〕

問１＜放射線＞３種類の放射線α線，β線，γ線を，物質の透過力の強い順に並べると，γ線＞β線＞α線となる。

問２＜電磁誘導＞磁石やコイルを動かしてコイルの内部の磁界を変化させると，コイルに電圧が生じて電流が流れる。この現象を電磁誘導といい，流れた電流を誘導電流という。流れる誘導電流を大きくするためには，磁石を速く動かしたり，磁石の磁力を強いものに変えたり，コイルの巻数を多くしたりすればよい。

問３＜化合物＞２種類以上の原子でできている物質を化合物，１種類の原子でできている物質を単体という。酸化銅，アンモニア，二酸化炭素は化合物であり，酸素，金，塩素は単体，食塩水と牛乳，空気，石油は２種類以上の物質が混ざった混合物である。

問４＜気体の性質＞水素は水に溶けにくい気体である。よって，誤っているものはアである。なお，水素は水に溶けにくいため，水上置換法で集める。

問５＜無脊椎《せきつい》動物＞ミジンコはエビやカニのなかまで，節足動物の甲殻《こうかく》類である。なお，ヤスデは節足動物の多足類，イソギンチャクは刺胞《しほう》動物，ミミズは環形動物のなかまである。

問６＜無性生殖＞無性生殖は，生殖細胞の受精によらず体細胞分裂によって新しい個体をつくるので，子は親の染色体をそのまま受け継ぎ，親と全く同じ形質を示す。なお，植物でも動物でも無性生殖を行うものがいて，無性生殖と有性生殖のどちらも行う生物もいる。

問７＜冬型の気圧配置＞図ａの天気図では，日本列島の西の大陸側に高気圧，東の太平洋側に低気圧がある。このような気圧配置を西高東低といい，冬によく見られる天気図で，北西の季節風が吹き，日本海側を中心に大雪になることが多い。

問８＜風向＞風は気圧の高い方から低い方へ空気が移動することで吹く。なお，１気圧はおよそ1013hPaで，大気(空気)による圧力である大気圧は，標高が高いほど低くなる。また，等圧線は1000hPaを基準に，４hPaごとに引く。

2〔運動とエネルギー〕

問１＜記録タイマー＞$\frac{1}{50}$秒間隔で打点する記録タイマーが５打点するのにかかる時間は，$\frac{1}{50}\times 5=$

$\frac{1}{10}$＝0.10(秒)である。よって，５打点ごとに切った記録テープ１本の長さは，0.10秒間に台車が移動した距離を表している。したがって，0.10秒間に12cm 移動したときの台車の平均の速さは，12÷0.10＝120(cm/s)である。

問２＜記録テープ＞実験１で，図ｂのように，空気抵抗や摩擦のない水平面で台車を押して動かすと，台車は等速直線運動をする。このとき，５打点ごとの記録テープの長さは等しくなるから，実験１でできあがった台紙は①である。また，実験２で，図ｃのように，斜面上向きに台車を動かすと，台車は運動する向きと逆向きに斜面に沿った力を受けるので，台車の速さはしだいに遅くなる。このとき，５打点ごとの記録テープの長さはしだいに短くなるから，実験２でできあがった台紙は③である。

問３＜移動距離＞問１より，５打点ごとに切った記録テープは，0.10秒間に台車が移動した距離を表し，問２より，実験１でできあがった台紙は①だから，実験１の台車は0.10秒間に8.0cm 移動している。よって，この台車が0.30秒間で進む距離は，8.0×(0.30÷0.10)＝24(cm)である。

問４＜速さの変化＞問２より，実験２のように，台車を斜面上向きに動かすと台車の速さはしだいに遅くなる。また，実験３のように，台車の質量を２倍にすると，同じ大きさの力を加えても手から離れたときの台車の速さは小さくなる。さらに，斜面の傾きが同じとき，手から離れた後の台車の速さの減少する割合は，台車の質量に関係なく等しくなる。よって，求めるグラフはウのようになる。

3〔身近な物理現象〕

問１＜力の大きさ＞図ｅより，ばねＡの伸びが２cm のとき，加えた力の大きさは0.8Nである。

問２＜フックの法則＞フックの法則より，ばねの伸びは，加えた力の大きさに比例する。図ｅより，ばねＢに1.0N の力を加えたとき，ばねの伸びは５cm である。よって，ばねＢに1.8N の力を加えたときの伸びを x cm とすると，1.8：x＝1.0：5が成り立ち，これを解くと，x×1.0＝1.8×5より，x＝9(cm)となる。

問３＜ばねの性質＞図ｅより，ばねＡとばねＢにそれぞれ0.8N の力を加えたときのばねの伸びは，ばねＡは２cm，ばねＢは４cm である。よって，同じ大きさの力を加えたとき，ばねＢの方が伸びが大きいので，ばねＢの方が伸びやすいといえる。

問４＜ばねの伸び＞図ｆのように，ばねＡとばねＢをつなぎ，ばねＢを1.6Nの力で引くと，ばねＡもばねＢによって1.6N の力で引かれる。よって，ばねＡの伸びを y cm，ばねＢの伸びを z cm とすると，1.6：y＝0.8：2より，y×0.8＝1.6×2，y＝4(cm)，1.6：z＝1.0：5より，z×1.0＝1.6×5，z＝8(cm)となる。したがって，全体の伸びは，4＋8＝12(cm)である。

4〔物質のすがた〕

問１＜質量パーセント濃度＞〔密度(g/cm^3)〕＝〔質量(g)〕÷〔体積(cm^3)〕より，〔質量(g)〕＝〔密度(g/cm^3)〕×〔体積(cm^3)〕となる。よって，密度が0.79g/cm^{3}のエタノール5.0cm^{3}の質量は，0.79×5.0＝3.95(g)で，密度が1.0g/cm^{3}の水15cm^{3}の質量は，1.0×15＝15(g)である。これより，混合物の質量は，3.95＋15＝18.95(g)だから，〔質量パーセント濃度(％)〕＝〔溶質の質量(g)〕÷〔水溶液の質量(g)〕×100より，求める質量パーセント濃度は，3.95÷18.95×100＝20.8…となるから，およそ21％である。

問２＜混合液の沸点＞エタノールと水の混合物を加熱すると，エタノールの沸点の78℃近くで温度上昇がゆるやかになり，その後，温度は再び上昇し，水の沸点の100℃付近になると一定になる。

問３＜蒸留＞エタノールと水の混合物を加熱すると，はじめに沸点の低いエタノールが沸騰して気体となる。さらに加熱を続けると，発生する気体に含まれるエタノールの割合は低くなり，水の割合が高くなる。そのため，試験管に集められた液体も，最初はエタノールの割合が高いが，しだいに水の割合が高くなる。

問４＜状態変化＞エタノールを冷やして固体にすると，質量は変わらないが体積が小さくなるので，密度は大きくなる。そのため，液体のエタノールに固体のエタノールを入れると，固体のエタノールは沈む。このとき，固体のエタノールは少しずつ溶けて液体になる。

5〔物質のすがた〕

問１＜溶解度曲線＞一定量の水に溶ける物質の質量を溶解度といい，溶解度と水の温度との関係を表したグラフを溶解度曲線という。

問２＜再結晶＞図ｉより，塩化ナトリウムの溶解度は温度によってほとんど変化しないことがわかる。よって，塩化ナトリウムの飽和水溶液から溶質(塩化ナトリウム)を取り出すには，水を蒸発させる方法が適している。

問３＜結晶＞塩化ナトリウムの結晶は①，硝酸カリウムの結晶は④のような形をしている。なお，②はホウ酸，③はミョウバンの結晶である。

問４＜再結晶＞図ｉより，10℃での溶解度は，塩化ナトリウムは約38g，硝酸カリウムは約20g，60℃での溶解度は，塩化ナトリウムは約39g，硝酸カリウムは約110gである。よって，60℃の水100gにそれぞれを30g入れると，どちらも全て溶ける。その後，水溶液を10℃まで冷やすと，硝酸ナトリウムの結晶が，30－20＝10(g)得られるが，塩化ナトリウムは全て溶けているため，結晶は得られない。

6〔生物の体のつくりとはたらき〕

問１＜養分の吸収＞図ｊで，肝臓とつながっている消化管は小腸である。消化された養分は小腸で吸収された後，肝臓に送られ，肝臓では，その一部が蓄えられる。よって，養分を最も多く含む血液が流れているのは血管Ｃである。

問２＜心臓の拍動＞心臓から血液が流れ出るのは，心室が収縮するためである。右心室が収縮すると，心臓から肺へ静脈血(二酸化炭素を多く含む血液)が流れ出て，左心室が収縮すると，肺以外の全身へ動脈血(酸素を多く含む血液)が流れ出る。

問３＜養分の吸収＞消化された養分のうち，アミノ酸とブドウ糖は柔毛の毛細血管に，脂肪酸とモノグリセリドは柔毛のリンパ管に吸収される。

問４＜腎臓のはたらき＞図ｊで，血管Ｅを流れる血液は，腎臓を通った後の血液である。腎臓では，血液中に含まれる尿素などの不要物をこしとって，尿をつくるので，血管Ｅを流れる血液中には，血管Ｆを流れる血液中より尿素が減少している。

7〔生命・自然界のつながり〕

問１，問３＜根の成長＞根は先端付近で細胞分裂を行って数を増やし，細胞が細長く大きくなることで根が成長していく。そのため，図ｋの根の先端付近Ｃから上部のＡに向かって細胞の大きさは大きくなる。よって，各部分の細胞の模式図は，Ｃが②，Ｂが③，Ａが①である。

問２＜根の成長＞図１より，実験開始時のBC間の長さは１mmである。よって，それから10mm伸びると，BC間の長さは11mmになる。図１で，BC間の長さが11mmになるのは，およそ23時間後である。

問４＜体細胞分裂＞体細胞から体細胞をつくる細胞分裂を体細胞分裂という。体細胞分裂では，核の中で染色体が複製されて数が２倍になった後，染色体がそれぞれ分かれて新しい細胞の核に入るので，分裂の前後で染色体の数は変化しない。また，体細胞分裂は動物でも植物でも見られ，動物細胞の体細胞分裂では，細胞質が分かれはじめるときに細胞がくびれて２つに分かれ，植物細胞の体細胞分裂では，中央に仕切りができて細胞が２つに分かれる。

8〔大地の変化〕

問１＜火山灰の観察＞火山灰を観察するには，火山灰から泥などの汚れを取るため，蒸発皿に入れて水を加えてから親指の腹でこすって洗い，にごった水を捨てる。その操作を水がにごらなくなるまで繰り返し，残った粒を乾燥させてから双眼実体顕微鏡などで観察する。

問２＜鉱物＞火山灰に含まれる鉱物の中で，磁石に引きつけられたものは鉄を含む磁鉄鉱である。

問３＜火山ガス＞温泉のような腐卵臭のある気体は硫化水素である。なお，オゾンは生ぐさいにおい，塩化水素は強い刺激臭を持ち，一酸化炭素はにおいがない。

問４＜火山とマグマの性質＞火山灰はマグマからつくられるので，セキエイやチョウ石などの白色鉱物が多く含まれる白っぽい色をした火山灰をつくるマグマには，白色鉱物のもととなる成分が多く含まれている。このようなマグマはねばりけが強いため，雲仙普賢岳のようにドーム型の火山をつくる。なお，三原山をつくるマグマのねばりけは中間で，円錐状の火山をつくる。

9〔気象と天気の変化〕

問１＜アメダス＞全国約1300か所に観測装置を設置し，降水量，風向，風速，気温，日照時間，積雪の高さなどを自動観測して，気象災害の防止に役立てている気象観測システムをアメダス（AMeDAS：Automated Meteorological Data Acquisition System）という。

問２＜乾湿計＞乾球温度計（乾球）の示度は気温を表す。一方，湿球温度計は，球部を水で湿らせたガーゼなどの布で包んでいるため，布から水が蒸発するときに熱が奪われ，湿球温度計の示度は乾球温度計の示度より低くなる。よって，観測したときの気温が21℃より，乾球温度計の示度は21℃である。また，湿度が57％より，表１の湿度表で，乾球の示度が21℃のとき，乾球と湿球の示度の読みの差は５℃である。したがって，このときの湿球温度計の示度は，21－5＝16（℃）となる。

問３＜空気中の水蒸気量＞表２より，気温が21℃のときの飽和水蒸気量は$18.3\mathrm{g/m^3}$である。よって，湿度が57％のとき，空気$1\,\mathrm{m^3}$中に含まれる水蒸気量は，$18.3\times\frac{57}{100}=10.431$より，約10.4gとなる。

問４＜露点＞露点では，その空気$1\,\mathrm{m^3}$中に含まれる水蒸気量と，その気温での飽和水蒸気量が等しくなる。表２で，飽和水蒸気量が$10.4\mathrm{g/m^3}$に近い気温は，11℃のときの飽和水蒸気量が$10.0\mathrm{g/m^3}$，12℃のときの飽和水蒸気量が$10.7\mathrm{g/m^3}$より，12℃である。よって，ア～エのうち，このときの露点に最も近いのは11℃である。

2024年度／作新学院高等学校(総合進学部・情報科学部)(第1回)

国語解答

一	1 ウ	2 イ	3 ア	4 イ	四	1 ア	2 イ	3 エ	4 ウ
	5 エ					5 ウ			
二	1 エ	2 ア	3 エ	4 ア	五	1 ア	2 イ	3 ウ	4 ア
	5 イ	6 イ				5 エ	6 ウ	7 イ	
三	1 エ	2 ウ	3 エ	4 ア	六	1 イ	2 エ	3 イ	4 ウ
	5 ウ					5 ア	6 イ	7 ウ	

一〔漢字〕

1.「盟友」は「めいゆう」と読む。「奉納」は「ほうのう」,「埋没」は「まいぼつ」,「迷信」は「めいしん」,「妙案」は「みょうあん」。　2.「甘苦」は「かんく」と読む。「軒先」は「のきさき」,「圧巻」は「あっかん」,「落花」は「らっか」,「辛酸」は「しんさん」。　3.「介入」と書く。イは「弁解」,ウは「改札」,エは「軽快」。　4.「委任」と書く。アは「依頼」,ウは「水位」,エは「行為」。　5.「晩成」と書く。アは「順番」,イは「万感」,ウは「回覧板」。

二〔国語の知識〕

1＜漢字の知識＞「種」「秋」「税」の部首は,「禾(のぎへん)」。「和」の部首は,「口(くち)」。

2＜語句＞「無作為」は,意図的に手を加えず偶然に任せること。「無頓着」は,物事を気に掛けないこと。「無作法」は,礼儀に外れること。

3＜四字熟語＞「多種多様」と「千差万別」は,いずれも,種類や性質がさまざまであること。「森羅万象」は,宇宙に存在する全てのもののこと。「大同小異」は,細かい違いはあってもだいたい同じであること。「適材適所」は,人をその才能に適した任務につけること。

4＜語句＞接頭語として用いられる「小」は,数量が足りないが,それに近い,という意味。

5＜語句＞「おすそ分け」は,もらい物の余分を他の人に分配すること。

6＜文の組み立て＞「すでに」は副詞で,用言「ある」を含む「あった」にかかる。流行現象は,江戸時代から,「すでに」「あった」のである。

三〔国語の知識〕

1＜資料＞ヘルプマークを知っている人は,首都圏では55%であるのに対し,その他の地域では38%である。

2＜資料＞首都圏では,公的機関を通してヘルプマークを認知したという人の割合は24%で,その他の地域の14%と比べて約1.7倍である(ア…×)。インターネットを通じて知った人の割合は,首都圏では25%で,公共交通機関を利用した際に知った人の35%よりも低い(イ…×)。マスコミを通じて知った人の割合は,首都圏が23%,その他の地域が27%で,大きな差はない(ウ…○)。首都圏では公共交通機関を利用した際に知った人が35%で最も多く,その他の地域では,インターネットを通じて知った人が50%で最も多い(エ…×)。

3＜四字熟語＞「周知徹底」は,広く隅々まで知らせること。「面目躍如」は,いかにもその人らしいよさが表れ,活躍して世間の評価が高まること,「衆人環視」は,大勢の人が取り巻いて見ていること,「縦横無尽」は,自由自在に動き,行うこと。

4＜語句＞「腑に落ちない」は,合点がいかない,納得できない,という意味。

5＜文学史＞孔子は,人を思いやる心である「仁」を人間の最高の徳と考えた。

四〔古文の読解―仮名草子〕出典:浅井了意『浮世物語』巻第三ノ十二。

≪現代語訳≫今となっては昔のことだが，物事の自慢っぽいのは未熟だからである。すでに名人，達人の域に達している者は，少しも自慢はしないものだ。自分より技量が優れている者たちは，広い世間にはいくらでもいるのだ。諸芸ばかりにかぎらず，武士道においても武芸・武士としての口の利き方など，自慢など決してしてはならないものであるのに，今の世の中は，身分の上下にかかわらずそれぞれが自慢して，声高に勝手なことを吐き散らし，わがままをする者が多い。そのくせ，自分の欠点を隠そうとして，優れた者をけなして笑うことがある。ある者が，座敷をつくり絵を描かせた。白鷺だけを描いてほしいと注文した。絵描きは，「心得た」と焼筆で下絵を描いた。亭主は，「どれもよさそうだが，この白鷺が飛び上がっているのは，羽使いがこのようでは，飛べまい」と言う。絵描きが答えるには，「いやいやこの飛ぶ様子が一番の出来栄えだ」と言っているうちに，本物の白鷺が四羽五羽連なって飛んだ。亭主はこれを見て，「あれをご覧なさい。あのように描いてほしいものだ」と言うと，絵描きはこれを見て，「いやいやあの羽使いでは，私が描いたようには，飛ぶことができない」と言った。

１＜古文の内容理解＞名人や達人は，少しも自慢をしない。その訳は，自分より技量が優れている者は世の中にいくらでもいるものと知っているからなのである。

２＜古文の内容理解＞優れた者をけなして笑うのは，「おのれが疵」を隠そうとするからである。「おのれが疵」とは，自分の欠点のこと。

３＜古文の内容理解＞a．亭主は絵描きの描いた白鷺を見て，こんな羽使いでは飛べまい，と批評した。　b．ちょうど近くを飛んでいた本物の白鷺を見て，絵描きは，あの羽使いでは私が描いた絵のように飛ぶことはできない，と言った。

４＜古文の内容理解＞亭主は，絵描きの描いた白鷺を見て，こんな羽使いでは飛べまい，と批評した。本物の白鷺を見た亭主に，あんなふうに描いてほしいものだ，と指摘された絵描きは，本物の白鷺の方がおかしいのだと屁理屈を言ったのである。

５＜古文の内容理解＞物事を自慢するのは未熟だからであって，名人，達人の域に達している者は，自分より技量が優れている人が世間にはいくらでもいると知っているから自慢はしないのである。

五〔論説文の読解―社会学的分野―現代社会〕出典：内山節『怯えの時代』。

≪本文の概要≫善悪は，その社会における共有された規範だったが，一つの時空を皆で共有することがなくなると，善悪の分裂も促進される。善悪の規範は無限に拡散し，最終的には一人ひとりの規範にまで行き着く。だがそれでも，一定の規範は共有され続けるだろう。時代の社会的ルールを大きく踏み出してしまうと，自分にとっての不利益が大きくなるからである。現代社会は，自分が善や悪だと感じていることが社会で通用するとはかぎらない，不安な社会である。このような社会では，主導権を取った者が社会ルールをつくり，多くの人たちは自己防衛的にそのルールに従う。主導権を握った者たちが善として振る舞うことが，可能になるのである。近代社会は，共有された善悪の規範を分解し，現代社会は，たえず一時の主導権を握った者が自己を善として振る舞い，多数派が自己防衛的にその善に従うという時代をつくった。何が善で何が悪かなのではない。現代は，主導権の変更によって善がたえず変容する時代なのである。善の側にいようとするなら，私たちは常に主導権を握った側に身を置かなければならない。まるで共同幻想のように何かが生まれ，また新しい共同幻想が発生してくる。そして私たちは多数派の共同幻想の中に身を置くことになる。委ねること，同調することによって，自己を失われた存在へと落としていくことで自在に生きる，それが現代社会である。

１＜語句＞「往々」は，繰り返し起こるさまを表す。企業の中で共有されている善も，企業外の規範では悪ととらえられることは，しばしば起こりうることなのである。

２＜接続語＞A．「共有された世界がなくなれば，善悪の規範も一人一人のものになる」とはいうものの，自分にとっての不利益が大きくなるから，「一定の善悪の規範は共有されつづける」のである。　B．ドライバーは，自分の運転が安全であるという確信があれば「交通ルールを守ることが社会に対する義務だ」とは思わないが，それでもルールを無視して捕まったときの自己の不利益が大きいので，「法規を少し無視する程度にとどめる」のである。　C．善悪の規範が共有されない社会でも，「個人を不利益から守るために社会ルールから大きく踏みはずさない」という自己防衛的行動が生まれるのであるから，「自分の不利益になるという思いがなければ，自分だけの善悪の基準で行動する人もでてくる」のである。

3＜文章内容＞共有された規範がなければ，「自分が善や悪だと感じていることが，社会で通用するとはかぎらない」し，「自分とは違う善悪の基準をもつ人々」もいるかもしれない。共有された規範が存在しない社会とは，不安で孤独な社会である。

4＜文章内容＞共有された規範が存在しない社会では，「主導権をとった者たちが社会ルールをつくり，多くの人たちは自己防衛的にそのルールに従う」という形が生まれる。主導権を握った者たちが善として振る舞うことが，可能なのである。

5＜文章内容＞「一時の主導権を握ったものが自己を善として振る舞い，多数派は自己防衛的にその善に従う」という構図は，善悪が「主導権の変更によってたえず変容する」社会を生んだ。

6＜表現＞パソコンと携帯電話を「持たなければ仕事もうまくいかない時代」に，「私も飲み込まれてしまった」ので，それをよい「贈り物」とは思えないが使っているのである。

7＜文章内容＞私たちは，「主導権をとるために扇動した内容が，主導権を確立した後は善として主張され」，それが共同幻想となる社会の中で生きていかなければならない。「善が不在」の世の中では，多数派であるために委ね，同調することで，その都度新しい自己を自在に生きていくというのが，私たちに与えられた生き方なのである。

六〔小説の読解〕出典：青山美智子『お探し物は図書室まで』。

1＜文章内容＞征太郎は，高校のときに「征太郎の小説は面白いから書き続けろ」と浩弥が言ってくれた言葉を大事にして，作家になる努力を続けてきたのである。

2＜文章内容＞征太郎は，「水道局の仕事」をすることによって自分の足元をしっかりと見つめ，「自分を信じ」ながら，着実に小説を書いてきたのであり，それはこれからも変わらないのだろうと浩弥は思った。

3＜心情＞突然自分に仕事をやらせてほしいと言う浩弥を，小町さんは本気なのかどうか見きわめようとじっと見つめた。浩弥が額に汗をにじませるくらい真剣であることを見て取った小町さんは，浩弥が新しい一歩を踏み出したことを確信したかのように，かすかにほほ笑んだ。

4＜文章内容＞なまっていた体もシャンとしてきて，「俺にでもできる」仕事を浩弥は次々に見つけ出した。自分が描いたポスターも人にほめられた。浩弥は，人の「役に立っている」という実感を得られる場所を見つけたのである。

5＜文章内容＞訪れるたくさんの人と仲よくなった浩弥は，人の「役に立っている」と実感することができた。「卑屈になって」家でごろごろしていた自分と違う自分を，浩弥は発見したのである。

6＜文章内容＞「会社を辞めても」，母さんは少しも責めなかったし，「人目を気にして俺をせっついたり」もしなかった。「学生でもない大人は仕事をしていて当然だ」というのが世間一般の認識であるなら，きっと母さんは「俺」を甘やかしていると言われていただろう，と浩弥は思った。

7＜心情＞「卑屈になって」いた浩弥を，母さんは「無理強いはせずそれとなく外に出るように仕向けて」くれたし，「人目を気にして俺をせっついたりなんか」しなかった。母さんは，浩弥がやがて，卑屈な気持ちから抜け出すことを信じていたのである。母さんは，うれしさから，浩弥が新しい自分を獲得した証《あかし》である給料を，受け取るまいとしていたのである。

Memo

2024年度 作新学院高等学校［総合進学部・情報科学部］（第２回）

【英　語】（50分）〈満点：100点〉

1　次のＡとＢは，放送による問題です。それぞれ放送の指示に従って答えなさい。

A

(1)

(2)

(3)

(4)

(5)

B

(6) ア She's going to practice the piano.　イ She's going to take a test.
ウ She's going to study for the test.　エ She's going to play soccer.

(7) ア Seven twenty.　イ Seven forty.
ウ Eight.　エ Eight twenty.

(8) ア $10.　イ $15.　ウ $45.　エ $60.

(9) ア They haven't met for about five years.　イ They met for the first time.
ウ They have known each other for three years.　エ They don't remember when they first met.

(10) ア A teacher.　イ A salesclerk.　ウ A doctor.　エ A nurse.

※リスニングテスト放送文は，英語の問題の終わりに付けてあります。

2 次の各文の（　　）に入る最も適切なものを，ア～エの中から1つずつ選びなさい。

(1) Jimmy（　　）his good friend to Bob.
ア talked　イ told　ウ introduced　エ invited

(2) Mary got up at（　　）and she was very surprised.
ア afternoon　イ day　ウ morning　エ noon

(3) Is there（　　）like *sumo* in China?
ア another　イ anything　ウ other　エ anyone

(4) I want to read a short novel（　　）in easy English.
ア write　イ wrote　ウ written　エ writing

(5) Yuka（　　）play the piano well when she was three.
ア will　イ must　ウ may　エ could

(6) I（　　）reading a book for three hours in this room.
ア am　イ was　ウ have been　エ has been

(7) Summer camp is（　　）, and now it's time to say goodbye.
ア ago　イ over　ウ down　エ above

(8) Taro goes to a foreign country (　　　) a year.

ア often　　イ sometimes　　ウ second　　エ twice

(9) It is said that a lot of languages are (　　　) in the world today.

ア speak　　イ spoke　　ウ spoken　　エ speaking

(10) The streets are (　　　) this morning. Did it rain last night?

ア wet　　イ dry　　ウ clear　　エ right

3

次の日本文の意味になるように，(　　　) 内の語(句)を並べかえたとき，その中で２番目と４番目にくるものを，ア～オの中から１つずつ選びなさい。ただし，文頭にくるべき語も小文字で書かれています。

(1) その飛行機はロンドンの空港に到着しました。

(ア in　イ at　ウ the plane　エ the airport　オ arrived) London.

(2) 琵琶湖は日本で一番広い湖です。

(ア is　イ largest　ウ Lake Biwa　エ lake　オ the) in Japan.

(3) 歯医者は歯を治療する人です。

A dentist (ア takes　イ is　ウ who　エ care　オ a person) of your teeth.

(4) 恵子は祖母をとても誇りにしている。

Keiko (ア proud　イ her　ウ of　エ very　オ is) grandmother.

(5) あなたの誕生会を楽しみにしています。

I'm (ア forward　イ looking　ウ birthday party　エ your　オ to).

4 次の会話文を読んで，(1)～(4)の問いに対する答えとして最も適切なものを，ア～エの中から１つずつ選びなさい。

Clerk：May I help you?

David：Oh, yes. I'm looking for postcards here in Sydney for my friends in London.

Clerk：All right. These are very popular.

David：Wow! They are so beautiful. Which postcard is the most popular?

Clerk：Well, this one is the most popular in our shop. The place in this picture is very famous in Sydney.

David：It looks nice. I want this one. How much is it?

Clerk：One dollar and fifty cents.

David：One dollar and fifty cents? OK. I want sixteen.

Clerk：Wait a minute, please. I'll check for you.

David：Thank you.

A few minutes later

Clerk：Here are sixty postcards.

David：What? Sixty? I want sixteen postcards!

Clerk：Oh, I see. I thought you wanted sixty postcards. Well, one, two, three, four…, here are sixteen postcards. Twenty-four dollars, please.

David：Right. Twenty-four dollars.

Clerk：Thank you. Where are you from?

David：I'm from New York in the U.S.

Clerk：Really? I've been to New York and Washington, D.C. I like New York very much.

David：I'm pleased to hear that.

Clerk：Please enjoy your stay here. Have a nice day.

David：You, too. Goodbye.

(1) Where is David visiting?

ア London.　イ Sydney.　ウ New York.　エ Washington, D.C.

(2) How much is a postcard?

ア One dollar and fifty cents.

イ Two dollars and forty cents.

ウ Six dollars.

エ Sixteen dollars.

(3) How many postcards does David want?

ア He wants sixteen postcards.

イ He wants twenty-four postcards.

ウ He wants fifty postcards.

エ He wants sixty postcards.

(4) Why is David glad?

ア Because the clerk has a different postcard.

イ Because the clerk is from New York.

ウ Because the clerk loves New York.

エ Because the clerk has some friends in London.

5 次の英文を読んで，(1)～(6)の問いに答えなさい。

How do you go to school? Do you usually go by bus, by car, by train or on foot? Around the world, some children have very unusual ways to go to school.

Children from a village in *Indonesia cross a river to get to school every day. In the past, the children crossed a bridge over the river. But it broke after a heavy rain in 2012. Because of ①<u>that</u>, they couldn't use the bridge for 10 months. There is another bridge which they could use, but when they use the bridge, it takes 30 minutes longer to go to school. The students usually chose to cross the broken bridge, (②) they knew the broken bridge was very dangerous.

In a village in the mountains in China, children *climb up and down tall wooden *ladders to get to school and to go home. The ladders are not tied to the mountain, so ③<u>people help to hold the ladder</u> when someone else is climbing.

In *Colombia, 11 families with children live on one side of a big valley. The children's journey to get to school is (④). A thick *metal cable is four hundred meters above the valley and is eighty meters in *length. The children use it to go to school. ⑤<u>It</u> is the quickest way to get to school. But when it rains, the cable is often too *slippery to use. So, the children must stay home and can't go to school.

According to UNESCO, about 57 million children around the world can't go to school. It is not easy to solve this problem.

(注) Indonesia「インドネシア」　climb up and down ～「～を昇り降りする」　ladders「はしご」
Colombia「コロンビア（南米北西部の共和国）」　metal cable「金属のケーブル」　length「長さ」
slippery「つるつる滑る」

(1) 下線部①の示す内容を，ア～エの中から１つ選びなさい。

ア　橋を利用することができなかったということ。

イ　2012年に激しい雨が降ったことによって橋が壊れたということ。

ウ　過去に子供たちが川に架かる橋を渡っていたということ。

エ　子供たちが毎日危険な橋を渡らなければならないということ。

(2) （　②　）に入る最も適切なものを，ア～エの中から１つ選びなさい。

ア　though　　イ　so　　ウ　because　　エ　or

(3) 下線部③の理由として最も適切なものを，ア～エの中から１つ選びなさい。

ア　木製の高い橋が壊れているため。

イ　あまりにも多くの人が橋を利用しているため。

ウ　はしごが山に固定されていないため。

エ　子供たちが毎日通学のためにはしごを利用しているため。

(4) （　④　）に入る最も適切なものを，ア～エの中から１つ選びなさい。

ア　easy　　イ　safe　　ウ　good　　エ　terrible

(5) 下線部⑤の示す語句を，ア～エの中から１つ選びなさい。

ア　Swimming in the valley

イ　Using a thick metal cable

ウ　Crossing a broken bridge

エ　Using a tall wooden ladder

(6) 次の英文の中で本文の内容と一致するものを，ア～エの中から１つ選びなさい。

ア　Some children in the world have dangerous ways to get to school every day.

イ　Children from a village in Indonesia use a thick metal cable.

ウ　Children of 11 families in Colombia use a broken bridge every day.

エ　It isn't difficult to solve the problem of children who can't go to school.

[リスニングテスト放送文]

『これからリスニングテストを始めます。』

『では，四角１を見てください。』『四角１は問題Ａと問題Ｂの２つの部分に分かれています。』

『問題 A』『問題 A は(1)から(5)の５問です。それぞれの写真について４つの英文が１回放送されます。その内容を最も的確に表しているものを，ア，イ，ウ，エの中から１つずつ選びなさい。』『では，始めます。』

1 A

(1)

ア There are only grapes in the basket.

イ There are five apples in the basket.

ウ There are some fruits in the basket.

エ There are some vegetables in the basket.

(間隔 5 秒)

(2)

ア The woman is talking on the phone.

イ The woman is making a speech.

ウ The woman is taking a photo.

エ The woman is taking a rest.

(間隔 5 秒)

(3)

ア These are made from cooked rice and called rice balls.

イ These are made from rice mixed with cheese and pieces of meat.

ウ These are cooked in soup or boiling water.

エ These are made from cooked rice that is fried quickly with eggs.

(間隔 5 秒)

(4)

ア The girl goes to kindergarten.

イ The girl goes to elementary school.

ウ The girl goes to junior high school.

エ The girl goes to high school.

(間隔 5 秒)

(5)

ア This is the scenery of spring.

イ This is the scenery of summer.

ウ This is the scenery of fall.

エ This is the scenery of winter.

(間隔 5 秒)

『問題Ｂ』『問題Ｂは(6)から(10)の５問です。それぞれの対話に問いが１つあります。答えとして最も適切なものを，ア，イ，ウ，エの中から１つずつ選びなさい。』『放送は２回繰り返されます。』『では，始めます。』

Ｂ

(6) M : Let’s play soccer on Saturday.

W: Sorry, but I practice the piano that day.

M : Well, how about Sunday?

W : Sorry again, but I have to study for the test next week.

Question What is the girl going to do on Sunday?

※2回繰り返し (間隔７秒)

(7) M : Do you know what time today’s meeting will start?

W : Let me check my schedule.

M : Thank you.

W : At eight. So in 20 minutes.

Question What time is it now?

※2回繰り返し (間隔７秒)

(8) W: May I help you?

M : How much is this racket?

W : The regular price is 50 dollars. But it’s 10 percent off today.

M : OK. I’ll take it.

Question How much will the man pay?

※2回繰り返し (間隔７秒)

(9) M : Hi, Lucy. Long time no see!

W : It’s been almost 5 years.

M : Do you remember where we met last?

W : Let me see… Maybe in Hawaii.

Question Which is true?

※2回繰り返し(間隔７秒)

(10) W : What do you want to be in the future?

M : A teacher or a doctor.

W : Really? I want to be a nurse.

M : I hope we’ll be able to work together someday.

Question What does the woman want to be in the future?

※2回繰り返し (間隔７秒)

『以上でリスニングテストを終了します。引き続き，筆記試験を続けて下さい。』

【数　学】　(50分)　〈満点：100点〉

(注意)　解答は，設問の指示に従って丁寧にマークしなさい。

・答えが分数になるときは，約分して最も簡単な分数にしなさい。

・$\sqrt{}$ の中は最も小さい整数にしなさい。

・ア，イ，ウ，……で示した解答欄に－の符号，または，0から9までの数字のいずれか一つをマークしなさい。また，選択の場合は，その番号(数字)を一つマークしなさい。

［例1］ [ア イ] に －5 と答えたいとき，次のようにマークしなさい。

	マイナス	0	1	2	3	4	5	6	7	8	9
ア	●	⓪	①	②	③	④	⑤	⑥	⑦	⑧	⑨
イ	⊖	⓪	①	②	③	④	●	⑥	⑦	⑧	⑨

［例2］ $\frac{\text{[ウ エ]}}{\text{[オ]}}$ に $-\frac{4}{5}$ と答えたいとき，$\frac{-4}{5}$ として，次のようにマークしなさい。

	マイナス	0	1	2	3	4	5	6	7	8	9
ウ	●	⓪	①	②	③	④	⑤	⑥	⑦	⑧	⑨
エ	⊖	⓪	①	②	③	●	⑤	⑥	⑦	⑧	⑨
オ	⊖	⓪	①	②	③	④	●	⑥	⑦	⑧	⑨

［例3］ [カ] に選択した解答 ② と答えたいとき，2として，次のようにマークしなさい。

	マイナス	0	1	2	3	4	5	6	7	8	9
カ	⊖	⓪	①	●	③	④	⑤	⑥	⑦	⑧	⑨

1

次の(1)から(10)までの問いに答えなさい。

(1)　$3-(-6)+4$ を計算すると，[ア イ] である。

(2)　$(3a-2b)-(a-5b)$ を計算すると，[ウ] a ＋ [エ] b である。

(3)　数直線上において，-2 と $+5$ の距離は，[オ] である。

(4)　$48x^4y^2 \div (-4x^2y) \times 9x^3y$ を計算すると，[カ キ ク ケ] $x^{\text{コ}}y^{\text{サ}}$ である。

(5)　$\frac{1}{2}x^2-2x+2$ を因数分解すると，$\frac{\boxed{\text{シ}}}{\boxed{\text{ス}}}\left(x-\boxed{\text{セ}}\right)^{\boxed{\text{ソ}}}$ である。

(6)　1次方程式 $\frac{1}{2}x-\frac{1}{6}=\frac{1}{3}x+\frac{1}{2}$ を解くと，$x=\boxed{\text{タ}}$ である。

(7)　$x>0$ のとき，$x:(x+6)=4:(x-6)$ を満たす x の値は，$\boxed{\text{チツ}}$ である。

(8)　$\sqrt{24}+\sqrt{96}-\sqrt{54}$ を計算すると，$\boxed{\text{テ}}\sqrt{\boxed{\text{ト}}}$ である。

(9)　$(x-9)(x-7)$ を展開すると，$x^2-\boxed{\text{ナニ}}\,x+\boxed{\text{ヌネ}}$ である。

(10)　a を正の数，b を負の数としたとき，次の ①～⑦ で表した式のうち，
値が最も大きくなるのは，$\boxed{\text{ノ}}$ である。

① $a+b$　② $a-b$　③ $b-a$　④ $2a+b$　⑤ $a+2b$　⑥ $2b-a$　⑦ $2a-b$

2

次の⑴から⑹までの問いに答えなさい。

⑴　右の表は，10点満点のテストを受けたA，B，C，Dの４人の生徒の成績について，７点からの点数差を示したものである。

このとき，４人の平均点は，[ア]点である。

生徒	A	B	C	D
７点との差	−1	+3	0	+2

⑵　右の図は三角柱の展開図である。

この三角柱の体積は，[イ][ウ] cm^3 である。

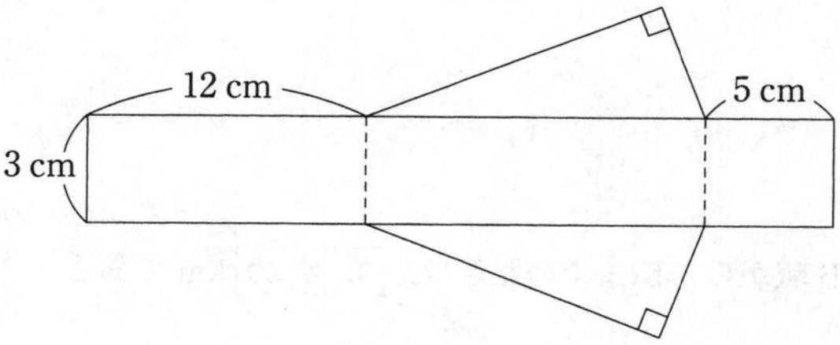

⑶　90 m のリボンを $2 : x : 9$ に分けたとき，一番長いリボンの長さが 45 m であった。

このとき，x の値は，[エ]である。ただし，$2 < x < 9$ とする。

⑷　右の図のように，半径 9 cm の円Oにおいて，中心Oから 5 cm の距離に弦ABがある。

このとき，弦ABの長さは，[オ]$\sqrt{[カ][キ]}$ cm である。

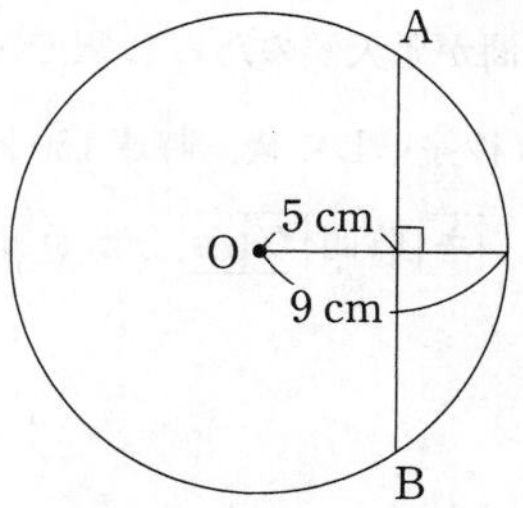

⑸　1周 400 m のトラックをAさんが分速 300 m，Bさんが分速 200 m で走った。

同じ地点から２人同時にスタートして，AさんがBさんに２回目に追いつくのは，スタートしてから，[ク]分後である。

⑹　四角形ABCDで，常に平行四辺形になるものは次の ①〜⑥ のうち，[ケ]個ある。

① $\angle A = \angle C$，$\angle B = \angle D$

② $\angle A = \angle B$，$\angle C = \angle D$

③ AB = BC，AD = DC

④ AB = DC，BC = AD

⑤ AB $\parallel$ DC，AB = DC

⑥ AB $\perp$ AC，AB = AC

3 ある列車はＡ駅を出発して，Ｂ駅，Ｃ駅，Ｄ駅の順に停車する。

Ａ駅からＤ駅までの距離は 728 km であり，Ａ駅からＢ駅までの距離は 284 km である。

Ｃ駅からＤ駅までは列車が時速 160 km で走行し，48 分かかった。

このとき，次の(1)から(3)までの問いに答えなさい。

(1) Ｃ駅からＤ駅までの距離は，［アイウ］km である。

(2) Ｂ駅からＣ駅までの距離は，［エオカ］km である。

(3) ある日，この列車はＡ駅からＢ駅までは時速 160 km で走行した。

Ｂ駅とＣ駅の間が悪天候のためＢ駅で 20 分停車した後，時速 80 km で走行してＣ駅に着いた。

Ｃ駅で 1 分 30 秒停車した後，時速 160 km でＤ駅まで走行すると，Ａ駅を出発してからＤ駅に到着するまで，［キ］時間［クケ］分かかった。

4　高さが 40 cm の直方体の容器に，一定の割合で水を入れ，容器がいっぱいになったら止める。

右のグラフは，x 分後の水の深さ y cm の関係を表したものの一部である。

このとき，次の(1)，(2)の問いに答えなさい。

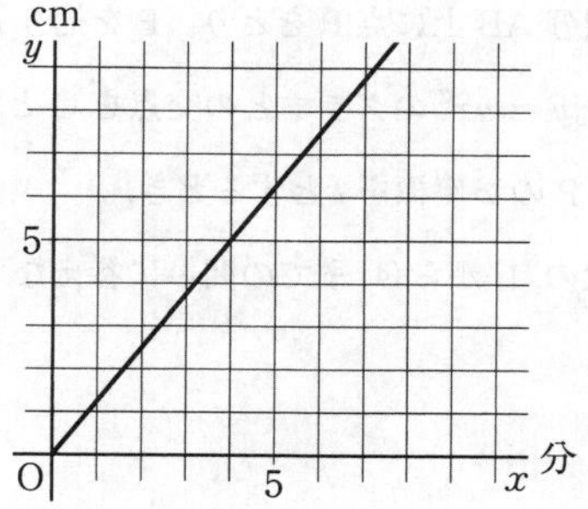

(1)　y を x の式で表すと，$y=\dfrac{\boxed{\text{ア}}}{\boxed{\text{イ}}}x$ である。

また，そのときの x，y の変域はそれぞれ，$\boxed{\text{ウ}} \leqq x \leqq \boxed{\text{エオ}}$，$\boxed{\text{カ}} \leqq y \leqq \boxed{\text{キク}}$ である。

(2)　水の深さが 15 cm になったときに容器の底に穴が空いた。

水を入れながらの修理に 8 分かかり，一定の割合で水が流れ出て，

修理が終わったときの水の深さは 10 cm になった。

①　容器の底に穴が空いていたとき，流れ出ている水の量は，

容器に入れている水の量の $\dfrac{\boxed{\text{ケ}}}{\boxed{\text{コ}}}$ 倍である。

②　容器の修理が終わってから，容器に入れる水の量を増やしたところ，

修理した容器が水でいっぱいになる時間と，

(1)で表した容器が水でいっぱいになる時間が同じになった。

このとき，穴の修理を終えた後の容器の x，y について，

y を x の式で表すと，$y=\dfrac{\boxed{\text{サ}}}{\boxed{\text{シ}}}x-\boxed{\text{スセ}}$ である。

5 右の図のように，$y=ax^2$ $(a>0)$ のグラフ上に，

２点 A(4 , 8)，B(−2 , 2)をとり，A，B を通る直線と y 軸との交点を C とする。

線分 AB 上に点 P をとり，P を通り y 軸に平行な直線と $y=ax^2$ のグラフとの交点を Q とする。

P の x 座標を t とするとき，

次の (1) から (4) までの問いに答えなさい。

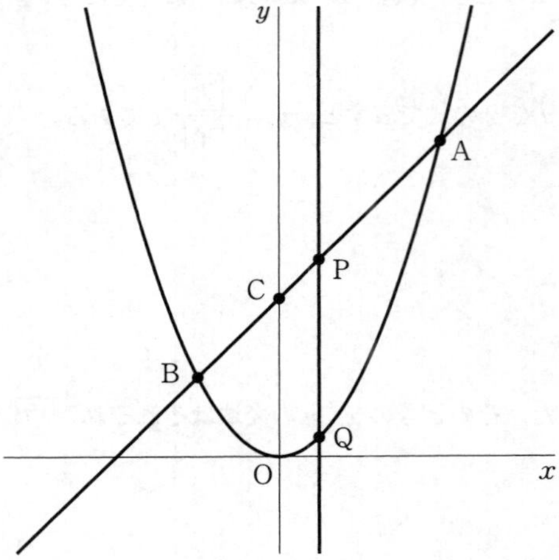

(1) a の値は，$\dfrac{\boxed{\text{ア}}}{\boxed{\text{イ}}}$ である。

また，点 C の y 座標は，$\boxed{\text{ウ}}$ である。

(2) $t=1$ のとき，線分 PQ の長さは，$\dfrac{\boxed{\text{エ}}}{\boxed{\text{オ}}}$ である。

(3) △OAP と △OBP の面積の比が 3：2 のとき，$t=\dfrac{\boxed{\text{カ}}}{\boxed{\text{キ}}}$ である。

(4) (3) のとき，四角形 OQAP の面積は，$\dfrac{\boxed{\text{ク}}\boxed{\text{ケ}}\boxed{\text{コ}}}{\boxed{\text{サ}}\boxed{\text{シ}}}$ である。

【国　語】（五〇分）〈満点：一〇〇点〉

一　1と2は、傍線部の漢字と同じ読みのものをそれぞれ一つ選びなさい。また、3から5は、傍線部を漢字に直した時に同じ漢字を使うものをそれぞれ一つ選びなさい。

1　相手の顔を凝視する。

ア　疑問を抱く。　　イ　日本海溝を調査する。

ウ　必死の形相で走る。　　エ　捕鯨を制限する。

2　盤石の備えをする。

ア　名産品を販売する。　　イ　野蛮な行為をとがめる。

ウ　養蚕業を営む。　　エ　拝観料を払う。

3　修学旅行の行テイ表。

ア　正しい音テイで歌う。　　イ　車をテイ止する。

ウ　不景気で人材が払テイする。　　エ　記念品を贈テイする。

4　ヨク揚の効いた文章。

ア　飛行機の両ヨク。　　イ　答えはヨク朝まで待つ。

ウ　肥ヨクな平野。　　エ　怒りをヨク制する。

5　気ガイのある新人。

ア　繁華ガイを歩く。　　イ　感ガイにふける。

ウ　平和というガイ念。　　エ　天ガイ孤独の身。

二　次の1から6の問いに答えなさい。

1　「謝辞」と熟語の構成が同じものとして、正しいものを一つ選びなさい。

ア　寸劇　　イ　伸縮　　ウ　炊飯　　エ　無理

2　次の冒頭文の作品名を一つ選びなさい。

ゆく河の流れは絶えずして、しかも、もとの水にあらず。

ア　徒然草　　イ　方丈記　　ウ　枕草子　　エ　竹取物語

3　「差異」の類義語を一つ選びなさい。

ア　欠点　　イ　差別　　ウ　同異　　エ　相違

4　「マーケティング」の言い換えとして、ほぼ同じものを一つ選びなさい。

ア　金利操作　　イ　研究集会　　ウ　販売戦略　　エ　在庫管理

5　次の文意を表す慣用句を一つ選びなさい。

噂《うわさ》が立つ以上、何らかの事実があるはずだ。

ア　人の噂も七十五日　　イ　人の口に戸は立てられず

ウ　噂をすれば影がさす　　エ　火のないところに煙は立たぬ

6　次の四字熟語に入る□の数を足すといくつになるか。和として正しいものを一つ選びなさい。

二束□文・四□時中・岡目□目・□里霧中

ア　10　　イ　22　　ウ　35　　エ　110

三

次の会話は、ＷＢＣ（ワールド・ベースボール・クラシック）に端を発した生徒同士のやりとりです。これを読んで、**1**から**5**の問いに答えなさい。

A 「三月に行われたＷＢＣ（ワールド・ベースボール・クラシック）では、四大会ぶりに日本が王座奪［1］を果たして、盛り上がったね。」

B 「特に大谷翔平選手の活躍には興奮したね。大谷と言えば二刀流[2]で活躍する、日本が世界に誇る野球選手！」

A 「決勝戦が始まる前のベンチ裏の声出しで、大谷選手が言った言葉、覚えているかな？」

B 「うん、『今日一日だけは彼らへの憧れを捨てて、勝つことだけ考えていきましょう！』だよね。」

A 「感動したよ。大谷選手だって、すでに憧れられる[3]選手なのにね。」

B 「ところで大谷選手は岩手県出身だけど、岩手県出身の作家と言えば宮沢賢治[4]がいるね。」

A 「実は僕、『銀河鉄道の夜』を読んで書いた、読書感想文コンクールで優秀賞をもらったことがあるんだ。」

B 「へえー、それはすごいなあ。」

A 「僕は高校に行っても野球を続けて、必ず甲子園に行くんだ。」

B 「ずっと応援してるよ。」

A 「大谷翔平選手みたいな選手にきっとなってみせる。」

B 「ああ[5]、それは楽しみだな。」

1 空欄［1］に入る漢字を一つ選びなさい。

ア 冠　イ 還　ウ 汗　エ 完

2 傍線部２「二刀流」と似たことわざとして、適当なものを一つ選びなさい。

ア 鬼に金棒　イ 伝家の宝刀　ウ 清濁併せ呑《の》む　エ 二足のわらじを履く

3 傍線部３「られる」と同じ意味・用法のものを一つ選びなさい。

ア 今日はたっぷりと寝られる。

イ 秋の気配が感じられる。

ウ 世間に認められる。

エ 先生は毎朝八時に来られる。

4 傍線部４「宮沢賢治」の**作品でないもの**を一つ選びなさい。

ア 小僧の神様　イ 風の又三郎

ウ セロ弾きのゴーシュ　エ 注文の多い料理店

5 傍線部５「ああ」と同じ品詞を一つ選びなさい。

ア それ、誰のタオルですか。

イ 今日の献立はこの中から選んでください。

ウ あの、少しお待ちください。

エ このみそ汁はちょっとしょっぱい。

四 次の文章を読んで、1から5の問いに答えなさい。（問題作成の都合で原文を一部変更したところがあります。）

今は昔、内麿《うちまろ》の右大臣と申しける人は、房前《ふささき》の大臣の御孫《孫であって、》、大納言真楯《またて》と申しける人の御子なり。身の才[1]やんごとなくて、*殿上人《てんじゃうびと》のほどより公に仕り給ひて《帝にお仕え申し上げなさって》、[2]そのおぼえめでたくなんおはしける。世の人皆重く敬ひて随《したが》はぬ者なかりけり。形・有様おろかなることなかりけり《容姿・態度が大変素晴らしかった。》。また、心うるはしくて人に用ゐられてなんおはしける。

しかるに、この大臣年いまだ若くおはしける時に、他戸《をさべ》の宮と申す太子おはしけり。白壁の天皇《光仁天皇》の御子なり。[3]その人心猛《たけ》くして、人に恐れられてなんおはしける。その時に一の悪馬有りけり。人の乗らんとする時に必ず踏み咋《く》ふ《かみつく。》。しかれば敢《あ》へて人乗ることなかりけり《進んで乗ろうとする者もなかった。》。しかる間、かの他戸の御子、内麿に命じてこの悪馬に乗らしむ。しかれば内麿この馬に乗り給ふに、よろづの人これを見ておそれて、「内麿定めて《きっと》この馬に咋ひ踏まれて損じ給ひなんとす」と、[4]いとほしく思ひ合へりけるに、内麿乗り給ふに、この馬頭《かしら》を垂れて動くことなし。されば内麿ことなく乗り給ひぬ。その後、度々《何度も》鞭を打ち給ふに、馬なほ動かず《馬は暴れる気配がない。》。さて、庭を度々打ち廻《めぐ》りて下り給ひにけり。これを見聞く人、内麿を讃《ほ》めて、「これ只人《ただ》《並みの人》にもおはさざりけり」とぞ思ひける。

昔はかかる人なんおはしけるとなん、語り伝へたるとや。

（『今昔物語集』による）

注 *殿上人――昇殿を許された上位の貴族。

1 傍線部1「やんごとなくて」の意味として、最も適当なものを一つ選びなさい。

ア 身分が高くて　イ ひと並みで　ウ 優れていて　エ どうしようもなくて

2 傍線部2「そのおぼえめでたくなんおはしける」の解釈として、最も適当なものを一つ選びなさい。

ア その腕前に自信がおありであった。　イ その記憶力は抜きん出ていらっしゃった。

ウ その人望が厚くていらっしゃった。　エ その身なりは派手でいらっしゃった。

3 傍線部3「その人」とは誰のことか、最も適当なものを一つ選びなさい。

ア 内麿の右大臣　イ 房前の大臣　ウ 大納言真楯　エ 他戸の宮

4 傍線部4「いとほしく思ひ合へりけるに」の説明として、最も適当なものを一つ選びなさい。

ア 他戸の宮に無理やり悪馬に乗らされるのを見て、誰もが守ってやりたいと愛《いと》おしくなったということ。

イ 内麿が悪馬を乗りこなす事ができず、きっと大怪我をなさるに違いないと気の毒に思ったということ。

ウ 悪馬を乗りこなせる自信のある態度をとる内麿が、多分恥をかくのだろうと心配になったということ。

エ 急に悪馬に乗れと無理難題を言われた内麿が、絶対に慌てるはずだと面白おかしく思ったということ。

5 内麿の右大臣の人物像として、最も適当なものを一つ選びなさい。

ア 誠実な心を持ち、誰からも信頼される人物。　イ 動物の心を操れる、不思議な能力を持つ人物。

ウ 身分が高く美しいが、自意識過剰な人物。　エ 出世欲が高く、どんなことも引き受ける人物。

五　次の文章を読んで、1から7の問いに答えなさい。

人間は、自分の背中を見ることができません。他人の背中は見えますが、自分の背中は見えないのです。自分では見えないものを背負って生きているのが、人間です。ところで、本には背中があります。本を立てる。その立っている本の、こっちをむいているところが、本の背中です。書店で、あるいは図書館で、わたしたちが本棚に見ているのは、ほとんどが本の背中です。[1]本は顔を見るのではなくて、背中を見るものなのです。なぜ、いつからそれが背もしくは背中とよばれるようになったか、詳《つまび》らかではありませんが、それが顔でなく、背中とよばれてきたというところにも、人間が自分の見えないものを見る方法として本というものを必要としているため、一つの比喩としてそういう言い方が出てきたのではなかっただろうかと思うのです。

おもしろいことに、本はしばしば人間の身体の比喩を、今でももっています。消費税がかかるようになった今、本の価格は〔本体〕と表示されていて、その本体にかかっているのは帯とよばれます。[2]比喩というのは、文化です。比喩の出所を見れば、その社会の文化の温度がわかるのです。逆に言えば、ある比喩が消えてゆくときは、ある文化が自分たちのあいだに失われゆくときでもあるのです。

自分たちの生活のなかにあるもっともありふれたものを、生き生きとした言葉に変えてゆくのが、比喩です。比喩を育んできたように、言葉を不断に更新してゆくというのが、本の文化の育んできたちからです。本のつくってきた文化は、活字によってつくられてきたのではありません。言葉が育んできたのが本の文化であり、言葉というのはそもそもの初めから、人びとの日常のなかに深くひろく根を張って育ちます。

本の文化は、日常にないものをつくってきた文化ではないのです。本の文化というものがこれほど長い生命力をもち、本というメディアがこれほど長い間わたしたちのなかに必要なものとされて生きてきたのは、そういうどこにでもあるものを自分が読むことによって、[3]［A］自分が書くことによって、特別なものにしてゆくという方法としてのメディアだったためです。

本というのは、ただ本というだけではありません。本という文化を育んできた人間が、そこにいる。本のあるところ、つねに人間がいる。それは、友人としての本という感覚、感じ方が、じつは本の文化というものをつくってきたのだ、ということです。本というのは、そこに書いてあるものを理解するというだけのものではありません。にもかかわらず今は、人間が背中をなくして前のほうだけをむいて生きているような苦い感じが、つよくなっていないでしょうか。

[3]［B］、本の文化のなかでいちばん重要なことは、じつは、今まで述べてきたことなのではありません。本の文化がこれほど長い間つづいてきたのには、じゅうぶんな理由があります。

本について語られる言葉のおおくには、すくなからぬ嘘《うそ》があります。誰もが本についてはずいぶんと嘘をつきます。忘れられない本があるというようなことを言います。一度読んだら忘れられない、一生心にのこる、一生ものだ、という褒め言葉をつかいます。こんないんちきな話はありません。人間は忘れます。だれだろうと、読んだ本を片っ端から忘れてゆく。中身をぜんぶ忘れる。覚えているのはただきっきの小川のかがやきぐらいというのが、ほんとうです。読んでしばらく経《た》ってから、これは読んだっけかなあというような本のほうが、ずっとたくさんあるはずです。

本の文化を成り立たせてきたのは、じつは、この忘れるちからです。忘れられない本というものはありません。読んだら忘れてしまえるというのが、本のもっているもっとも優れたちからです。べつに人間が呆《ほう》けるからではないのです。読んでも忘れる。忘れるがゆえにもう一回読むことができる。そのように再読できるというのが、本のもっているちからです。

3　C　、再読することができる、本は読んでも忘れることができる。忘れたらもう一回読めばいいという文化なのです。また忘れたらさらにもう一回読めばいい。本というのは読み終わったら終わりではないのです。図書館という大きな建物があって、図書館には本があるのは、一回読んだらあとは捨てるためにあるわけではありません。読んでも読んでも忘れる人間のために取っておくしかないから、図書館は必要なのです。

自分の本棚に置く本も、そうです。一度つかったちり紙を取っておく人は、まずいない。でも本は、一度読んでも取っておく。なぜか。忘れるからです。その本がそこになくなれば、読んだことだって忘れてしまいます。その忘れるちからのために、本を取っておく。取っておくために、もう一度読む。このもう一度読むということが本の文化にとって抜き差しならないほど大事なものなのだ、ということを考えるのです。

そうすると、本の文化というものを自分のなかに新鮮にたもってゆくために、つねに必要なことは、そういう再読のチャンスを自分で自分にあたえてやる、ということです。あの本をまた読もうかなと思いだしたときに、読む。読んでないまま取ってある本もあるけれども、そうではなく、読んで忘れた本に再読のチャンスを自分であたえることで、読書という経験を、自分のなかで、絶えず新しい経験にしてゆくことができる。

正月がくるたび、ある本を読むと決める。それだけでも、心の置きどころができるのが、本です。たとえば、教会というのは、聖書という本のある場所のことです。教会に行って、聖書を開いて、読む。毎回読む。何度もまた読む。毎日曜日、教会に行って、何度も何度も読んだ聖書をまた開いて、読んでゆく。再読という習慣がもっとも大切な行為として、信仰のなかにたもたれています。

4再読は、忘却とのたたかい方でもあれば、必要な言葉を自分にとりもどす方法でもあるのです。本の文化を自分のものにできるかどうかの重要な分かれ目は、その再読のチャンスを自分のなかに、生活のなかに、日常のなかに、自分の習慣として、人生の習慣としてそれをつくってゆくことができるかどうかだと思うのです。

生まれたところから離れて暮らして、そのあと過ごしたところの方がずっと長くなっても、生まれたところに対して、ずっと故郷という愛着をもちつづけるように、親しんだ本を再読するときには、そこに帰郷したような感覚をもちます。たとえまったく覚えていなくても、しかしこれは自分が呼吸した空気である、言葉であるということを、よみがえらせてくれる本があります。そういう本の記憶をどれだけ自分のなかにもっているかいないかで、自分の時間のゆたかさはまるで変わってきます。

本の文化は、技術の文化のように、新しさや最先端がすべてではありません。今ある時間にむきあえるもう一つの言葉をもつことができなければ、5そのもう一つの言葉の側から今という時間を新しく読みなおしてゆくということはむずかしいし、そのためにたずねられなければならないのは、もう一つの言葉をもつ、自分にとっての友人としての本という、本のあり方です。どの本がよい、というのではなく、本が自分の友人としてそこにあるというあり方を、自分たちの時間のなかに不断につくってゆく方法を育んでゆくということが、今、わたしたちにはとても大事ではないでしょうか。

何もかもどんどん新しくなってゆくときには、ともすれば新しさの方にばかり気もちが走って、もう一つの時間を自分のうちにたくわえることの大切さが、ともすれば6なおざりにされます。そのようなとき、今はまさにそのようなときですが、自分がすっかり忘れてしまっている大切なものをはっきりと思いださせてくれるものとしてあるのが、思うに、7本という人間のもっとも古い友人です。

読書というのは、「私」を探している本に出会うという経験です。どんなときも、わたしたちにとって、未知の親しい友人である本。――のぞむべきは、本は「私」の友人、というあり方でなく、「私」は本の友人、というあり方です。

（長田　弘『読書からはじまる』による）

1　傍線部1「本は顔を見るのではなくて、背中を見るものなのです。」の解釈として、最も適当なものを一つ選びなさい。

ア　本の表紙から得られる情報はたくさんあり過ぎるため、まずは背表紙だけを見て内容を想像するべきものが本であるということ。

イ　自分の人生は立ち止まって振り返ったときにしか見えないものなので、本だけが正しい道を歩んでいるかどうかを確かめる手段であるということ。

ウ　本の売り上げを伸ばすためには背表紙の色使いや書体が何よりも重要であり、表紙よりも気を遣って考えなければならないものであるということ。

エ　私たちは自分自身の生き方を自分で客観視することができないため、何かの力を借りて自分では意識していないものを見出《いだ》せるのが本であるということ。

2　傍線部2「比喩というのは、文化です。」の解釈として、最も適当なものを一つ選びなさい。

ア　日常生活の中に深く関連している言葉遣いや表現で、その社会で生きる人間のあり方が分かるということ。

イ　言葉の変遷をたどると、人間のあり方や価値とともに国の栄枯盛衰がまざまざと見て取れるということ。

ウ　日常生活のなにげない営みの中にある言葉が減少することは、生活水準も下降する兆候にあるということ。

エ　私たちの生活と言葉は切っても切り離せないものであるので、流行語は増加の一途をたどるということ。

3　空欄[3]A・[3]B・[3]Cに入る語の組み合わせとして、最も適当なものを一つ選びなさい。

ア　A　または　B　つまり　C　そのうえ　　イ　A　あるいは　B　けれども　C　ですから

ウ　A　しかも　B　ところで　C　では　　エ　A　もしも　B　さらに　C　また

4　傍線部4「再読は、忘却とのたたかい方でもあれば、必要な言葉を自分にとりもどす方法でもある」の説明として、最も適当なものを一つ選びなさい。

ア　すぐに忘れてしまうような本を何度も読み返すのは無意味なので、次々と新しい本を手にして豊かな知識を蓄える方が人生においてずっと良い方法であるということ。

イ　記憶を忘れないようにする方法はたくさん存在するが、自分が覚え続けていようと意識を変えるだけで本来の自分の姿を取り戻すことができるようになるということ。

ウ　自分の人生の記憶を取り戻すために本が存在しているのであり、本と真剣に向き合うことで当時の記憶が蘇り、一番輝いていた瞬間の自分にいつでも戻れるということ。

エ　私たちは忘れるという行為があるからこそ、何度も本を読むたびに新しい発見があり、生活の中で繰り返し決まった行為とすることで、より良く生きられるということ。

5　傍線部5「そのもう一つの言葉の側から今という時間を新しく読みなおしてゆく」の説明として、最も適当なものを一つ選びなさい。

ア　読書を通して得られた知識や考え方で、今を捉えなおすということ。

イ　自分にとっての友人ともいえる本の内容を何度も読み返すということ。

ウ　今という時間は過去の言葉の積み重ねの上に成り立っているということ。

エ　本から得られた言葉を参考に、今ある自分の時間を大切にするということ。

6　傍線部6「なおざりに」の意味として、最も適当なものを一つ選びなさい。

ア　無関係に　　イ　その場限りに　　ウ　いい加減に　　エ　置き去りに

7　傍線部7「本という人間のもっとも古い友人です」の説明として、最も適当なものを一つ選びなさい。

ア　本は、新しい時代に対応しようと身の丈を考えずに生きていこうとする人間を叱りつける、厳しい存在であるということ。

イ　自分の人生に絶えず本という存在が傍らにあり、人生のいかなる時にも自分を導いてくれる大切な存在であるということ。

ウ　本という存在は、人生の中でいつ読み返しても懐かしい故郷を一瞬にして思い出させてくれる、温かい存在であるということ。

エ　人類が言葉を操れるようになった太古の昔から、本は考えるという人間独自の能力を与えてくれた、頼もしい存在であるということ。

六　次の文章を読んで、1から7の問いに答えなさい。

【　サエキは地域で評判のレストラン。川瀬宙《そら》は幼少期に初めてサエキを訪れた。母親との関係に悩んでいた宙は、まるで父親のように接してくれた店主の佐伯恭弘《さえきやすひろ》（やっちゃん）にパンケーキを作ってもらった。料理に励ましを感じ取ったその日以来、宙はレシピをノートに書くようになった。やがて高校三年生になった宙は、やっちゃんが不慮の事故で亡くなったことを知った。宙は友人の遠宮君とレストランサエキに向かった。　】

掃除道具を片付け、汚れてしまったエプロンを脱ぐ。佐伯がいたころと同じくらい綺《き》麗になった店内、キッチンを見回して、宙は頷《うなず》いた。それから新しいエプロンを身に着ける。

「準備は、整った」

【　　　　Ⅰ　　　　】

宙は、ふう、と深く息を吐く。これが、わたしの第一歩。わたしだって、前に進むのだ。

「ねえ、何するのさ。いい加減教えてよ」

「パンケーキを、作るの」

きっぱりと、宙は言った。

古びてぼろぼろになったノートを、丸椅子に置いた。一ページ目を開く。子どもの拙《つたな》い字が並んでいるのをそっと撫《な》でて、1宙は「見ててね」と呟《つぶや》いた。

卵、牛乳。小麦粉に砂糖、バニラエッセンス。バターにイチゴジャム、メープルシロップ。

割った卵を手際よくかき混ぜながら、宙は思い返す。幼かったころ、佐伯がここでこうしてパンケーキを作ってくれたことを。魔法のように手際よくメレンゲを作り、ふわふわのパンケーキを作ってくれた。哀しくてつぶれそうな心をふわふわにしてくれた、魔法のパンケーキ。甘い湯気の向こうの笑顔を、いまでも覚えている。

「へえ、すげえ。うまいもんだね」

「ねえ、遠宮くん。*智美さんと*直子さんを呼んできてくれるかな。お店の方の出入り口から入ってって言ってね。それから、接客業の経験、ある？」

訊《き》くと、遠宮は察したらしい。少し困ったように頭を掻《か》いて「文化祭のときにちょっと。まあ、善処するよ」と言った。

佐伯直伝の焼きたてのパンケーキを、この店で食べてもらいたい。あの日、自分が貰《もら》った愛情とやさしさを、いま返すのだ。

フライパンにバターを入れ、ほどよく溶けたところでいったん濡れ布巾の上に載せ、温度を調節する。ふたたび火にかけて、もったりした生地を流しこむ。

『いいぞ、宙。うまいじゃん』

どこかから声が聞こえた気がする。ああ、そうだ。あのときそう言って、教えてくれたんだった。鮮やかに蘇る。やっちゃん。ねえ、やっちゃん。ありがとう。やっちゃんがくれた思い出は、やっぱりいまでもわたしをやさしく包んで、2わたしをわたしでいさせてくれる。

甘い香りが満ちるころ、*カウベルが鳴った。

「あら、いい匂い……」

「本当、ですね」

戸惑うふたりの声がする。

「お席へどうぞ。ええと……あの窓際はどうでしょう。花が綺麗だ」

遠宮くん、ナイス。そこはサエキの一等いい席で、わたしもそこに座ってほしいと思ってた。宙は心の中でガッツポーズをして、それから焼き上がったパンケーキを皿に移した。

【　　　　Ⅱ　　　　】

パンケーキを載せたトレイを手に、ふたりの許《もと》に向かう。

「お待たせしました。やっちゃんの、パンケーキです」

きつね色に焼けた、ふっくらとしたパンケーキは、我ながらいい出来だった。かつて佐伯が作ってくれたものと、きっと変わらない。香りも、味も。3こめた思いも。

「まあ、宙ちゃんが作ったの」

直子が［4］。

「恭弘が作ったみたい。そっくり。ここまでふわっとさせるのって、難しいのにねえ」

懐かしそうに言う直子の正面に座る智美は、目の前に置かれた皿をじっと見ていた。

「智美さん、食べてください。このパンケーキは、元気の出る魔法のパンケーキなんです。初めて食べたのはわたしが小学校一年生のときで、これを食べて元気になったんです。やっちゃんってすごいと思って、レシピを教えてもらって、何度も作ってきた」

智美はぼんやりと、皿を見つめる。その目には感情の色が見えない。わたしじゃだめなのかと足元がすっと冷えたけれど、宙は続けた。

「きっと、美味《おい》しいから。だから、食べてみてください」

【　　　　Ⅲ　　　　】

こんなことじゃ、智美の心は少しも癒されないかもしれない。でも、信じたい。このパンケーキは元気の出る魔法のパンケーキだと。

宙はパンケーキにバターをひとかけと、クジラ印のイチゴジャムを載せた。

「これ、いつもわたしが食べていた組み合わせです。って、やっちゃんのイチゴジャムは手作りだったけど……。いいイチゴがなくて」

ひとくちでいい、食べてほしい。そう願いながらフォークとナイフを渡すと、智美はのろりと受け取った。それから小さく切り分け、口に運ぶ。

ゆっくりと咀嚼《そしゃく》した智美の目から、涙があふれた。その涙を拭《ぬぐ》うこともせず、智美はパンケーキにフォークを刺す。次のひとくちは、大きかった。

「……の味ね」

果たして、智美がぽつりと呟く。

「え？」

「恭弘さんの、味ね。恭弘さんの、やさしい味」

泣きながら、智美が言う。私、この味に救われたの。おかげで生きてこられたの。恭弘さんと一緒に、この味もなくなったと思ってた。でも、違うのね。あのひとは、ここにいた。そして、残せるのね。じゃあ私も、恭弘さんを残していけるのかしら。

直子がその言葉に頷く。

「当たり前だよ、智ちゃん。だから生きていこうよ。ね」

智美はそれにゆっくり頷き、それから隣に立つ宙を見上げた。5濡れた目に、これまではなかった光が宿っている。

「ありがとう、宙ちゃん。私、もう大丈夫」

　その言葉に、宙は耐えきれずに泣いた。

6 やっちゃん、わたし、進めそうだよ。

　ぽんと肩を叩《たた》かれ、顔を上げると隣に遠宮が立っていた。

「すげえじゃん、川瀬さん」

　にっと笑いかけられて、宙も思わず微笑《ほほえ》んだ。

「わたしも、前に進むの。それを、遠宮くんに見ていてほしかった」

「それは、光栄。でも何でぼくなの？」

　遠宮が不思議そうに言い、宙は瞬《まばた》きをした。それから、遠宮の顔をまじまじと眺める。

「何で、だろう？」

　心臓の辺りがほんのり温かくなる。それははじめての感覚で、嫌じゃなかった。

　智美の顔にほんのり赤みが差し、明るくなったことを確認してから、宙はサエキを後にした。智美は宙に『恭弘さんの味をどうにかして残せないか、考えてみる』と言った。例えば、わたしとお義母《かあ》さんで子ども食堂をするとか、パンケーキだけのお店にするとか。自分たちが無理なら、誰かが恭弘さんを繋《つな》いでくれると信じて、その方法を模索して生きていきたいの。言葉を選びながら言う智美からは、これまでの無気力さが消えていた。前を向いているひとの顔をしていた。だから宙は、自分の進路の話をした。

『実はわたし、やっちゃんが通った調理師専門学校を目指してます』

【　　　　Ⅳ　　　　】

　自分の中で大事な記憶を辿《たど》るときはいつも、美味しい料理が傍《そば》にあった。食卓を囲んだしあわせな記憶があった。佐伯や田本*から教わったレシピノートはもう何十冊もある。

『ええ、ほんとうかい。それは、また』

　直子が顔を綻《ほころ》ばせ、智美は頷いた。

『恭弘さんから、聞いてた。いつか宙ちゃんがこの店を継いでくれると嬉しいな、ってふたりで話したんです。その日のために二人で頑張ろうなって言ってくれて……。私、そんなことすっかり忘れてた』

　佐伯は宙にも、そう言った。

『この店いつか宙にやるよ。この店はオレで終《しま》いだと思ってたけど、宙が後を継いでくれるなら、頑張りがいがあるってもんだ。あ、でも東京や海外でバリバリ働きたいっていうなら、心置きなく飛び立てよ』

　そのとき、宙は『継ぎたい』と言いたかった。どれだけ、佐伯の料理に支えられただろう。あの店の味を、清涼な空気を、佐伯のやさしい心をわたしが引き継げたら、それはなんてしあわせなことだろう。でも、もしかしたら今後生まれてくるかもしれない佐伯の子どものことを思うと言えなかった。やっちゃんだって、できることなら血の繋がった我が子に継いでもらいたかったはずだ。智美と、直子だって。

『まずは料理人、目指します』

　智美と直子は、応援してるからね、と笑った。

（町田そのこ『宙ごはん』による）

注　＊智美さん――佐伯恭弘の妻。　＊直子さん――佐伯恭弘の母。
　＊カウベル――店のドアに付けた大きな鈴のこと。　＊田本――宙の家に来る家政婦。

1　傍線部1「宙は『見ててね』と呟いた」の心情として、最も適当なものを一つ選びなさい。

ア　挑戦することから決して逃げ出したりしないように、子どもの頃の自分から励まされたい気持ち。

イ　幼い頃から食べてきた味がうまく再現できるように、やっちゃんにも見守ってもらいたい気持ち。

ウ　毎朝日課としている一連の作業を終えて、今日の仕事に取り掛かる自分に気合いを入れたい気持ち。

エ　計画通りに進むかどうかわからず、遠宮くんに見守られることによって少し強気になりたい気持ち。

2　傍線部2「わたしをわたしでいさせてくれる」の説明として、最も適当なものを一つ選びなさい。

ア　やっちゃんがパンケーキを作ってくれた時の声や様子を思い返すだけで、等身大の自分に戻れるということ。

イ　緊張で我を忘れそうになるが、遠宮君が応援してくれる声を聞くことでようやく正気に戻れるということ。

ウ　やっちゃんが作ってくれたパンケーキと同じ甘い香りをかぐことで、子どものように素直になるということ。

エ　料理は順調に進んでいると自分自身に暗示をかけることで、いつもどおりの腕前が披露できるということ。

3　傍線部3「こめた思い」の説明として、最も適当なものを一つ選びなさい。

ア　料理を食べることで、食事の大切さをもう一度意識してほしいという思い。

イ　料理を食べた人に活力がわき、気持ちも前向きになってほしいという思い。

ウ　かつての料理を知っている人に、本当に同じだと褒めてほしいという思い。

エ　料理を味わうには、時や雰囲気と場所も大切だと知ってほしいという思い。

4　空欄 4 に入る慣用句として、最も適当なものを一つ選びなさい。

ア　目を凝らす　　イ　目を配る　　ウ　目を細める　　エ　目を白黒させる

5　傍線部5「濡れた目に、これまでにはなかった光が宿っている。」の解釈として、最も適当なものを一つ選びなさい。

ア　軟らかい料理を口にしたことで食欲が戻り、もっと食べたいという希望が隠しきれないでいる。

イ　宙から料理をふるまわれたことによって、何かしなくてはとやみくもに自分を奮い立たせている。

ウ　招待されたことで店の管理をすることは恭弘から自分に託された願いであったと思い出し、後悔している。

エ　宙が作ったパンケーキを口にしたことで、恭弘の味や思いを受け継ぐサエキの今後を考えようとしている。

6　傍線部6「やっちゃん、わたし、進めそうだよ。」の心情として、最も適当なものを一つ選びなさい。

ア　直伝の料理を一人にふるまい、智美の言葉をもらったことで手ごたえを感じ、自分もまた悲しみから一歩踏み出して自分の夢に向かっていけそうだと報告したい気持ち。

イ　恭弘を失ったことによって目標や自信を喪失していたが、遠宮や智美に称賛されたことで自信を取り戻し、誰からも評価される料理人を目指すことを告白したい気持ち。

ウ　恭弘との思い出を一人で抱えふさぎ込んできたが、直子や智美と思い出を話し合うことによって少しずつ心が癒され、思い出を共有する場として店を維持したい気持ち。

エ　かつてサエキで料理を食べたことで希望や力を得た自分のように、ここを子ども食堂にして、恭弘の優しい気持ちや願いを実現する場にしていこうと提案したい気持ち。

7　本文には次の一文が欠落しています。この文が入る箇所として、最も適当なものを一つ選びなさい。

【　自分のしていることは、間違っているかもしれない。　】

ア　Ⅰ　　イ　Ⅱ　　ウ　Ⅲ　　エ　Ⅳ

2024年度／作新学院高等学校（総合進学部・情報科学部）（第２回）

英語解答

1 A (1)…ウ (2)…ア (3)…ア (4)…イ
(5)…エ
B (6)…ウ (7)…イ (8)…ウ (9)…ア
(10)…エ

2 (1) ウ (2) エ (3) イ (4) ウ
(5) エ (6) ウ (7) イ (8) エ
(9) ウ (10) ア

3 (1) ２番目…オ ４番目…エ
(2) ２番目…ア ４番目…イ
(3) ２番目…オ ４番目…ア
(4) ２番目…エ ４番目…ウ
(5) ２番目…ア ４番目…エ

4 (1) イ (2) ア (3) ア (4) ウ

5 (1) イ (2) ア (3) ウ (4) エ
(5) イ (6) ア

1〔放送問題〕解説省略

2〔適語(句)選択・語形変化〕

(1) ‘introduce *A* to *B*’で「*A*を*B*に紹介する」。 「ジミーは彼の仲の良い友人をボブに紹介した」

(2) at noonで「正午に」。「朝〔昼／晩〕に」はin the morning〔afternoon/evening〕。日にちについて「〜日に」と言うときは，onを使う。 「メアリーは正午に起きて，とても驚いた」

(3) anything like *sumo*で「相撲に似たもの」となる。疑問文なので，somethingではなくanythingが使われている。 「中国には相撲に似たものはありますか」

(4)「小説は書かれる」という受け身の関係が成り立つので過去分詞のwrittenを選ぶ。written以下が前の名詞a short novelを修飾する過去分詞の形容詞的用法。 「私は簡単な英語で書かれた短い小説が読みたい」

(5) when she was threeから過去の内容だとわかる。選択肢の中で過去形はcouldだけ。 「ユカは３歳のときにピアノを上手に弾くことができた」

(6) for three hoursという‘期間’を表す言葉があるので，現在完了の文にする(ここではhave/has been 〜ingの現在完了進行形)。主語がＩなのでhas beenは不可。 「私はこの部屋で３時間本を読んでいる」

(7) be overで「終わる」という意味を表せる。 「サマーキャンプは終わったので，もうさよならを言う時間です」

(8) twice a yearで「１年につき２回」という意味を表す。このaは「〜につき」の意味。なお，「１回」はonce，３回以上の「〜回」は〜 timesと表す。 「タロウは１年に２回外国に行く」

(9) a lot of languagesは「話される」ものなので，‘be動詞＋過去分詞’の受け身にする。文全体は，‘It is said that 〜.’「〜といわれている」の形。このItは形式主語でthat以下を受ける。 speak－spoke－spoken 「今日，世界では多くの言語が話されているといわれている」

(10)「昨夜雨が降ったのか」という２文目の内容から，道路は「ぬれている」と考えられる。 「今朝通りはぬれています。昨夜雨が降ったのでしょうか」

3〔整序結合〕

(1)「(建物など)に到着する」はarrive at 〜で表せる。「ロンドンの」は「ロンドンの中にある」と考えin Londonとする。 The plane arrived at the airport in London.

(2)「一番～な…」は‘the＋最上級＋名詞’の形で表せる。 Lake Biwa is the largest lake in Japan.

(3)「歯を治療する人」は「歯の世話をする人」と読み換える。「～する〈人〉」はwhoを主格の関係代名詞として使い，‘人＋who＋動詞...’の形で表せる。 take care of ～「～の世話をする」 A dentist is a person who takes care of your teeth.

(4)「～を誇りにしている」はbe proud of ～で表せる。 Keiko is very proud of her grandmother.

(5)「～を楽しみにする」はlook forward to ～で表せる。ここでは「楽しみにしています」なので現在進行形になっている。なお，このtoは前置詞なので，動詞が続く場合は動名詞(～ing)にすることも押さえておきたい。 I'm looking forward to your birthday party.

4〔長文読解―英問英答―対話文〕

≪全訳≫❶店員(C)：何かお探しですか？❷デイビッド(D)：ああ，はい。ロンドンの友人のために，ここシドニーのはがきを探しているんですが。❸C：わかりました。これらはとても人気がありますよ。❹D：わあ！ とてもきれいですね。どのはがきが一番人気ですか？❺C：そうですね，当店ではこれが一番人気です。この写真の場所はシドニーでとても有名なんです。❻D：いいですね。これが欲しいです。おいくらですか？❼C：1ドル50セントです。❽D：1ドル50セント？ わかりました。16枚ください。❾C：少々お待ちください。お調べいたします。❿D：ありがとうございます。⓫数分後⓬C：はがき60枚です。⓭D：何ですって。60枚？ 私が欲しいのは16枚です！⓮C：あっ，そうでしたか。60枚ご希望だと思っていました。では，1枚，2枚，3枚，4枚…，これで16枚です。24ドルになります。⓯D：わかりました。24ドルです。⓰C：ありがとうございます。ご出身はどちらですか？⓱D：アメリカのニューヨークです。⓲C：本当ですか？ 私はニューヨークとワシントンD.C.に行ったことがあります。ニューヨークは大好きです。⓳D：それを聞けてうれしいです。⓴C：こちらでの滞在をお楽しみください。良い1日を。㉑D：あなたも。さようなら。

＜解説＞(1)「デイビッドはどこを訪れているか」―イ．「シドニー」 第2段落参照。デイビッドがhere in Sydneyと言っている。 (2)「はがき1枚でいくらか」―ア．「1ドル50セント」 第6，7段落参照。 (3)「デイビッドは何枚のはがきが欲しいか」―ア．「彼は16枚のはがきが欲しい」 第8，13段落参照。 (4)「デイビッドはなぜうれしいのか」―ウ．「店員がニューヨークを大好きだから」 第18段落最終文および第19段落参照。be pleased to ～は「～してうれしい」という意味。このto ～は「～して」の意味で‘感情の原因’を表すto不定詞の副詞的用法。

5〔長文読解総合―説明文〕

≪全訳≫❶あなたはどうやって学校に通っているだろうか。ふだんバス，車，電車，それとも徒歩で行くだろうか。世界には，とても変わった通学方法をとる子どもたちがいる。❷インドネシアのある村の子どもたちは，毎日川を渡って学校に通っている。昔，子どもたちは川にかかる橋を渡っていた。しかし，2012年の大雨で橋が壊れてしまった。そのため，彼らは10か月間橋を使うことができなかった。使える別の橋があるが，その橋を使うと通学時間が30分長くなる。生徒たちはふだん，とても危険であることを知りながらも，壊れた橋を渡ることを選んでいた。❸中国の山奥の村では，子どもたちは通学と帰宅のために木でできた高いはしごを昇り降りしている。はしごは山に固定されていないので，誰かが登っているときは，はしごを持つのを手伝う。❹コロンビアでは，大きな谷の片側に子どもがいる11

世帯の家族が住んでいる。子どもたちの通学路はひどいものである。太い金属のケーブルが，谷の上空400メートルに張られていて，その長さは80メートルだ。子どもたちはそれを使って学校に行く。それが学校に行く一番早い方法なのだ。しかし，雨が降ると，ケーブルはとてもつるつる滑るので使えなくなる。そのため，子どもたちは家にいなければならず，学校に行くことができなくなる。5ユネスコによると，世界中で約5700万人の子どもたちが学校に行くことができていない。この問題を解決するのは容易ではない。

(1)＜指示語＞because of ～は「～が原因で」という意味。直後の内容から，that は橋が使えない理由を表すことがわかる。直前の文がその理由になっている。

(2)＜適語選択＞空所の前は「壊れた橋を渡ることを選んだ」，後は「とても危険であると知っていた」という相反する内容になっている。　though「～だけれども」

(3)＜文脈把握＞直前の so に注目する。この so は「だから，それで」の意味で，前には‘理由’，後には‘結果’を表す内容がくる。よって下線部の理由は so の前の内容になる。tie は「～を結ぶ，縛る」の意味。

(4)＜適語選択＞直後の２文参照。谷の上400メートルの所にある金属のケーブルを使って谷を渡ることが，通学路としてどうなのかを考える。　terrible「ひどい」

(5)＜指示語＞It「それ」＝the quickest way to get to school「学校に行く一番早い方法」である。直前の２文にその内容が書かれており，イ．「太い金属のケーブルを使うこと」はその内容を表す。

(6)＜内容真偽＞ア．「世界には毎日学校に行くために危険な方法をとる子どもたちがいる」…○　第２～４段落の内容に一致する。　イ．「インドネシアの村の子どもたちは，太い金属のケーブルを使っている」…×　第４段落参照。ケーブルを使うのはコロンビアの子どもたち。　ウ．「コロンビアの11世帯の子どもたちは，毎日壊れた橋を使っている」…×　第２段落参照。壊れた橋を使っているのはインドネシアの子どもたち。　エ．「学校に行けない子どもたちの問題を解決するのは難しいことではない」…×　第５段落参照。解決するのは容易ではない。

数学解答

1 (1) ア…1　イ…3
(2) ウ…2　エ…3　(3) 7
(4) カ…－　キ…1　ク…0　ケ…8
コ…5　サ…2
(5) シ…1　ス…2　セ…2　ソ…2
(6) 4　(7) チ…1　ツ…2
(8) テ…3　ト…6
(9) ナ…1　ニ…6　ヌ…6　ネ…3
(10) ⑦

2 (1) 8　(2) イ…9　ウ…0
(3) 7　(4) オ…4　カ…1　キ…4
(5) 8　(6) 3

3 (1) ア…1　イ…2　ウ…8
(2) エ…3　オ…1　カ…6
(3) キ…6　ク…5　ケ…3

4 (1) ア…5　イ…4　ウ…0　エ…3
オ…2　カ…0　キ…4　ク…0
(2) ① ケ…3　コ…2
② サ…5　シ…2　ス…4
セ…0

5 (1) ア…1　イ…2　ウ…4
(2) エ…9　オ…2
(3) カ…2　キ…5
(4) ク…2　ケ…1　コ…6　サ…2
シ…5

1〔独立小問集合題〕

(1)＜数の計算＞与式 $=3+6+4=13$

(2)＜式の計算＞与式 $=3a-2b-a+5b=2a+3b$

(3)＜数の性質＞数直線上における距離は，大きい方の値から小さい方の値をひいて求められる。よって，-2 と $+5$ の距離は，$+5-(-2)=5+2=7$ である。

(4)＜式の計算＞与式 $=-\dfrac{48x^4y^2\times9x^3y}{4x^2y}=-108x^5y^2$

(5)＜式の計算―因数分解＞与式 $=\dfrac{1}{2}(x^2-4x+4)=\dfrac{1}{2}(x-2)^2$

(6)＜一次方程式＞両辺を 6 倍して，$3x-1=2x+3$，$3x-2x=3+1$　$\therefore x=4$

(7)＜二次方程式―比例式＞$x\times(x-6)=(x+6)\times4$ より，$x^2-6x=4x+24$，$x^2-10x-24=0$，$(x+2)(x-12)=0$　$\therefore x=-2,\ 12$　$x>0$ より，$x=12$ である。

(8)＜数の計算＞与式 $=\sqrt{2^2\times6}+\sqrt{4^2\times6}-\sqrt{3^2\times6}=2\sqrt{6}+4\sqrt{6}-3\sqrt{6}=3\sqrt{6}$

(9)＜式の計算＞与式 $=x^2+\{(-9)+(-7)\}x+(-9)\times(-7)=x^2-16x+63$

(10)＜数の性質＞$a>0$，$b<0$ より，$a+2b<a+b<a-b$，$2a+b<2a-b$，$2b-a<b-a$ である。また，$b-a<0<a-b<2a-b$ であるから，値が最も大きくなるのは，⑦の $2a-b$ である。

2〔独立小問集合題〕

(1)＜数量の計算＞4 人の 7 点との差の平均は，$\{(-1)+(+3)+0+(+2)\}\div4=(+4)\div4=+1$ となる。これは，4 人の平均点が 7 点より 1 点高いことを表しているので，4 人の平均点は，$7+1=8$(点)である。

≪別解≫4 人の点数は，A が $7-1=6$(点)，B が $7+3=10$(点)，C が $7+0=7$(点)，D が $7+2=9$(点)だから，4 人の平均点は，$(6+10+7+9)\div4=32\div4=8$(点)である。

(2)＜空間図形―体積＞展開図を組み立てると，右図 1 のような三角柱になる。図 1 のように，4 点 A～D を定めると，三角柱の体積は，$\triangle ABC\times AD=\left(\dfrac{1}{2}\times12\times5\right)\times3=90(\text{cm}^3)$ である。

図 1

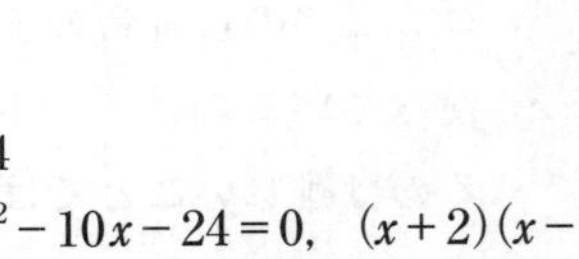

(3)＜数量の計算＞$2<x<9$ であり，90m のリボンを $2:x:9$ に分けたときの一番長いリボンの長さは 45m だから，一番短いリボンの長さは $45\times\frac{2}{9}=10$(m)である。これより，2番目に短いリボンの長さは $90-45-10=35$(m)だから，一番短いリボン，2番目に短いリボン，一番長いリボンの長さの比は $10:35:45=2:7:9$ となり，$x=7$ である。

(4)＜平面図形―長さ＞右図2のように，2点H，Iを定め，2点O，Aを結ぶ。OA＝OI＝9となり，∠OHA＝90°だから，△OAHで三平方の定理より，$\mathrm{AH}=\sqrt{\mathrm{OA}^2-\mathrm{OH}^2}=\sqrt{9^2-5^2}=\sqrt{56}=2\sqrt{14}$ となる。また，2点O，Bを結ぶと，△OABはOA＝OBの二等辺三角形だから，OH⊥ABより，AH＝BHとなる。よって，$\mathrm{AB}=2\mathrm{AH}=2\times2\sqrt{14}=4\sqrt{14}$(cm)である。

図2

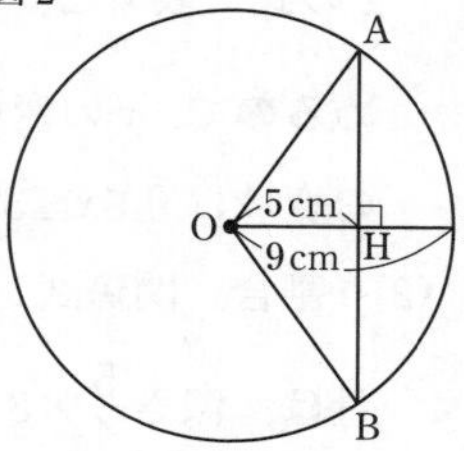

(5)＜一次方程式の応用＞Aさん，Bさんが同じ地点から同時にスタートして，AさんがBさんに2回目に追いつくとき，AさんはBさんよりトラック2周分多く走っている。トラック1周は400mなので，AさんはBさんより $400\times2=800$(m)多く走っている。スタートしてから x 分後に，AさんがBさんに2回目に追いつくとすると，Aさんの速さは分速300m，Bさんの速さは分速200mだから，Aさんは $300x$m，Bさんは $200x$m 走っている。よって，$300x=200x+800$ が成り立つ。これを解くと，$100x=800$，$x=8$ となるので，AさんがBさんに2回目に追いつくのは，スタートしてから8分後である。

(6)＜平面図形―平行四辺形になるもの＞①2組の対角がそれぞれ等しいので，平行四辺形になる。　②右図3のような四角形ABCDが考えられる。　③右図4のような四角形ABCDが考えられる。　④2組の対辺がそれぞれ等しいので，平行四辺形になる。　⑤1組の対辺が平行でその長さが等しいので，平行四辺形になる。　⑥右上図5のような四角形ABCDが考えられる。　よって，常に平行四辺形になるものは，①，④，⑤の3個ある。

図3

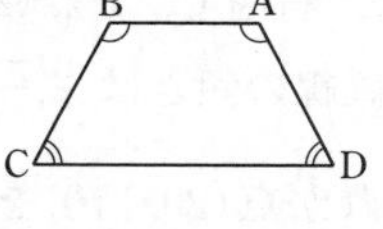

図4

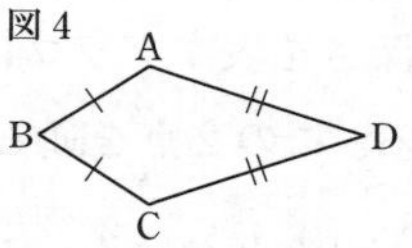

図5

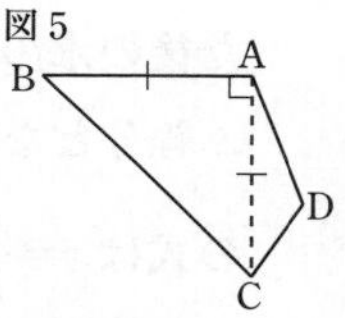

3 〔数と式―数量の計算〕

(1)＜距離＞C駅からD駅までは，時速160kmで走行して，48分かかる。48分は $\frac{48}{60}=\frac{4}{5}$(時間)だから，C駅からD駅までの距離は，$160\times\frac{4}{5}=128$(km)である。

(2)＜距離＞A駅からD駅までの距離は728km，A駅からB駅までの距離は284kmであり，(1)より，C駅からD駅までの距離は128kmである。よって，B駅からC駅までの距離は，$728-284-128=316$(km)である。

(3)＜時間＞A駅からB駅までの284kmを，時速160kmで走行したので，かかった時間は $284\div160=\frac{71}{40}$(時間)である。$\frac{71}{40}=1+\frac{31}{40}$，$60\times\frac{31}{40}=\frac{93}{2}$ より，$\frac{71}{40}$時間は，1時間$\frac{93}{2}$分である。B駅で停車した時間は20分である。(2)より，B駅からC駅までの距離は316kmで，この距離を時速80kmで走行したので，かかった時間は $316\div80=\frac{79}{20}$(時間)である。$\frac{79}{20}=3+\frac{19}{20}$，$60\times\frac{19}{20}=57$ より，$\frac{79}{20}$時間は3時間57分である。C駅で停車した時間は1分30秒，つまり，$1+\frac{30}{60}=1+\frac{1}{2}=\frac{3}{2}$(分)である。C駅からD駅までは時速160kmで走行し，かかった時間は48分である。よって，A駅を出発してからD駅に到着するまでにかかった時間は，$1+3=4$，$\frac{93}{2}+20+57+\frac{3}{2}+48=173$ より，4時間と173分となる。$173=60\times2+53$ より，173分は，2時間53分だから，かかった時間は6時間53分となる。

4 〔関数―関数の利用〕

(1)＜関係式，変域＞水を入れてから4分後の水の深さは5cmだから，$5\div4=\frac{5}{4}$より，水の深さは毎分$\frac{5}{4}$cmの割合で増える。x分後の水の深さが$y$cmで，x分後の水の深さは$\frac{5}{4}x$cmと表せるので，yをxの式で表すと，$y=\frac{5}{4}x$である。また，容器の高さは40cmで，容器がいっぱいになったら水を止めるので，yの変域は$0\leqq y\leqq40$である。水の深さが40cmになるのは，$40\div\frac{5}{4}=32$(分)後だから，xの変域は$0\leqq x\leqq32$である。

(2)＜割合，関係式＞①毎分$\frac{5}{4}$cmの割合で水の深さは増えるので，修理をしている8分間で入る水の量は，深さ$\frac{5}{4}\times8=10$(cm)分である。深さが15cmのときに穴があいて，8分間で深さが10cmになったので，流れ出た水の量は深さ$10+(15-10)=15$(cm)分である。よって，流れ出ている水の量は，容器に入れている水の量の，$\frac{15}{10}=\frac{3}{2}$(倍)である。　②水を入れてから水の深さが15cmになるのは，$15\div\frac{5}{4}=12$(分)後である。修理に8分かかったので，$12+8=20$(分)後の水の深さが10cmである。また，容器が水でいっぱいになるのは，(1)より，32分後であり，このときの水の深さは40cmである。よって，穴の修理を終えた後の水の深さを表すグラフは，右図で，2点(20，10)，(32，40)を結ぶ線分となる。この2点を通る直線の傾きは$\frac{40-10}{32-20}=\frac{5}{2}$となるから，その式は$y=\frac{5}{2}x+b$とおける。これが点(20，10)を通るので，$10=\frac{5}{2}\times20+b$，$b=-40$より，穴の修理を終えた後について，$y$を$x$の式で表すと，$y=\frac{5}{2}x-40$となる。

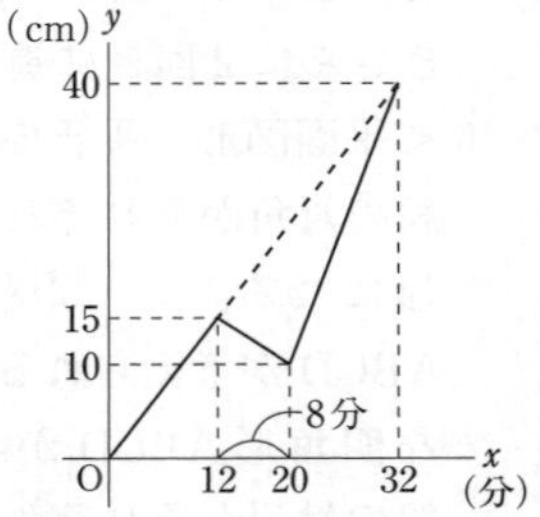

5 〔関数―関数 $y=ax^2$ と一次関数のグラフ〕

≪基本方針の決定≫(4)　線分PQで2つの三角形に分けて考える。

(1)＜比例定数，y座標＞右図で，A(4，8)は関数$y=ax^2$のグラフ上の点なので，$8=a\times4^2$より，$a=\frac{1}{2}$である。また，B(−2，2)だから，直線ABの傾きは$\frac{8-2}{4-(-2)}=1$となり，その式は$y=x+b$とおける。これが点Aを通るので，$8=4+b$，$b=4$となり，直線ABの切片は4だから，点Cのy座標は4である。

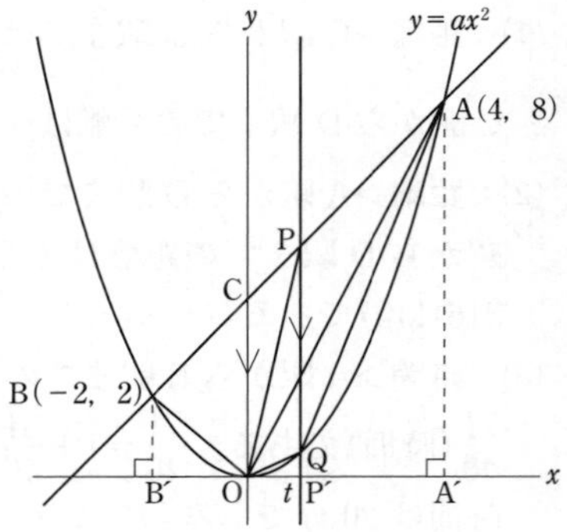

(2)＜長さ＞右図で，PQ∥〔y軸〕より，$t=1$のとき，2点P，Qのx座標はともに1となる。(1)より，点Pは直線$y=x+4$上にあるので，$y=1+4=5$より，P(1，5)となる。また，点Qは関数$y=\frac{1}{2}x^2$のグラフ上にあるので，$y=\frac{1}{2}\times1^2=\frac{1}{2}$より，$\mathrm{Q}\left(1,\ \frac{1}{2}\right)$となる。よって，$\mathrm{PQ}=5-\frac{1}{2}=\frac{9}{2}$である。

(3)＜x座標＞右上図で，△OAPと△OBPの底辺をそれぞれAP，PBと見ると，高さが等しいので，△OAP：△OBP＝3：2のとき，AP：PB＝3：2となる。2点A，Bからx軸にそれぞれ垂線AA′，BB′を引き，直線PQとx軸の交点をP′とすると，AA′∥PP′∥BB′だから，A′P′：P′B′＝AP：PB＝3：2となる。A(4，8)，B(−2，2)より，$\mathrm{A'B'}=4-(-2)=6$だから，$\mathrm{P'B'}=\frac{2}{3+2}\mathrm{A'B'}=\frac{2}{5}\times6=\frac{12}{5}$

となる。よって，点Pのx座標は$-2+\frac{12}{5}=\frac{2}{5}$となるので，$t=\frac{2}{5}$である。

(4)<面積>前ページの図で，〔四角形OQAP〕＝△OPQ＋△APQである。(3)より，$t=\frac{2}{5}$だから，2点P，Qのx座標はともに$\frac{2}{5}$となる。点Pは直線$y=x+4$上にあるので，$y=\frac{2}{5}+4=\frac{22}{5}$より，$\mathrm{P}\left(\frac{2}{5},\ \frac{22}{5}\right)$となる。また，点Qは関数$y=\frac{1}{2}x^2$のグラフ上にあるので，$y=\frac{1}{2}\times\left(\frac{2}{5}\right)^2=\frac{2}{25}$より，$\mathrm{Q}\left(\frac{2}{5},\ \frac{2}{25}\right)$となる。これより，$\mathrm{PQ}=\frac{22}{5}-\frac{2}{25}=\frac{108}{25}$である。△OPQと△APQの底辺をPQと見ると，2点P，Aのx座標より，△OPQの高さは$\frac{2}{5}$，△APQの高さは$4-\frac{2}{5}=\frac{18}{5}$となるから，〔四角形OQAP〕$=\frac{1}{2}\times\frac{108}{25}\times\frac{2}{5}+\frac{1}{2}\times\frac{108}{25}\times\frac{18}{5}=\frac{216}{25}$である。

═読者へのメッセージ═

座標を発明したのは，フランスの哲学者，数学者のルネ・デカルト(1596～1650)です。彼は，部屋にいるハエの位置を表すのに座標を思いついたといわれています。

2024年度／作新学院高等学校（総合進学部・情報科学部）（第2回）

国語解答

一	1	ウ	2	イ	3	ア	4	エ
	5	ウ						
二	1	ア	2	イ	3	エ	4	ウ
	5	エ	6	イ				
三	1	イ	2	エ	3	ウ	4	ア
	5	ウ						
四	1	ウ	2	ウ	3	エ	4	イ
	5	ア						
五	1	エ	2	ア	3	イ	4	エ
	5	ア	6	ウ	7	イ		
六	1	イ	2	ア	3	イ	4	ウ
	5	エ	6	ア	7	ウ		

一〔漢字〕

1.「凝視」は「ぎょうし」と読む。「疑問」は「ぎもん」,「海溝」は「かいこう」,「形相」は「ぎょうそう」,「捕鯨」は「ほげい」。　2.「盤石」は「ばんじゃく」と読む。「販売」は「はんばい」,「野蛮」は「やばん」,「養蚕」は「ようさん」,「拝観」は「はいかん」と読む。　3.「行程」と書く。イは「停止」,ウは「払底」,エは「贈呈」。　4.「抑揚」と書く。アは「両翼」,イは「翌朝」,ウは「肥沃」。　5.「気概」と書く。アは「繁華街」,イは「感慨」,エは「天涯」。

二〔国語の知識〕

1＜熟語の構成＞「謝辞」と「寸劇」は,上の漢字が下の漢字を修飾している熟語。「伸縮」は,反対の意味の漢字を重ねた熟語。「炊飯」は,下の漢字が上の漢字の目的語になっている熟語。「無理」は,「理が無い」で,上の漢字が下の漢字を打ち消している熟語。

2＜文学史＞鴨長明の随筆『方丈記』の冒頭部。兼好法師の随筆『徒然草』の冒頭部は,「つれづれなるままに,日暮らし硯に向かひて」。清少納言の随筆『枕草子』の冒頭部は,「春はあけぼの」。『竹取物語』の冒頭部は,「今は昔,竹取の翁といふ者ありけり」。

3＜語句＞「差異」も「相違」も,同じではなく違いのあること。

4＜語句＞「マーケティング」は,販売戦略のこと。

5＜慣用句＞「火のないところに煙は立たぬ」は,噂が立つからには,何らかの根拠があるはずだ,という意味。「人の噂も七十五日」は,世間の噂や評判は長くは続かないということ。「人の口に戸は立てられず」は,他人がする噂話は防ぐことができない,という意味。「噂をすれば影がさす」は,誰かの噂をしていると,その本人が思いがけずやってくる,という意味。

6＜四字熟語＞「二束三文」は,値段が安くわずかの利益しか得られないこと。「四六時中」は,いつも,という意味。「岡目八目」は,第三者には,物事の状況がよくわかること。「五里霧中」は,深い霧の中で道に迷ってしまうことから,事情がわからずどうしてよいかわからないこと。

三〔国語の知識〕

1＜語句＞「奪還」は,奪われたものを取り戻すこと。

2＜ことわざ＞「二刀流」は,左右の手に刀を持って戦うことから,二つのことを同時に行うこと。「二足のわらじを履く」は,一人で両立しづらい二つの仕事をこなす,という意味。「鬼に金棒」は,強い者がいっそう強くなること。「伝家の宝刀」は,大事なとき以外は使わないもののこと。「清濁併せ呑む」は,心が広くて,善人や悪人の区別なく受け入れる,という意味。

3＜品詞＞「憧れられる」と「認められる」の「られる」は,受け身の意味を表す助動詞。「寝られる」の「られる」は,可能の意味を表す助動詞。「感じられる」の「られる」は,自発の意味を表す助動詞。「来られる」の「られる」は,尊敬の意味を表す助動詞。

4＜文学史＞『小僧の神様』は,大正9(1920)年に発表された志賀直哉の小説。

５＜品詞＞「ああ」と「あの」は，自立語で活用がなく，一文節として独立しているので，感動詞。「それ」は，代名詞。「この」は，連体詞。「ちょっと」は，副詞。

四〔古文の読解―説話〕出典：『今昔物語集』巻第二十二ノ第四。

≪現代語訳≫今となってはもう昔の話だが，内麿の右大臣と申し上げた人は，房前の大臣の孫であって，大納言真楯と申し上げた人のお子様である。生まれつき才能は優れていて，殿上人の頃から帝にお仕え申し上げなさって，その人望が厚くていらっしゃった。世の中の人は全て（この人を）重く敬って従わない者はいなかった。容姿・態度が大変すばらしかった。また，心根が誠実で人々に重く用いられていらっしゃった。／さて，この大臣がまだ若くていらっしゃったときに，他戸の宮と申し上げる太子がいらっしゃった。光仁天皇のお子様である。その人の心は荒々しく，人に恐れられていらっしゃった。そのときに一頭の悪馬がいた。人が乗ろうとするときに必ず踏み倒してかみつく。そうであるので進んで乗ろうとする者もなかった。そうしているうちに，あの他戸の宮が，内麿に命令してこの悪馬に乗らせた。そこで内麿がこの馬にお乗りになるときに，たくさんの人がこれを見て恐れて，「内麿はきっとこの馬にかみつかれ踏まれてけがをしなさるだろう」と，気の毒に思い合っていたときに，内麿が（この馬に）お乗りになると，この馬は頭を垂れて動くことがない。だから内麿は何事もなくお乗りになった。その後，何度も鞭《むち》をお打ちになるが，馬は暴れる気配がない。そして，庭を何度も（馬で）走り回って，（馬から）下りなさった。これを見聞きした人は，内麿を褒めて，「これは並みの人ではいらっしゃらないなあ」と思った。／昔はこのような人がいらっしゃったと，語り伝えたということだ。

１＜古語＞「やんごとなし」は，一通りではない，格別だ，高貴だ，という意味。

２＜現代語訳＞「おぼえ」は，ここでは，よい評判，人望，という意味。「めでたし」は，すばらしい，という意味。「おはす」は，いらっしゃる，という意味。

３＜古文の内容理解＞心が荒々しいのは，「他戸の宮と申す太子」である。

４＜古文の内容理解＞「いとほし」は，ここでは，気の毒だ，という意味。暴れ馬に乗るように命じられた内麿は乗りこなすことができずけがをするだろうと，人々は気の毒に思ったのである。

５＜古文の内容理解＞内麿は，世間の人望が厚く，世の中の人は内麿を敬い従っていた。また，内麿は，容姿，態度，心持ちが大変すばらしい人であった。

五〔論説文の読解―芸術・文学・言語学的分野―読書〕出典：長田弘『読書からはじまる』。

≪本文の概要≫人間は，自分で見えないものを背負って生きている。自分の見えないものを見る方法として，人間は，本を必要としている。だから，自分では見えないものを見ようとする比喩として，本の背中を見るというのだろう。自分たちの生活の中にある最もありふれたものを，生き生きとした言葉に変えるのが，比喩である。比喩は，文化ともいえる。言葉が育んできたのが本の文化であり，言葉は，はじめから人々の日常の中に深く広く根を張って育つ。どこにでもあるものを自分が読むことによって，あるいは自分が書くことによって，特別なものにする方法としてのメディアが本である。本の文化は，日常に根ざしているので，長い生命力を持ち，人間に必要とされてきた。本のある所に，常に人間がいる。人間は，本を友人として，本の文化をつくってきた。本の文化を成り立たせてきた重要なことは，人間の忘れる力である。忘れるからもう一度読むことができるということが，本の持つ力である。本は，読み終わったら終わりではない。本の文化に必要なことは，再読のチャンスを自分で与えることである。読書という経験を，自分の中で絶えず新しい経験にしていくことができる再読は，忘却と戦うことでもあるが，必要な言葉を自分に取り戻す方法でもある。本の再読の機会を人生の習慣として持つことが，自分の時間を豊かにする。新しさを追い求める現代だからこそ，自分の最も大切にしているものを思い出させてくれるのが読書である。読書というのは，「私」を探している本に出会うという経験であり，「私」は本の友人だというあり方が望ましい。

１＜文章内容＞人には，自分の背中は見えない。人は，「自分では見えないものを背負って生きている」ものである。人は，自分の見えないものを見る方法として，本というものをとらえている。自分では直接は見えないけれども，何かをとらえたいと思うときに本を頼りにする。

２＜文章内容＞比喩は，「自分たちの生活のなかにあるもっともありふれたものを，生き生きとした言葉に変えてゆく」ものである。人々の日常で使われている言葉が，その社会での人々の生活やあり方を示すから，比喩の出所を見れば「その社会の文化の温度がわかる」のである。

３＜接続語＞Ａ．本というのは，日常生活の中にある。どこにでもあることが書かれている本を「自分が読むこと」によって，もしくは，どこにでもあることを「自分が書くこと」によって，自分の中で日常の物事を特別なものにしていく。　Ｂ．本は，「人間が自分の見えないものを見る方法」として存在しているといえるが，「本の文化のなかでいちばん重要なこと」は他にある。　Ｃ．「再読できるというのが，本のもっているちから」であるので，「本は読んでも忘れることができる」のである。

４＜文章内容＞人間は，忘れるから再読することができる。再読することで，新しい発見がある。そうした再読の習慣を持つことで，人間は，「絶えず新しい経験」をすることができると同時に，かつてふれた言葉だという感覚を「よみがえらせ」て，「自分の時間」を豊かにしていける。

５＜文章内容＞人間は，読書をすることで，自分が考えたことや自分を表す言葉を持つことができる。今は物事がどんどん新しく変わっていくので，新しさばかりに目がいくが，「今ある時間」に向き合うためには，「自分のうちにたくわえ」てきた言葉を通して考えていくことが大切である。

６＜語句＞「なおざり」は，いいかげんである，おろそかであるさま。

７＜文章内容＞自分のそばに本があり，本を再読する習慣を身につけることで，人間は，自分というものを考える機会を絶えず持つことができる。人生を豊かにするものが，本である。

六 〔小説の読解〕出典：町田そのこ『宙ごはん』。

１＜心情＞宙は，子どもの頃に書いたレシピを見て，やっちゃんのパンケーキをつくろうとしていた。宙は，同じ味にできるように，なくなったやっちゃんに「見ててね」と話しかけたのである。

２＜文章内容＞やっちゃんがパンケーキをつくってくれたときの様子は，愛情と優しさを感じさせるもので，宙は，心がふんわりと温かくなり，自分のままでいられると感じることができた。

３＜文章内容＞やっちゃんは，宙の心を慰め，元気になってほしいという思いを込めて，パンケーキをつくってくれた。今，宙は，やっちゃんの妻や母親に，やっちゃんの死を乗り越えて，元気になってほしいという思いを込めて，「元気の出る魔法のパンケーキ」を焼いたのである。

４＜慣用句＞「目を細める」は，うれしそうにほほ笑む，という意味。「目を凝らす」は，じっと見つめる，という意味。「目を配る」は，あちらこちらを注意してよく見る，という意味。「目を白黒させる」は，非常に驚く，という意味。

５＜文章内容＞宙のつくったパンケーキを食べた智美は，恭弘のつくったものと同じ味だと思った。智美は，「私も，恭弘さんを残していけるのかしら」と思い，前向きな気持ちになった。

６＜心情＞宙は，自分の気持ちを救ってくれたパンケーキを，智美と直子に振る舞った。それを食べたことで，智美は，「私，もう大丈夫」と言ってくれた。その姿を見て，宙も耐えきれずに泣き，料理人を目指すという自分の決めた道を進めそうだと思った。

７＜文脈＞宙がつくったパンケーキを出しても，智美はぼんやりしていた。宙は，「自分のしていることは，間違っているかもしれない」，自分では，智美の心は癒やせないのかもしれないと感じたが，「魔法のパンケーキ」の力を信じたいと強く思った。

Memo

Memo

2023年度 作新学院高等学校[総合進学部・情報科学部](第１回)

【英　語】 (50分) 〈満点：100点〉

1　次のＡとＢは，放送による問題です。それぞれ放送の指示に従って答えなさい。

A

(1)

(2)

(3)

(4)

(5)

B

(6) ア 7:15.　イ 7:50.　ウ 9:13.　エ 9:30.

(7) ア She went to Tom's house.　イ She went to the movies.
ウ She went back home.　エ She went to the convenience store.

(8) ア $7.　イ $20.　ウ $23.　エ $30.

(9) ア Because he got up late.　イ Because his mother drove him to school.
ウ Because the street was crowded.　エ Because he had a traffic accident.

(10) ア They can use their smart phones.　イ They can use their dictionaries.
ウ They can look at their notebooks.　エ They can look at their textbooks.

※リスニングテスト放送文は，英語の問題の終わりに付けてあります。

2

次の各文の（　　）に入る最も適当なものを，ア～エの中から１つずつ選びなさい。

(1) George (　　) from a very good family.

ア comes　イ goes　ウ grows　エ brings

(2) You don't have to (　　) off your shoes here.

ア wash　イ take　ウ buy　エ put

(3) Cut these vegetables in this (　　).

ア reason　イ knife　ウ way　エ road

(4) Tom (　　) to Japan last night.

ア reached　イ arrived　ウ got　エ took

(5) Mr. Ishikawa will be back in a (　　) minutes.

ア small　イ many　ウ little　エ few

(6) I don't like this shirt. I like that blue (　　).

ア it　イ one　ウ another　エ other

(7) Mary (　　) herself and told us about her hobbies.

ア asked　　イ believed　　ウ introduced　　エ explained

(8) Taro's dog ran (　　) yesterday because he forgot to close the gate.

ア with　　イ from　　ウ of　　エ away

(9) Each of the flowers (　　) very beautiful.

ア be　　イ is　　ウ are　　エ were

(10) Please tell me (　　) way to go.

ア which　　イ where　　ウ how　　エ whose

3 次の日本文の意味になるように，(　　) 内の語(句)を並べかえたとき，その中で２番目と４番目にくるものを，ア～オの中から１つずつ選びなさい。ただし，文頭にくるべき語も小文字で書かれています。

(1) 美帆は先週末に，私に花を持ってきてくれました。

Miho (ア weekend　イ brought　ウ me　エ last　オ some flowers).

(2) ６月には雨が多く降ります。

(ア in　イ rains　ウ lot　エ it　オ a) June.

(3) あなたを車で病院へお連れしましょうか。

(ア to　イ drive　ウ I　エ you　オ shall) the hospital?

(4) ジョンはそのとき，通りを歩いていました。

John (ア down　イ the　ウ walking　エ street　オ was) at that time.

(5) この問題はその４つの中で最も難しいです。

This question (ア difficult　イ of　ウ most　エ the　オ is) the four.

4 次の英文を読んで，(1)～(4)の問いに対する答えとして最も適当なものを，ア～エの中から１つずつ選びなさい。

Have you ever drunk tea? Tea is a drink enjoyed by many people all over the world. Now, Japanese tea, Chinese tea and English tea are popular. Many people know that people in China first started making tea from the leaves of the plant thousands of years ago. It was introduced to Europe and the U.S. in the 16th or 17th century, and people in the U.K. started enjoying tea in other ways like putting milk or sugar in it.

Today, people enjoy tea in many different ways. In Japan and China, people use tea in food like soba. It is also used in desserts like ice cream. Some people eat the tea leaves themselves.

Tea is changing, too. Making tea from other things such as flowers, fruits and vegetables has become popular. Some people call it "tea," but others say that tea must be made from a tea plant to call it "tea." Teas made from flowers, fruits and vegetables are often called *herbal teas. When many people hear the word "herbal tea," they may imagine *mint or *lavender, but herbal tea's history is as long as normal tea's history. For example, some Chinese teas that were made for medicine are also herbal teas.

What is different about herbal teas? People often think herbal teas have different *effects because they are made from something *other than tea leaves. Some herbal teas make people relax. People can enjoy their smell, taste and color. Today, herbal teas are often seen in stores and many other places.

(注) herbal teas「ハーブティー」 mint「ミント」 lavender「ラベンダー」 effects「効能」
other than ～「～とは別の」

(1) Where did people start making tea?

ア In Japan. イ In China. ウ In the U.K. エ In the U.S.

(2) Who started drinking tea with milk or sugar?

ア People living in the U.K.
イ Chinese people living in the U.K.
ウ Japanese people who loved tea.
エ People who made tea in China.

(3) How long is the history of normal tea?

ア It is longer than Chinese tea's history.
イ It is longer than herbal tea's history.
ウ It is not as long as Chinese tea's history.
エ It is as long as herbal tea's history.

(4) What is this story about?

ア The story of tea in Europe.
イ Teas that make people laugh.
ウ Teas that are enjoyed by many people.
エ People who don't enjoy herbal teas.

5 次の英文を読んで，(1)～(6)の問いに答えなさい。

People say that Japanese people are not very good at learning foreign languages. Even Japanese people say this about themselves. It is quite interesting. However, when they say this, they often say ①it in English! Many foreigners visit Japan every year. They come from all over the world. Most visitors can't speak Japanese, but they can travel in Japan. Why is this? It is because they meet Japanese who speak English everywhere.

Many Japanese people speak English. This is very different from the United States. In the United States, (②) people learn to speak a foreign language well at school, but if their family members speak the foreign language at home, their children learn to speak it from them. *French-speaking Americans usually grow up in families from France. *German-speaking Americans usually grow up in families from Germany. Most *Japanese-speaking Americans grow up in families from (③).

Many Americans study a foreign language in high school or college, but they *seldom have *opportunities to use it after they finish school, and it is soon forgot. Most Americans don't learn it well enough to speak or read it. So it is very (④) for Japanese people who don't speak English at all to travel alone in the United States.

However, it is possible for foreigners to live and work in Japan without knowledge of Japanese. There are signs in *Romanized Japanese and English at almost all airports, train and subway stations and many hotels and shops. English books, newspapers and magazines are published in this country, and visitors can get them easily. Many foreigners live in Japan (⑤).

(注) French-speaking「フランス語を話す」　German-speaking「ドイツ語を話す」
Japanese-speaking「日本語を話す」　seldom ～「めったに～ない」　opportunities「機会」
Romanized「ローマ字で書かれた」

(1) 下線部①の示す内容を，ア～エの中から１つ選びなさい。

ア　日本人が外国語を習得することが得意ではないということ。

イ　日本人が自分のことについて言うことがとても興味深いということ。

ウ　多くの外国人が毎年日本を訪れるということ。

エ　日本語を話せない観光客が日本国内を旅行することができるということ。

(2) （ ② ）に入る最も適当なものを，ア～エの中から１つ選びなさい。

ア　a little　　イ　few　　ウ　many　　エ　most

(3) （ ③ ）に入る最も適当なものを，ア～エの中から１つ選びなさい。

ア　the United States　　イ　France　　ウ　Germany　　エ　Japan

(4) （ ④ ）に入る最も適当なものを，ア～エの中から１つ選びなさい。

ア　easy　　イ　difficult　　ウ　good　　エ　bad

(5) （ ⑤ ）に入る最も適当なものを，ア～エの中から１つ選びなさい。

ア　and they go back to their countries soon

イ　and they learn to speak Japanese

ウ　without learning Japanese

エ　by learning Japanese

(6) 次の英文の中で本文の内容と一致するものを，ア～エの中から１つ選びなさい。

ア　Many visitors from all over the world have learned to speak Japanese well.

イ　American people learn to speak a foreign language well at school.

ウ　Most visitors from all over the world don't meet Japanese who speak English.

エ　Foreigners can see signs in Romanized Japanese and English in many places in Japan.

[リスニングテスト放送文]

『これからリスニングテストを始めます。』

『では，四角１を見てください。』『四角１は問題Ａと問題Ｂの２つの部分に分かれています。』

『問題Ａ』『問題Ａは(1)から(5)の５問です。それぞれの写真について４つの英文が１回放送されます。その内容を最も的確に描写しているものを，ア，イ，ウ，エの中から１つずつ選びなさい。』『では，始めます。』

1　Ａ

(1)

ア　This is a Japanese dish that is made of cooked rice served with raw fish on top.

イ　This is a Japanese dish that is made of fried rice with slices of roast pork.

ウ　This is a Japanese dish that is made of meat or vegetables in a spicy sauce.

エ　This is a Japanese dish that is made from flour, eggs, and water and eaten with a sauce.

（間隔５秒）

(2)

ア　The girl is holding her bag.

イ　The girl is cheering her favorite team.

ウ　The girl is talking on the phone.

エ　The girl is closing her eyes.

（間隔５秒）

(3)

ア　This is a long yellow fruit.

イ　This is a traffic light.

ウ　This is the sun in the sky.

エ　This is a tall plant with a large, yellow flower.

（間隔５秒）

(4)

ア　The animal has long ears.

イ　The animal has a long neck.

ウ　The animal has a long nose.

エ　The animal has long legs.

（間隔５秒）

(5)

ア　This is the first day of elementary school.

イ　This is the first day of junior high school.

ウ　This is the last day of elementary school.

エ　This is the last day of junior high school.

（間隔５秒）

『問題Ｂ』『問題Ｂは(6)から(10)の５問です。それぞれの対話に問いが１つあります。答えとして最も適当なものを，ア，イ，ウ，エの中から１つずつ選びなさい。』『放送は２回繰り返されます。』『では，始めます。』

Ｂ

(6) M : I'd like to get a concert ticket for this evening.

W : The concert will be held twice this evening, at 7:15 and at 9:30.

Which one would you like?

M : The earlier one, please.

Question　What time will the man get the ticket for?

※2回繰り返し　（間隔７秒）

(7) M : Hello.　This is Tom.　May I speak to Linda?

W : Hello, Tom.　I'm sorry, she's out now.　She went to the convenience store.

M : Oh, really?

W : Yes.　Shall I take a message?

M : Yes, please.　Linda and I are going to see a movie tomorrow but I have to change the schedule.

Could you ask her to call me back?

W : Sure.

Question　What did Linda do?

※2回繰り返し　（間隔７秒）

(8) W : Where did you go yesterday?

M : I went to the department store.

W : What did you buy?

M : I bought a pair of shoes for 20 dollars and a book for 7 dollars.

W : How much money do you have now?

M : Only 3 dollars.

Question　How much money did the man have before he went shopping?

※2回繰り返し　（間隔７秒）

(9) M : I'm sorry I am late.

W : Hi, John.　You are late for school again.

Why are you late today?

M : I got up at six thirty this morning.　My father drove me to school but the street was crowded.

I'm sorry.

W : I see.　Please take a seat.

Question　Why is John late today?

※2回繰り返し　（間隔７秒）

(10) W : We will start the English test now.

If you have a question, please raise your hand quietly.

M : Ms. Lucy, can we use dictionaries?

W : Yes, you can.　But you can't look at your notebooks, textbooks or smart phones.

Question　What can the students do during the test?

※2回繰り返し　（間隔７秒）

『以上でリスニングテストを終了します。引き続き，筆記試験を続けて下さい。』

【数　学】 (50分) 〈満点：100点〉

(注意) 解答は，設問の指示に従って丁寧にマークしなさい。

・答えが分数になるときは，約分して最も簡単な分数にしなさい。

・$\sqrt{\quad}$ の中は最も小さい整数にしなさい。

・ア，イ，ウ，……で示した解答欄に－の符号，または，0から9までの数字のいずれか一つをマークしなさい。また，選択の場合は，その番号(数字)を一つマークしなさい。

［例1］ $\boxed{\text{アイ}}$ に -5 と答えたいとき，次のようにマークしなさい。

	マイナス	0	1	2	3	4	5	6	7	8	9
ア	●	0	1	2	3	4	5	6	7	8	9
イ	−	0	1	2	3	4	●	6	7	8	9

［例2］ $\dfrac{\boxed{\text{ウエ}}}{\boxed{\text{オ}}}$ に $-\dfrac{4}{5}$ と答えたいとき，$\dfrac{-4}{5}$ として，次のようにマークしなさい。

	マイナス	0	1	2	3	4	5	6	7	8	9
ウ	●	0	1	2	3	4	5	6	7	8	9
エ	−	0	1	2	3	●	5	6	7	8	9
オ	−	0	1	2	3	4	●	6	7	8	9

［例3］ $\boxed{\text{カ}}$ に選択した解答 ② と答えたいとき，2として，次のようにマークしなさい。

	マイナス	0	1	2	3	4	5	6	7	8	9
カ	−	0	1	●	3	4	5	6	7	8	9

1

次の(1)から(10)までの問いに答えなさい。

(1) $18-(-2)+(-9)$ を計算すると，$\boxed{\text{アイ}}$ である。

(2) $3(2a-3b)-2(2a-7b)$ を計算すると，$\boxed{\text{ウ}}\,a+\boxed{\text{エ}}\,b$ である。

(3) 504を素因数分解すると，$\boxed{\text{オ}}^{\boxed{\text{カ}}}\times\boxed{\text{キ}}^{2}\times\boxed{\text{ク}}$ である。

(4) $\dfrac{1}{9}ab^{3}\times(-6ab)^{2}$ を計算すると，$\boxed{\text{ケ}}\,a^{\boxed{\text{コ}}}b^{\boxed{\text{サ}}}$ である。

(5)　$2x^2+6x-20$ を因数分解すると，$\boxed{\text{シ}}\left(x-\boxed{\text{ス}}\right)\left(x+\boxed{\text{セ}}\right)$ である。

(6)　1次方程式 $\dfrac{3x+1}{4}=\dfrac{7x+1}{6}-2$ を解くと，$x=\boxed{\text{ソ}}$ である。

(7)　$x=\sqrt{5}$，$y=2\sqrt{5}$ のとき，$\dfrac{y}{x}+\dfrac{x}{y}$ を計算すると，$\dfrac{\boxed{\text{タ}}}{\boxed{\text{チ}}}$ である。

(8)　2次方程式 $2x(x-3)=8$ を解くと，$x=\boxed{\text{ツテ}}$，$\boxed{\text{ト}}$ である。

(9)　1時間12分は，$\dfrac{\boxed{\text{ナ}}}{\boxed{\text{ニ}}}$ 時間である。

(10)　AからEの値の大小を比べたとき，次の ①～④ のうち正しいものは，$\boxed{\text{ヌ}}$ である。

A　$\sqrt{31}$　　B　$\sqrt{(-3)^2}$　　C　$4\sqrt{2}$　　D　$\dfrac{5}{\sqrt{3}}$　　E　$-(-\sqrt{5})^2$

①　E ＜ D ＜ B ＜ A ＜ C　　②　E ＜ B ＜ D ＜ C ＜ A

③　B ＜ E ＜ D ＜ A ＜ C　　④　B ＜ E ＜ C ＜ D ＜ A

2

次の(1)から(6)までの問いに答えなさい。

(1)　A君が家から学校までの距離を測定すると，10 m 未満を四捨五入して，4500 m だった。
真の値を a とすると，4 [アイウ] $\leqq a <$ 45 [エオ] である。

(2)　右の図のように，同じ長さの棒を用いて，
一定の規則にしたがって，
1段目，2段目，3段目，……
と棒をつなぎ合わせていく。このとき，
10段目までをつくるには，[カキク] 本の棒が必要になる。

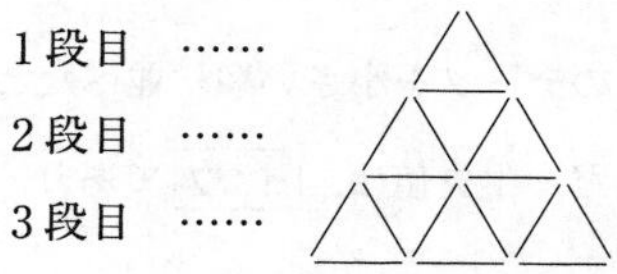

(3)　右の図のように，円Oの円周上に3点A，B，Cがある。OA = 5 cm，
点Bを通らない弧 AC = 2π cm のとき，∠ABC = [ケコ]° である。
ただし，π は円周率である。

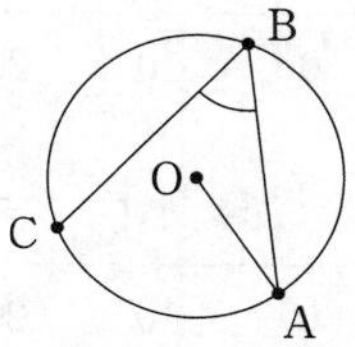

(4)　右の図のように，直角に曲がった道がある。
幅 3 m で面積が 48 m^2 のとき，真ん中を通る線の長さは，
[サシ] m である。

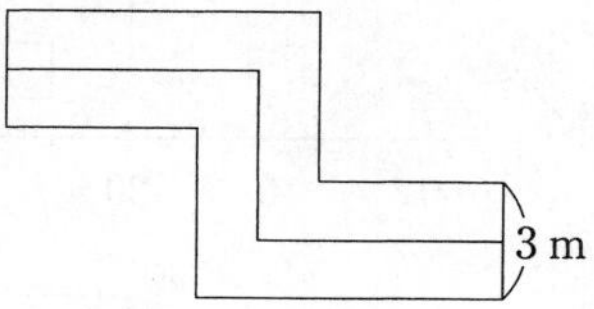

(5)　a，b，m を正の整数とする。$(x+a)(x-b) = x^2 - mx - 12$ を満たす m の値は，全部で [ス] 個ある。

(6)　Aさんは農業を営んでいて 15 ha(1 ha = 10000 m^2)の畑がある。Aさんはトラクターを使ってすべての畑を耕す仕事をした。トラクターは1時間に 30 a(1 a = 100 m^2)の畑を耕すことができた。1日の仕事は午前8時30分から午後5時まで行い，午前10時から30分間の休憩をとり，午後0時から1時間の昼休み，午後3時から30分間の休憩をとり，土曜日と日曜日は休日にした。
4月10日の月曜日に仕事を始めてすべて予定通りに終わったのは，
4月 [セソ] 日の午後 [タ] 時 [チツ] 分であった。

3　ある学校でＡ組とＢ組の各10人に対して，家庭学習時間の調査を行った。

このとき，次の(1)から(3)までの問いに答えなさい。

(1)　次のデータはＡ組の10人の生徒の家庭学習時間を表したものである。

36，20，38，40，25，50，55，12，75，65　(分)

このデータを小さい順に並べたとき，55は小さい方から数えて，[ア]番目である。

また，中央値は，[イウ]であり，四分位範囲は，[エオ]である。

(2)　Ａ組の箱ひげ図として適当なものを次の ①～④ から選ぶと，[カ]である。

①
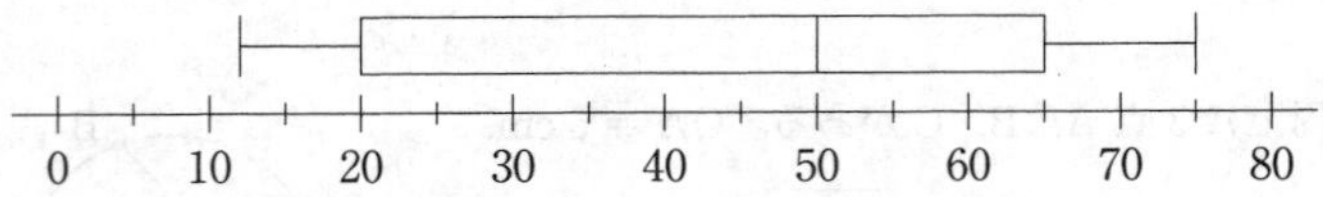

②
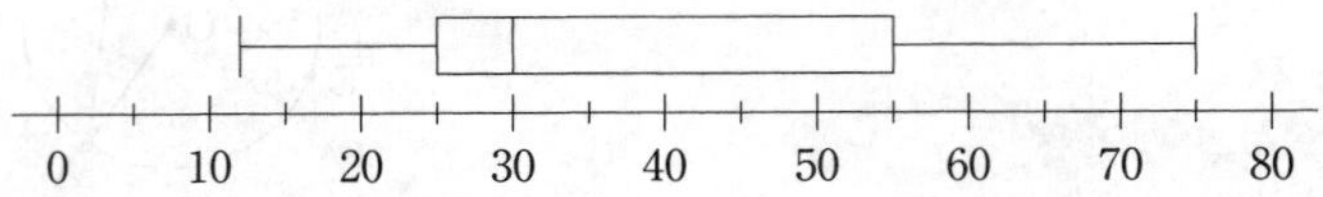

③
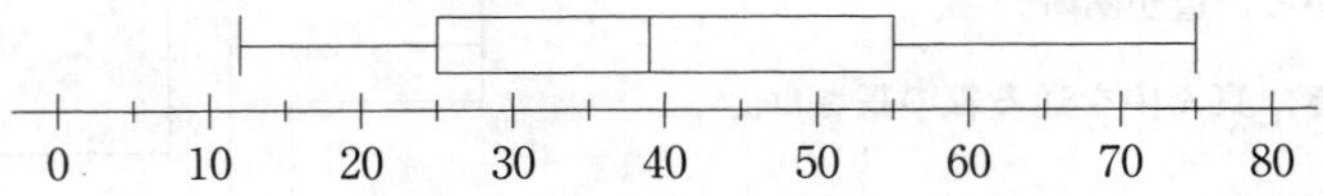

④
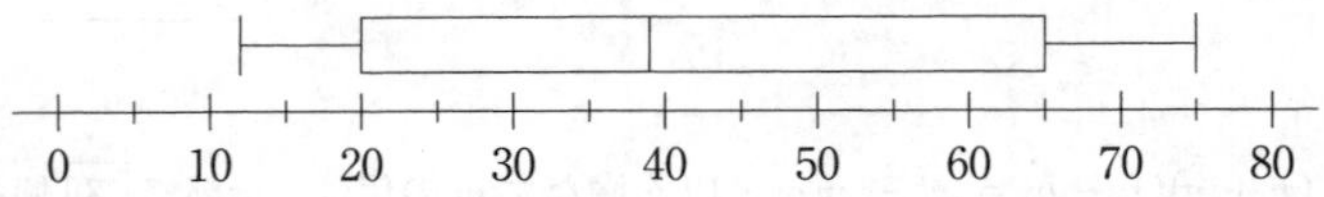

(3)　下の箱ひげ図は，Ｂ組の10人の生徒の家庭学習時間を表したものである。

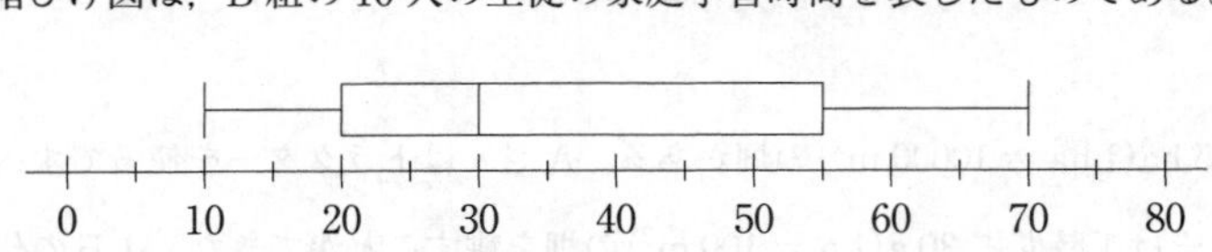

この箱ひげ図と[カ]から読み取れることがらとして，正しいものを次の (i)～(iv) から選ぶと，[キ]個ある。

(i)　Ｂ組の家庭学習時間の範囲は60である。

(ii)　Ｂ組の半分以上の生徒の家庭学習時間が40分以上である。

(iii)　Ａ組とＢ組の家庭学習時間が30分未満の生徒の人数は同じである。

(iv)　Ａ組よりＢ組の方が家庭学習時間の四分位範囲が大きい。

4 右の図のように，関数 $y=ax^2$ のグラフと直線 l が2点A，Bで交わっている。

点Aの座標は$(2,1)$，点Bの x 座標は4で，点Pが y 軸上の $1 \leqq y \leqq 16a$ の部分にある。

このとき，次の(1)から(4)までの問いに答えなさい。

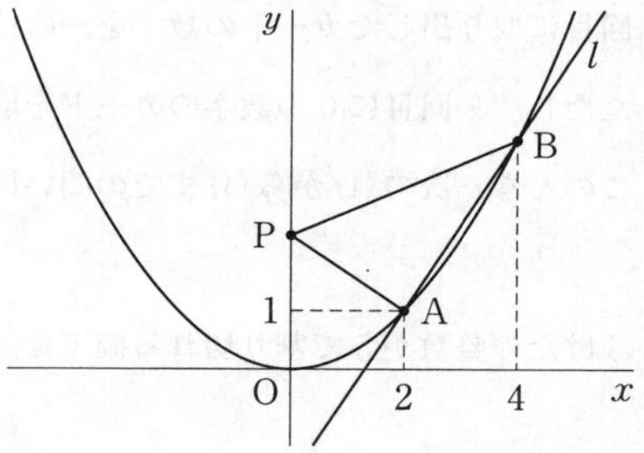

(1) a の値は，$\dfrac{\boxed{ア}}{\boxed{イ}}$ である。

(2) 直線 l の方程式は，$y=\dfrac{\boxed{ウ}}{\boxed{エ}}x-\boxed{オ}$ である。

(3) 点P$(0,3)$であるとき，△ABPの面積は，$\boxed{カ}$ である。

(4) △OAPの面積が△ABPの面積の $\dfrac{2}{5}$ 倍になるとき，

点Pの y 座標は，$\dfrac{\boxed{キ}}{\boxed{ク}}$ である。

5 袋の中に０，１，２，３，４の数字が書かれたカードが１枚ずつ入っている。

この袋からカードを続けて３枚取り出す。取り出したカードは袋に戻さないものとする。

１回目に取り出したカードの数字を百の位，２回目に取り出したカードの数字を十の位，３回目に取り出したカードの数字を一の位として３けたの整数をつくる。

ただし，１回目に０の数字のカードを取り出した場合は，袋に戻して１回目からやり直す。

このとき，次の(1)から(4)までの問いに答えなさい。

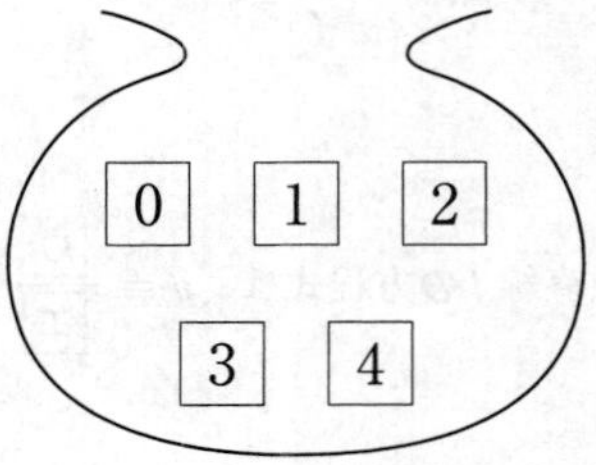

(1)　３けたの整数が５で割り切れる確率は，$\dfrac{\boxed{ア}}{\boxed{イ}}$ である。

(2)　３けたの整数が偶数になる確率は，$\dfrac{\boxed{ウ}}{\boxed{エ}}$ である。

(3)　３けたの整数が324以下になる確率は，$\dfrac{\boxed{オ}\boxed{カ}}{\boxed{キ}\boxed{ク}}$ である。

(4)　３けたの整数の各位の数の和が，３の倍数になる確率は，$\dfrac{\boxed{ケ}}{\boxed{コ}\boxed{サ}}$ である。

【社　会】 (45分) 〈満点：100点〉

1

次の各文の空欄にあてはまるものを選びなさい。

問1　大洋の中で一番広い太平洋は，□の大陸に囲まれている。

ア　3　つ　　イ　4　つ　　ウ　5　つ　　エ　6　つ

問2　一枚布を巻きつけた伝統衣装「サリー」は，おもに□で多く着用されている。

ア　中　国　　イ　インド　　ウ　スイス　　エ　サウジアラビア

問3　日本は，4つの大きな島と数千の小さな島々が約□kmにわたって細長く連なった島国である。

ア　1,000　　イ　2,000　　ウ　3,000　　エ　4,000

問4　信濃川の下流域には□が広がる。

ア　濃尾平野　　イ　越後平野　　ウ　関東平野　　エ　筑紫平野

問5　時宗の開祖の布教のようすや生涯を描いた『□上人絵伝（聖絵）』は，鎌倉時代の社会・風俗研究のよい史料となっている。

ア　一　遍　　イ　親　鸞　　ウ　日　蓮　　エ　栄　西

問6　1989年12月，アメリカの大統領とソ連の共産党書記長が地中海のマルタ島で会談し，□の終結を宣言した。

ア　冷　戦　　イ　イラク戦争

ウ　パレスチナ問題　　エ　アフガニスタン紛争

問7　次のうち，国会の権限ではないものは，□である。

ア　法律の制定　　イ　予算の議決

ウ　内閣総理大臣の指名　　エ　条約の締結

問8　消費者の需要量は，商品の価格が□。

ア　高くなるにつれて減少する　　イ　高くなるにつれて増加する

ウ　低くなるにつれて減少する　　エ　高くても低くても変わらない

2 次の文章を読み，各問いに答えなさい。

2022年11月から，ＦＩＦＡワールドカップ・カタール大会が開催された。日本代表も厳しいアジア予選を勝ち抜き，７大会連続の出場を果たした。ＦＩＦＡワールドカップは，国際サッカー連盟（ＦＩＦＡ）が主催するナショナルチームによるサッカーの世界選手権大会である。この大会は，サッカーの大会における世界最高峰と位置づけられ，その経済効果は①夏季オリンピックをもしのぐといわれる。

ワールドカップ第１回大会は，1930年にウルグアイで開催された。参加できる主体は，国またはそれに準ずる地域であり，厳密にはＦＩＦＡに加盟したサッカー協会を単位とする。1942年と1946年は②第二次世界大戦の影響で中止となったが，③1950年のブラジル大会で再開された後は，４年に１回毎に開催されている。

ＦＩＦＡワールドカップが正式名称となったのは1974年の西ドイツ大会以降である。これまで21回の大会が開催され，2002年には日本と韓国のワールドカップ共同開催が実現した。決勝は横浜国際競技場で行われ，ブラジルが④ドイツを２対０で破り，５度目の優勝（最多優勝数）を果たした。

次回のワールドカップは，2026年のカナダ・メキシコ・アメリカ大会で，2002年の日韓大会以来の共同開催となる。出場できる国の数も現在の32か国から48か国に増えるため，見ごたえも増すことだろう。

右の図は，サッカー日本代表チームのエンブレムである。描かれている「八《や》咫《た》烏《がらす》」は，天の神から遣わされた鳥といわれ，熊野の地で⑤神武天皇の道案内を行い，⑥大和の国の平定を手助けしたことから，勝利の導き手・勝利のシンボルとされている。⑦明治時代に日本に初めて近代サッカーを紹介した中村覚之助氏が，熊野那智大社のある⑧和歌山県の那智勝浦町出身であったことから，日本サッカー協会は，1987年より日本代表チームのシンボルマークに採用している。

問１　下線部①について，次回の夏季オリンピックはフランスのパリで開催される。フランスに関して述べた文として，**誤っているもの**はどれか。

ア　この国の首都パリの気候は，北大西洋海流と偏西風の影響を受ける西岸海洋性気候である。

イ　この国では大農園が発達し，コーヒー豆の栽培が盛んである。

ウ　この国の都市トゥールーズには，ＥＵ各国の企業が共同で設立した航空機メーカーの組み立て工場がある。

エ　この国では，ＥＵ域内で流通しているユーロ紙幣と硬貨が使用されている。

問２　下線部②について，この戦争終結後に行われた日本の民主化政策として，**誤っているもの**はどれか。

ア　財閥の持株を分散させて解体し，独占禁止法を制定した。

イ　労働組合法や労働基準法を制定し，労働者の地位の向上をはかった。

ウ　憲法の精神に基づく政治を守り，民衆の考えを反映しようとする護憲運動が展開された。

エ　地主の土地を小作農に開放し，自作農をつくり出すことに努めた。

問３　下線部③について，この年に制定された公職選挙法は，選挙に関して規定した法律である。参議院議員選挙に関して述べた次の文Ａ～Ｄの内容として，正しい組み合わせはどれか。

Ａ　都道府県を単位とする選挙区と，全国を単位とする比例代表に分かれた制度で行う。

Ｂ　１つの選挙区から１人を選ぶ小選挙区制と比例代表制を組み合わせた制度で行う。

Ｃ　被選挙権は満25歳以上で，議員定数は465人である。

Ｄ　被選挙権は満30歳以上で，議員定数は248人である。

ア　ＡとＣ　　**イ**　ＡとＤ　　**ウ**　ＢとＣ　　**エ**　ＢとＤ

問４　下線部④について，1919年にドイツで制定されたワイマール憲法は，世界で初めて「社会権」を規定し，20世紀の民主主義憲法の典型とされる。次の社会権に関する具体例として，正しいものはどれか。

ア　職場の労働条件を改善するため，会社の仲間と労働組合を結成した。

イ　自分の研究を論文にまとめて発表をし，その論文を出版することにした。

ウ　国道の工事予定地に自分の土地が含まれていたため，国にその土地を売却した。

エ　衆議院議員選挙の投票日は予定があったため，指定の投票所で期日前投票をおこなった。

問５　下線部⑤について，この天皇の名前がついた「神武景気」は高度経済成長期に起こったが，資料Ⅰのグラフは，ある資源の輸入価格を示したものである。グラフ中に示された資源として，正しいものはどれか。

資料Ⅰ　グラフ

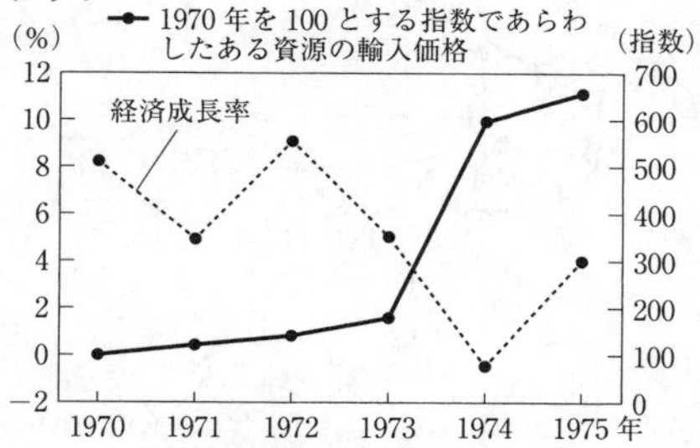

（『数字で見る日本の100年』により作成）

ア　石　炭　　**イ**　天然ガス　　**ウ**　石　油　　**エ**　鉄鉱石

問６　下線部⑥について，大和の国は現在の奈良県であるが，この地域を中心として政治が行われた推古天皇の時代に定められた，有能な人物を家柄にこだわらず役人として登用しようとした制度として，正しいものはどれか。

ア　冠位十二階の制　　**イ**　十七条の憲法　　**ウ**　御成敗式目　　**エ**　雑《ぞう》徭《よう》

問７　下線部⑦について，右の資料は，1882年頃の東京のようすを描いたものである。このころの日本のようすを述べた文として，正しいものはどれか。

ア　「ええじゃないか」とかけ声をあげながら踊るさわぎが全国各地に広がった。

イ　円・銭・厘を単位とする統一的な貨幣制度が導入された。

ウ　大老井伊直弼が桜田門外で暗殺された。

エ　西洋の解剖書が翻訳され，『解体新書』という名前で出版された。

問８　下線部⑧について，次の表は，近畿地方４府県の内容を示したものである。下線部⑧の県のデータとして，正しいものはどれか。

	人口密度（人/km²）	化学工業出荷額（億円）	鉄鋼業生産額（億円）	農業産出額（億円）	うめ生産量（t）
ア	308	12 712	1 308	1 122	1 160
イ	651	22 210	19 308	1 634	172
ウ	4 624	18 844	15 395	357	72
エ	196	3 783	5 623	1 225	41 300

（『産業別統計表』により作成）

3 次の地図を見て，各問いに答えなさい。

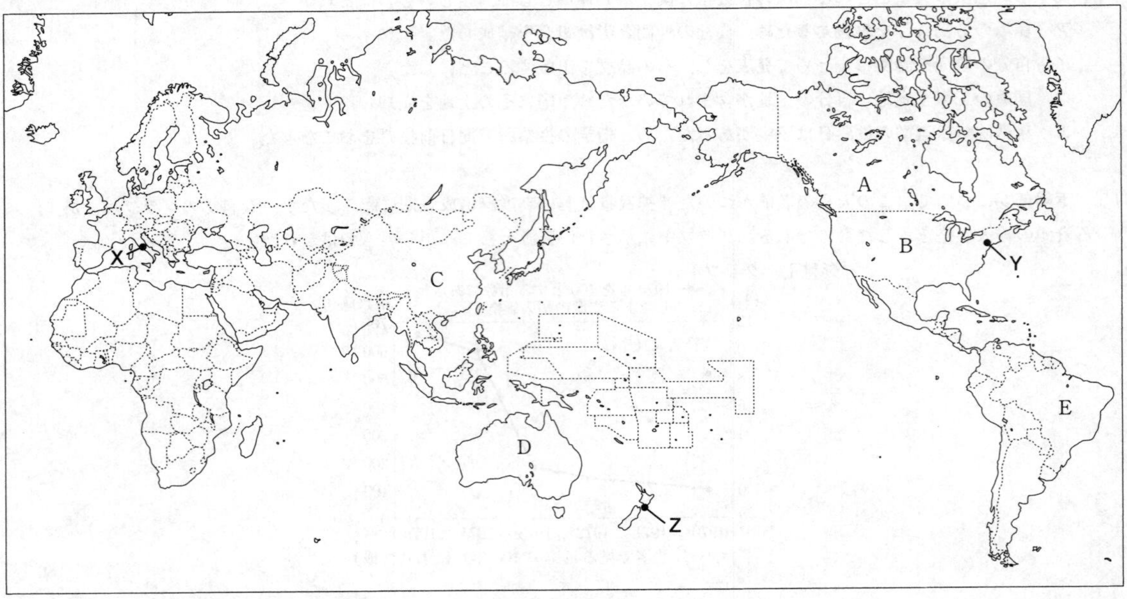

問１　緯度０度線（赤道）と北緯40度線，経度０度線（本初子午線）と東経90度線に囲まれた地域を示した地図として，正しいものはどれか。

ア

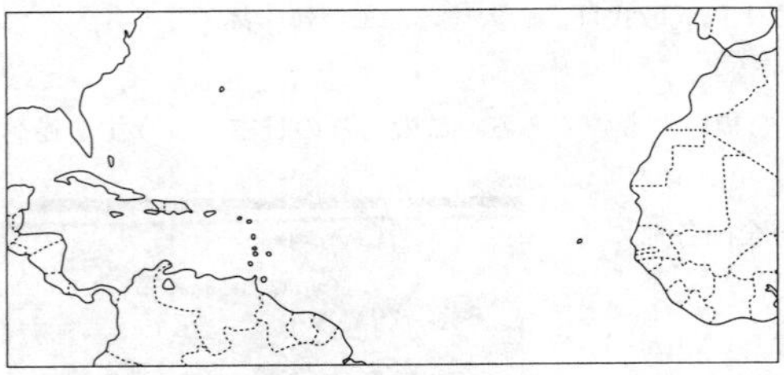

イ

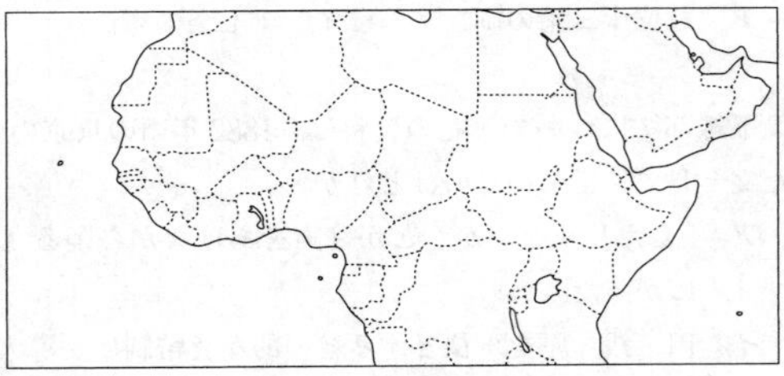

ウ

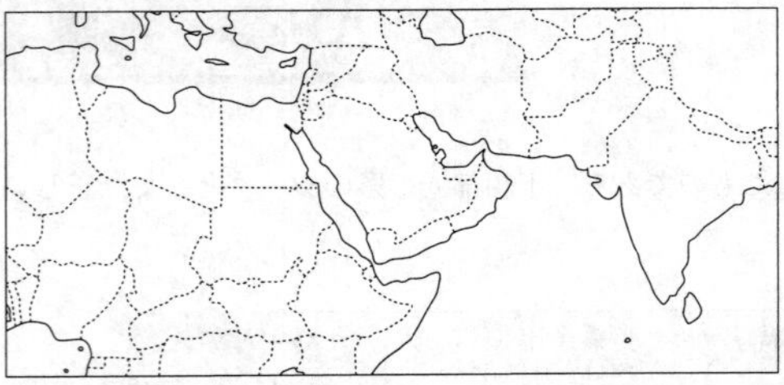

エ

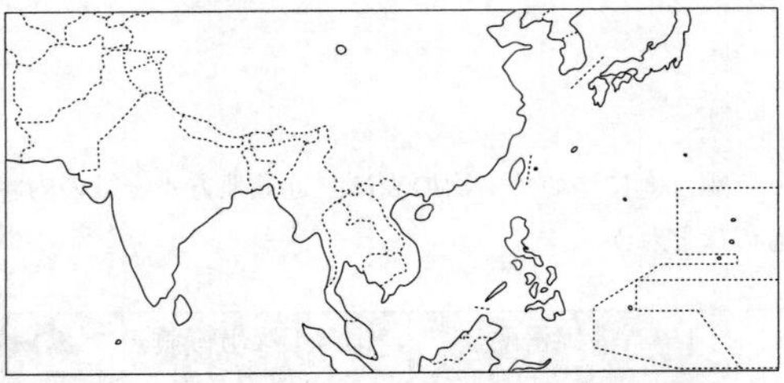

問２　世界は大きく５つの気候帯に分けられるが，地図中のＸ（ローマ），Ｙ（ニューヨーク），Ｚ（ウェリントン）の都市は，同じ気候帯に属している。その気候帯名と，Ｙの雨温図の組み合わせとして，正しいものはどれか。

①

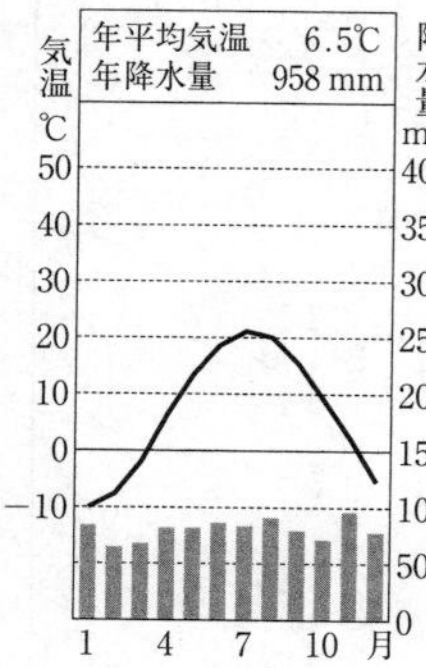

②

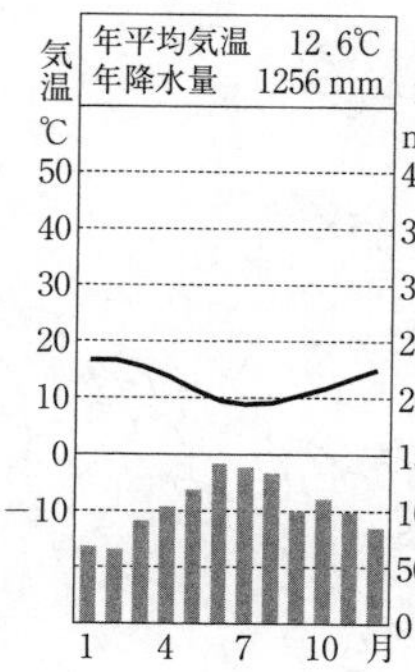

③

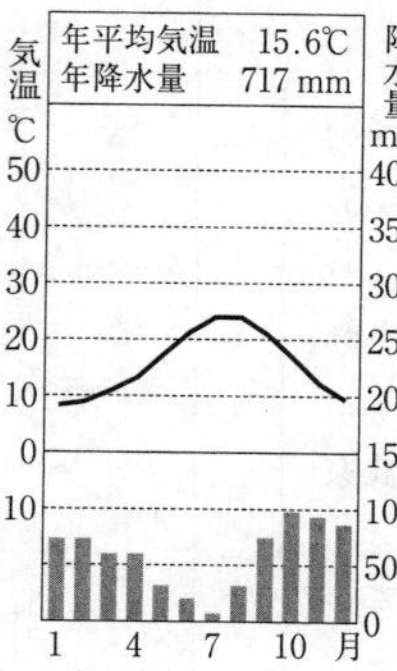

④

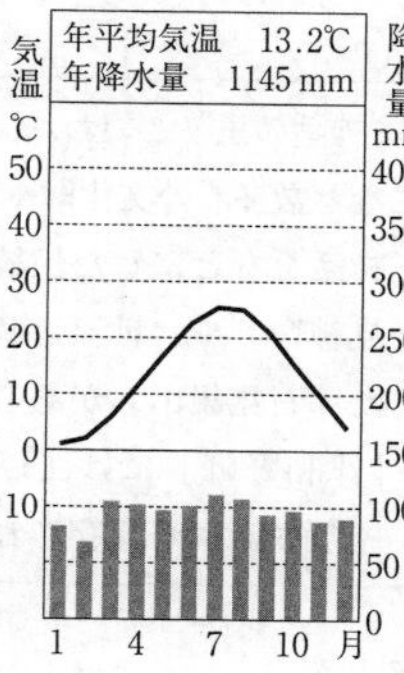

ア　熱　帯－①　　**イ**　熱　帯－②　　**ウ**　温　帯－③　　**エ**　温　帯－④　　**オ**　亜寒帯（冷帯）－①

問３　左の円グラフは，持続可能な社会を実現するための取り組みとして，近年注目を集めている液体バイオ燃料の2019年における国別生産割合を示したもので，右の資料は，そのおもな原料となる農産物の生産上位５か国である。その農産物として，正しいものはどれか。

<液体バイオ燃料の生産>

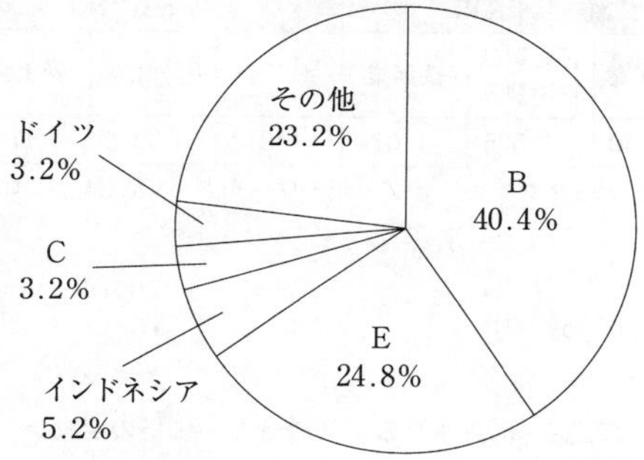

<おもな原料となる農産物の生産上位５か国>

国　名	万トン	%
B	34 705	30.2
C	26 078	22.7
E	10 114	8.8
アルゼンチン	5 686	5.0
ウクライナ	3 588	3.1
世界計	114 849	100.0

（二宮書店『2022 データブック　オブ・ザ・ワールド・Vol. 34』による）

ア　とうもろこし　　**イ**　小　麦　　**ウ**　大　豆　　**エ**　さとうきび

問４　次の資料は，地図中Ａ～Ｄ国からの2020年における日本の輸入額と，主要輸入品の輸入に占める割合を示している。このうち，Ｄ国のデータとして，正しいものはどれか。

	日本の輸入額（億円）	主要輸入品の輸入に占める割合（%）				
ア	174 931	電気機器　29.2	一般機械　19.5	衣　類　8.4	繊維製品　4.9	金属製品　3.5
イ	74 369	一般機械　13.7	電気機器　12.1	医薬品　7.5	科学光学機器　5.3	液化石油ガス　3.9
ウ	38 211	液化天然ガス　33.8	石　炭　26.8	鉄鉱石　14.1	銅　鉱　5.3	牛　肉　4.2
エ	11 533	豚　肉　10.8	医薬品　9.9	石　炭　9.9	なたね　8.7	銅　鉱　8.3

（二宮書店『2022 データブック　オブ・ザ・ワールド・Vol. 34』による）

4 次の地図を見て，各問いに答えなさい。

問１　次の説明文に当てはまる府県として，正しいものはどれか。

> ・“神話の里”といわれ，「出雲大社」など数多くの文化財や史跡がある。
> ・神話をもとにした伝統芸能の「石見神楽」や，世界遺産に登録された「石見銀山」がある。
> ・「津和野町」には江戸時代の武家屋敷や商家が保存されている。

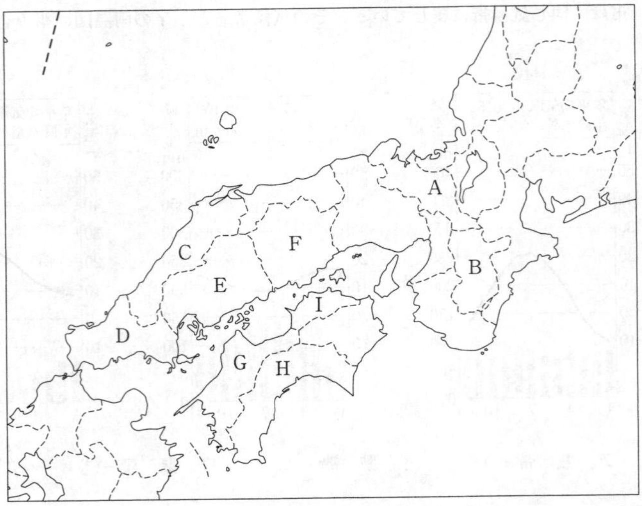

ア　A　　**イ**　B
ウ　C　　**エ**　D
オ　E　　**カ**　F

問２　次の写真と表は，C～H県のいずれかにある化学工場の航空写真（水島地区，2011年撮影）と，業種別製造品出荷額を示している。この工業都市がある県として，正しいものはどれか。

＜業種別製造品出荷額＞（2018年）

製造品出荷額等（十億円）				工業比率（％）		
総計	化学工業	石油製品 石炭製品	鉄鋼業	重工業	化学工業	軽工業
8 354	1 240	1 505	1 014	43.2	39.6	17.2

（二宮書店『2022データブック　オブ・ザ・ワールド・Vol. 34』による）

ア　C　**イ**　D　**ウ**　E　**エ**　F　**オ**　G　**カ**　H

問３　右のグラフは，東京へ出荷されるナスの量と，価格の変動を示している。このグラフを参照し，H県の平野でおこなわれている野菜栽培の特徴として，**誤っているもの**はどれか。

＜東京へ出荷されるナスの量と，価格の変動＞

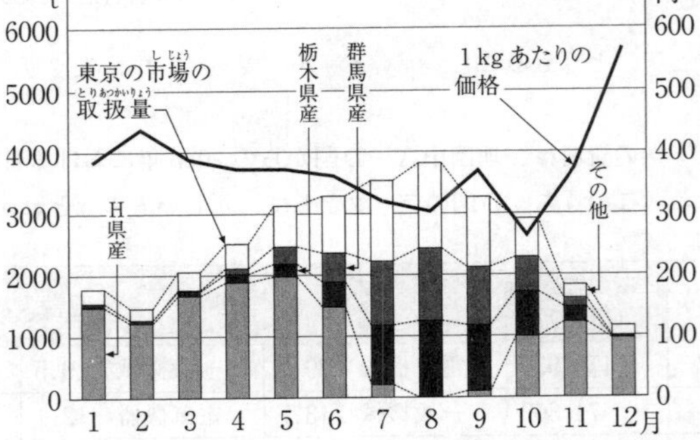

（東京都中央卸売市場資料による）

ア　夏が旬のナスを，冬から春先にかけてビニールハウスで育てる促成栽培がおこなわれている。

イ　旬をむかえる夏の時期は，特にH県からの出荷量が多くなる傾向にある。

ウ　冬から春にかけてナスなどの夏野菜が高値で取引できるため，その時期の出荷量は東京近郊の地域よりH県の方が多くなっている。

エ　高速道路や連絡橋が開通し，保冷トラックが普及した現在では，鮮度を保ったままで東京など遠くの市場にも出荷されている。

問４　次の地形図は，Ｉ県の「丸亀」地域（1/25,000）を示したものである。この地形図から読み取れる内容として，**誤っているもの**はどれか。

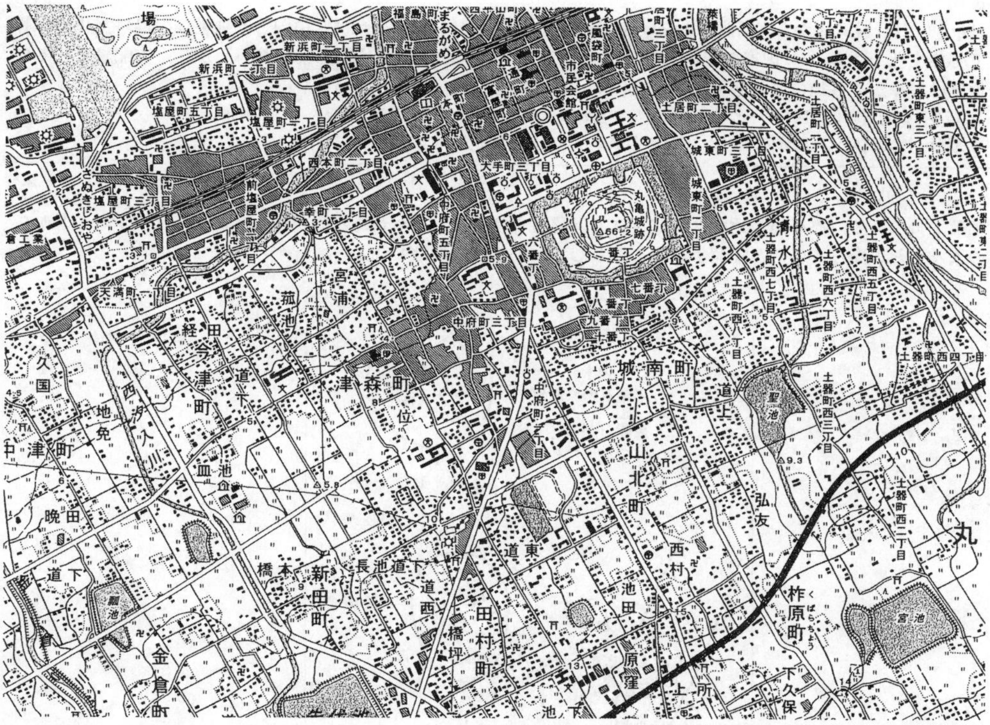

めもり　0　5 cm

（国土地理院　平成 24 年発行 1：25,000「丸亀」原図より作成）

〈編集部注：編集上の都合により原図の81%に縮小してあります。〉

ア　市役所から見ると，「まるがめ駅」は北西の方角にある。

イ　「聖池」は「宮池」より，標高が低い所にある。

ウ　今津町の「皿池」地域には，博物館が２か所ある。

エ　「丸亀城跡」から「市役所」まで約２cm であることから，実際には約 0.5 km 離れている。

5　次の文章を読み，各問いに答えなさい。

原始・古代

更新世※１の旧石器文化から完新世※２の①縄文文化へと進んだ日本の社会は，中国・朝鮮半島の農耕文化の影響を受けて弥生文化を生み，②国家の形成を進め，③律令制を導入して古代国家を築いた。しかし，支配層としての貴族の地位は，やがて各地に成長してきた武士によって制約を受けるようになった。

※１　更新世 … 地質時代の区分の一つで，約 260 万年前から１万年前までの期間。そのほとんどは氷河時代。

※２　完新世 … 地質時代の区分の一つで，約１万年前から現在にいたるまでの時代。

（山川出版社『詳説日本史Ｂ』より抜粋）

問１　下線部①について，原産地が比較的限定される黒曜石を使ってつくられた石器が日本各地から出土することから，当時の人々がおこなっていたと推測されることとして，正しいものはどれか。

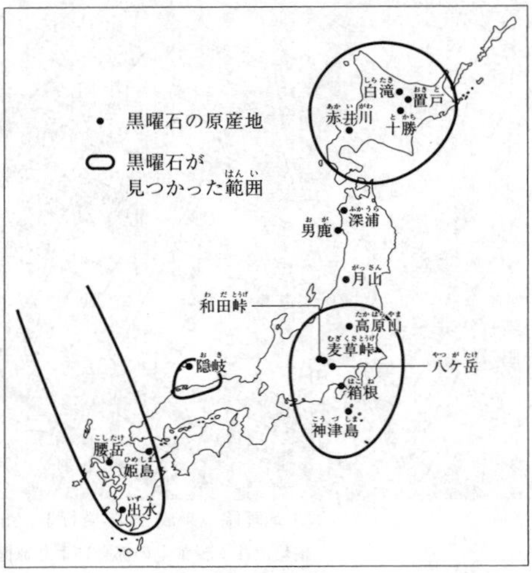

ア　漁　労　　　イ　交　易　　　ウ　まじない　　　エ　農　耕

問２　下線部②の時期について，663 年の白村江の戦い後，唐と新羅の攻撃に備えて大宰府を守るために水城が築かれた。大宰府から見て水城が築かれた方角として，正しいものはどれか。

ア　北　西　　　イ　南　東　　　ウ　南　　　エ　東

問３　下線部③について，傾いた律令制のしくみを立て直すため，桓武天皇がおこなった政策に関して述べた文として，正しいものはどれか。

ア　地方政治を正すため，国司に対する監督を厳しくした。
イ　政府の収益を増やすため，中国との貿易をおこなった。
ウ　商工業を活発にするため，座をなくして税を免除した。
エ　経済的に困っている民衆を救うため，米をたくわえた。

中　世

12 世紀から 13 世紀にかけては，ヨーロッパでは封建社会が一つの転機を迎える時期であった。11 世紀末から始まった十字軍の活動は，聖地回復を掲げたローマ教皇の権威を高めたものの，封建社会を支えていた騎士階級の没落をうながした。

世界の情勢がこのように推移する中で，日本では 12 世紀後半に④武士による政権が生まれ，各地で荘園・公領の支配権を貴族層から奪い，しだいに武家社会を確立させていった。

（山川出版社『詳説日本史Ｂ』より抜粋）

問４　下線部④について，南北朝の動乱以降，一国の支配を強めるようになった室町時代の地方官として正しいものはどれか。

ア　守護大名　　　イ　鎌倉公方　　　ウ　地　頭　　　エ　外様大名

近　世

ヨーロッパにおいて，15世紀から始まった大航海時代の主役はスペイン・ポルトガルであったが，ルネサンス・宗教改革という胎動※3を経た16世紀後半から，イギリス・フランス両国が中心になって近代国家の建設に向かっていった。

日本は大航海時代の波の中，鉄砲の受容によって織田・⑤豊臣・徳川氏による戦国の世の統一が促進され，キリスト教は幕藩体制の確立過程で禁圧され，「鎖国」となる一因となった。鎖国とはいえ，朝鮮や⑥琉球王国・アイヌ民族との交渉はもち続けた。幕藩体制は，検地・刀狩を通して兵農分離された安定した封建支配体制※4であった。しかも武士を支配身分とする身分階層の序列が固定していたことから，260年余り封建体制が続いた。

※3　胎動 … ここでは新しい物事が旧来のものをつき破って生じようとする動きが感じられるたとえ。

※4　封建支配体制 … 君主の下にいる家臣たちが土地を領有して，その土地の人民を統治する支配体制。

（山川出版社『詳説日本史B』より抜粋）

問5　下線部⑤について，この時期に起こった次のⅠ～Ⅲのできごとを，古い順にならべたものとして，正しいものはどれか。

Ⅰ　豊臣氏が，大阪の陣（大阪夏の陣）で徳川家康に滅ぼされた。
Ⅱ　関ヶ原の戦いで，徳川家康が全国支配の実権を握った。
Ⅲ　徳川家康が征夷大将軍となり，江戸幕府を開いた。

ア　Ⅰ→Ⅱ→Ⅲ　　**イ**　Ⅰ→Ⅲ→Ⅱ　　**ウ**　Ⅱ→Ⅰ→Ⅲ
エ　Ⅱ→Ⅲ→Ⅰ　　**オ**　Ⅲ→Ⅰ→Ⅱ　　**カ**　Ⅲ→Ⅱ→Ⅰ

問6　下線部⑥について，1609年に薩摩藩が支配下においたにもかかわらず，琉球王国の独立国としての立場を幕府や薩摩藩が認めた理由として，正しいものはどれか。

ア　琉球王国と中国との朝貢貿易を継続させ，その利益を得たかったから。
イ　薩摩藩は米の収穫が難しく，藩士に年貢米の代わりに琉球王国との交易権を与えたかったから。
ウ　琉球から毎年参勤交代をおこなわせ，異国も支配しているように人々に思わせたかったから。
エ　琉球王国がキリスト教と関係がないということを薩摩藩以外の藩に知らしめたかったから。

近代・現代

日本では明治政府が，列強に範をとった近代国家化につとめ，憲法・軍隊・議会など，近代化の指標となるしくみを20年ほどでそろえるに至った。日本は，日清戦争では台湾を，日露戦争では南満州の権益を，⑦第一次世界大戦では旧ドイツ権益を取得して帝国主義国家の一員となったが，中国における権益を守ろうとして第二次世界大戦に突入し，敗北を喫した。

第二次世界大戦後，⑧独立を回復した日本は，民主主義と平和主義の基本方針のもとに⑧国際社会に寄与しようと努力してきた。

（山川出版社『詳説日本史B』より抜粋）

問7　下線部⑦について，第一次世界大戦中や戦後の日本経済に関して述べた文として，**誤っているもの**はどれか。

ア　ヨーロッパから戦争に必要な物資の注文が入り，日本経済は好況を迎えた。
イ　貿易において輸出額が輸入額を上回り，日本の貿易収支は赤字から黒字になった。
ウ　日本は第一次世界大戦中に工業国となり，工業生産額が農業生産額を追いこした。
エ　総力戦だったため，国民の協力を得ようと日本でも女性や労働者の権利が拡大された。

問8　下線部⑧について，独立を回復した日本に沖縄が返還された時期として，正しいものはどれか。

日米安全保障条約を締結する
A
日本とソ連の国交が回復する
B
日韓基本条約を締結する
C
アメリカ同時多発テロが起こる
D
東日本大震災が起こる

ア　Aの時期　　**イ**　Bの時期　　**ウ**　Cの時期　　**エ**　Dの時期

6 次の高校生の会話文を読み，各問いに答えなさい。

昨年の４月から成人年齢が20歳から18歳に引き下げられたよね。私たちも今年18歳になるけど，これから「おとな」として一人でできることが増える一方，社会的な責任をとることも必要になるよ。

高校生でも18歳になったら社会生活の中でどんなことができて，どんな責任を負うようになるのかな。

そうだね，まずは経済行動をおこなう①消費者としては，親の同意なしで携帯電話やクレジットカード，ローンなどの②契約を結ぶことができるよ。でも，もう民法の未成年者取消権の対象にならないし，契約には成人としての責任が伴うから注意しないと。

はやく社会人になって経済的に自立したいし，高校を卒業したら就職しようと思ってるんだ。働くにしても親の同意なく雇用契約が結べて③労働基準法でも年少者の扱いではなくなるんだよね。深夜労働も可能になるって。

そういえば，このコロナ禍の影響で外国人労働者が日本に来られなくて人手不足で困っている職種も多いってニュースで見たな。

産業構造の変化や雇用情勢の急速な変化はパートやアルバイト，派遣社員や契約社員などの非正規労働者の大幅な増加をもたらしたって，授業で習ったじゃない。私もちゃんと就職できてから④失業せずに安定した収入が得られるか不安だな。社会人って大変なんだな。

そして，18歳から⑤選挙で投票ができる有権者になるんだよね。民主社会に生きる一員として国や地方の政治に関わることも大切なことだよね。司法制度改革でも裁判員制度が今年から18歳以上で選ばれるようになったね。これまでの裁判員制度では⑥死刑判決が出された例もあるのよ。人の人生を左右する役割を果たすなんて私にできるかな。

結婚も人に対する責任を負うよね。男女とも18歳で結婚できるようになったわ。はやく素敵な人と出会って結婚出来たらいいのに。子供もたくさんほしいな。でも今みたいな⑦経済状況が続いたら大家族なんて無理かも。特に輸入品が高騰しているから家計が厳しくなりそうだわ。大人になるって大変なことが多いみたい。ずっと17歳の高校生でいられたらなあ。

問１　下線部①について，1962年，消費者主権の確立をめざして消費者運動が活発化していたアメリカにおいて，ケネディ大統領が掲げた「消費者の四つの権利」として，**誤っているもの**はどれか。

ア　商品の安全を求める権利　　　　イ　商品の情報を知らされる権利
ウ　商品を選択する権利　　　　　　エ　商品の欠陥に対して損害賠償を受ける権利

問２　下線部②について，契約上のトラブルから消費者を保護する消費者契約法が制定され，不適切な契約があった場合，取り消すことができるようになった。次の文Ａ～Ｃのうち契約を取り消すことができる事例として，正しいものはどれか。

Ａ：17歳の高校生が親に内緒で10万円の化粧品セットを購入した。
Ｂ：最上階の部屋は眺望が素晴らしいからと不動産屋にすすめられて2,000万円でマンションを購入したが，となりに高層ビルが建つことを知った。
Ｃ：訪問販売で持病が治る薬だと無理やり購入させられて飲んでみたが効果がなく，医者にはこの薬は持病には効かないと言われた。

ア　Ａのみ，契約を取り消すことができる。　　イ　Ｂのみ，契約を取り消すことができる。
ウ　Ｃのみ，契約を取り消すことができる。　　エ　Ａ・Ｂ・Ｃすべて契約を取り消すことができる。

問３　下線部③について，労働時間が定められている次の労働基準法第32条の条文中の空欄 Ａ ・ Ｂ にあてはまる数字の組み合わせとして，正しいものはどれか。

> ①　使用者は，労働者に，休憩時間を除き１週間について Ａ 時間を超えて，労働させてはならない。
> ②　使用者は，１週間の各日については，労働者に，休憩時間を除き１日について Ｂ 時間を超えて，労働させてはならない。

ア　Ａ－40　Ｂ－８　　イ　Ａ－40　Ｂ－10　　ウ　Ａ－50　Ｂ－８　　エ　Ａ－50　Ｂ－10

問４　下線部④について，次のグラフは年齢別完全失業率と有効求人倍率の推移を示したものである。グラフから読み取れる内容として，**誤っているもの**はどれか。

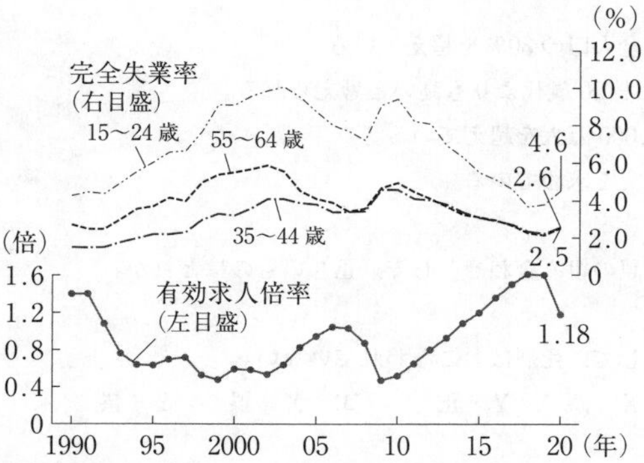

※有効求人倍率 … 求職者１人あたりの求人数
（厚生労働省資料による）

ア　完全失業率を年代別に見ると，1990年以降，2020年まで15歳から24歳の若年層が高い。
イ　1991年から1994年にかけて急激に有効求人倍率が低下しているのは，バブル経済崩壊の影響もあると考えられる。
ウ　2008年から2009年にかけて急激に有効求人倍率が低下しているのは，日本の円高によるアメリカとの貿易摩擦の影響もあると考えられる。
エ　2020年以降の完全失業率の上昇と有効求人倍率の低下は，新型コロナウイルス感染拡大の影響もあると考えられる。

問５　下線部⑤について，選挙制度に関して述べた文として，正しいものはどれか。
ア　2015年の公職選挙法の改正で，選挙権と同様に被選挙権も18歳以上に引き下げられた。
イ　昨年おこなわれた参議院議員選挙では，議員の半数が改選された。
ウ　有権者の政治参加の促進を図るために，インターネットで投票ができるようになった。
エ　日本国籍をもっていない外国人でも，国政選挙に参加できる。

問6　次のグラフと表は，年代別の衆議院議員総選挙の投票率の推移と，2017年の第48回選挙における年代別有権者の割合と，有権者が投票の際に考慮した問題を示したものである。これらから読み取れる内容として，**誤っているもの**はどれか。

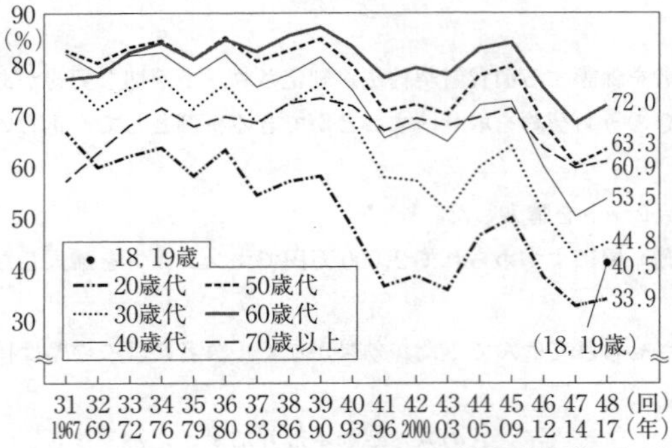

（総務省資料による）

有権者数1億609万人

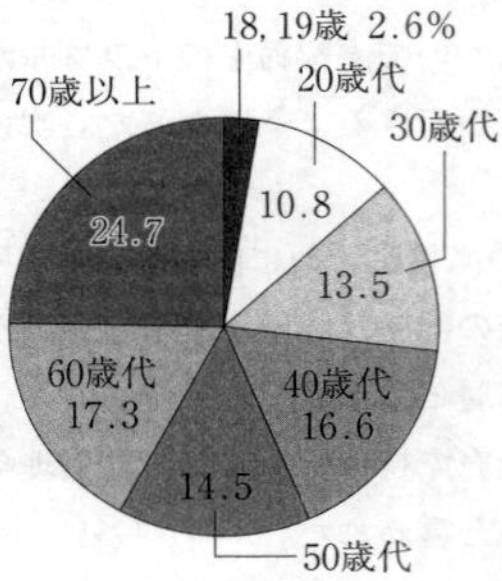

※割合は抽出調査にもとづく

	18～20歳代（%）		30～40歳代（%）		50～60歳代（%）		70歳以上（%）	
1	景気対策	42.5	景気対策	50.1	医療・介護	56.1	医療・介護	73.4
2	子育て・教育	40.2	子育て・教育	48.2	年金	52.9	年金	63.4
3	医療・介護	26.0	医療・介護	39.0	景気対策	47.5	景気対策	42.5
4	消費税	25.6	年金	32.0	消費税	31.7	消費税	35.8
5	雇用対策	24.7	消費税	27.5	子育て・教育	30.7	外交・防衛	23.1
6	年金	21.9	雇用対策	24.4	憲法改正	28.2	憲法改正	22.9
7	わからない	14.6	外交・防衛	20.1	外交・防衛	25.6	子育て・教育	21.7
8	憲法改正	14.2	憲法改正	18.8	財政再建	21.5	原発・エネルギー	20.7
9	外交・防衛	14.2	財政再建	16.4	雇用政策	20.8	治安対策	18.7
10	財政再建	11.9	原発・エネルギー	12.4	原発・エネルギー	20.7	防災対策	18.3

（明るい選挙推進協会資料による）

ア　日本の全人口を1億2,000万人とすると，有権者の割合は全人口の80%を超えている。
イ　2017年の投票率を見ると，18，19歳の選挙に対する関心は，20歳代よりも高いと考えられる。
ウ　2017年では，20歳代と60歳代の実際の投票者数の差は1,000万人を超えている。
エ　高齢者の世代では，医療や介護・年金などの社会保障の充実を求めている。

問7　下線部⑥について，死刑制度に関して述べた次の文X・Yの正誤の組み合わせとして，正しいものはどれか。
X　国際的に死刑を廃止する国が増えている。
Y　日本では，憲法で禁止されている「残虐な刑罰」であるとして，死刑はおこなわれていない。
ア　X－正　Y－正　　**イ**　X－正　Y－誤　　**ウ**　X－誤　Y－正　　**エ**　X－誤　Y－誤

問8　下線部⑦について，経済に関して述べた文として，**誤っているもの**はどれか。
ア　日本が海外から物を輸入する場合，為替相場で円安が進むと物価は上昇する。
イ　関税の撤廃など貿易の自由化が進むと生産物は輸出しやすくなり，国内産業の売り上げは安定する。
ウ　グローバル化に伴い，企業が海外へ進出したり海外に生産や販売などの拠点を置く多国籍企業の活動がさかんとなっている。
エ　景気が悪い時，日本銀行が世の中に出回るお金の量を増やす金融緩和を行い，家計の消費や企業の設備投資を活発にさせて景気を上向きにする。

【理　科】（45分）〈満点：100点〉

1　次の各問いに答えよ。

問１　物体のもつエネルギーの説明文として**誤っているもの**はどれか。

ア　運動エネルギーは，物体の質量が一定のとき，速さが大きいほど大きくなる。
イ　位置エネルギーは，物体の位置が高く，質量が大きいほど大きくなる。
ウ　位置エネルギーか運動エネルギーの一方のみが０の場合，力学的エネルギーは０となる。
エ　物体のもつ力学的エネルギーの大きさは，他の物体にした仕事の大きさではかることができる。

問２　焦点距離が10 cmの凸レンズを使って光源と同じ大きさの実像をスクリーンに映したとき，凸レンズとスクリーンは何cm離れているか。

ア　5 cm　　**イ**　10 cm　　**ウ**　20 cm　　**エ**　30 cm

問３　質量294 gの物体の体積をはかったところ28.0 cm^3 だった。この物体の密度として正しいものはどれか。

ア　0.0952 g/cm^3　　**イ**　0.952 g/cm^3　　**ウ**　1.05 g/cm^3　　**エ**　10.5 g/cm^3

問４　塩化銅水溶液の電気分解により，陽極と陰極にできる物質の組み合わせとして正しいものはどれか。

	陽極	陰極
ア	銅	塩素
イ	塩素	銅
ウ	塩化ナトリウム	銅
エ	酸素	銅

問５　丸い種子をつくる純系のエンドウと，しわのある種子をつくる純系のエンドウをかけ合わせてできた子はすべて丸い種子であった。この子どうしをかけ合わせてできた孫の種子の比（丸い種子：しわのある種子）を最も簡単な整数比で表したものはどれか。

ア　1：1　　**イ**　2：1　　**ウ**　1：3　　**エ**　3：1

問６　表はヒトの呼吸において，吸う息と吐《は》く息にふくまれる主な気体の体積の割合〔％〕について示した例である。表から判断できることとして**誤っているもの**はどれか。ただし，①～④は酸素，二酸化炭素，水蒸気，窒素のいずれかである。

気体	吸う息	吐く息
①	78.42	74.34
②	20.79	15.26
③	0.75	6.19
④	0.04	4.21

ア　①は吸う息の割合が最も大きいことから，窒素である。
イ　①と②は，吐く息の方が吸う息よりも割合が減っていることから，体内に吸収されたと考えられる。
ウ　③と④は，吐く息の方が吸う息よりも割合が増えていることから，水蒸気か二酸化炭素のいずれかである。
エ　④の気体において，吸う息より吐く息の方の割合が大きい理由は細胞呼吸によるものである。

問７　雲はできる高さや形から10種類に分けられている。雨や雪を降らせることが多く，雷をともなうこともある雲はどれか。

ア　積乱雲《せきらんうん》　　**イ**　巻層雲《けんそううん》　　**ウ**　乱層雲《らんそううん》　　**エ**　層積雲《そうせきうん》

問８　次の文章中の空欄［　　］に適する語句の組み合わせとして正しいものはどれか。

地層の中にある化石を調べることで，その地層が堆積した時代を推測することができる。このような化石を［　①　］という。マンモスの化石が地層から発見された場合，その地層が堆積した時代は［　②　］であったことがわかる。

	①	②
ア	示相化石	新生代
イ	示相化石	中生代
ウ	示準化石	新生代
エ	示準化石	中生代

2 放電のようすを調べる実験について，次の各問いに答えよ。

問１　次の文章中の空欄［　　］に適する語句と符号の組み合わせとして正しいものはどれか。

図ａのような実験装置を用いて両端に電極を封入した放電管に高い電圧を加え，内部の空気を少しずつぬいて圧力を下げていく実験を行った。放電管内に空気がわずかに残っているときには，管全体に特有の色の光がみられた。このような圧力が低い気体による放電を［①］放電という。放電管内を真空にすると，管内の光は消え，［②］極側の管壁が蛍光《けいこう》を発するようになった。

	①	②
ア	気体	＋
イ	気体	－
ウ	真空	＋
エ	真空	－

図ａ

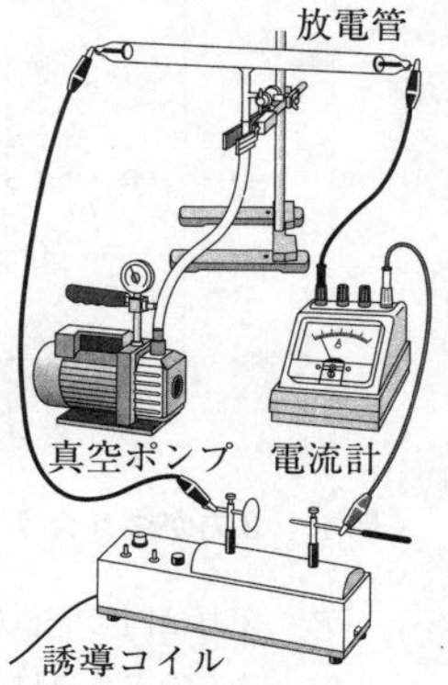

問２　問１の実験より，管壁が蛍光する原因として電流のもとになる何かが衝突していると考えられる。この電流のもとになるものの流れを何というか。

ア　陽極線　　イ　陰極線　　ウ　磁力線　　エ　エックス線

問３　問２の性質を調べるために図ｂのような装置を用いて実験を行った。電極Ａ～電極Ｄの符号の組み合わせとして正しいものはどれか。

	電極Ａ	電極Ｂ	電極Ｃ	電極Ｄ
ア	＋	－	－	＋
イ	＋	－	＋	－
ウ	－	＋	－	＋
エ	－	＋	＋	－

図ｂ

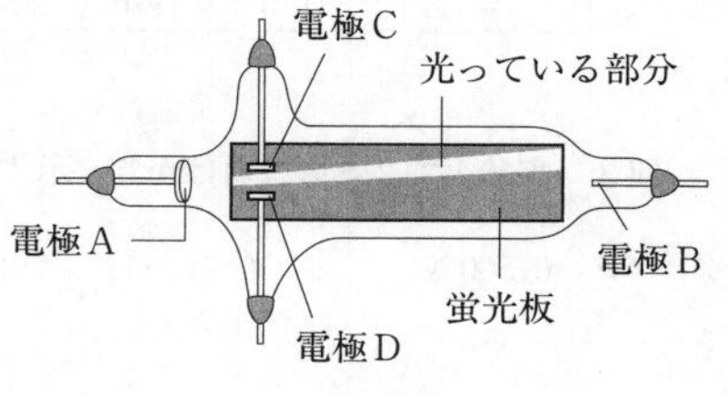

問４　電流のもととなる粒子はどれか。

ア　陽子　　イ　原子核　　ウ　電子　　エ　中性子

3 物体にはたらく力について調べるために，ばねばかりを使って実験を行った。次の各問いに答えよ。ただし，質量100 g の物体にはたらく重力の大きさを１N とし，摩擦力や器具の重さは考えないものとする。

【実験Ⅰ】 図 c のように，２本のばねばかりの間の角度が 30° になるように，ゴムがのびてリングの中心が点Ｏにくるまで引きのばした。このとき，２本のばねばかりが示す力の大きさの値はどちらも 1.00 N であった。

【実験Ⅱ】 図 d のように，１本のばねばかりを使って点Ｏまで引きのばした。このとき，ばねばかりが示す力の大きさの値は 1.93 N であった。

図 c

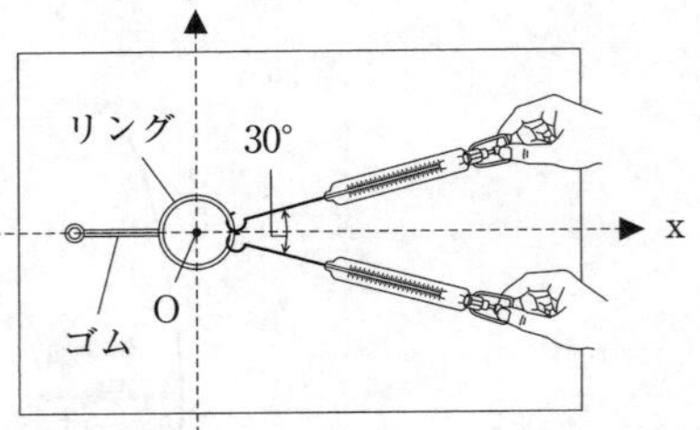

図 d

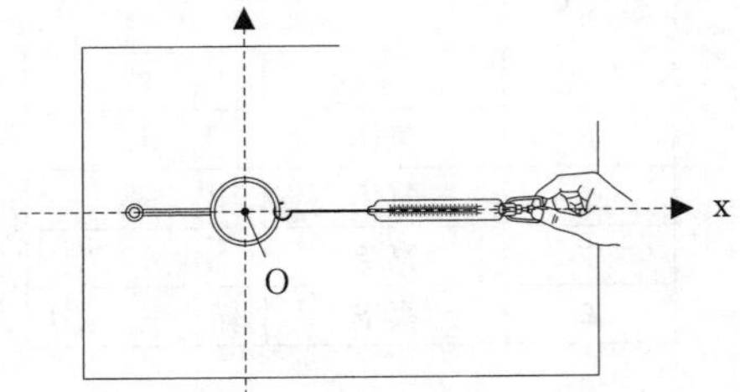

問１ ２力がつり合う条件に**ふくまれないもの**はどれか。

ア ２力は同じ一直線上にある。 **イ** ２力の向きは反対である。
ウ ２力の大きさは等しい。 **エ** ２力の作用点は必ず同じである。

問２ 次の文章中の空欄［　　］に適する語句の組み合わせとして正しいものはどれか。

実験Ⅰの２本のばねばかりが示す力の y 軸方向の２力は［①］の関係にある。また，実験Ⅱの１本のばねばかりが示す力は実験Ⅰの２本のばねばかりが示す力の［②］である。

	①	②
ア	力のつり合い	分力
イ	力のつり合い	合力
ウ	作用・反作用	分力
エ	作用・反作用	合力

問３ 実験Ⅰで２本のばねばかりが示す力の x 軸方向の２力を足し合わせると何 N になるか。

ア 0.500 N **イ** 1.00 N **ウ** 1.93 N **エ** 2.00 N

問４ 次の文章中の空欄［　　］に適する語句の組み合わせとして正しいものはどれか。

実験Ⅰの２本のばねばかりの間の角度を 90° に変えて，どちらも 1.00 N の力で引くと，ゴムののびは 30° のときと比べて［①］なる。これは，２力の間の角度が大きくなるほど合力の大きさが［②］なるからである。

	①	②
ア	大きく	大きく
イ	大きく	小さく
ウ	小さく	大きく
エ	小さく	小さく

4

表は水溶液に金属片を入れて，金属片のようすを調べた結果である。次の各問いに答えよ。

		水溶液		
		硫酸マグネシウム	硫酸亜鉛	硫酸銅
金属片	マグネシウム		灰色の物質が付着した。	赤色の物質が付着した。
	亜鉛	変化しなかった。		赤色の物質が付着した。
	銅	変化しなかった。	変化しなかった。	

問１　表中の灰色の物質と赤色の物質の組み合わせとして正しいものはどれか。

	灰色の物質	赤色の物質
ア	マグネシウム	亜鉛
イ	マグネシウム	銅
ウ	亜鉛	マグネシウム
エ	亜鉛	銅

問２　水溶液（表中）にふくまれる金属イオンのイオン式の組み合わせとして正しいものはどれか。

ア　Mg^{+}　，　Zn^{+}　，　Cu^{+}
イ　Mg^{+}　，　Zn^{2+}　，　Cu^{+}
ウ　Mg^{+}　，　Zn^{2+}　，　Cu^{2+}
エ　Mg^{2+}　，　Zn^{2+}　，　Cu^{2+}

問３　金属（表中）のイオンへのなりやすさの順番として正しいものはどれか。

ア　Mg　＞　Zn　＞　Cu
イ　Mg　＞　Cu　＞　Zn
ウ　Zn　＞　Mg　＞　Cu
エ　Zn　＞　Cu　＞　Mg

問４　金属のイオンへのなりやすさのちがいを利用して電池をつくることができる。ダニエル電池の電極で使われる金属の組み合わせとして正しいものはどれか。

	＋極	－極
ア	亜鉛	マグネシウム
イ	亜鉛	銅
ウ	銅	亜鉛
エ	銅	マグネシウム

5 図 e のように，集気びんの中でエタノールを燃やして発生する物質を調べる実験を行った。そのときにとったメモを読んで，次の各問いに答えよ。

図 e

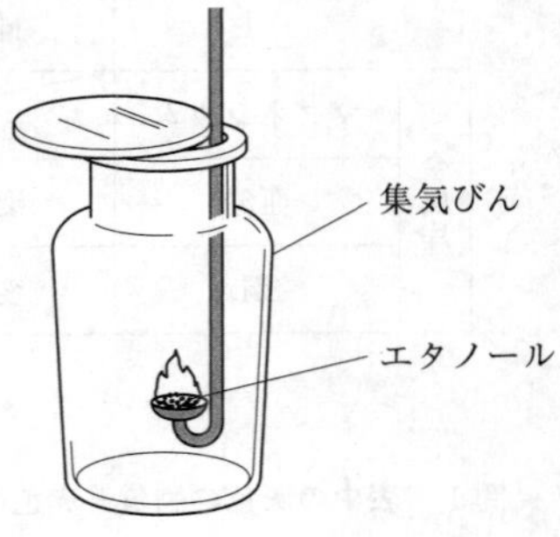

【メモ】

エタノールを燃やすと，集気びんの内側が白くくもった。くもった内側の部分に［ Ⅰ ］をつけたところ，［ Ⅰ ］の色が青色から赤色に変わった。次に，集気びんに［ Ⅱ ］を入れてふたをしてよく振ったところ，［ Ⅱ ］が白く濁った。

問 1　［ Ⅰ ］は何であると考えられるか。

ア　ろ紙　　イ　リトマス紙　　ウ　塩化コバルト紙　　エ　pH 試験紙

問 2　［ Ⅰ ］の色が変わったことによって，何が発生したと確認できたか。

ア　水　　イ　塩酸　　ウ　アンモニア　　エ　二酸化炭素

問 3　［ Ⅱ ］の液体と，このとき発生した気体の組み合わせとして正しいものはどれか。

	液　体	発生した気体
ア	石灰水	アンモニア
イ	石灰水	二酸化炭素
ウ	フェノールフタレイン溶液	アンモニア
エ	フェノールフタレイン溶液	二酸化炭素

問 4　エタノールと同じ実験結果が**得られないもの**はどれか。

ア　ろう　　イ　砂糖　　ウ　スチールウール　　エ　木

6 図 f は細胞を模式的に示したものである。細胞のつくりとはたらきについて，次の各問いに答えよ。

図 f

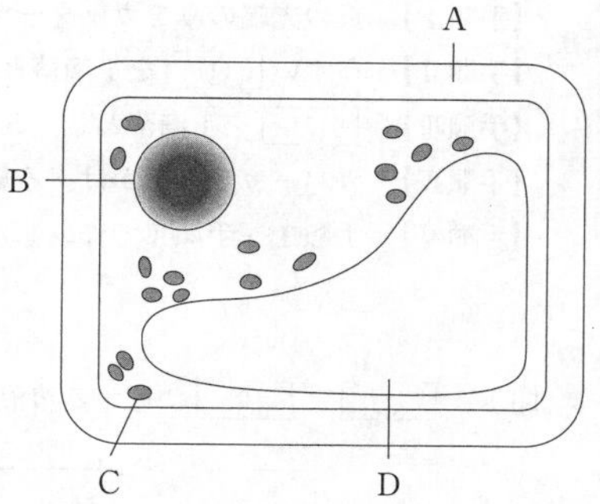

問 1　図 f の細胞についての説明文として正しいものはどれか。

ア　A があることから植物細胞である。
イ　B は植物細胞のみにみられる。
ウ　C は動物細胞にも植物細胞にもみられる。
エ　D が大きいことから動物細胞である。

問 2　図 f の細胞のつくりについての説明文として**誤っているもの**はどれか。

ア　A は細胞を保護し，形を保つのに役立っている。
イ　B には遺伝物質がふくまれる。
ウ　A と C をまとめて細胞質という。
エ　D には花弁の色がふくまれる。

問 3　細胞呼吸についての説明文として正しいものはどれか。

ア　細胞呼吸は無機物からエネルギーをとり出すはたらきである。
イ　細胞呼吸は太陽の光を利用して行われる。
ウ　細胞呼吸と燃焼には共通点があり，反応の結果，二酸化炭素と水を生じる。
エ　細胞呼吸では有機物がつくられる。

問 4　図 g はオオカナダモの葉を顕微鏡で観察したときの模式図である。葉緑体の移動速度を計算したときの正しい値はどれか。ただし，定規の 1 目盛りは 0.005 mm とする。また，X は注目した葉緑体の位置を示し，Y は X の移動方向を示している。

ア　0.3 mm/s
イ　0.03 mm/s
ウ　0.003 mm/s
エ　0.0003 mm/s

図 g

7

タマネギの根の細胞分裂を以下の手順で観察した。次の各問いに答えよ。

【手順Ⅰ】 根の先端のみをカッターナイフで3～5mm切りとり，えつき針で細かくくずす。
【手順Ⅱ】 うすい［①］を1滴落とし5分間待つ。［①］はろ紙で十分に吸いとる。
【手順Ⅲ】 ［②］を1滴落とし，5～10分程度待つ。
【手順Ⅳ】 カバーガラスをかけ，ろ紙でおおい，指でゆっくりと押しつぶす。
【手順Ⅴ】 手順Ⅰ～手順Ⅳで作成したプレパラートを顕微鏡で観察する。

問1 ［①］と［②］に適する溶液の組み合わせとして正しいものはどれか。

	①	②
ア	塩酸	酢酸カーミン溶液
イ	塩酸	BTB溶液
ウ	水酸化ナトリウム水溶液	酢酸オルセイン溶液
エ	水酸化ナトリウム水溶液	フェノールフタレイン溶液

問2 各手順における操作を行う理由として，正しいものをすべてふくむ組み合わせはどれか。

① 手順Ⅰで先端のみを切りとる理由は，先端部の細胞が大きくて観察しやすいためである。
② 手順Ⅰでえつき針で細かくくずす理由は，細胞が離れやすくするためである。
③ 手順Ⅱの操作を行う理由は，細胞を1つ1つ離れやすくするためである。
④ 手順Ⅳの操作を行う理由は，細胞の重なりを少なくするためである。

ア ①と②　　イ ①と④　　ウ ①と②と③　　エ ②と③と④

問3 図hはプレパラートを顕微鏡で観察したときの模式図である。細胞Aを1番目としてA～Eの細胞を細胞分裂の順に並べたとき，2番目と4番目にあてはまるものの組み合わせとして正しいものはどれか。

	2番目	4番目
ア	B	E
イ	C	E
ウ	D	B
エ	E	C

図h

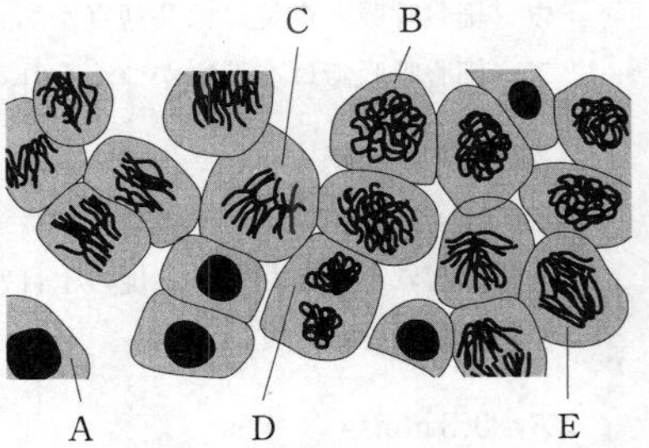

問4 タマネギの根の細胞の染色体数は16である。タマネギの花の花粉の染色体数として正しいものはどれか。

ア 8　　イ 16　　ウ 24　　エ 32

8 大気の動きについて，次の各問いに答えよ。

問１　晴れた日の昼には海岸付近で海から陸に向かう海風がふくことがある。海風がふくしくみとして正しいものはどれか。

ア　海風は陸上の気温が海上の気温より高くなったときに，陸上のほうが大気の密度が大きくなることで上昇気流が生じ，地表の気圧が低くなることでふく。
イ　海風は陸上の気温が海上の気温より低くなったときに，陸上のほうが大気の密度が小さくなることで上昇気流が生じ，地表の気圧が低くなることでふく。
ウ　海風は陸上の気温が海上の気温より高くなったときに，陸上のほうが大気の密度が小さくなることで下降気流が生じ，地表の気圧が低くなることでふく。
エ　海風は陸上の気温が海上の気温より高くなったときに，陸上のほうが大気の密度が小さくなることで上昇気流が生じ，地表の気圧が低くなることでふく。

問２　日本付近における季節風について正しいものはどれか。

ア　冬になると，シベリア高気圧から北西の冷たい風がふく。
イ　冬になると，オホーツク海高気圧から北東の冷たい風がふく。
ウ　夏になると，太平洋高気圧から乾燥した南よりの風がふく。
エ　夏になると，シベリア高気圧からあたたかく湿った風がふく。

問３　北半球における低気圧の中心付近のようすについて**誤っているもの**はどれか。

ア　下降気流が生じるため，雲が発生しやすい。
イ　低気圧の中心に向かって反時計回りにふきこむような風がふく。
ウ　上昇気流が生じるため，雲が発生しやすい。
エ　天気はくもりや雨になりやすい。

問４　図ｉ中に示した低気圧の中心（地点Ｘ）の12時間前の位置は，どのあたりにあったと考えられるか。ただし，図ｉ中の経線の間隔は約500 kmとし，日本付近の低気圧は１時間で約40 km移動することとする。

ア　地点Ａ　薩摩半島（鹿児島県）沖
イ　地点Ｂ　紀伊半島（和歌山県）沖
ウ　地点Ｃ　下北半島（青森県）沖
エ　地点Ｄ　根室半島（北海道）沖

図ｉ

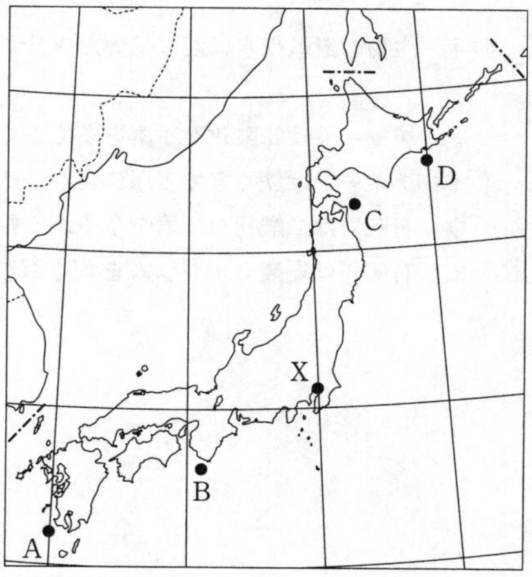

9 AさんとBさんの会話文を読んで，次の各問いに答えよ。

【会話文】

Aさん：「私たちが住んでいる地域の大地を直接観察するにはどうしたらいいのかな。」
Bさん：「地層や岩石などが地表に現れている［①］を観察するといいよ。［①］には，地層や冷え固まった溶岩など，場所によってちがった特徴が見られるからね。この近くだと馬頭小学校の裏で観察することができるよ。」
Aさん：「可能なら<u>岩石採取</u>をしてみたい。作業用手袋や保護眼鏡を持っていく必要があるよね。」
Bさん：「1か所だけでなく，離れた地域の地層も調べるとおもしろいよ。それぞれの地層を比べ，同じ時代にできた地層があれば，地層の広がりの推測などに役立つことがあるんだ。離れた地層を比べるときに利用することができる層を［②］といって，火山灰の層などがあげられるよ。」

問1　会話文中の［①］に適する語句はどれか。

ア　鍵層《かぎそう》　イ　露頭《ろとう》　ウ　柱状図　エ　V字谷

問2　会話文中の［②］に適する語句はどれか。

ア　露頭　イ　活断層　ウ　れき・砂の層　エ　鍵層

問3　会話文中の下線部について，岩石ハンマーの適切な使い方として正しいものはどれか。

ア　腰より低い位置で，岩石ハンマーの平らな面を，大きく振りかざさずに，岩石などに打ち当てる。
イ　腰より低い位置で，岩石ハンマーのとがった部分を，大きく振りかざし，岩石などに打ち当てる。
ウ　よく見えるように，目の高さで，岩石ハンマーの平らな面を，大きく振りかざさずに，岩石などに打ち当てる。
エ　よく見えるように，目の高さで，岩石ハンマーのとがった部分を，大きく振りかざさずに，岩石などに打ち当てる。

問4　生物の遺《い》骸《がい》や水に溶けていた成分が堆積してできた岩石について**誤っているもの**はどれか。

ア　チャートは二酸化ケイ素を多くふくみ，うすい塩酸をかけても気体は発生しない。
イ　チャートは鉄くぎで表面に傷がつけられず，うすい塩酸をかけても気体は発生しない。
ウ　石灰岩は二酸化ケイ素を多くふくむので，うすい塩酸と反応して二酸化炭素が発生する。
エ　石灰岩は炭酸カルシウムを多くふくむので，うすい塩酸と反応して二酸化炭素が発生する。

【国 語】（五〇分）〈満点：一〇〇点〉

一

1と2は、傍線部の漢字と同じ読みのものをそれぞれ一つ選びなさい。また、3から5は、傍線部を漢字に直した時に同じ漢字を使うものをそれぞれ一つ選びなさい。

1 計画の概要を説明する。

ア 事の真偽を明らかにする。　イ 既存の施設を案内する。

ウ 街路樹は都市の美観を増す。　エ 作曲家として大成する。

2 消費者の便宜をはかる。

ア 花瓶に花を生ける。　イ 弁論大会に出場する。

ウ 模範的な態度。　エ 盤石の構え。

3 適度な運動を推ショウする。

ア ショウ学金を受け取る。　イ ショウ明器具を取り付ける。

ウ 有名な画家のショウ像画を買う。　エ 地域の伝統文化を継ショウする。

4 最ゼンを尽くす。

ア 桜ゼン線が北上する。　イ 座ゼンを組む。

ウ ゼン速力で走る。　エ ゼン後策を練る。

5 式場に電ポウが届く。

ア 合格の吉ポウを待つ。　イ 本ポウ初公開となる映画。

ウ 古典文ポウの問題。　エ 水鉄ポウで子どもと遊ぶ。

二

1から6の問いに答えなさい。

1 「組織」の意味と最も近いものを一つ選びなさい。

ア 結合　イ 機構　ウ 要素　エ 大衆

2 月と時候のあいさつの組み合わせの**正しくないもの**を一つ選びなさい。

ア 二月――向寒の候　イ 四月――春暖の候

ウ 六月――梅雨の候　エ 十月――秋冷の候

3 三字熟語と意味の組み合わせの**正しくないもの**を一つ選びなさい。

ア 老婆心――必要以上な親切心。　イ 破天荒――今まで誰もしなかったことをすること。

ウ 鉄面皮――恥知らずで図々しいこと。　エ 真骨頂――得意げな様子を見せること。

4 次の空欄に入る語として正しいものを一つ選びなさい。

去る者は日々に□

ア 恋し　イ 遠し　ウ 疎し　エ 潔し

5 作者・作品・ジャンルの組み合わせが正しいものを一つ選びなさい。

ア 清少納言――『枕草子』――物語　イ 紀貫之――『土佐日記』――説話集

ウ 兼好法師――『徒然草』――随筆　エ 井原西鶴――『日本永代蔵』――浄瑠璃

6 「役不足」の使い方が正しいものを一つ選びなさい。

ア 相手にとって役不足はない。

イ 役不足ですがせいぜい頑張りたい。

ウ 実績からして彼の扱い方は役不足である。

エ 駆け出しの俳優が役不足でつまらない舞台だった。

三 次の会話は、Aさんと Bさんと Cさんが、ヤングケアラーについて、グループで発表するために話し合いをしています。これを読んで、1から5の問いに答えなさい。

A 「今回の調べ学習の課題である『ヤングケアラー』という言葉、皆も知ってた？　私はつい最近まで『ヤングケアラー』という言葉自体を知らなかったよ。」

B 「実は、私も知ら[1a]ない言葉だったよ。今回調べてみて、厚生労働省では、ヤングケアラーの定義として、一八歳未満の子どもが家族の面倒を見ることとなっていると初めて気づいたよ。」

C 「そうだね、とてもやるせ[1b]ない気持ちになるよね。実は[2]身近な問題なんだよね。」

A 「これは日本における超高齢社会のひずみともとれ[1c]ないかな？」

B 「それも一理あるかもしれ[1d]ないね。大人がすべき家庭のことを、私たちと同世代の子どもが日常的にケアを行うことは、子どもの権利が守られていない可能性もあると思う。」

C 「もっと私たち若い世代から関心を持って取り組む必要があるよね。それは資料1の円グラフからも見て取れるよね。」

A 「同感だね。この問題を［　3　］と捉えることは多いという現状が分かるよね。ヤングケアラーに関しては家庭の繊細な問題でもあるからなあ。」

B 「先生方も、対策を[4]コウじる必要があるとおっしゃっていたよ。」

C 「今後、私たちは当事者意識をもって[5]困難な問題に向き合うべきだね。」

A 「そうだね。これを発表できるようにまとめよう。」

全員 「うん。」

1 傍線部1のaからdの「ない」の中で、品詞の**異なるもの**を一つ選びなさい。

ア a　　イ b　　ウ c　　エ d

2 傍線部2「身近な問題」について、資料2の帯グラフから分かる内容として最も適当なものを一つ選びなさい。

ア 中学2年生・全日制高校2年生ともに、父母の世話の頻度が一か月に数日と答えた生徒が一番多い。

イ 中学2年生・全日制高校2年生ともに、父母の世話に費やす時間は7時間以上が5割を占める。

ウ 全日制高校2年生では、きょうだいの世話の頻度はほぼ毎日と答えた生徒が最も少ない。

エ 中学2年生では、平日一日あたり祖父母の世話に費やす時間は3時間未満が最も多い。

3 空欄［　3　］には「自分には全く関係ない出来事で、少しも痛みを感じない物事のたとえ」という意味の語句が入る。最も適当なものを一つ選びなさい。

ア 対岸の火事　　イ 他山の石　　ウ 怪我《けが》の功名　　エ 無用の長物

4 傍線部4「コウ」を漢字に直したとき、最も適当なものを一つ選びなさい。

ア 考　　イ 効　　ウ 巧　　エ 講

5 傍線部5「困難」の対義語を一つ選びなさい。

ア 容易　　イ 単純　　ウ 軽率　　エ 余裕

ヤングケアラーの実態に関する調査研究

資料1

【中学2年生】

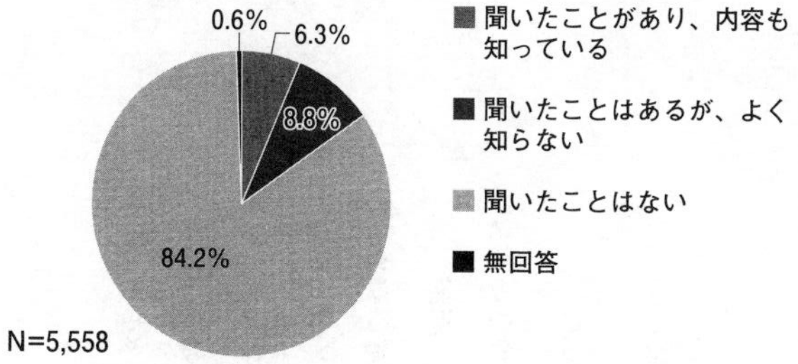

【全日制高校2年生】

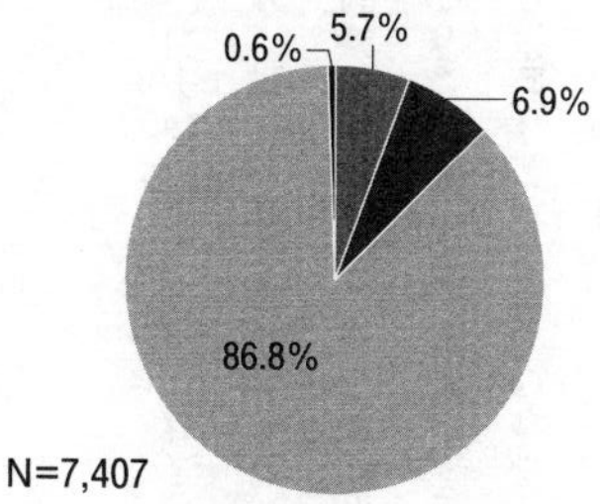

Nは調査対象数

資料2

【中学2年生】

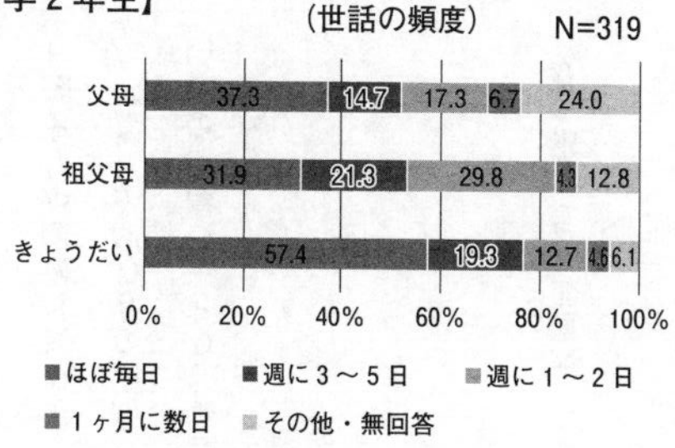

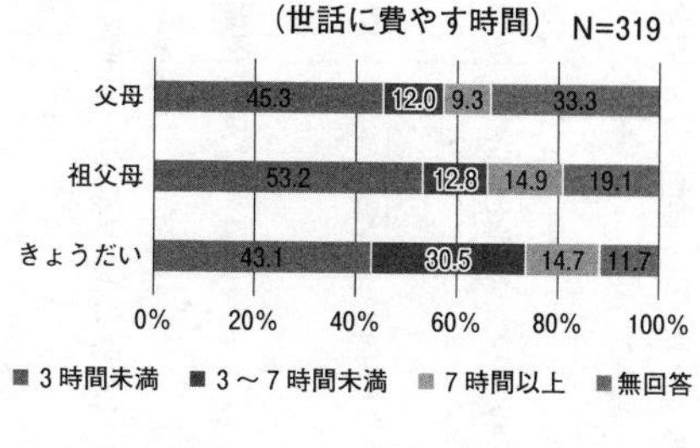

【全日制高校2年生】

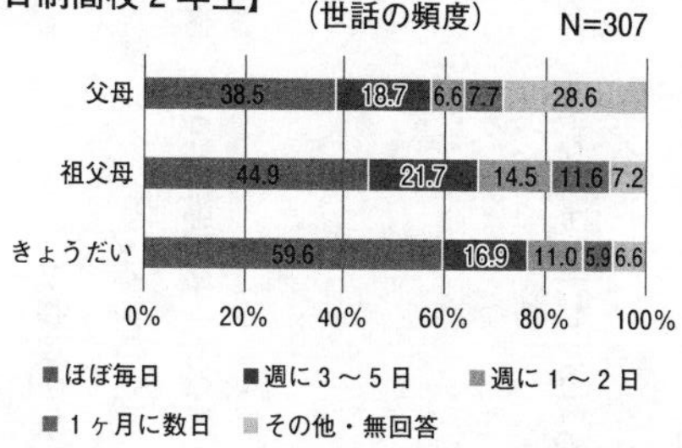

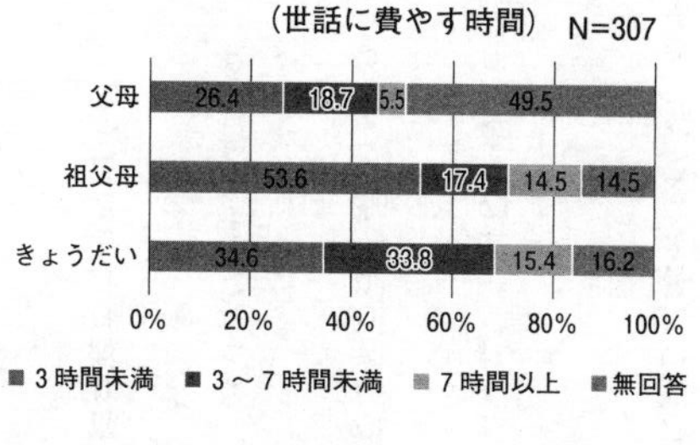

「ヤングケアラーの実態に関する調査研究」（令和3年3月）　三菱ＵＦＪリサーチ＆コンサルティング株式会社

Nは調査対象数

四

次の文章を読んで、1から5の問いに答えなさい。（問題作成の都合で原文を一部変更したところがあります。）

孟宗は、いとけなくして父におくれ《幼いうちに父に死に別れ、》、一人の母を養へり。母年老いて、つねに病みいたはり《病気に苦しめられ、》、食の味はひも《好みも》、度《たび》ごとに変《かは》りければ、[1]よしなきものを望めり。冬のことなるに、竹の子をほしく[2]思へり。すなはち《そこで》、孟宗、竹林に行き求むれども、雪深き折なれば、などかたやすく得《う》べき《どうしてたやすく得られようか。》。「ひとへに《ひたすらに》、*天道《てんどう》の御あはれみを頼み奉る《お頼みもうしあげます》」とて、祈りをかけて、[3]おほきに悲しみ、竹に寄り添ひけるところに、にはかに《突然》大地開けて、竹の子あまた《たくさん》生《お》ひ出《い》で侍《はべ》りける。おほきに喜び、すなはち《すぐに》取りて帰り、あつもの《吸い物》につくり、母に与へ侍りければ、母、これを食して、そのまま病もいえて、齢《よはひ》を延べたり《長生きした。》。これ、ひとへに、[4]の深き心を感じて、天道より与へ給へり。

（『御伽草子』による）

注　*天道――天の神様。

1　傍線部1「よしなきものを望めり」の解釈として、最も適当なものを一つ選びなさい。

ア　思いもよらないものを口にしたがった。　イ　高価なものばかり食べたがった。

ウ　人の手が加わっていないものを好んだ。　エ　旬の食べ物ばかりを探し求めた。

2　傍線部2「思へり」の主語として、最も適当なものを一つ選びなさい。

ア　孟宗　イ　父　ウ　母　エ　天道

3　傍線部3「おほきに悲しみ」の理由として、最も適当なものを一つ選びなさい。

ア　食べるものにも困るような貧しさにうちのめされたから。

イ　自分の力ではどうすることもできないと思い知ったから。

ウ　早くに父親と生き別れたことをとても切なく感じたから。

エ　病気が長引く母親の世話をすることに限界を感じたから。

4　空欄[4]に当てはまる語として、最も適当なものを一つ選びなさい。

ア　感謝　イ　哀傷　ウ　強欲　エ　孝行

5　本文の内容と一致するものとして、最も適当なものを一つ選びなさい。

ア　孟宗の母親は病を言い訳にして、好きなものばかりを食べたがった。

イ　孟宗が天道に一心に祈ると、不思議な力が備わって急に地が割れた。

ウ　母親は孟宗が作ったあつものを食べた後、病が治って寿命も延びた。

エ　孟宗の祈りを聞き入れて成長した竹の子は、雪の下から姿を現した。

五 次の文章を読んで、1から7の問いに答えなさい。

日本は恥の文化の国だと言われるが、「恥ずかしい」とか「みっともない」というのは、僕たちにとってとても馴染みのある感覚だ。

作家の司馬遼太郎は、日本文化研究者ドナルド・キーンとの対談で、日本社会に秩序があり、犯罪が少ないのは、「恥ずかしいことはするな」という意識があるからだと指摘する（司馬遼太郎、ドナルド・キーン『日本人と日本文化』中公新書、一九七二年）。

たとえば、戦場で敵に後ろを見せるのは恥ずかしいことで、カッコ悪いから逃げない。鎌倉時代の武士にも、すでにカッコ悪いという感覚はあった。1それは、モラルでなく美意識だ。美意識だけで社会の秩序が保たれてきた国は日本だけなのではないかという。今でも犯罪が少ないが、それは犯罪がカッコ悪いからだ。親父の顔は潰れるし、自分も友だちに顔向けできないというだけで罪を犯さない。

恥ずかしいことはできないということだけで、社会の安寧秩序が保てる。その程度のことだけで安寧秩序が保てる社会というのは不思議だと司馬は言う。

「世間の目を気にする」とか「世間体を気にする」などと言うと、否定的に受け取られがちだが、「恥ずかしい」とか「みっともない」という思いは、法的に裁かれるかどうかに関係なく、自分を正しい行いに導く力になっている。

そんなことをするのはみっともない。罰せられるのが嫌だからしないというのではなく、みっともないからしない。法的には罰せられることがなくても、みっともないからしない。それは、法的に裁かれるからしないというよりも、むしろ自律的な自己規制力といえないだろうか。

日本の精神文化を世界に伝えたいという意図で、『武士道』を英文で出版した新渡戸稲造は、日本人にとってとくに重要なのは［2］の感覚だという。

日本人にとっては、［2］を汚されることが最も大きな恥となる。恥を知る心は、少年の教育において中心的な位置を占める。「笑われるぞ」「恥ずかしくないか」といった言葉が、正しい行いを促すときの最後の警告として使われる。このように新渡戸は、恥の意識によって［2］ある行動が導かれるとみなしている。

みっともない。恥ずかしい。それは、日本人ならだれでもしょっちゅう感じる、非常に身近な感覚のはずだ。そうした感覚によって自分の行動をコントロールする。これは、じつは他者中心の行動の律し方と言える。人の目に映る自分の姿を想像することで、「そんなのはみっともない」「そんなこともできないのは恥ずかしい」というように自分の行動を律していく。

「自分がそうしたいからする」「自分がそうしたくないからしない」という自己中心的な行動の律し方をする文化と違って、人の目を意識する心をもつことで、法的裁きを厳しくしなくても社会の秩序が保たれてきたわけだ。人の目を気にするなんて主体性がないなどという日本文化への批判は、どうも的外れな気がする。自分中心の文化の弊害のほうがはるかに大きいのではないだろうか。

自分の姿が人の目にどんなふうに映っているか。僕たちは、それをたえず意識して暮らしている。社会の秩序までもが人の目を意識した自己規制力によって保たれるほど、僕たち日本人は人の目に過敏な心理構造をもっているのだ。

（中略）

日本人は自己主張が苦手だと言われる。グローバル化の時代だし、もっと自己主張ができるようにならないといけないなどと言う人もいる。でも、日本人が自己主張が苦手なのには理由がある。3そして、それはけっして悪いことではない。

では、アメリカ人は堂々と自己主張ができるのに、僕たち日本人はなぜうまく自己主張ができないのか。

それは、そもそも日本人とアメリカ人では自己のあり方が違っていて、コミュニケーションの法則がまったく違っているからだ。

アメリカ人にとって、コミュニケーションの最も重要な役割は、相手を説得し、自分の意見を通すことだ。お互いにそういうつもりでコミュニケーションをするため、遠慮のない自己主張がぶつかり合う。お互いの意見がぶつかり合うのは日常茶飯事なため、まったく気にならない。

一方、日本人にとって、コミュニケーションの最も重要な役割は何だろう。相手を説得して自分の意見を通すことだろうか。そうではないだろう。僕たちは、自分の意見を通そうというより前に、相手はどうしたいんだろう、どんな考えなんだろうと、相手の意向を気にする。そして、できることなら相手の期待を裏切らないような方向に話をまとめたいと思う。意見が対立するようなことはできるだけ避けたい。そうでないと気まずい。

[4] A 、僕たち日本人にとっては、コミュニケーションの最も重要な役割は、お互いの気持ちを結びつけ、良好な場の雰囲気を醸し出すことなのだ。強烈な自己主張によって相手を説き伏せることではない。

[4] B 自己主張のスキルを磨かずに育つことになる。自己主張が苦手なのは当然なのだ。その代わりに相手の気持ちを察する共感性を磨いて育つため、相手の意向や気持ちを汲《く》み取ることができる。

相手の意向を汲み取って動くというのは、僕たち日本人の行動原理といってもいい。コミュニケーションの場面だけではない。たとえば、何かを頑張るとき、ひたすら自分のためというのが欧米式だとすると、僕たち日本人は、だれかのためという思いがわりと大きい。

親を喜ばせるため、あるいは親を悲しませないために勉強を頑張る、ピアノを頑張る。先生の期待を裏切らないためにきちんと役割を果たす。そんなところが多分にある。大人だって、監督のために何としても優勝したいなんて言ったりするし、優勝すると監督の期待に応えることができてホッとしていると言ったりする。

自分の中に息づいているだれかのために頑張るのだ。もちろん自分のためでもあるのだが、自分だけのためではない。

このような人の意向や期待を気にする日本的な心のあり方は、「他人の意向を気にするなんて自主性がない」とか「自分がない」などと批判されることがある。でも、それは欧米的な価値観に染まった見方に過ぎない。

教育心理学者の東洋《あずまひろし》は、日本人の他者志向を未熟とみなすのは欧米流であって、他者との絆《きずな》を強化し、他者との絆を自分の中に取り込んでいくのも、ひとつの発達の方向性とみなすべきではないかという（東洋『日本人のしつけと教育――発達の日米比較にもとづいて』東京大学出版会、一九九四年）。

[4] C 欧米人と日本人では自己のあり方が違う。僕たち日本人が、率直な自己主張をぶつけ合って議論するよりも、だれも傷つけないように気をつかい、気まずくならないように配慮するのも、欧米人のように個を生きているのではなくて、関係性を生きているからだ。

心理学者のマーカスと北山忍は、アメリカ的な独立的自己観と日本的な相互協調的自己観を対比させている。

独立的自己観では、個人の自己は他者や状況といった社会的文脈から切り離され、そうしたものの影響を受けない独自な存在とみなされる。そのため個人の行動は本人自身の意向によって決まると考える。

それに対して、相互協調的自己観では、個人の自己は他者や状況といった社会的文脈と強く結びついており、そうしたものの影響を強く受けるとみなされる。そのため個人の行動は他者との関係性や周囲の状況に大いに左右されると考える。

このような相互協調的自己観をもつ僕たち日本人は、個としての自己を生きているのではなく、関係性としての自己を生きている。関係性としての自己は、相手との関係に応じてさまざまに姿を変える。その場その場の関係性にふさわしい自分になる。相手との関係性によって言葉づかいまで違ってくる。欧米人のように相手との関係性に影響を受けない一定不変の自己などというものはない。

「だれが何と言おうと、私はこう考える」「僕はこう思う」と自分を押し出していく欧米社会では視線恐怖があまり見られないのに対して、自分を押し出すよりも相手の意向を汲み取ろうとする日本人の間には視線恐怖が多い。それは、僕たち日本人は、相手との関係性によって自分の出方を変えなければならないからだ。

相手がどう思っているかが気になる。こんなことを言ったら相手はどう感じるだろうかと気になる。それも、僕たちが関係性としての自己を生きているからだ。

僕たちの自己は、相手から独立したものではなく、相手との相互依存に基づくものであり、間柄によって形を変える。5僕たちの自己は、相手にとっての「あなた」の要素を取り込む必要がある。だから相手の意向が気になる。相手の視線が気になるのだ。

個を生きているのなら、自分の心の中をじっくり振り返り、自分のしたいことをすればいいし、自分の言いたいことを言えばいい。相手が何を思い、何を感じているかは関係ない。自分が何を思い、何を感じているかが問題なのだ。自分の思うことを言う。自分が正しいと考えることを主張する。自分の要求をハッキリと伝える。それでいいわけで、じつにシンプルだ。

でも、関係性を生きるとなると、そんなふうにシンプルにはいかない。自分の意見を言う前に相手の意向をつかむ必要がある。気まずくならないようにすることが何よりも重要なので、遠慮のない自己主張は禁物だ。相手の意見や要求を汲み取り、それを自分の意見や要求に取り込みつつ、こちらの意向を主張しなければならない。

このように関係性としての自己を生きる僕たち日本人は、たえず人の目を意識することになる。

関係性を生きる僕たちの自己のあり方は、「人間」という言葉にもあらわれている。

哲学者の和辻哲郎は、「人間」という言葉の成り立ちについて疑問を提起している。「人」という言葉に「間」という言葉をわざわざ付けた「人間」という言葉が、なぜまた「人」と同じ意味になるのかというのだ（和辻哲郎『人間の学としての倫理学』岩波書店、一九三四年）。

「人」だけでもいいのに、なぜわざわざ「人間」というのか。なぜ「間」を付けても意味が変わらないのか。ふだん当たり前のように使っている「人間」という言葉だが、改めてそう言われてみると、たしかに妙だ。

和辻によれば、辞書『言海』に、その事情が記されている。もともと人間という言葉は「よのなか」「世間」を意味していたのだそうだ。それが「俗に誤って人の意になった」。つまり、「人間」というのは、もともとは「人の間」、言い換えれば「人間関係」を意味する言葉だったのに、誤って「人」の意味に使われるようになったのだという。

誤って使われたのだとしても、なぜまたそんな誤りが定着したのか。そこにこそ大きな意味があるのではないか。

和辻は、このような混同は他の言語ではみられないのではないかという。ドイツ語でもこんな混同はみられないし、中国語でも人間とはあくまでも世間を指し、人を指したりはしない。他の言語では「人」と「人間関係」がしっかりと区別されているのに、日本でのみ混同があるとすれば、そこには日本的な「人」のとらえ方の特徴があらわれているはずだ。

ここからわかるのは、日本文化には、「人＝人間関係」というような見方が根づいているということだ。

和辻は、そこのところをつぎのように説明する。もし、「人」が人間関係とはまったく別ものとしてとらえられているのであれば、「人」と「人間関係」を明確に区別すべきだろう。それなのに、日本語では「人」と「人間関係」を区別せずに、「人間関係」や「よのなか」を意味する「人間」という言葉が「人」の意味で用いられるようになった。ここにこそ、日本的な「人」のあり方が示されている。

6僕たち日本人にとって、「人間」は社会であるとともに個人なのだ。

このように、日本文化のもとで自己形成をした僕たちの自分というのは、個としてあるのではなく、人とのつながりの中にある。かかわる相手との間にある。

一定不変の自分というのではなく、相手との関係にふさわしい自分がその都度生成するのだ。相手あっての自分であり、相手との関係に応じて自分の形を変えなければならない。だからこそ人のことが気になる。7人の目が気になって仕方がないのだ。

（榎本博明『〈自分らしさ〉って何だろう？』による）

1　傍線部1「それは、モラルでなく美意識だ。」の解釈として、最も適当なものを一つ選びなさい。

ア　日本人の道徳観念の根底にある「恥ずかしい」という思いが、自己肯定感の極致に達したということ。

イ　恥をかくくらいなら、いっそのこと死んでしまっても良いという潔さこそが美徳であるということ。

ウ　人の目を気にする習慣によって、常に美しい振る舞いを押し付けられるようになってきたということ。

エ　倫理観よりも、自分が他者にどのように見られているかという感覚のほうが大切であるということ。

2　空欄[2]に共通する語として、最も適当なものを一つ選びなさい。

ア　品格　　イ　義理　　ウ　名誉　　エ　節度

3　傍線部3「そして、それはけっして悪いことではない。」の理由として、最も適当なものを一つ選びなさい。

ア　相手を傷つけることなく、自分の意見が主張できるディベートのテクニックを身に付けることができるから。

イ　他者の気持ちを察することで良好な人間関係を築くことができ、人の期待にも応えられるようになるから。

ウ　周囲に目を配る習慣から、困っている人に対して手を差し伸べられる慈悲の心を育てることができるから。

エ　たとえ同調圧力だったとしても当然のことだという雰囲気ができ、集団の意識が統一されやすくなるから。

4　空欄[A]・[B]・[C]に入る語の組み合わせとして、最も適当なものを一つ選びなさい。

ア　A　すなわち　　B　しかし　　C　たとえば
イ　A　だが　　B　さらに　　C　もっとも
ウ　A　かりに　　B　そして　　C　そのうえ
エ　A　つまり　　B　だから　　C　そもそも

5　傍線部5「僕たちの自己は、相手にとっての『あなた』の要素を取り込む必要がある。」の解釈として、最も適当なものを一つ選びなさい。

ア　日本人の自己とは社会性の中で育まれていくので、相手の思いを受け入れながらその場の状況に応じた主張をしなければならないということ。

イ　相手の考えを優先した上で自分の考えを主張してきた日本では、まずは相手に自分の印象をよく見せなければならないということ。

ウ　自分の意見を押し通すことが苦手な日本人は、自己主張ができる欧米人に対して日本の習慣だけは理解させなければならないということ。

エ　日本人の自己は他者との馴れ合いの中でのみ築き上げられていくので、相手と自分の考えの妥協点を見つけなければならないということ。

6　傍線部6「僕たち日本人にとって、『人間』は社会であるとともに個人なのだ。」の説明として、最も適当なものを一つ選びなさい。

ア　生きる上で主体性が弊害にもなる日本社会では、社会の意思が個人の意思になるということ。

イ　他者との関係性を重要視する日本人にとって、自己は人間関係の中で形成されていくということ。

ウ　自己の考えが優先される欧米と違って、個人の考えは世間の動向によって左右されるということ。

エ　日本人にとって他者の視線にさらされながら恥をかく社会こそが、自己鍛錬の場であるということ。

7　傍線部7「人の目が気になって仕方がないのだ。」の理由について生徒四人で話し合っている。四人の意見の中で、最も正しいものを一つ選びなさい。

ア　「日本人は自意識過剰な国民性だっていうことじゃないかな。だから恥をかきたくないのよ。」

イ　「違うよ。美意識が高いから他人の目を意識してしまうんだよ。悪いことではないと思うけど。」

ウ　「そうかな。日本人はその場の雰囲気や相手との関係性を大切にしているからじゃないのかな。」

エ　「いやいや。日本人は欧米人に比べて自己が育っていないので、相手の顔色ばかり気にするんだよ。」

六

次の文章を読んで、１から７の問いに答えなさい。

【　武家の子息である翠之介《すいのすけ》がある日、町の菓子屋である南星屋を訪れ、弟子入りしたいと申し出た。不審に思いながらも治兵衛《じへえ》は菓子作りを教えだし、半月も経《た》たないうちに孫のように可愛がるようになっていた。】

「南星屋治兵衛というのは、おまえか！　このようなもので倅《せがれ》をたぶらかしおって。いったいどういう了見だ！」

男が紙の包みを地面にたたきつけ、こぼれた砂糖菓子がばらばらと散った。今日の昼、翠之介に持たせた、*若みどりだった。

「おやめください、父上！　親方は何も悪くありません。私が無理を言って、弟子入りをたのんだのです。どうか、どうか話を……」

男の腰に、翠之介が必死でしがみつく。南星屋をふいに訪れたのは、翠之介の父親だった。

店仕舞いを終え、すでに閉じていた表戸が乱暴に叩かれた。治兵衛が*潜戸《くぐりど》から出てみると、血相を変えた父親が［　1　］になっていた。

「朝稽古などと親に嘘をついて……この半月、道場はおろか、手習いさえ行っていないというではないか！」

治兵衛ははっとして、声もなくうなだれた。やはり翠之介は手習いと道場を怠けて、ここへ通っていたのだ。それを承知で何も言わずにいたのは、明らかに己の手落ちだった。

娘や弟の懸念はもっともだ。翠之介の姿に昔の己の面影を見て、また、男の孫が──跡取りができたような、甘い夢に浸っていた。少し考えればわかるはずの現実から、あえて目を逸《そ》らし、見ないようにしていた。2その浅はかさを、いまさらながら治兵衛は悔いた。

「すみません、親方、父には私から申しますから……」

3悲しそうな表情を、勘違いしたのだろう。翠之介が詫《わ》びて、地面にかがみ込んだ。散らばった菓子を、ひとつひとつていねいに拾い上げる。

「そのような恥ずかしい真似をするな！」

首根っこをつかまえて、倅を立ち上がらせると、父親はその頬を張った。西日に赤く染まった地面に、翠之介が横ざまに倒れる。思わず助け起こそうとした治兵衛を押しのけて、父親があいだに立った。

「立て、翠之介。帰るぞ」

翠之介は返事をせず、ゆっくりと立ち上がった。叩《たた》かれたときに口の中が切れたのか、唇の端に血がにじんでいる。その唇を噛《か》みしめて、翠之介は父親を睨《にら》みつけた。

「帰りません。私は親方のもとで修業します」

「何だと……まだそのようなことを……」

「私は菓子職人になります！　侍にはなりません！」

「お前は稲川家の、嫡男なのだぞ！　私の跡を継ぐのが、おまえの役目だ！」

「父上のような侍には、私はなりたくありません！」

ぱん！　と、先刻より大きな音で、翠之介の頬が鳴った。子供の軽いからだが、放られた猫のように宙をとび、地面にたたきつけられた。

「翠坊！」

治兵衛があわてて駆け寄った。頭を強く振られて、もうろうとしているようだ。翠之介はうっすらとあけた目をまた閉じて、治兵衛の腕の中でくたりとなった。たまらない思いが胸を突き上げて、治兵衛はぎゅっと子供のからだを抱きしめた。

「もう、勘弁してやってください。あっしが……あっしが悪かったんです……お願いですから、坊ちゃんを叱らないでやってください」

「菓子屋の分際で、余計な口を叩くな。倅をこちらに寄越せ」

「……私は、帰りません……」

まだ頭がはっきりしないようだが、治兵衛の腕の中で、翠之介はそれでも抗《あらが》おうとする。

夕陽を浴びた父親の顔が、さらに朱に染まった。憤怒《ふんぬ》にかられた形相で、ぎりぎりと治兵衛を睨みつける。

「よくもこうまで、息子をたぶらかしてくれたものだな。このまま手打ちにしても飽き足らんわ」

その目はすでに怒りをとおり越し、憎しみに満ちている。

(中略)

翠之介はどうしても、菓子屋になると言ってきかない。父親はもちろん、治兵衛や*河路《かわじ》までもが説得にあたったが、翠之介の決心は揺らがなかった。

堂々巡りの話し合いに、大人三人の顔には疲労が色濃く浮いていた。

4 やがて父親が、覚悟を決めたように口を開いた。

「先刻、店の前で叫んでいたな。おれのような侍にはなりたくないと……おまえがそうまで言い張るのはそれ故か?」

翠之介は膝に目を落としたまま黙っていたが、両手に握られた袴《はかま》が、きゅっと絞られた。

「おれが父上のように立派な侍ではないから……学問もできず、碌《ろく》なお役目にもつけず、おまえたちに菓子ひとつ与えてやれぬ。おまえが侍を厭《いと》うのは、そのためか?」

他人の前で己の恥をさらす、その正直さに、治兵衛は少なからず驚いた。

翠之介の父親、稲川崎十郎は、先手組同心を務めている。先手とは、弓組と鉄砲組から成る、戦時においては先陣を務める者たちだ。平時には江戸城内の門の警護を任されており、同心はその先手組の末端にあたる。

崎十郎は、鉄砲組に配された、三十俵二人扶持《ぶち》の*御家人《ごけにん》だった。

翠之介の祖母を含めた一家五人を養うには、あまりにも少ない*禄《ろく》で、さらに使用人もいる。たとえ小役人でも、武家には使用人の数から着物に至るまで、公儀から細かなとり決めがなされている。いくら貧乏しても、体面を保つためには相応の費《つい》えがかかり、自ずと出ていく金ばかりが増えていく。

幕府の開府から、すでに二百五十年が経とうとしている。禄はそのあいだいっこうに変わらぬのに、物価だけはどんどん上がる。いまや下級武士の暮らしは、かつてないほど逼迫《ひっぱく》していた。

「父上が生きていた頃は、まだ良かった。決して豊かとは言えぬまでも、暮らしはいまよりずっと楽だった」

先手組はその役目柄、武術の心得が必要で、稲川崎十郎もまた剣にはすぐれている。しかし翠之介の祖父である父親は、剣だけでなく学問をよくし、名の知れた書家でもあった。門弟には高禄の武家や大商人もおり、書家としての余禄は扶持米《ふちまい》の何倍にもなった。

あいにく崎十郎は、父の風流を爪の先ほども受け継がず、先代の死後、稲川家はまたたく間に困窮した。自身の不甲斐《ふがい》なさ故と、*忸怩《じくじ》たる思いを抱えているのだろう。父親は声を落とした。

「おまえはその頃のことを覚えているからな。以前の暮らしぶりが忘れられず、貧乏に嫌気がさしたのだろう。おれとて同じ思いだが……」

「昔を忘れられぬのは、父上の方ではありませんか!」

愚痴めいた弱気な呟《つぶや》きを、翠之介がさえぎった。5 顔を真っ赤にして、袴を握り締めていた両手を、ぱん、と畳について父親に向き直った。

「同心のお役目も、貧しい暮らしも、私は少しも苦にしてはおりません。佳苗《かなえ》がかわいそうに思えることはありますが、それだけで菓子屋を志したのではありません」

翠之介は妹の名前を出して、なおも父親に詰め寄った。

「父上が毎晩のようにもらす*繰《く》り言《ごと》が、きくに堪えなくなったのです」

平時の先手は城の門番に過ぎず、同輩と軽口をたたくより、暇の潰しようがない退屈な勤めだった。それを父親は、酒を飲みながら飽くことなく繰り返していた。

「お役目がつまらない、禄が少ないと、おじいさまと己を引き比べてはこぼしている。それがどうにも辛くてたまりませんでした」

「翠之介……」

「おじいさまは、たしかに立派な方でした。だからといって、そのために父上を軽んじるような真似は誰もしてはおりません。父上だけがいつまでも、おじいさまを引きずって……」

それまでずっと堪えていた涙が、子供の目からこぼれ落ちた。それをぐいと袖で拭い、翠之介は言葉を継いだ。

「……私もやはり、学問はあまりできません。このまま大人になってお役目についても、やっぱり同じ繰り言を呟きながら、一生を終えるのかと思うと怖くなりました」

しばしの沈黙の後、やがて父親が、そうか、と呟いた。

店先で声を荒らげていた＊居丈高な侍の風情は、すっかり影をひそめている。6放心するようにぼんやりとした頼りないその姿に、治兵衛は胸が詰まった。

（西條奈加『若みどり』による）

注　＊若みどり――教えた菓子の名。　＊潜戸――くぐって出入りするように作った小さい戸。また、その出入口。　＊河路――とりなしに入った治兵衛の知人。　＊御家人――江戸時代の小禄の者。　＊禄――仕官する者に渡される給金。俸禄。　＊忸怩――恥じ入るさま。　＊繰り言――愚痴。　＊居丈高――人を威圧するような態度。

1　空欄［ 1 ］に入る言葉として、最も適当なものを一つ選びなさい。

ア　棒立ち　　イ　仁王立ち　　ウ　したり顔　　エ　天狗《ぐ》

2　傍線部2「その浅はかさ」の説明として、最も適当なものを一つ選びなさい。

ア　翠之介から手習いや道場通いはやめていると告げられていたので、疑うこともなく翠之介の願いを安易に聞き入れてしまったこと。

イ　菓子作りに夢中で取り組んでいる翠之介の一途さが昔の自分に重なり、やがて自分のような有名な菓子職人に育てる準備を始めたこと。

ウ　弟子として認めるにあたりまず初めに家族の理解を得ていることを確かめるべきであったが、翠之介の言葉を信じ込み確認を怠ったこと。

エ　翠之介がやがて武士として家を継がなければならないという事実を直視せずに、菓子職人の後継者に育ってくれると思ってしまったこと。

3　傍線部3「悲しそうな表情を、勘違いしたのだろう。」の説明として、最も適当なものを一つ選びなさい。

ア　父親にうそをついて通っていたことを初めて知り、翠之介にだまされて落胆していると思い込んでいる。

イ　突然現れた父親に誤解された上に、大切な菓子までひどく扱われたことを嘆いていると思い込んでいる。

ウ　目の前で急に展開した親子のいさかいに驚き、互いを罵り合う姿に衝撃を受けていると思い込んでいる。

エ　武家に誤解されても弁明することができないと思い知らされ、身分の差を恨んでいると思い込んでいる。

4　傍線部4「やがて父親が、覚悟を決めたように口を開いた。」の理由として、最も適当なものを一つ選びなさい。

ア　武家として、また父親としての劣等感をさらけだしてでも息子の本当の気持ちを知りたいと思ったから。

イ　周りの意見に耳を傾けない息子の姿に、反省する態度を見せないならば力ずくで従わせようと思ったから。

ウ　後継者として期待して育ててきたという思い出話を披露することで、息子をうまく丸め込もうとしたから。

エ　身分制度がある以上は武家が菓子職人になることはできないと、正論で息子を諦めさせようとしたから。

5　傍線部5「顔を真っ赤にして、袴を握り締めていた両手を、ぱん、と畳について父親に向き直った。」の心情として、最も適当なものを一つ選びなさい。

ア　実直だが不器用な父親よりも、趣味が多く孫たちに優しく接してくれた祖父の方が好きだと反発している。

イ　店の前でとりなしが必要なほど荒れ狂っていた父親の様子を見て、原因となった自分を恥ずかしがっている。

ウ　貧乏暮らしよりぜいたくを好む息子だと思われていることに我慢できず、誤解を解こうと決意を固めている。

エ　今まで言えなかった本心を父親に包み隠さず打ち明けようと決心したことにより、気持ちがたかぶっている。

6　傍線部6「放心するようにぼんやりとした頼りないその姿に、治兵衛は胸が詰まった。」の説明として、最も適当なものを一つ選びなさい。

ア　翠之介と腹を割って話したにもかかわらず理解を得られない父親の情けない様子に接し、哀れみを感じてしまっているということ。

イ　怒りをあらわにしていた父親が息子の菓子職人になりたがった本当の理由を知って呆然としている姿に接し、切なくなっているということ。

ウ　武家に誇りを持ち菓子屋を見下していたが、全く逆の息子の価値観に接して支えを失った父の姿にいたたまれなくなっているということ。

エ　翠之介の本音と学力に自信が持てない実態に直面して言葉をなくした父親の姿に接し、二人の今後の人生を痛切に憂えているということ。

7　この文章の特徴を説明したものとして、最も適当なものを一つ選びなさい。

ア　夕陽や影の描写を効果的に挿入することで、時間の経過や心情の移り変わりを象徴させている。

イ　会話文を利用することで、江戸時代の難解な言葉をわかりやすく解説する配慮がなされている。

ウ　擬態語や擬音語を使用することで、情景を明確に想像できるような描写が散りばめられている。

エ　「……」や「――」を配置することで、翠之介の心情に読者が寄り添いやすい間隔をとっている。

2023年度／作新学院高等学校（総合進学部・情報科学部）（第１回）

英語解答

1　A　(1)…ア　(2)…イ　(3)…エ　(4)…ウ
(5)…ア
B　(6)…ア　(7)…エ　(8)…エ　(9)…ウ
(10)…イ

2　(1)　ア　(2)　イ　(3)　ウ　(4)　ウ
(5)　エ　(6)　イ　(7)　ウ　(8)　エ
(9)　イ　(10)　ア

3　(1)　２番目…ウ　４番目…エ
(2)　２番目…イ　４番目…ウ
(3)　２番目…ウ　４番目…エ
(4)　２番目…ウ　４番目…イ
(5)　２番目…エ　４番目…ア

4　(1)　イ　(2)　ア　(3)　エ　(4)　ウ

5　(1)　ア　(2)　イ　(3)　エ　(4)　イ
(5)　ウ　(6)　エ

1〔放送問題〕解説省略

2〔適語選択・語形変化〕

(1) come from a ～ family で「～な家族の出だ」という意味になる。 a good family「名家」　「ジョージは名家の出だ」

(2) 後に shoes が続くことから，take off ～「～を脱ぐ」とする。 wash off ～「(汚れなどを)洗い落とす」 buy off ～「(人を)買収する」 put off ～「～を延期する」　「ここでは靴を脱ぐ必要はない」

(3) in this way で「このような方法で→このように」という意味。イの knife は，前置詞が in ではなく with であれば「このナイフを使って」の意味になる。 「これらの野菜をこのように切ってください」

(4) 直後の to とうまくつながるものを選ぶ。get to ～で「～に着く」の意味。reach「～に到達する」は直後に目的語をとるので，前置詞は不要。arrive は，arrive in ～であれば「(国，都市など)に着く」，arrive at ～であれば「(建物，施設など)に着く」の意味になる。　「トムは昨夜，日本に着いた」

(5) 前に a，後に名詞の複数形 minutes があることに注目し，few を選ぶ。'a few＋名詞の複数形' で「少しの〔２，３の〕～」という意味。a little にも「少しの～」の意味があるが，後には '数えられない名詞' が続く。　「イシカワさんは数分で戻るだろう」

(6) 「あの青いもの〔シャツ〕」と考え，one を選ぶ。この one は前に出た '数えられる名詞' の繰り返しを避けるために使う代名詞で，前に出た名詞と同じ種類だが別のものについていうときに使う。なお，it は前に出た名詞そのものを指す。　「私はこのシャツが気に入らない。私はあの青いのが気に入っている」

(7) introduce ～self で「自己紹介する」という意味。　ask ～self「自問する」　「メアリーは自己紹介をして，私たちに彼女の趣味について話した」

(8) because 以下の内容から，「タロウの犬は逃げた」と考えられる。run away で「逃げる」という意味。　「タロウの犬は昨日，彼が門を閉めるのを忘れたので逃げた」

(9) each of ～は「～のそれぞれ」という意味で単数扱いになる。　「花のそれぞれがとても美しい」

(10) which は「どちらの，どの」という意味で後に名詞をとることができる。which way to go は「どちらの道を行けばよいか」という意味で，'疑問詞＋to不定詞' の一種。　「どちらの道を行けばよいか教えてください」

3 〔整序結合〕

(1)「〈人〉に〈物〉を持ってくる」は‘bring＋人＋物’の語順で表せる。本問は「持ってきた」なので過去形を用いる(bring－brought－brought)。「先週末」はlast weekend。　Miho brought me some flowers last weekend.

(2)「雨が降る」なので‘天候’を表すitを使ってIt rainsで始める。「多く」はa lot,「～月に」は‘in＋月’で表せる。　It rains a lot in June.

(3)「～しましょうか」はShall I ～?。「〈人〉を〈場所〉へ車で連れていく」は‘drive＋人＋to＋場所’の形で表せる。　Shall I drive you to the hospital?

(4)「～していました」とあるので過去進行形(was/were ～ing)の形にする。walk down the streetで「通りを歩いていく」という意味。　John was walking down the street at that time.

(5)主語のThis questionの後は動詞のisを続ける。「最も難しい」はdifficultの最上級the most difficultで表す。「4つの中で」はof the four。最上級の文で「～の中で」というとき，本問のように‘～’が‘同類・数’を表す語のときはof,‘範囲・場所’を表す語のときはinを用いる。　This question is the most difficult of the four.

4 〔長文読解―英問英答―説明文〕

≪全訳≫❶お茶を飲んだことがあるだろうか。お茶は世界中の多くの人々に愛されている飲み物だ。今では日本茶，中国茶，紅茶が人気だ。多くの人は，中国の人々が数千年前に最初に植物の葉からお茶をつくり始めたことを知っている。お茶は16世紀から17世紀にヨーロッパやアメリカに紹介され，イギリスの人々は，牛乳や砂糖を入れるなど，別の方法でお茶を楽しむようになった。❷今日，人々はさまざまな方法でお茶を楽しんでいる。日本や中国では，そばのような食べ物にお茶を使う。アイスクリームのようなデザートにも使われている。茶葉自体を食べる人もいる。❸お茶も変わってきている。花や果物，野菜など他のものからお茶をつくることが人気になっている。それを「お茶」と呼ぶ人もいるが，「お茶」と呼ぶためには，お茶の木からつくられなければならないという人もいる。花や果物，野菜からつくられたお茶は，しばしばハーブティーと呼ばれる。「ハーブティー」と聞くと，多くの人はミントやラベンダーを想像するかもしれないが，ハーブティーの歴史は，普通のお茶と同じくらい長い。例えば，薬用のためにつくられた中国茶の中にも，ハーブティーはある。❹ハーブティーは何が違うのだろうか。ハーブティーは茶葉とは別のものからつくられているので，人々はよくハーブティーにはさまざまな効能があると考える。ハーブティーの中には，人々をリラックスさせるものもある。人々はその香り，味，そして色を楽しむことができる。今日，ハーブティーはお店やその他の多くの場所でよく見られる。

＜解説＞(1)「どこでお茶をつくり始めたか」―イ.「中国で」　第1段落第4文参照。　(2)「誰が牛乳や砂糖を入れたお茶を飲み始めたか」―ア.「イギリスに住んでいた人々」　第1段落最終文参照。　(3)「普通のお茶の歴史はどれくらいか」―エ.「ハーブティーの歴史と同じくらい長い」　第3段落第5文参照。　(4)「この話は何に関するものか」―ウ.「多くの人々に楽しまれているお茶」　文章全体を通して，お茶が多様に楽しまれている様子が書かれている。これに合うのはウ。

5 〔長文読解総合―説明文〕

≪全訳≫❶日本人は外国語を学ぶのがあまり得意ではないとよく言われる。日本人でさえ，自分たちのことについてこのように言う。それはなかなか興味深い。しかし，彼らがこれを言うとき，彼らはそれを英語で言うことが多い！　毎年，多くの外国人が日本を訪れる。彼らは世界中から来る。ほとんどの訪問者は日本語を話せないが，日本を旅行することができる。これはなぜか。それは，彼らはどこに行っても英語を話す日本人に出会うからだ。❷多くの日本人は英語を話す。これはアメリカとは大きく異なる。アメリカでは，学校で外国語を上手に話せるようになる人はほとんどいないが，家族が家で外国語を話す場合，子どもたちは彼らからそれを話すことを学ぶ。フランス語を話すアメリカ人は普通，フランス出身の家族の中で育つ。ドイツ語を話すアメリカ人は普通，ドイツ出身の家族の中で育つ。日本語を話すアメリカ人のほとんどは，日本出身の家族の中で育つ。❸多くのアメリカ人は高校や大学で外国語を勉強するが，学校を卒業するとめったに使う機会がなく，すぐに忘れられる。アメリカ人のほとんどは，話したり読んだりできるほど十分に学んではいないのだ。そのため，英語を全く話さない日本人がアメリカを１人で旅行するのはとても難しい。❹しかし，外国人は日本語の知識がなくても日本に住み，働くことができる。ほぼ全ての空港，鉄道や地下鉄の駅，多くのホテルや店舗にはローマ字で書かれた日本語と英語の表示がある。この国では英語の書籍や新聞，雑誌が出版されていて，訪問者はそれらを簡単に入手できる。多くの外国人が日本語を学ばずに日本で暮らしているのだ。

(1)＜指示語＞下線部の it だけでなく直前の they often say にも注目する。they は前に出た複数名詞を指すので，これより前で該当するものを探すと，第１段落第２文の Japanese people「日本人」を指しているとわかる。文の前半の they say this の they も同様に「日本人」を指すと考えられるので，it が指すのは文の前半にある this であると判断でき，さらに this が指す内容を前から探すと，第１段落第１文の that 以下の内容が該当する。　be good at ～ing「～するのが得意だ」

(2)＜適語(句)選択＞直前の２文で，多くの日本人が英語を話すが，これはアメリカと異なると述べられている。ここから，アメリカでは学校で外国語を上手に話せるようになる人がほとんどいないと考えられる。few は‘数えられる名詞’を修飾し「(～が)ほとんどない」という意味を表す。　be different from ～「～と異なる」

(3)＜適語(句)選択＞前の２文を参考にすると，日本語を話すアメリカ人は「日本」出身の家族の中で育つと考えられる。

(4)＜適語選択＞空所を含む文の文頭にある So に注目。so は「だから」の意味で，前には‘原因’，後には‘結果’を表す内容がくる。アメリカ人が外国語を十分に学んでいなければ，英語を全く話さない日本人がアメリカを１人で旅行するのは「難しく」なる。

(5)＜適語句選択＞空所を含む文のある第４段落では，第１文に「外国人は日本語の知識がなくても日本に住み，働くことができる」とあり，直後の２文で，日本語の知識がなくてもよい理由が，具体例を用いて紹介されている。この流れに合うのは，ウ.「日本語を学ばずに」。

(6)＜内容真偽＞ア.「世界中からの多くの訪問者は日本語を上手に話せるようになった」…×　第１段落第７文参照。訪問者のほとんどは日本語が話せない。　イ.「アメリカの人々は学校で外国語を上手に話せるようになる」…×　第２段落第３文参照。ほとんどの人は話せるようにならない。ウ.「世界中からの訪問者のほとんどは英語を話す日本人に出会わない」…×　第１段落最終文参照。日本のどこでも英語を話す日本人に出会える。　エ.「外国人はローマ字で書かれた日本語と英語の表示を日本の多くの場所で見ることができる」…○　第４段落第２文の内容に一致する。

2023年度／作新学院高等学校（総合進学部・情報科学部）（第1回）

数学解答

1 (1) ア…1　イ…1
(2) ウ…2　エ…5
(3) オ…2　カ…3　キ…3　ク…7
(4) ケ…4　コ…3　サ…5
(5) シ…2　ス…2　セ…5　(6) 5
(7) タ…5　チ…2
(8) ツ…－　テ…1　ト…4
(9) ナ…6　ニ…5　(10) ①

2 (1) ア…4　イ…9　ウ…5　エ…0
オ…5
(2) カ…1　キ…6　ク…5
(3) ケ…3　コ…6
(4) サ…1　シ…6　(5) 3
(6) セ…1　ソ…9　タ…2　チ…3
ツ…0

3 (1) ア…8　イ…3　ウ…9　エ…3
オ…0
(2) ③　(3) 2

4 (1) ア…1　イ…4
(2) ウ…3　エ…2　オ…2　(3) 5
(4) キ…4　ク…3

5 (1) ア…1　イ…4
(2) ウ…5　エ…8
(3) オ…1　カ…1　キ…1　ク…6
(4) ケ…5　コ…1　サ…2

1〔独立小問集合題〕

(1)＜数の計算＞与式$=18+2-9=11$

(2)＜式の計算＞与式$=6a-9b-4a+14b=2a+5b$

(3)＜数の性質＞$504=2\times252=2\times2\times126=2\times2\times2\times63=2\times2\times2\times3\times21=2\times2\times2\times3\times3\times7=2^3\times3^2\times7$

(4)＜式の計算＞与式$=\dfrac{ab^3}{9}\times36a^2b^2=\dfrac{ab^3\times36a^2b^2}{9}=4a^3b^5$

(5)＜式の計算―因数分解＞与式$=2(x^2+3x-10)=2(x-2)(x+5)$

(6)＜一次方程式＞両辺に12をかけて，$3(3x+1)=2(7x+1)-24$，$9x+3=14x+2-24$，$9x-14x=2-24-3$，$-5x=-25$　$\therefore x=5$

(7)＜数の計算＞与式$=\dfrac{2\sqrt{5}}{\sqrt{5}}+\dfrac{\sqrt{5}}{2\sqrt{5}}=2+\dfrac{1}{2}=\dfrac{4}{2}+\dfrac{1}{2}=\dfrac{5}{2}$

(8)＜二次方程式＞$2x^2-6x=8$，$2x^2-6x-8=0$，$x^2-3x-4=0$，$(x+1)(x-4)=0$　$\therefore x=-1, 4$

(9)＜数量の計算＞1時間が60分より，12分は$\dfrac{12}{60}=\dfrac{1}{5}$(時間)だから，1時間12分は，$1+\dfrac{1}{5}=\dfrac{6}{5}$(時間)となる。

(10)＜数の性質＞$\sqrt{31}=\sqrt{\dfrac{93}{3}}$，$\sqrt{(-3)^2}=\sqrt{9}=\sqrt{\dfrac{27}{3}}$，$4\sqrt{2}=\sqrt{4^2\times2}=\sqrt{32}=\sqrt{\dfrac{96}{3}}$，$\dfrac{5}{\sqrt{3}}=\dfrac{\sqrt{25}}{\sqrt{3}}=\sqrt{\dfrac{25}{3}}$，$-(-\sqrt{5})^2=-5$より，$-5<\sqrt{\dfrac{25}{3}}<\sqrt{\dfrac{27}{3}}<\sqrt{\dfrac{93}{3}}<\sqrt{\dfrac{96}{3}}$となるから，$-(-\sqrt{5})^2<\dfrac{5}{\sqrt{3}}<\sqrt{(-3)^2}<\sqrt{31}<4\sqrt{2}$である。よって，E＜D＜B＜A＜Cとなる。

2〔独立小問集合題〕

(1)＜数の性質＞10m未満を四捨五入するので，四捨五入する位は一の位である。四捨五入すると4500mになるので，距離は，$4500-5=4495$(m)以上，$4500+5=4505$(m)未満であり，真の値aは，$4495\leqq a<4505$となる。

(2)＜特殊・新傾向問題＞棒でつくられている△の向きの正三角形の個数は，1段目が1個，2段目が2個，3段目が3個，……となっているので，10段目までに，△の向きの正三角形は，$1+2+3+4+5+6+7+8+9+10=55$(個)ある。1つの正三角形では棒が3本必要であり，2つ以上の正三角形で共有している棒はなく，正三角形の辺にならない棒もないので，10段目までつくるとき，棒は，$3\times55=165$(本)必要となる。

図1

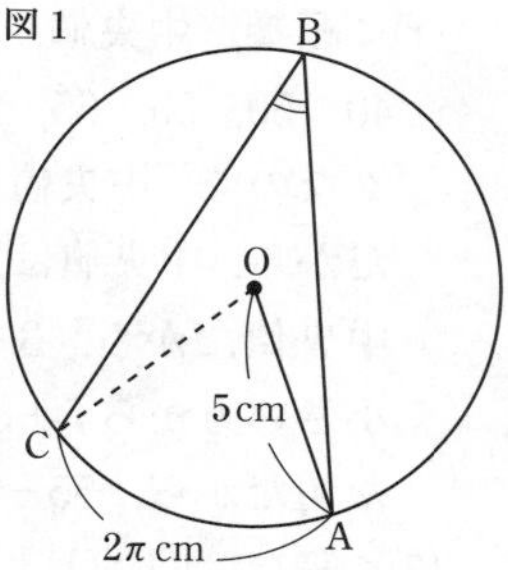

(3)＜平面図形―角度＞右図1で，点Oと点Cを結び，$\angle AOC=x$とすると，$\overset{\frown}{AC}$の長さについて，$2\pi\times5\times\frac{x}{360^\circ}=2\pi$が成り立つ。これより，$\frac{x}{360^\circ}=\frac{1}{5}$，$x=72^\circ$となるので，$\angle AOC=72^\circ$である。よって，$\overset{\frown}{AC}$に対する円周角と中心角の関係より，$\angle ABC=\frac{1}{2}\angle AOC=\frac{1}{2}\times72^\circ=36^\circ$となる。

(4)＜平面図形―長さ＞右下図2のように，点A～点Lを定め，HG，FG，JK，LKの延長と道の周との交点をそれぞれM，N，O，P，線分AB，BC，CDとの交点をそれぞれQ，R，S，Tとする。幅が3mで直角に曲がった道なので，四角形MGNL，四角形OHPKは1辺が3mの正方形となり，線分AB，BC，CDは道の真ん中を通る線だから，$QB=\frac{1}{2}ML=\frac{1}{2}\times3=\frac{3}{2}$，同様にして，$BR=SC=CT=\frac{3}{2}$となる。また，〔正方形MGNL〕=〔正方形OHPK〕$=3\times3=9$であり，道の面積が$48m^2$だから，長方形EFGM，長方形GOKN，長方形KPIJの面積の和は，〔図形EFGHIJKL〕－〔正方形MGNL〕－〔正方形OHPK〕$=48-9-9=30$となる。よって，〔長方形EFGM〕＋〔長方形GOKN〕＋〔長方形KPIJ〕＝30より，$EF\times AQ+GN\times RS+KP\times TD=30$，$3\times AQ+3\times RS+3\times TD=30$，$3(AQ+RS+TD)=30$，$AQ+RS+TD=10$となる。以上より，真ん中を通る線の長さは，$AB+BC+CD=AQ+QB+BR+RS+SC+CT+TD=(AQ+RS+TD)+QB+BR+SC+CT=10+\frac{3}{2}\times4=16$(m)となる。

図2

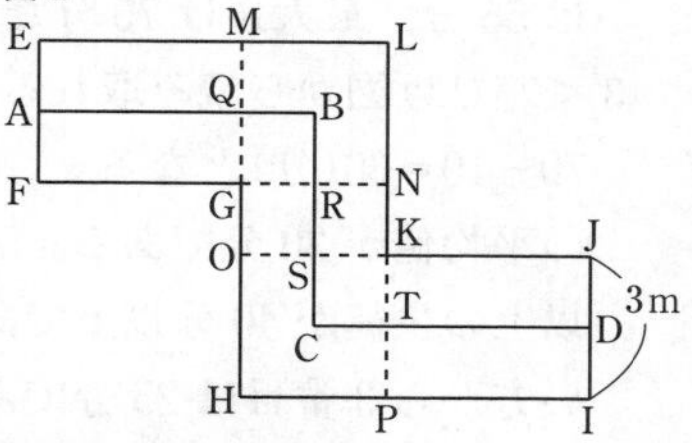

(5)＜式の計算＞$(x+a)(x-b)=x^2-mx-12$より，$x^2+(a-b)x-ab=x^2-mx-12$となるので，$a-b=-m$，$ab=12$である。a，b，mは正の整数だから，$-m<0$であり，$a-b=-m$より，$a-b<0$となるから，$a<b$である。よって，$ab=12$より，a，bの組は，$(a,\ b)=(1,\ 12)$，$(2,\ 6)$，$(3,\ 4)$である。$a=1$，$b=12$のとき，$1-12=-m$より，$m=11$である。$a=2$，$b=6$のとき，$2-6=-m$より，$m=4$である。$a=3$，$b=4$のとき，$3-4=-m$より，$m=1$である。以上より，mの値は，$m=1$，4，11の3個ある。

(6)＜数量の計算＞1haが$10000m^2$，1aが$100m^2$より，1haは$10000\div100=100$(a)だから，15haは$100\times15=1500$(a)である。トラクターは，1時間に30aの畑を耕すことができるので，15haの畑を耕すのにかかる時間は，$1500\div30=50$(時間)である。また，1日の仕事は，午前8時30分から午後5時までの8時間30分で，このうち，休憩や昼休みが，午前10時から30分間，午後0時から1時間，午後3時から30分間の合わせて2時間だから，1日のうち畑を耕している時間は，6時間30分となる。つまり，$6+\frac{30}{60}=\frac{13}{2}$(時間)である。よって，$50\div\frac{13}{2}=\frac{100}{13}=7+\frac{9}{13}$より，仕事を終わらせるのにかかった時間は，7日間と$\frac{13}{2}\times\frac{9}{13}=\frac{9}{2}$(時間)だから，4月10日の月曜日から始め，土曜日，日曜日を除き，8日目に$\frac{9}{2}$時間して仕事は終わる。土曜日，日曜日を除いた8日目は，次の週の水曜日だから，仕事が終わったのは4月19日である。$\frac{9}{2}$時間は，$\frac{9}{2}=4+\frac{1}{2}$，$\frac{1}{2}\times60=30$より，4時間30分である。午前8時30分から10時までの1時間30分，午前10時30分から午後0時までの1時間30分，午後1時から2時30分までの1時間30分仕事をすると，仕事をした時間が4時間30分となるので，仕事が終わったのは，4月19日の午後2時30分である。

3〔データの活用〕

(1)＜順番，中央値，四分位範囲＞A組の10人のデータを小さい順に並べると，12，20，25，36，38，40，50，55，65，75となるので，55分は小さい方からかぞえて8番目である。また，10人のデータなので，中央値は，小さい方から5番目と6番目の平均値となる。5番目が38分，6番目が40分だから，中央値は，$(38+40)\div2=39$(分)となる。次に，第1四分位数は小さい方の5人のデータの中央値だから，3番目の25分となる。第3四分位数は，大きい方の5人のデータの中央値だから，小さい方から$5+3=8$(番目)の55分である。四分位範囲は，第3四分位数から第1四分位数をひいた値だから，$55-25=30$(分)となる。

(2)＜箱ひげ図＞(1)より，A組の最小値は12分，第1四分位数は25分，中央値は39分，第3四分位数は55分，最大値は75分だから，適する箱ひげ図は③である。

(3)＜箱ひげ図から読み取れること＞(i)…正。B組の最小値は10分，最大値は70分だから，範囲は，$70-10=60$(分)となる。　(ii)…誤。B組の中央値は30分なので，小さい方から5番目と6番目の平均値が30分である。5番目と6番目がともに30分であることも考えられるので，B組の半分以上の生徒が40分以上であるとはいえない。　(iii)…誤。A組の第1四分位数が25分より，小さい方から3番目は25分である。中央値が39分，第3四分位数が55分なので，4番目が30分以上であることも考えられるが，4番目，5番目が29分，6番目が49分であることも考えられる。これより，A組の30分未満の生徒の人数は，3人，4人，5人が考えられる。一方，B組は，第1四分位数が20分より，小さい方から3番目は20分である。中央値が30分より，小さい方から4番目，5番目が30分未満であることも考えられるが，ともに30分であることも考えられる。B組も30分未満の生徒の人数は，3人，4人，5人が考えられる。よって，30分未満の生徒の人数は同じであるとはいえない。　(iv)…正。(1)より，A組の四分位範囲は，30分である。B組は，第1四分位数が20分，第3四分位数が55分だから，四分位範囲は，$55-20=35$(分)である。よって，四分位範囲はB組の方が大きい。　以上より，正しいものは，(i)，(iv)の2個である。

4〔関数―関数 $y=ax^2$ と一次関数のグラフ〕

《基本方針の決定》(4)　点Pのy座標を文字でおき，その文字を使って△OAP，△ABPの面積を表す。

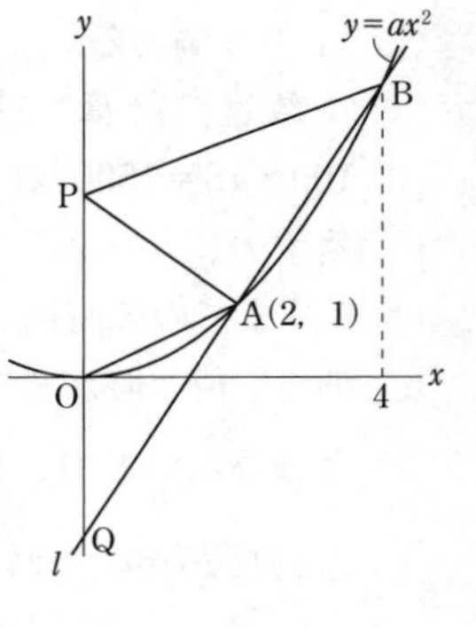

(1)＜比例定数＞右図で，関数$y=ax^2$のグラフはA(2，1)を通るので，$x=2$，$y=1$を代入して，$1=a\times2^2$より，$a=\frac{1}{4}$となる。

(2)＜直線の式＞右図で，(1)より，点Bは関数$y=\frac{1}{4}x^2$のグラフ上の点となる。x座標は4だから，$y=\frac{1}{4}\times4^2=4$より，B(4，4)となる。また，A(2，1)であり，直線lは2点A，Bを通るので，傾きは$\frac{4-1}{4-2}=\frac{3}{2}$となる。これより，直線$l$の式は$y=\frac{3}{2}x+b$とおけ，点Aを通ることから，$1=\frac{3}{2}\times2+b$，$b=-2$となり，直線$l$の式は$y=\frac{3}{2}x-2$である。

(3)＜面積＞右上図で，直線lとy軸との交点をQとすると，△ABP＝△BPQ－△APQとなる。(2)より直線lの切片が-2だから，Q(0，-2)である。P(0，3)のとき，$PQ=3-(-2)=5$となる。△BPQ，△APQの底辺をPQと見ると，2点B，Aのx座標がそれぞれ4，2より，△BPQの高さは4，△APQの高さは2となるから，$\triangle ABP=\frac{1}{2}\times5\times4-\frac{1}{2}\times5\times2=5$となる。

(4)＜y座標＞右上図で，P(0，t)とすると，$PO=t$となり，Q(0，-2)より，$PQ=t-(-2)=t+2$とな

る。△OAP は底辺を PO と見ると，点 A の x 座標より高さは 2 だから，△OAP $=\frac{1}{2}\times t\times 2=t$ と表せる。また，⑶と同様に考えると，△ABP = △BPQ − △APQ $=\frac{1}{2}\times(t+2)\times 4-\frac{1}{2}\times(t+2)\times 2=t+2$ となる。△OAP の面積が △ABP の面積の $\frac{2}{5}$ 倍のとき，△OAP $=\frac{2}{5}$△ABP だから，$t=\frac{2}{5}(t+2)$ が成り立ち，$5t=2t+4$，$3t=4$，$t=\frac{4}{3}$ となる。よって，点 P の y 座標は $\frac{4}{3}$ である。

5 〔データの活用―確率―カード〕

≪基本方針の決定≫⑴　一の位の数は 0 である。　⑵　一の位の数は 0，2，4 である。

⑴＜確率＞5 枚のカードの中からカードを取り出すが，1 回目は，0 のカードを取り出した場合はやり直すので，0 以外の 1，2，3，4 の 4 通りとなる。2 回目は，残りが 4 枚だから 4 通り，3 回目は，残りが 3 枚だから 3 通りとなる。よって，カードの取り出し方は全部で 4×4×3 = 48(通り)あるから，3 けたの整数も 48 通りある。このうち，5 でわりきれるのは，一の位の数が 0 の整数だから，120，130，140，210，230，240，310，320，340，410，420，430 の 12 通りある。したがって，求める確率は $\frac{12}{48}=\frac{1}{4}$ である。

⑵＜確率＞48 通りの 3 けたの整数のうち，偶数は，一の位の数が 0，2，4 である。⑴より，一の位の数が 0 である整数は 12 通りある。一の位の数が 2 の整数は，102，132，142，302，312，342，402，412，432 の 9 通りある。一の位の数が 4 の整数も同様に 9 通りある。よって，偶数となるのは 12 + 9 + 9 = 30(通り)だから，求める確率は $\frac{30}{48}=\frac{5}{8}$ である。

⑶＜確率＞48 通りの 3 けたの整数のうち，百の位の数が 1 の整数は，102，103，104，120，123，124，130，132，134，140，142，143 の 12 通りある。百の位の数が 2 の整数も同様に 12 通りある。百の位の数が 3 で，324 以下の整数は，301，302，304，310，312，314，320，321，324 の 9 通りある。よって，324 以下の整数となるのは 12 + 12 + 9 = 33(通り)だから，求める確率は $\frac{33}{48}=\frac{11}{16}$ である。

⑷＜確率＞各位の数の和は，最小で 0 + 1 + 2 = 3，最大で 4 + 3 + 2 = 9 だから，48 通りの 3 けたの整数のうち，各位の数の和が 3 の倍数となるのは，和が 3，6，9 になるときである。和が 3 になるとき，各位の 3 つの数は 0 と 1 と 2 だから，102，120，201，210 の 4 通りある。和が 6 になるとき，各位の 3 つの数は 0 と 2 と 4，1 と 2 と 3 だから，204，240，402，420 の 4 通りと，123，132，213，231，312，321 の 6 通りより，4 + 6 = 10(通り)ある。和が 9 になるとき，各位の 3 つの数は 2 と 3 と 4 だから，234，243，324，342，423，432 の 6 通りある。よって，各位の数の和が 3 の倍数となるのは 4 + 10 + 6 = 20(通り)だから，求める確率は $\frac{20}{48}=\frac{5}{12}$ である。

═読者へのメッセージ═

3 では，箱ひげ図が登場しました。箱ひげ図は，ジョン・テューキー(1915 ～ 2000)の著書で初めて使われたといわれています。1970 年代のことですので，箱ひげ図は，数学の歴史の中ではかなり新しいものといえます。

社会解答

1 問１ ウ　問２ イ　問３ ウ
問４ イ　問５ ア　問６ ア
問７ エ　問８ ア

2 問１ イ　問２ ウ　問３ イ
問４ ア　問５ ウ　問６ ア
問７ イ　問８ エ

3 問１ ウ　問２ エ　問３ ア
問４ ウ

4 問１ ウ　問２ エ　問３ イ
問４ ウ

5 問１ イ　問２ ア　問３ ア
問４ ア　問５ エ　問６ ア
問７ エ　問８ ウ

6 問１ エ　問２ エ　問３ ア
問４ ウ　問５ イ　問６ ウ
問７ イ　問８ イ

1〔三分野総合―小問集合問題〕

問１＜太平洋を囲む大陸＞三大洋（太平洋，大西洋，インド洋）のうち最も広い太平洋は，ユーラシア大陸，北アメリカ大陸，南アメリカ大陸，オーストラリア大陸，南極大陸という５つの大陸に囲まれている。

問２＜サリー＞１枚の長い布を体に巻きつけたサリーは，インドなどの女性の民族衣装である。

問３＜日本列島の長さ＞日本列島は，北海道，本州，四国，九州という４つの大きな島とその他の多くの島々からなり，全体の長さはおよそ3,000kmとなっている。

問４＜越後平野＞越後平野は，新潟県に広がる平野で，新潟市などが位置する。信濃川（長野県では千曲川）は日本最長の河川であり，長野県と新潟県を流れ，越後平野から日本海へ注ぐ。なお，濃尾平野は愛知県西部から岐阜県南部に広がる平野，関東平野は関東地方に広がる日本最大の平野，筑紫平野は福岡県南部から佐賀県東部に広がる平野である。

問５＜一遍＞一遍は，鎌倉時代に時宗を開いた僧である。念仏を書いた札を配ったり踊念仏を広めたりしながら各地を回って布教した。一遍の布教の様子や生涯を描いた『一遍上人絵伝〔一遍聖絵〕』には，鎌倉時代の定期市の様子なども見られ，鎌倉時代の社会や風俗を知ることのできる史料となっている。なお，親鸞は浄土真宗，日蓮は日蓮宗〔法華宗〕，栄西は臨済宗を開いた僧である。

問６＜冷戦の終結＞冷戦〔冷たい戦争〕は，アメリカを中心とする資本主義国（西側陣営）とソ連を中心とする社会主義国（東側陣営）の対立である。1989年12月，地中海のマルタ島で米ソ首脳会談（マルタ会談）が行われ，第二次世界大戦後から長年続いた冷戦の終結が宣言された。なお，イラク戦争（2003年）はアメリカを中心とする有志連合軍がイラクを攻撃した戦争，パレスチナ問題はイスラエルとパレスチナ人の間で続くパレスチナ地方の帰属をめぐる問題である。アフガニスタン紛争はアメリカ同時多発テロ（2001年）をきっかけにアメリカがアフガニスタンを攻撃した出来事などを指す。

問７＜国会の権限＞条約の締結を行うのは内閣である。なお，条約の締結にあたっては，事前または事後に国会の承認を経なければならない。

問８＜需要量と価格＞需要量は，消費者（買い手）が買おうとする商品の量である。商品の価格が高くなると，消費者は買う量を減らそうとするため，需要量は減少する。反対に商品の価格が低くなれば，需要量は増加する。

2 〔三分野総合―FIFAワールドカップを題材とした問題〕

問１＜フランス＞コーヒー豆は，ブラジルやベトナムをはじめ，南アメリカや東南アジア，アフリカの国々が主な生産国であり，フランスではほとんど生産されていない。

問２＜日本の民主化政策＞２度にわたる護憲運動が行われたのは，大日本帝国憲法下の大正時代のことである。

問３＜参議院議員選挙＞参議院議員選挙は，１つまたは２つの都道府県を単位とする選挙区制と，全国を１つの単位とする比例代表制を組み合わせて行われる（A…○）。参議院議員の被選挙権は満30歳以上で，議員定数は248人である（D…○）。なお，B，Cは，衆議院議員選挙について述べた内容である。

問４＜社会権＞社会権には，生存権，教育を受ける権利，勤労の権利，労働基本権〔労働三権〕が含まれている。このうち労働基本権は，労働組合をつくる権利である団結権，労働組合が使用者と交渉する権利である団体交渉権，要求を実現するためにストライキなどを行う権利である団体行動権の３つからなり，アは団結権にあたる。なお，イは自由権（精神の自由に含まれる学問の自由）にあたる。ウは，公共の福祉により，正当な補償と引き換えに自由権（財産権の保障）が制限される例である。エは，参政権のうちの選挙権にあたる。

問５＜石油危機と石油価格の変化＞資料Ⅰでは，1973年から1974年にかけてある資源の輸入価格が大きく上昇し，1974年には経済成長率がマイナスになっている。これは，1973年，イスラエルとアラブ諸国との間で第四次中東戦争が起こると，石油を産出するアラブ諸国は石油価格を引き上げる戦略をとったため，石油とそれを原料とする製品の価格が大きく上昇したことによる。この影響により石油輸入国を中心に世界経済が混乱した。これを石油危機と呼ぶ。日本経済も大きな打撃を受け，1950年代後半から続いてきた高度経済成長が終結した。

問６＜冠位十二階＞推古天皇の摂政として，６世紀末から７世紀初めにかけて政治を行った聖徳太子〔厩戸皇子〕は，能力や功績のある人物を家柄に関係なく役人に登用するため，冠位十二階の制度を定めた。冠位十二階では，役人の位を12の等級に分け，冠の色で区別した。なお，十七条の憲法は聖徳太子が役人の心構えを示した法，御成敗式目〔貞永式目〕は鎌倉時代に執権の北条泰時が武家政治の判断の基準として定めた法，雑徭は律令制下で人々に課された地方での労役である。

問７＜明治時代前期の様子＞明治時代の初めには，欧米の技術や文化が積極的に取り入れられ，都市を中心に人々の生活様式が急速に変化する文明開化が見られた。資料中には，レンガ造りの建物や馬車，ガス灯など，文明開化が進む東京の様子が見られる。この時期には，近代国家の基礎となるさまざまな制度が整えられ，円・銭・厘を単位とする統一的な貨幣制度も導入された。なお，アのええじゃないかのさわぎが起こったのは1867年，ウの桜田門外の変は1860年，エの『解体新書』の刊行は1774年の出来事であり，いずれも江戸時代のことである。

問８＜和歌山県の特徴＞和歌山県は，うめの生産量が全国第１位であることから，４府県中で最もうめ生産量が多いエが当てはまる（2021年）。なお，アは三重県，イは兵庫県，ウは大阪府である。

3 〔世界地理―世界の姿と諸地域〕

問１＜緯線・経線と大陸の位置＞０度の緯線である赤道は，アフリカ大陸のギニア湾や南アメリカ大陸北部，東南アジアのシンガポール付近などを通る。ア～エのうち，ア，ウ，エの下辺が赤道にあたる。北緯40度線は，地中海の中央部や日本の秋田市付近，アメリカ合衆国の中央部などを通る。ア～エのうち，ア，ウ，エの上辺が北緯40度線にあたる。０度の経線である本初子午線は，イギリスの首都ロンドンやアフリカ大陸西部を通り，ギニア湾で赤道と交わる。ア～エのうち，アの右辺とウの左辺が本初子午線にあたる。東経90度線は，インド半島の東側を通り，ウの右辺が東経90度線にあたる。なお，アの左辺は西経90度線，イの左辺は西経30度線，イの右辺とエの左辺は東経60度線，エの右辺は東経150度線である。

問２＜世界の気候＞Ｘ(ローマ)は温帯の地中海性気候，Ｙ(ニューヨーク)は温帯の温暖湿潤気候，Ｚ(ウェリントン)は温帯の西岸海洋性気候に属する。温暖湿潤気候は，温帯の中では降水量が多く，季節による気温の変化が大きいという特徴があり，④がＹの雨温図となる。なお，夏の降水量が少ない③はＸ，６～８月頃の気温が最も低くなる②は南半球に位置するＺの雨温図である。また，冬の寒さが厳しい①は，亜寒帯〔冷帯〕に属する地域の雨温図である。

問３＜バイオ燃料とその原料の生産国＞グラフ中と表中のＢはアメリカ，Ｃは中国，Ｅはブラジルである。バイオ燃料〔バイオエタノール〕は，植物を原料とする燃料であり，環境への負担が小さいエネルギーとして注目されていることから，アメリカやブラジルなどを中心に近年生産が増加している。バイオ燃料の原料となるのは主にとうもろこしやさとうきびであるが，表を見ると，アメリカ(Ｂ)が生産量第１位で世界の生産量の約３割を占めていることから，この農産物はとうもろこしである。なお，さとうきびはブラジル(Ｅ)が生産量第１位である(2020年)。

問４＜各国の統計＞Ａはカナダ，Ｂはアメリカ，Ｃは中国，Ｄはオーストラリアである。アは，日本の輸入額が最も大きく，主要輸入品に衣類が含まれていることから，中国である。イは，日本の輸入額が中国に次いで大きいことから，アメリカである。ウは，主要輸入品に石炭や鉄鉱石が含まれることから，これらの鉱産資源の日本の最大の輸入先であるオーストラリアである。エは，日本の輸入額が最も小さいことなどから，カナダである。

4〔日本地理―日本の諸地域，地形図〕

問１＜島根県＞島根県の出雲地方にある出雲大社は，日本で最も古い時期に創建された神社の１つで，神話の舞台となっている。島根県の石見地方には，伝統芸能の石見神楽が伝わるほか，世界遺産に登録されている石見銀山遺跡がある。石見銀山は，戦国時代から開発が進められ，江戸時代初め頃まで世界有数の産出量をあげた。また，江戸時代に城下町として栄えた津和野町では，武家屋敷や商家などが立ち並ぶ伝統的な町並みが保存されており，多くの観光客が訪れている。

問２＜水島地区＞岡山県(Ｆ)倉敷市にある水島地区は，製鉄所や石油化学コンビナートをはじめ重化学工業の工場が多く集まる地域であり，瀬戸内工業地域の中心となっている。表は岡山県の業種別製造品出荷額を示したものであり，製造品出荷額等に占める石油・石炭製品や化学工業，鉄鋼業などの割合が高く，重化学工業が発達していることがわかる。

問３＜なすの促成栽培＞グラフを見ると，ナスの旬である夏の時期には，高知県(Ｈ)からの出荷量は非常に少なくなっている(イ…×)。高知平野では，冬でも温暖な気候を生かし，ビニールハウスを利用してナスやピーマンなどの作物の生育を早める促成栽培が盛んである(ア…○)。グラフでは，冬から春にかけての時期にはナスの１kgあたりの価格が高くなっており，この時期には東京へ出荷されるナスのうち高知県産が多くを占めている(ウ…○)。高速道路網の整備や保冷車の普及により，生産地から離れた地域にも新鮮な農産物を出荷することができるようになった(エ…○)。

問４＜地形図の読み取り＞今津町の「皿池」地域には，博物館(血)は見られず，老人ホーム(⌂)が２か所ある(ウ…×)。特にことわりのないかぎり地形図では上が北となることから，市役所(◎)から見た「まるがめ駅」の方角は北西となる(ア…○)。「聖池」の付近には「9.3」mの三角点(△)があり，「宮池」の付近には「14」mの標高点がある(イ…○)。この地形図の縮尺は２万５千分の１であり，「丸亀城跡」から「市役所」までの長さは地形図上で約２cmであることから，実際の距離は，２cm×25000＝50000cm＝0.5kmとなる(エ…○)。

5〔歴史―古代～現代の日本と世界〕

問１＜黒曜石の産地と交易＞地図を見ると，黒曜石の原産地は限定的であるのに対し，黒曜石が見つかった範囲はかなり広い地域に及んでおり，黒曜石が原産地から遠い地域まで運ばれていたことがわかる。このことから，縄文時代には異なる集団の間で産物を交換するといった交易が行われていたと考えられる。

問２＜水城＞７世紀後半，唐が新羅と結んで百済をほろぼすと，中大兄皇子らは百済を支援するため朝鮮半島に大軍を派遣したが，白村江の戦い(663年)で唐と新羅の連合軍に敗れた。この戦いの後，唐や新羅からの攻撃に備えて大宰府を守るため，大宰府から見て北西の方角に水城が築かれた。

問３＜桓武天皇の政策＞平安京への遷都を行った桓武天皇は，律令制による政治を立て直すため，地方政治の改革を進め，国司が交代する際の引き継ぎなどに関する監督を厳しくした。

問４＜守護大名＞戦乱の続いた南北朝時代には，室町幕府が守護に軍事費を取り立てるなどの強い権限を与えたため，守護は自分の領地を拡大したり家臣を増やしたりして力を強め，やがて一国全体を支配するようになった。このような守護を，守護大名と呼ぶ。なお，鎌倉公方は室町幕府における鎌倉府の長官，地頭は鎌倉時代から室町時代にかけて荘園や公領に置かれた役職，外様大名は江戸時代の大名のうち関ヶ原の戦い以降に徳川氏に従った大名である。

問５＜年代整序＞年代の古い順に，Ⅱ(関ヶ原の戦い―1600年)，Ⅲ(江戸幕府の成立―1603年)，Ⅰ(大阪夏の陣―1615年)となる。

問６＜江戸時代の琉球王国＞琉球王国は，江戸時代初めに薩摩藩の支配下に置かれたが，その後も独立国としての形を保ち，中国にも服属していた。薩摩藩は，琉球王国が中国との間で継続した朝貢貿易により，大きな利益を得た。

問７＜大戦景気＞第一次世界大戦(1914～18年)中，日本は戦場となったヨーロッパへ軍需物資を輸出したほか，アメリカなどへの工業製品の輸出も伸ばし，大戦景気と呼ばれる好況となった(ア…○)。大戦中は輸出額が輸入額を上回る貿易黒字となった(イ…○)。また，ヨーロッパ諸国からの輸入が止まったことなどから国内で重化学工業が急成長し，工業生産額が農業生産額を上回った(ウ…○)。なお，エの内容はヨーロッパ諸国の状況について述べたものである。

問８＜沖縄返還の時期＞日本の独立回復後もアメリカの統治下に置かれた沖縄は，1972年に日本に返還された。日米安全保障条約が締結されたのは1951年，日ソ共同宣言によって日本とソ連の国交が回復したのは1956年，日韓基本条約が締結されたのは1965年，アメリカ同時多発テロが起こったのは2001年，東日本大震災が起こったのは2011年である。

6〔公民―総合〕

問１＜消費者の四つの権利＞1962年，アメリカのケネディ大統領は「消費者の四つの権利」として，安全を求める権利，知らされる権利，選択する権利，意見を反映させる権利を掲げた。これは，日本など各国の消費者行政に大きな影響を与えた。

問２＜消費者契約法に基づく契約の取り消し＞A．未成年(18歳未満)者が親などの法定代理人の同意なく契約を行った場合，その契約を取り消すことができる。　B．隣に高層ビルが建つといった消費者の不利益になる事実を事業者がわざと伝えなかった場合，契約を取り消すことができる。　C．薬の効能のような重要な項目について事業者が事実と異なることを伝えた場合，契約を取り消すことができる。

問３＜労働基準法＞労働基準法は，労働条件の最低基準を定めた法律である。労働時間については，週40時間以内，１日８時間以内とすることを定めている。

問４＜資料の読み取りと現代の日本経済＞2008年から2009年にかけての有効求人倍率の低下は，2008年に起こった世界金融危機の影響によるものである(ウ…×)。1990年から2020年まで，年代別の完全失業率は15～24歳が最も高い(ア…○)。バブル経済は1991年に崩壊したため，その影響により1990年代前半の有効求人倍率が低下したと考えられる(イ…○)。新型コロナウイルスは2020年から感染拡大したため，その影響により2020年の有効求人倍率が低下し，完全失業率が上昇したと考えられる(エ…○)。

問５＜選挙制度＞参議院議員選挙は３年ごとに行われ，１回の選挙で議員の半数が改選される(イ…○)。2015年の公職選挙法の改正により，選挙権年齢は18歳以上に引き下げられたが，被選挙権年齢に変更はない(ア…×)。インターネットでの投票は行われていない(ウ…×)。日本国籍を持たない外国人は，国政選挙，地方選挙とも選挙権や被選挙権を持っていない(エ…×)。

問６＜資料の読み取り＞2017年における実際の投票者数は，20歳代は，１億609万×0.108×0.339＝388.4…より約388万人，60歳代は，１億609万×0.173×0.72＝1321.4…より約1321万人であり，その差は約933万人である(ウ…×)。日本の全人口に占める有権者の割合は，１億609万÷１億2000万×100＝88.40…より約88％である(ア…○)。2017年の投票率は，18，19歳が40.5％，20歳代が33.9％であり，18，19歳の方が選挙に対する関心が高いといえる(イ…○)。有権者が投票の際に考慮した問題を示した表を見ると，50～60歳代と70歳以上で，医療・介護と年金が１位と２位を占めている(エ…○)。

問７＜死刑制度＞国際連合では1989年に死刑廃止条約が採択されており，国際的には死刑を廃止する国が多数を占めている(X…正)。日本では現在も死刑制度が存続している(Y…誤)。

問８＜経済＞貿易の自由化が進むと，自国の生産物を輸出しやすくなる一方，安価な輸入品との価格競争にさらされることによって国内産業が打撃を受けることがある(イ…×)。円安が進むと，海外からの輸入品は日本にとって高くなるため，国内の物価は上昇する(ア…○)。グローバル化が進む現代の世界では，世界各地に生産や販売の拠点を置き，国境を越えて事業を展開する多国籍企業が盛んに活動している(ウ…○)。不景気のとき，日本銀行は一般の銀行から国債を買って銀行が持つ資金量を増加させ，企業の経済活動などを活発にさせて景気の回復を促す(エ…○)。

2023年度／作新学院高等学校（総合進学部・情報科学部）（第１回）

理科解答

1 問１ ウ　問２ ウ　問３ エ
問４ イ　問５ エ　問６ イ
問７ ア　問８ ウ

2 問１ ウ　問２ イ　問３ エ
問４ ウ

3 問１ エ　問２ イ　問３ ウ
問４ エ

4 問１ エ　問２ エ　問３ ア
問４ ウ

5 問１ ウ　問２ ア　問３ イ
問４ ウ

6 問１ ア　問２ ウ　問３ ウ
問４ ウ

7 問１ ア　問２ エ　問３ ア
問４ ア

8 問１ エ　問２ ア　問３ ア
問４ イ

9 問１ イ　問２ エ　問３ ア
問４ ウ

1〔小問集合〕

問１＜エネルギー＞位置エネルギーと運動エネルギーは互いに移り変わり，これらの和が力学的エネルギーで，力学的エネルギーは一定に保たれる(力学的エネルギーの保存)。そのため，位置エネルギーと運動エネルギーのどちらか一方が０でも，力学的エネルギーは０にならない。

問２＜凸レンズと像＞光源と同じ大きさの実像ができるのは，光源と凸レンズの距離が焦点距離の２倍になるときである。このとき，凸レンズとスクリーンの距離も焦点距離の２倍になる。よって，凸レンズとスクリーンは，10×2＝20(cm)離れている。

問３＜密度＞質量294g，体積28.0cm^{3}の物体の密度は，〔密度(g/cm^3)〕＝$\frac{〔質量(\mathrm{g})〕}{〔体積(\mathrm{cm}^3)〕}$より，$\frac{294}{28.0}$＝10.5(g/cm^3)である。

問４＜塩化銅水溶液の電気分解＞塩化銅($CuCl_2$)は，水溶液中で銅イオン(Cu^{2+})と塩化物イオン(Cl^-)に電離している。塩化銅水溶液を電気分解すると，陽イオンであるCu^{2+}は陰極で電子を受け取って銅(Cu)となって付着し，陰イオンであるCl^-は陽極で電子を渡して塩素原子(Cl)となり，２個結びついて塩素分子(Cl_2)となって，気体として発生する。

問５＜遺伝の規則性＞種子を丸にする遺伝子をＡ，種子をしわにする遺伝子をａとすると，丸い種子をつくる純系のエンドウの遺伝子の組み合わせはAA，しわのある種子をつくる純系のエンドウの遺伝子の組み合わせはaaである。丸い種子をつくる純系のエンドウとしわのある種子をつくる純系のエンドウがつくる生殖細胞の遺伝子はそれぞれＡとａだから，これらをかけ合わせたときにできる子の遺伝子の組み合わせは全てAaになる。この子がつくる生殖細胞は，Ａを持つものとａを持つものが1：1の比でできるから，孫の遺伝子の組み合わせと数の比は，右表のように，AA：Aa：aa＝1：2：1となる。よって，Ａを持つAAとAaは丸い種子になり，Ａを持たないaaはしわのある種子になるから，孫の種子の比は，丸い種子：しわのある種子＝(1＋2)：1＝3：1になる。

	A	a
A	AA	Aa
a	Aa	aa

問６＜吸気と呼気＞吸う息は空気だから，体積の割合が１番多い①は窒素で，２番目に多い②は酸素である。酸素は体内に吸収されるが，窒素は吸収されないので，誤っているのはイである。吸う息に比べ吐く息では窒素の割合が減っているが，これは割合が減っているだけで，窒素の体積は変わ

っていない。なお，③は水蒸気，④は二酸化炭素であり，細胞呼吸によって，酸素が使われ，二酸化炭素が生じる。

問７＜雲＞ア～エのうち，雨や雪を降らせるのは積乱雲と乱層雲であり，一般的に雷を伴うこともあるのは積乱雲である。

問８＜示準化石＞地層が堆積した時代を推測することができる化石を示準化石という。マンモスの化石は新生代の示準化石である。

2〔電流とその利用〕

問１＜放電＞図ａの放電管に高い電圧を加え，放電管の内部の空気を抜き，圧力(気圧)を下げると，放電管内の気体を通って電流が流れる。このような，圧力が低い気体による放電を真空放電という。また，放電管内を真空にすると，＋極側の管壁が蛍光を発するようになる。これは，－極側から飛び出した電子が＋極側の管壁に当たるためである。

問２，問４＜陰極線＞電流のもととなる粒子は電子であり，電流は電子の流れで，電子の流れを陰極線(電子線)という。なお，磁力線は磁界の向きをつないでできる線，エックス線は放射線の一種である。

問３＜陰極線＞陰極線は－極から＋極に向かう電子の流れだから，図ｂでは，電極Ａが－極，電極Ｂが＋極である。また，電子は－の電気を持っているので，陰極線は＋極に引かれて曲がる。よって，電極Ｃが＋極，電極Ｄが－極である。

3〔身近な物理現象，運動とエネルギー〕

問１＜力のつり合い＞２力がつり合う条件に含まれないのは，エである。つり合う２力は１つの物体にはたらいているが，作用点が同じである必要はない。例えば，机の上にある物体を引いても動かないとき，物体を引く力と物体にはたらく摩擦力はつり合っているが，この２力の作用点は異なる。

問２＜力＞図ｃで，２本のばねばかりが示す力を，それぞれｘ軸方向とｙ軸方向に分解すると，リングが静止していることから，ｙ軸方向の２力は力のつり合いの関係にあることがわかる。また，図ｃと図ｄで，リングは同じ位置で静止しているので，リングがゴムを引く力の大きさは等しい。これより，実験Ⅱの１本のばねばかりが示す力は，実験Ⅰの２本のばねばかりが示す力の合力となる。

問３＜合力＞実験Ⅰで，２本のばねばかりが示す力を，それぞれｘ軸方向とｙ軸方向に分解したとき，ｘ軸方向の２力をたし合わせると，２本のばねばかりが示す力の合力になる。よって，問２より，実験Ⅱの１本のばねばかりが示す力である1.93Ｎは，実験Ⅰの２本のばねばかりが示す力の合力なので，ｘ軸方向の２力をたし合わせると1.93Ｎになる。

問４＜合力＞右図のように，２力の間の角度が大きくなると合力の大きさが小さくなる。そのため，２本のばねばかりの間の角度を90°にして，どちらも実験Ⅰと同じ1.00Ｎの力で引くと，ゴムののびは30°のときより小さくなる。

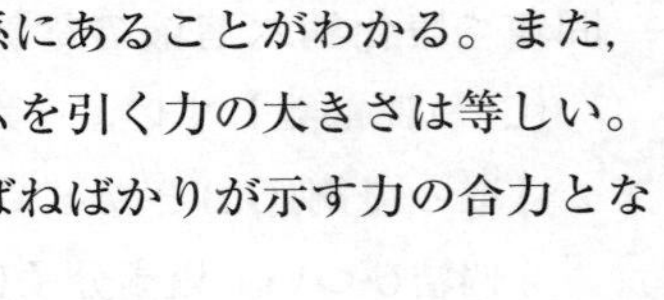

4〔化学変化とイオン〕

問１＜イオン化傾向＞表中で，硫酸亜鉛水溶液にマグネシウム片を入れたとき，マグネシウム片に付着した灰色の物質は亜鉛である。また，硫酸銅水溶液にマグネシウム片や亜鉛片を入れたとき，マグネシウム片や亜鉛片に付着した赤色の物質は銅である。

問2＜イオン＞表中の水溶液中に含まれる金属イオンは，マグネシウムイオン，亜鉛イオン，銅イオンである。これらは，全て原子が電子を2個失うことでイオンになるので，それぞれのイオンを化学式で書くと，Mg^{2+}，Zn^{2+}，Cu^{2+}となる。

問3＜イオン化傾向＞亜鉛イオン(Zn^{2+})を含む硫酸亜鉛水溶液にマグネシウム(Mg)片を入れると，Mgがイオンとなって水溶液中に溶け出し，Znがマグネシウム片に付着したので，ZnよりMgの方がイオンになりやすいことがわかる。また，硫酸亜鉛水溶液に銅(Cu)片を入れると，変化しなかったので，CuはZnよりイオンになりにくいことがわかる。よって，イオンへのなりやすさの順番は，Mg＞Zn＞Cuである。

問4＜ダニエル電池＞ダニエル電池に使われる金属は，亜鉛と銅である。問3より，銅より亜鉛の方がイオンになりやすいので，亜鉛は電子を放出してイオンになって水溶液中に溶け出し，放出した電子は導線を通って銅へ移動する。よって，電子は－極から＋極へ移動するので，亜鉛が－極，銅が＋極になる。

5〔物質のすがた〕

問1，問2＜水＞集気びんの内側が白くくもったのは，エタノールの燃焼によって水ができたからである。水ができたことを確かめるには塩化コバルト紙が使われ，水に青色の塩化コバルト紙をつけると赤色に変わる。

問3＜二酸化炭素＞エタノールの燃焼によって発生した気体は二酸化炭素で，二酸化炭素は石灰水を白く濁らせる。

問4＜有機物＞エタノールと同じ有機物であるろう，砂糖，木を燃焼させると，有機物には炭素と水素が含まれるため，二酸化炭素と水が生じる。しかし，無機物であるスチールウール(鉄)には炭素も水素も含まれないので，燃焼させても二酸化炭素や水は発生せず，エタノールと同じ実験結果は得られない。

6〔生物の体のつくりとはたらき〕

問1＜細胞＞図ｆの細胞は，Aの細胞壁があることから，植物細胞である。なお，Bの核は植物細胞にも動物細胞にも見られ，Cの葉緑体とDのような大きな液胞は植物細胞のみに見られるつくりである。

問2＜細胞＞細胞質は細胞膜でおおわれた核以外の部分で，細胞膜も細胞質に含まれる。よって，図ｆのAの細胞壁とBの核は，細胞質に含まれないので，誤っているのはウである。なお，Dの液胞には，花弁の色を決める色素や貯蔵物質，不要な物質などが含まれる。

問3＜細胞呼吸＞細胞呼吸は，酸素を使って養分(有機物)を分解することで生命活動に必要なエネルギーを取り出すはたらきで，反応の結果，二酸化炭素と水を生じる。燃焼は，物質が熱や光を出しながら激しく酸素と結びつく反応で，細胞呼吸とは酸素を使って物質の化学エネルギーを他のエネルギーに変換する反応であるという共通点を持つ。

問4＜葉緑体の動き＞図gより，葉緑体は15秒で9目盛り分移動している。よって，1目盛りが0.005mmより，移動距離は，$0.005 \times 9 = 0.045$(mm)だから，速さは，$0.045 \div 15 = 0.003$(mm/s)となる。

7〔生命・自然界のつながり〕

問1＜試薬＞手順Ⅱでは，うすい塩酸を1滴落とす。うすい塩酸は，1つ1つの細胞を離れやすくする。また，手順Ⅲでは，酢酸カーミン溶液を１滴落とす。酢酸カーミン溶液や酢酸オルセイン溶液は，核や染色体を赤色や赤紫色に染める。

問２＜実験方法＞手順Ⅰで，先端のみを切り取るのは，細胞分裂が根の先端部で盛んに行われているためである。①以外の理由は正しい。なお，根の先端部の細胞分裂直後の細胞の大きさは小さい。

問３＜細胞分裂＞図ｈで，Ａの細胞を１番目としてＡ～Ｅの細胞を細胞分裂の順に並べると，Ａ→核の中にひものような染色体が現れる(Ｂ)→染色体が中央に集まる(Ｃ)→それぞれの染色体が２つに分かれて，細胞の両端に移動する(Ｅ)→分かれた染色体はそれぞれひものかたまりになる(Ｄ)，となる。よって，２番目はＢ，４番目はＥである。

問４＜染色体＞花粉の中では精細胞がつくられる。精細胞は生殖細胞で，減数分裂によってつくられるので，染色体数は体細胞の染色体数の半分である。よって，16÷2＝8(本)となる。

8 〔気象と天気の変化〕

問１＜陸風＞陸は海より，あたたまりやすく冷めやすい。晴れた日の昼は，陸上の気温が海上の気温より高くなり，陸上の方が大気の密度が小さくなる。そのため，陸上には上昇気流が生じ，地表の気圧が低くなるので海から陸に向かって海風が吹く。なお，晴れた日の夜は，陸上の気温の方が低くなるので，陸から海に向かって陸風が吹く。

問２＜季節風＞冬には，大陸が海洋より冷えるので，大陸上で発達したシベリア高気圧から北西の冷たく乾燥した季節風が吹く。なお，夏には，太平洋上で発達した太平洋高気圧から南東のあたたかく湿った季節風が吹く。

問３＜低気圧＞低気圧の中心付近では上昇気流が生じて雲が発生しやすい。よって，誤っているものはアである。なお，北半球では，低気圧の中心に向かって反時計回りに風が吹き込む。

問４＜低気圧の移動＞低気圧は１時間で約40km 移動するので，12時間では，40×12＝480(km)移動する。また，日本付近を通過する低気圧は，偏西風の影響で西から東へと移動する。よって，経線の間隔が約500km より，低気圧の中心は12時間前には地点Ｂ付近にあったと考えられる。

9 〔大地の変化〕

問１，問２＜露頭，鍵層＞地層や岩石などが地表に現れている崖などを露頭という。また，離れた地層を比べるときに利用することができる層を鍵層という。なお，柱状図はある地点の地層の重なり方を柱状に示した図，Ｖ字谷は侵食によってつくられる深い谷である。また，活断層は過去に繰り返し活動し，今後も活動する可能性のある断層である。

問３＜岩石ハンマー＞岩石ハンマーを使うときは，岩石の破片に注意するため，腰より低い位置で，平らな面を大きく振りかざさずに岩石などに打ち当てる。

問４＜チャート，石灰岩＞石灰岩は炭酸カルシウムを多く含むので，うすい塩酸と反応して二酸化炭素が発生する。よって，誤っているものはウである。なお，チャートは二酸化ケイ素を多く含み，鉄くぎで引っかいても傷がつかないほど固く，うすい塩酸とも反応しない。

2023年度／作新学院高等学校(総合進学部・情報科学部)(第１回)

国語解答

一	1 ウ	2 イ	3 ア	4 エ	四	1 ア	2 ウ	3 イ	4 エ
	5 ア					5 ウ			
二	1 イ	2 ア	3 エ	4 ウ	五	1 エ	2 ウ	3 イ	4 エ
	5 ウ	6 ウ				5 ア	6 イ	7 ウ	
三	1 イ	2 エ	3 ア	4 エ	六	1 イ	2 エ	3 イ	4 ア
	5 ア					5 エ	6 イ	7 ウ	

一〔漢字〕

1.「概要」は「がいよう」と読む。「真偽」は「しんぎ」,「既存」は「きそん」,「街路」は「がいろ」,「大成」は「たいせい」。　2.「便宜」は「べんぎ」と読む。「花瓶」は「かびん」,「弁論」は「べんろん」,「模範」は「もはん」,「盤石」は「ばんじゃく」。　3.「推奨」と書く。イは「照明」,ウは「肖像」,エは「継承」。　4.「最善」と書く。アは「前線」,イは「座禅」,ウは「全速力」。　5.「電報」と書く。イは「本邦」,ウは「文法」,エは「水鉄砲」。

二〔国語の知識〕

1＜語句＞「組織」は,ある目的を達成するための,それぞれの役割を持つ人の集まり。「機構」は,会社や団体などの人の集団のこと。

2＜語句＞二月は暦の上では立春などがあり,暖かい季節に向かっていく月である。「向寒」は,十一月上旬から十二月中旬頃まで用いられる。

3＜語句＞「真骨頂」は,そのものが本来持っている真の姿のこと。

4＜故事成語＞「去る者は日々に疎《うと》し」は,なくなった人は月日がたつにつれて人々から忘れられていくし,親しかった人も会わなくなると忘れられていくものだ,という意味。

5＜文学史＞『徒然草』は,鎌倉時代に成立した兼好法師の随筆。『枕草子』は,平安時代に成立した清少納言の随筆。『土佐日記』は,平安時代に成立した紀貫之の日記。『日本永代蔵』は,江戸時代に成立した井原西鶴の浮世草子。

6＜語句＞「役不足」は,与えられた役に不満を抱くこと。また,実力に比べて役目が軽すぎること。

三〔国語の知識〕

1＜品詞＞「やるせない」の「ない」は,形容詞の一部。他は,打ち消しの助動詞。

2＜資料＞中学２年生・全日制高校２年生ともに,父母の世話の頻度が「ほぼ毎日」と答えた生徒の割合が最も多い(ア…×)。中学２年生・全日制高校２年生ともに,父母の世話に費やす時間が「７時間以上」と答えた生徒の割合は１割以下である(イ…×)。全日制高校２年生では,きょうだいの世話の頻度は「ほぼ毎日」と答えた生徒の割合が最も多い(ウ…×)。

3＜ことわざ＞「対岸の火事」は,自分には何も関係がなく,全く苦痛を感じないこと。「他山の石」は,よその山からとれた粗悪な石でも,自分の宝石を磨くのに役立つことから,他人のどんな言動でも自分を磨くのに役立つこと。「怪我の功名」は,誤ってやってしまったことが思いがけずよい結果をもたらすこと。「無用の長物」は,あっても何の役にも立たず,かえって邪魔になるもののこと。

4＜語句＞「講じる」は,問題解決のために適当な方法を考えて行う,という意味。

5＜語句＞「困難」の対義語は,「容易」。「単純」の対義語は,「複雑」。「軽率」の対義語は,「慎重」。「余裕」の対義語は,「緊急」「切迫」など。

四〔古文の読解―御伽草子〕出典；『二十四孝』「孟宗」。

≪現代語訳≫孟宗は，幼いうちに父に死に別れ，一人の母を養っていた。母は年老いて，いつも病気に苦しめられ，食の好みも，毎回変わったので，思いもよらないものを口にしたがった。冬の時期であるのに，竹の子を欲しいと(母は)思った。そこで，孟宗は，竹林に行って(竹の子を)探すけれども，雪が深い時期であるので，どうしてたやすく得られようか。「ひたすらに，天の神様のお慈悲をお頼み申し上げます」と言って，祈りをささげて，大いに悲しみ，竹に寄り添っていたところに，突然大地が開けて，竹の子がたくさん生え出てきた。(孟宗は，)たいそう喜んで，すぐにとって帰り，吸い物にして，母に与えたところ，母は，これを食べて，そのまま病気も治って，長生きした。これは，ひとえに，(孟宗の)〈孝行〉の深い心に感動して，天の神様がお与えになったのである。

1＜現代語訳＞「よしなし」は，「由無し」と書き，手段や理由がないさまをいう。冬なのに春先にとれる竹の子を欲しがることは，適切な手段をとれない思いもよらない要求である。

2＜古文の内容理解＞母は，病気のせいで食の好みも変わり，冬の季節なのに竹の子を食べたいと思った。

3＜古文の内容理解＞孟宗は，冬であるのに，母の食べたがっている竹の子を探しに竹林に行ったが，見つかるはずもなく，どうしたらよいかわからず悲しんだ。

4＜古文の内容理解＞孟宗が冬であるにもかかわらず，竹の子を手に入れることができたのは，孟宗の母を思う孝行の心に天の神様が感動したからである。

5＜古文の内容理解＞孟宗の母は，病気のせいで食の好みが毎回変わっていた(ア…×)。冬に竹の子が見つかるはずもなく，孟宗は嘆き悲しみ，天の神に祈ると，突然雪の間から大地が開けた(イ…×)。そして，大地の下から竹の子がたくさん生えてきた(エ…×)。母は，孟宗が見つけた竹の子でつくった吸い物を食べると，病気も治り長生きした(ウ…○)。

五〔論説文の読解―哲学的分野―人間〕出典；榎本博明『〈自分らしさ〉って何だろう？―自分と向き合う心理学』。

≪本文の概要≫日本は，恥の文化の国と言われる。司馬遼太郎は，日本社会には「恥ずかしいことはするな」という意識があるので，犯罪が少ないと指摘する。この意識は，モラルではなく美意識であり，みっともないという思いが，自分を正しい行いに導く力になる。これは，自律的な自己規制力である。日本人は，他者中心に行動を律し，人の目を意識する心を持つことで，社会的な秩序を保ってきた。日本人が自己主張ができないことは，悪いことではない。アメリカ人と日本人では自己のあり方が違うし，コミュニケーションの役割も違う。アメリカ人にとっては，相手を説得し自分の意見を通すことが，コミュニケーションの役割であるのに対して，日本人にとっては，互いの気持ちを結びつけ良好な場をつくることが，コミュニケーションの役割である。欧米人は個を生きているが，日本人は関係性としての自己を生きている。だから，その場その場にふさわしい自分になるし，人の目も気にする。和辻哲郎は，「人間」という言葉がもともとは人間関係を示すのに，「人」と同じ意味でも使われると指摘する。日本文化には，「人＝人間関係」という見方が根づいている。日本人は，一定不変の自分というものを持たず，相手との関係にふさわしい自分をその都度形成するのである。

1＜文章内容＞「カッコ悪いという感覚」があるからしないというのは，自分の行為が倫理的なものか否かということよりも，他者に見られたら恥ずかしいと感じる美意識があるからである。

2＜文章内容＞日本人は，ある行為を恥ずかしいと思うときは，その行為を思いとどまる。これは「名誉」ある行動を重んじるからであり，「名誉」をけがすことを避けようとするからである。

3＜文章内容＞日本人にとって，コミュニケーションの最も重要な役割は，相手の意向をくみ取って，意見が対立しないように話をまとめることである。自己主張が苦手であっても，他者の気持ちをくみ取ろうとすることで良好な人間関係をつくることは，悪いことではない。

４＜接続語＞A．日本人にとって，コミュニケーションの最も重要な役割は「相手の意向」を気にして「意見が対立するようなこと」を避けることであり，それは，言い換えれば，「お互いの気持ちを結びつけ，良好な場の雰囲気を醸《かも》し出すこと」である。　B．日本人は，相手の意向をくみ取り，良好な関係を築くためにコミュニケーションをとるのだから，「自己主張のスキルを磨かずに育つ」のである。　C．「日本人の他者志向を未熟とみなすのは欧米流」であり，もともと「欧米人と日本人では自己のあり方が違う」のである。

５＜文章内容＞日本人の自己は，相手との相互依存に基づくものであり，相手との関係性によって形を変えてしまう。だから，自分の意見を言う前に，相手の意向をつかんで自分の主張や意見に取り込んでいかなければならない。

６＜文章内容＞日本人は人間関係の中で自己を形成していくから，個としての自分があるのではなく，関わる相手との関係によって，ふさわしい自分がその都度形成されていく。

７＜要旨＞日本人の自己は，相手から独立したものではなく，相手との相互依存に基づくものである。日本人は，他者との関係を良好に保って自己を形成しようとするので，他者の視線が気になる。

六〔小説の読解〕出典；西條奈加『若みどり』（『まるまるの毬』所収）。

１＜語句＞翠之介の父親が南星屋を怒りに任せて訪れ，店の前で威圧するような態度で立っていた。「仁王立ち」は，仁王像のようにいかめしく立っていること。「棒立ち」は，驚いたり恐れたりしたときに突っ立っていること。「したり顔」は，得意な顔つきのこと。「天狗」は，いい気になること。

２＜文章内容＞翠之介は，武家の子どもであり，いずれは家を継がなければならないことはわかっていたはずなのに，治兵衛はそのことに目を向けずに，求められるままに菓子づくりを教えた。治兵衛は，自分の孫ができたような気がして，自分の跡を継がせたいという希望も持ってしまった自分を，浅はかだと後悔した。

３＜心情＞翠之介は，父親が治兵衛のことを誤解して，翠之介にうそをつかせた張本人だと思っていることに対して，治兵衛が嘆いていると思った。また，翠之介は，せっかくつくった菓子を地面にたたきつけられたことでも治兵衛が悲しんでいると思った。

４＜文章内容＞翠之介は，どうしても菓子職人になると言う。父親が，自分が立派な侍ではなく，貧しい生活をしていることを認め，武家としてのプライドを捨てて他人に聞かせたくないことまで話したのは，翠之介が菓子職人を目指す本当の気持ちが知りたかったからである。

５＜心情＞翠之介は，父親に貧しい暮らしが嫌になったのかときかれ，「昔を忘れられぬのは，父上の方」であり，父親のように境遇に不平を言いながら一生を終えたくないのだという，今まで言えなかった菓子職人を目指す本当の気持ちを話そうと決心した。

６＜心情＞父親は，翠之介が菓子職人になりたいと思った本当の理由が，自分のように境遇に文句を言いながら生きたくないからだと聞いて，驚き気落ちして，何も言えなくなっていた。その父親の姿に，治兵衛は胸が詰まったのである。

７＜表現＞夕日の描写はあるが，時間の経過を象徴しているわけではない（ア…×）。会話文を利用することで，登場人物の心情をくみ取れるようにしている（イ…×）。「ぱん！」という擬音語や「くたりと」「ぎゅっと」「ぎりぎりと」などの擬態語を使って，父親が翠之介に怒りをぶつけ，治兵衛がかばおうとしている情景が描写されている（ウ…○）。「……」や「――」を配置することで，翠之介だけでなく，父親や治兵衛の思いも受けとめやすくなっている（エ…×）。

Memo

2023年度　作新学院高等学校［総合進学部・情報科学部］（第２回）

【英　語】（50分）〈満点：100点〉

1　次のＡとＢは，放送による問題です。それぞれ放送の指示に従って答えなさい。

Ａ

(1)

(2)

(3)

(4)

(5)

B

(6) ア It's 5:50. イ It's 6:20. ウ It's 6:30. エ It's 6:50.

(7) ア She was good at everything. イ She was afraid of trying anything.
ウ She liked to try anything. エ She was very nice.

(8) ア He will give up his new computer. イ He will buy a different model.
ウ He will call another shop. エ He will wait for a call.

(9) ア After school. イ After math class.
ウ Before math class. エ During math class.

(10) ア $2. イ $5. ウ $9. エ $10.

※リスニングテスト放送文は，英語の問題の終わりに付けてあります。

2

次の各文の（　　）に入る最も適当なものを，ア～エの中から１つずつ選びなさい。

(1) The pianist was once well (　　) in Japan.
ア know イ knew ウ known エ knowing

(2) It was a very long trip, but (　　) last we arrived at the hotel.
ア for イ at ウ under エ of

(3) Art is my favorite (　　) at school because I like to draw pictures.
ア subject イ planet ウ conversation エ poem

(4) Steve (　　) a lot of friends to his birthday party yesterday.
ア broke イ spent ウ built エ invited

(5) Miki has a brother and a sister. Both of (　　) are fifteen years old.
ア they イ their ウ them エ theirs

(6) I couldn't buy the medicine because the drugstore was (　　).
ア closed イ cut ウ left エ tired

(7) Tom's parents were proud (　　) him when he gave his seat to an old woman on the bus.
ア to イ for ウ by エ of

(8) It is natural (　　) Naomi is tired.

ア which　　イ if　　ウ that　　エ to

(9) Ann was very surprised this morning when a cat (　　) ran in front of her bike.

ア usually　　イ greatly　　ウ finally　　エ suddenly

(10) Though this juice (　　) bad, it's good for the health.

ア takes　　イ tastes　　ウ has　　エ eats

3 次の日本文の意味になるように，(　　) 内の語(句)を並べかえたとき，その中で２番目と４番目にくるものを，ア～オの中から１つずつ選びなさい。ただし，文頭にくるべき語も小文字で書かれています。

(1) 忠告してくれてどうもありがとう。

Thank (ア your　イ very　ウ for　エ you　オ much) advice.

(2) チーズケーキの作り方を知っていますか。

(ア how　イ do　ウ know　エ to　オ you) make a cheesecake?

(3) 科学者になることが私の夢です。

(ア my　イ become　ウ is　エ a scientist　オ to) dream.

(4) 試合にはきっと勝てるよ。

I'm (ア we　イ the game　ウ win　エ sure　オ can).

(5) 部屋を掃除する前に，この机を動かしましょう。

(ア we　イ move　ウ before　エ this desk　オ let's) clean the room.

4 次の対話文を読んで，(1)～(4)の問いに対する答えとして最も適当なものを，ア～エの中から１つずつ選びなさい。

Staff　: Hello, can I help you?

Woman : I want to buy a ticket for the 9:00 a.m. train to New York.

Can I get a window seat in the back?

Staff　: I'm sorry. There are no window seats left in the back.

How about a window seat in the front?

Woman : No. I don't feel comfortable and relaxed in the front.

Could you get me an *aisle seat in the back?

Staff　: Sure. A *one-way ticket is 32 dollars and a *round-trip ticket is 60 dollars.

Woman : A one-way ticket, please.

Staff　: Certainly. Here is your ticket.

Woman : Here's 40 dollars.

Staff　: Here's your change, 8 dollars.

Woman : Thank you. May I ask you a question?

Staff　: Sure.

Woman : How long does it take to go to New York?

Staff　: About two and a half hours.

(注)　aisle「通路側の」　one-way「片道の」　round-trip「往復の」

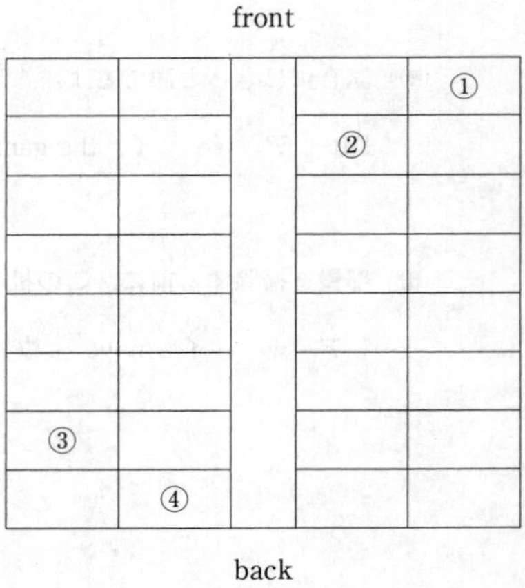

(1)　Which seat did the woman want to sit in first?

ア　①　　イ　②

ウ　③　　エ　④

(2)　Which seat will the woman sit in?

ア　①　　イ　②

ウ　③　　エ　④

(3)　How much money did the woman pay for the ticket?

ア　8 dollars.　　イ　32 dollars.　　ウ　40 dollars.　　エ　60 dollars.

(4)　What time will the train get to New York?

ア　9:00 a.m.　　イ　9:30 a.m.　　ウ　11:00 a.m.　　エ　11:30 a.m.

5 次の英文を読んで，(1)～(6)の問いに答えなさい。

My name is Barry. I'd like to tell you about traveling. I think that there are two ways to travel. One is to visit many famous places and learn a lot of things. (①), you can visit a temple in Kyoto and ask many questions about it. Who built it? Why did they build it? When was it built? There are many temples in Kyoto, so you can visit several temples a day. At the end of the day, (②).

The other way to travel is to stay at one place for a long time and do nothing *but relax. You have nothing to do during that time, but that is the point of this kind of travel. *This is the way my family traveled one summer. My family did not travel a lot, but my mother said at dinner one night, "I want to go somewhere nice. It's been a long time since our family last traveled." I did not think my father liked this idea because he was very busy at that time. But ③<u>he said OK</u>.

After that, my sister and I planned our summer vacation trip. We read some tour books and magazines at the local library and found a cheap cottage to *rent. So in the first week of August our family went to the cottage in the mountains. We walked through the woods to a river and spent a long time there. It was so beautiful and everybody was glad to be there. We bought some food at a store and everybody cooked at the cottage. Even me! There was no television or computer, (④) we talked about various things all day long. It is still one of our best memories. We'll never forget this precious memory.

(注) but ～「～を除いて」　This is the way ～「このようにして～」　rent ～「お金を出して～を借りる」

(1) (①) に入る最も適当なものを，ア～エの中から１つ選びなさい。

ア However　　イ Suddenly　　ウ For example　　エ Because of my help

(2) (②) に入る最も適当なものを，ア～エの中から１つ選びなさい。

ア your family worries about your traveling

イ I see many temples built by a lot of travelers in Kyoto

ウ many people around me are not interested in Japanese temples

エ you have a good knowledge of Japanese history

(3) 下線部③の示す内容として最も適当なものを，ア～エの中から１つ選びなさい。

ア 家族でどこか素敵なところに行きたいというバリーの母親の提案を父親が承諾した。

イ しばらく家族旅行をしなかったことに関してバリーの父親は特に気に留めることはなかった。

ウ バリーの父親が多忙だったので自分だけが家族旅行に行けなかったことを家族に謝った。

エ バリーが夏休みを利用して山中に山小屋を建てるという計画を父親が了承した。

(4) (④) に入る最も適当な語を，ア～エの中から１つ選びなさい。

ア though　　イ if　　ウ so　　エ because

(5) 次の英文の中で本文の内容と一致するものを，ア～エの中から１つ選びなさい。

ア Barry and his sister planned their summer vacation trip together.

イ Barry's father wanted his mother to visit several temples in Kyoto.

ウ Barry didn't cook at the cottage during the summer vacation trip.

エ Barry's family watched popular travel programs on TV at the cottage.

(6) 本文の題名として最も適当なものを，ア～エの中から１つ選びなさい。

ア Visiting Temples in Kyoto

イ Two Ways to Take a Trip

ウ To Spend a Long Time at the Library

エ The First Week of August

[リスニングテスト放送文]

『これからリスニングテストを始めます。』

『では，四角１を見てください。』『四角１は問題Ａと問題Ｂの２つの部分に分かれています。』

『問題 A』『問題 A は(1)から(5)の５問です。それぞれの写真について４つの英文が１回放送されます。その内容を最も的確に描写しているものを，ア，イ，ウ，エの中から 1 つずつ選びなさい。』『では，始めます。』

1　A

(1) ア We eat this while we are riding a bike.

イ We eat this as lunch at school.

ウ We use this to wash our cars.

エ We use this to cook boiled eggs for lunch.

（間隔５秒）

(2) ア We use this when it is hot.

イ We use this when it is cold.

ウ We use this when it is dark.

エ We use this when it is rainy.

（間隔５秒）

(3) ア Many people are jogging in the park.

イ Many people are having a picnic in the park.

ウ Many people are camping outside.

エ Many people are selling old or used goods outside.

（間隔５秒）

(4) ア In this room, you can buy many books.

イ In this room, you play basketball with your friends.

ウ In this room, you have lessons at school.

エ In this room, you can practice the piano.

（間隔５秒）

(5) ア The woman is cleaning a dining room.

イ The woman is cooking vegetables in the kitchen.

ウ The woman is looking for her glasses in the shop.

エ The woman is buying something at a supermarket.

（間隔５秒）

『問題Ｂ』『問題Ｂは(6)から(10)の５問です。それぞれの対話に問いが１つあります。答えとして最も適当なものを，ア，イ，ウ，エの中から 1 つずつ選びなさい。』『放送は 2 回繰り返されます。』

『では，始めます。』

Ｂ

(6) W : George, I want to buy a magazine.

M : Our plane leaves at 6:20. So we have only 30 minutes before it leaves.

W : Don't worry. I'll come back soon.

M : Don't be late.

Question What time is it now?

※2回繰り返し　(間隔７秒)

(7) M : Your speech was very nice.

W : Thank you.

M : In your speech, you said you were afraid of trying anything when you were a child.

W : Yes. I thought I wasn't good at anything at that time.

Question What was the woman like when she was a child?

※2回繰り返し　(間隔７秒)

(8) M : Yesterday I bought this computer here, but it doesn't work well.

W : I will check it. You're right. I'm very sorry.

M : Can I have a new one of the same model?

W : Yes. I'll call you as soon as we get one.

Question What will the man probably do?

※2回繰り返し　(間隔７秒)

(9) M : Have you finished your math report?

W : No, but I know we'll have to bring it tomorrow.

M : The teacher said to us, "I will collect it at today's class."

W : Really? Why didn't you tell me earlier? I have to finish it in 20 minutes!

Question When are they talking?

※2回繰り返し（間隔７秒)

(10) W : What a beautiful postcard!

M : Thank you.

W : How much is it?

M : Two dollars. If you buy five, you get a 10 percent discount.

W : I'll take five.

Question How much will the woman pay?

※2回繰り返し　(間隔７秒)

『以上でリスニングテストを終了します。引き続き，筆記試験を続けて下さい。』

【数　学】 (50分) 〈満点：100点〉

(注意) 解答は，設問の指示に従って丁寧にマークしなさい。

・答えが分数になるときは，約分して最も簡単な分数にしなさい。

・$\sqrt{\quad}$ の中は最も小さい整数にしなさい。

・ア，イ，ウ，……で示した解答欄に－の符号，または，０から９までの数字のいずれか一つをマークしなさい。また，選択の場合は，その番号(数字)を一つマークしなさい。

［例１］ アイ に -5 と答えたいとき，次のようにマークしなさい。

	マイナス	0	1	2	3	4	5	6	7	8	9
ア	●	⓪	①	②	③	④	⑤	⑥	⑦	⑧	⑨
イ	⊖	⓪	①	②	③	④	●	⑥	⑦	⑧	⑨

［例２］ $\frac{\text{ウエ}}{\text{オ}}$ に $-\frac{4}{5}$ と答えたいとき，$\frac{-4}{5}$ として，次のようにマークしなさい。

	マイナス	0	1	2	3	4	5	6	7	8	9
ウ	●	⓪	①	②	③	④	⑤	⑥	⑦	⑧	⑨
エ	⊖	⓪	①	②	③	●	⑤	⑥	⑦	⑧	⑨
オ	⊖	⓪	①	②	③	④	●	⑥	⑦	⑧	⑨

［例３］ カ に選択した解答 ② と答えたいとき，２として，次のようにマークしなさい。

	マイナス	0	1	2	3	4	5	6	7	8	9
カ	⊖	⓪	①	●	③	④	⑤	⑥	⑦	⑧	⑨

1

次の(1)から(10)までの問いに答えなさい。

(1) $2-7\times(-10)$ を計算すると，アイ である。

(2) $7(3x-2)+3(1-x)$ を計算すると，ウエ $x-$ オカ である。

(3) 132を素因数分解すると，$\text{キ}^{\text{ク}}\times\text{ケ}\times\text{コサ}$ である。

(4) $-6x^2y\div(-2x^2y^2z^3)\times4y^6z^5$ を計算すると，$\text{シス}\,y^{\text{セ}}z^{\text{ソ}}$ である。

(5)　$(x-6)(x+3)-4x$ を因数分解すると，$\left(x+\boxed{\text{タ}}\right)\left(x-\boxed{\text{チ}}\right)$ である。

(6)　連立方程式 $\begin{cases} x-7y=5 \\ -x+2y=10 \end{cases}$ を解くと，$x=\boxed{\text{ツテト}}$，$y=\boxed{\text{ナニ}}$ である。

(7)　$x:10=3:5$ を満たす x の値は，$\boxed{\text{ヌ}}$ である。

(8)　$\sqrt{128}-\sqrt{50}+\sqrt{72}$ を計算すると，$\boxed{\text{ネ}}\sqrt{\boxed{\text{ノ}}}$ である。

(9)　A さんと B さんがじゃんけんを１回するとき，あいこになる確率は，$\dfrac{\boxed{\text{ハ}}}{\boxed{\text{ヒ}}}$ である。

(10)　次の ①〜④ で円周率を表しているのは，$\boxed{\text{フ}}$ である。

① 円の直径の長さを円の半径の長さで割った値である。
② 円周の長さに円の直径の長さをたした値である。
③ 円周の長さを円の直径の長さで割った値である。
④ 円周の長さに円の直径の長さをかけた値である。

2 次の(1)から(6)までの問いに答えなさい。

(1) $\sqrt{\dfrac{84}{a}}$ が自然数となるような自然数 a のうち最も小さい数は，[アイ] である。

(2) 右の図において，$l \parallel m$ のとき，$\angle x =$ [ウエオ]$^\circ$ である。

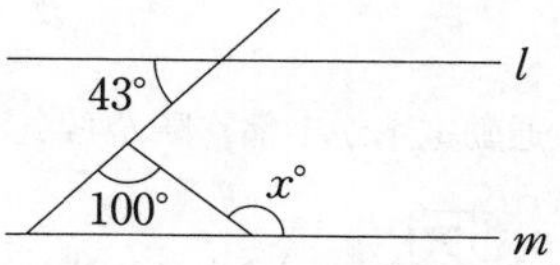

(3) 右のヒストグラムに対応している箱ひげ図を下の ①～④ の中から選ぶと，[カ] である。

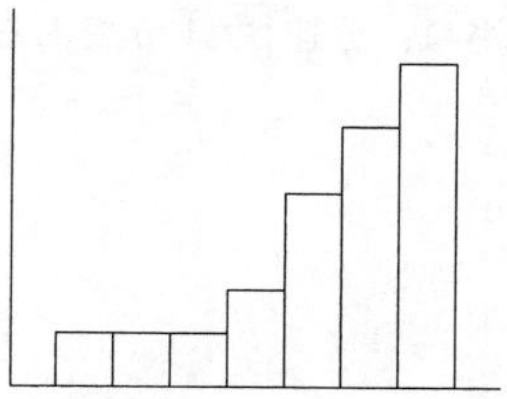

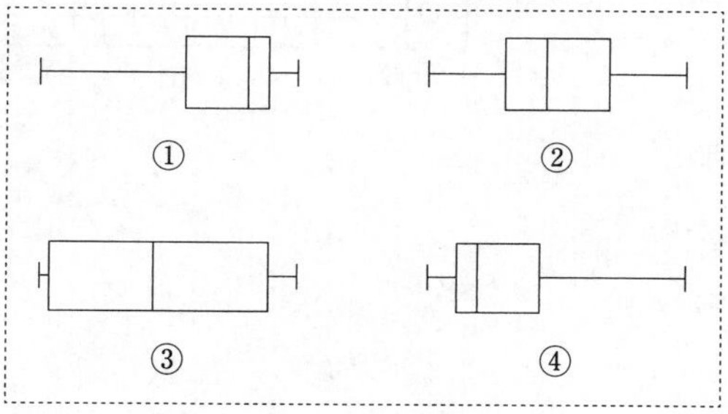

(4) 右の図は，短い辺の長さが長い辺より 4 cm 短い長方形である。

この長方形の四隅から一辺が 2 cm の正方形を切り取り，容積が $120\ \mathrm{cm}^3$ となるふたのない箱を作る。

この長方形の長い辺の長さは，[キク] cm である。

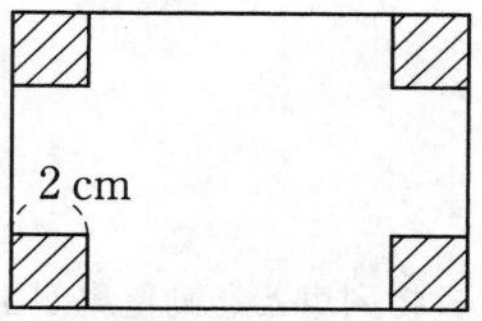

(5) 2 次関数 $y = ax^2$ について，x の変域が $-2 \leqq x \leqq 1$ のとき，y の変域は $0 \leqq y \leqq 8$ である。

このとき，a の値は，[ケ] である。

(6) 右の図は，ある立体を投影図に表したものである。

立面図は長方形であり，平面図は円である。

この立体の体積は，[コサシ] $\pi\ \mathrm{cm}^3$ である。

ただし，π は円周率である。

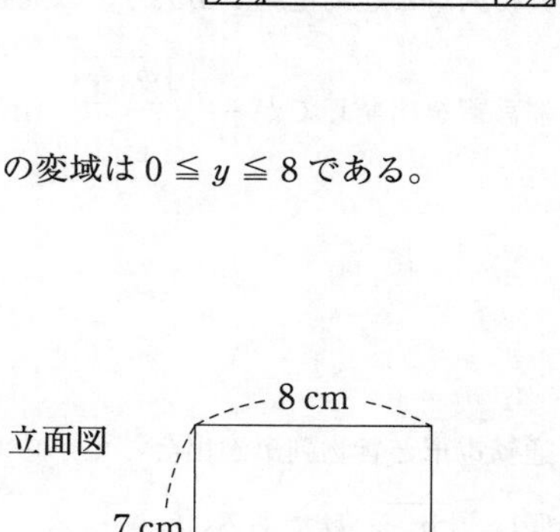

3　右の図は，9 時に長さ 295 m の通勤電車が宇都宮駅を出発し，同時刻にＣ駅を長さ 580 m の貨物列車が出発したものを表したグラフである。通勤電車は，各駅に 1 分間停車して出発する。

このとき，(1) から (4) までの問いに答えなさい。

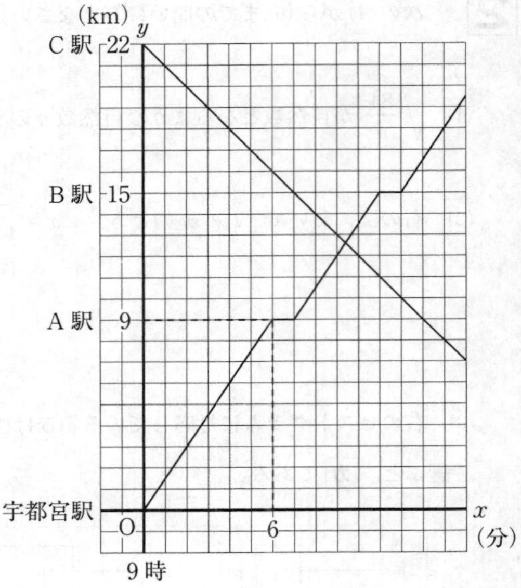

(1)　通勤電車が宇都宮駅からＡ駅に向かう速さは，

分速 $\frac{\boxed{\text{ア}}}{\boxed{\text{イ}}}$ km，また，貨物列車がＣ駅から宇都宮駅に向かう速さは，分速 $\boxed{\text{ウ}}$ km である。

(2)　通勤電車がＡ駅を出発してＢ駅に到着するまでの間で，通勤電車が宇都宮駅を出発してから x 分後の宇都宮駅からの距離を y km とする。このとき，y を x の式で表すと，

$y=\frac{\boxed{\text{エ}}}{\boxed{\text{オ}}}x-\frac{\boxed{\text{カ}}}{\boxed{\text{キ}}}$ である。

(3)　貨物列車と通勤電車が出会うのは通勤電車が宇都宮駅を出発してから，$\frac{\boxed{\text{クケ}}}{\boxed{\text{コ}}}$ km の地点である。

(4)　通勤電車と貨物列車が出会ってからすれ違うまでにかかる時間は，$\boxed{\text{サシ}}$ 秒である。

4　直角三角形ABCにおいて，AB＝c，BC＝a，CA＝bのとき，三平方の定理が成り立つことを以下のように証明した。

このとき，□に当てはまるものを ⓪～⑨ から選んで，証明を完成させなさい。

直角三角形ABCと合同な直角三角形EADを右の図のようにおく。

ただし，点Aは直線CD上にある。

頂点Bと頂点Eを直線で結ぶとき

∠BAE＝[ア]より，

△BAEはAB＝[イ]の[ウ]となる。

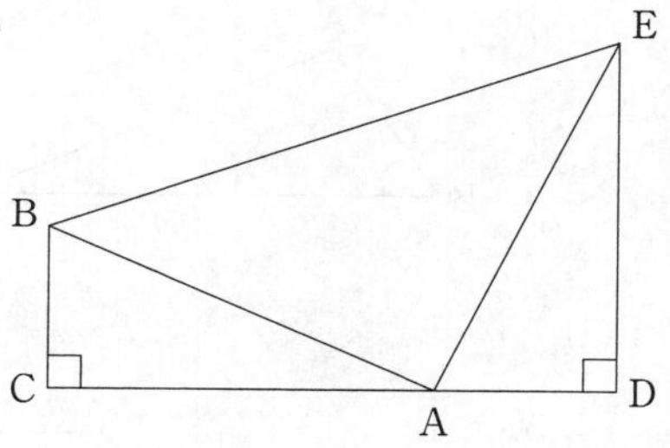

四角形BCDEは台形であるから面積は，

[エ]…(i)

また，四角形BCDEの面積は，

直角三角形ABCと直角三角形EADと△BAEの面積の和であるから，

[オ]…(ii)

したがって(i)＝(ii)より，[カ]となるから，三平方の定理が成り立つ。

⓪　60°	①　$\frac{1}{2}c^2$	②　AE	③　$a^2+b^2=c^2$	④　直角二等辺三角形
⑤　$\frac{1}{2}(a^2+2ab+b^2)$	⑥　正三角形	⑦　$\frac{1}{2}(2ab+c^2)$	⑧　AD	⑨　90°

5 下の図のように，$AB = 4$ cm，$BC = 10$ cm，$\angle ABC = 60^\circ$ の $\triangle ABC$ と

$EF = 13$ cm，$DF = 3\sqrt{3}$ cm，$\angle DFE = 90^\circ$ の直角三角形 DEF がある。

このとき，次の(1)，(2)の問いに答えなさい。

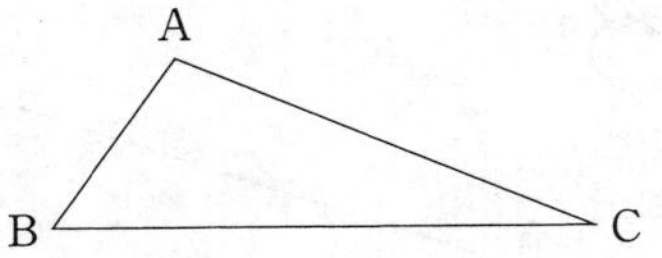

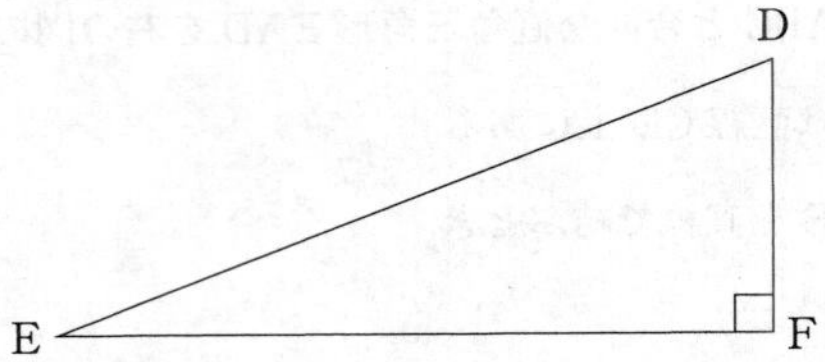

(1) 直角三角形 DEF の面積は，$\dfrac{\boxed{\text{ア}}\boxed{\text{イ}}\sqrt{\boxed{\text{ウ}}}}{\boxed{\text{エ}}}$ cm^2 である。

(2) 右の図のように △ABC と直角三角形 DEF の 2 つの三角形を頂点 B と E が図のように一致するように重ねて AB // DC となるように点 C を線分 BF 上にとる。

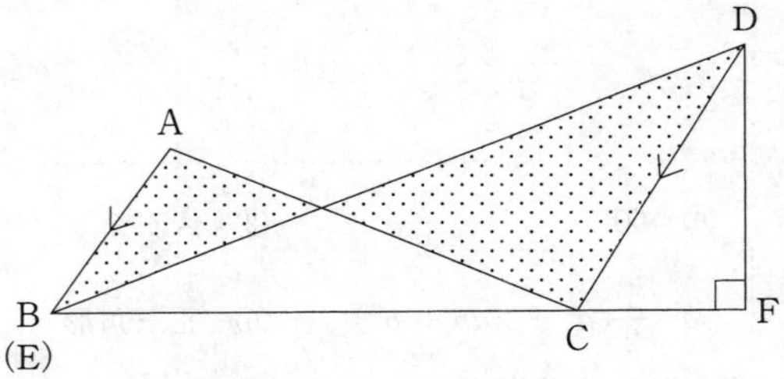

① $DC = \boxed{\text{オ}}$ cm である。

② △ABC の面積は，$\boxed{\text{カ}}\boxed{\text{キ}}\sqrt{\boxed{\text{ク}}}$ cm^2 である。

③ 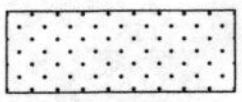 の面積は，$\boxed{\text{ケ}}\boxed{\text{コ}}\sqrt{\boxed{\text{サ}}}$ cm^2 である。

【国　語】（五〇分）〈満点：一〇〇点〉

一　1と2は、傍線部の漢字と同じ読みのものをそれぞれ一つ選びなさい。また、3から5は、傍線部を漢字に直した時に同じ漢字を使うものをそれぞれ一つ選びなさい。

1　実権を一手に掌握する。
ア　派閥争いに巻き込まれる。　イ　朱に交われば赤くなる。
ウ　貨幣を鋳造する。　エ　臨床心理士になる。

2　峡谷沿いの険しい道。
ア　野球の実況放送。　イ　粒子が粗い。
ウ　原因の究明。　エ　契約を結ぶ。

3　企業とテイ携する。
ア　問題テイ起を行う。　イ　一時テイ止の標識を無視する。
ウ　相手の意見を肯テイする。　エ　権力にテイ抗する。

4　海外からの救エン物資が届く。
ア　雨天順エンの知らせに落胆する。　イ　団体の運営資金をエン助する。
ウ　講エン会の記録をまとめる。　エ　新宿御エンに友人と出かける。

5　サイ相とは総理大臣のことである。
ア　現場でサイ配を振る。　イ　森林を伐サイする。
ウ　劇団を主サイする。　エ　国サイが膨れ上がる。

二　1から6の問いに答えなさい。

1　次の言葉の意味を最も適切に表した熟語を一つ選びなさい。
あわてふためくこと
ア　焦燥　イ　驚嘆　ウ　狼狽《ろうばい》　エ　放心

2　次の文字はa「草」・b「雪」の行書体である。〇で囲んだ部分の行書の特徴の組み合わせとして、正しいものを一つ選びなさい。

a 　b 

ア　a　点画の省略　b　点画の省略　イ　a　点画の省略　b　筆順の変化
ウ　a　筆順の変化　b　筆順の変化　エ　a　筆順の変化　b　点画の省略

3　空欄□に入る語を一つ選びなさい。
人間万事塞翁が□
ア　牛　イ　馬　ウ　鶏　エ　寅《とら》

4　次の傍線部の意味として正しいものを一つ選びなさい。
おもむろに腰を伸ばした。
ア　思い通りにならない　イ　落ち着いてゆっくりと
ウ　明るく元気に　エ　疲れてだるそうに

5　次の文の傍線部の意味が同じになるものを一つ選びなさい。
計画の骨ができる。
ア　骨までしゃぶる。　イ　頂上まで登るのは骨だ。
ウ　骨を惜しんではならない。　エ　会社の屋台骨となる。

6　傍線部の慣用句の使い方が正しいものの組み合わせを一つ選びなさい。

a　白羽の矢が当たり、役を務める覚悟を決めた。　　b　年度末なので寸暇を惜しんで働いた。

c　ようやく雪辱を晴らして満足した。　　d　火災で上を下への大騒ぎになった。

ア　aとb　　イ　bとc　　ウ　bとd　　エ　cとd

三

次の会話は、国民体育大会についての生徒同士のやりとりです。これを読んで、1から5の問いに答えなさい。

A　「新型コロナウイルス感染拡大により開催が危ぶまれていた国民体育大会も、無事開催されて良かったね。」

B　「うん。栃木県勢の活躍で盛り上がったね。」

A　「この大会のキャッチフレーズ『いちご一会』は耳に残るフレーズだし、よく作られているなあと感心するよね。」

B　「同感！　栃木県の特産品でもある『いちご』を、『生涯に一度だけ出会うこと』という意味の「[1]一会」にかけているんだよね。」

A　「通称『国体』と言われるこの体育大会は都道府県持ち回りで開催され、栃木県[2]で開催されるのは実に四十二年ぶりだったんだよ。今大会で七十七回の歴史を誇る、国民的体育行事なんだよ。」

B　「もともと国体は、戦後の荒廃した世の中にスポーツを復興させ、人々に活気を取り戻したいと始められたんだ。国体のために造られた建物が、負の[3]レガシーとならないよう国体が終わった後も有効に使われるといいよね。」

A　「ところで、他県の方々に栃木県の魅力を知ってもらえたかな。」

B　「餃子は有名だけど、史跡としては日光東照宮が有名だよね。」

A　「東照宮では松尾芭蕉が俳句を詠んでいるよね。」

B　「芭蕉が俳諧の道を極めようと出かけた『奥の細道』の旅は、敬愛する[4]西行法師の足跡をたどる旅でもあったと言われているんだよ。」

A　「『[5]a 一枚植ゑて立ち去る柳[5]b』の俳句が詠まれた那須も、西行が立ち寄ったとされる場所なんだ。」

B　「今度訪ねてみようかな。時空を越えて西行と芭蕉が重なるって、素敵だね。」

1　空欄[1]に入る語を、一つ選びなさい。

ア　一語　　イ　一互　　ウ　一期　　エ　一御

2　傍線部2「で」と文法的意味が同じものを、一つ選びなさい。

ア　筆で書く。　　イ　家の中で遊ぶ。

ウ　風邪で休む。　　エ　一時間で四キロ歩く。

3　傍線部3「レガシー」の意味を、一つ選びなさい。

ア　伝説　　イ　栄光　　ウ　遺産　　エ　記憶

4　傍線部4「西行法師」の詠んだ次の和歌の中にある「望月」の形を、一つ選びなさい。

願はくは花の下にて春死なむそのきさらぎの望月のころ

ア 　　イ 　　ウ 　　エ 

5　空欄[5]a・[5]bに入る語の組み合わせとして正しいものを一つ選びなさい。

ア　a　苗　　b　けり　　イ　a　草　　b　なり

ウ　a　花　　b　かも　　エ　a　田　　b　かな

四 次の文章を読んで、1から5の問いに答えなさい。（問題作成の都合で原文を一部変更したところがあります。）

楊梅《やまももの》大納言《だいなごん》顕雅卿《あきまさきょう》は、若くよりいみじく言失をぞし給ひける。《ひどい言い間違いをなさる方であった。》

[1]神無月のころ、ある宮腹に参りて、《皇女の腹から生まれた人に参上して、》*御簾《みす》の外にて、*女房たちものがたりせられけるに、《いろいろなお話をなさっている時に、》時雨《しぐれ》のさとしければ、《時雨がさあーと降ってきたので、》供なる*雑色《ぞうしき》を呼びて、「車の降るに、時雨さし入れよ」と[2]のたまひけるを、「*車軸とかやにや、おそろしや」とて、御簾の内、[3]笑ひあはれけり。

さて、ある女房の、「御いひたがへ、《言い間違いを、》つねにありと聞《きこ》ゆれば、《聞いておりますが、》まことにや、御祈りのあるぞや」といはれければ、「そのために、*三尺のねずみをつくり、供養せむと思ひ侍《はべ》る」《供養しようと思っております。》といはれたりける。をりふし、《ちょうどその時、》ねずみの御簾のきはを、《御簾の下端を、》走り通りけるを見て、観音に思ひまがへて、《観音に間違えて、》のたまひけるなり。

「［ 4 ］さし入れよ」には、[5]まさりてをかしかりけり。

越度《おちど》《失敗の話》の次《ついで》にいひ出《いだ》さる。

（『十訓抄』による）

注　*御簾——貴人のいる部屋の簾《すだれ》。　*女房——高位の女官。　*雑色——下級職員。
　　*車軸——車輪の心棒。　*三尺——長さの単位。一尺は約三〇・三センチメートル。

1　傍線部1「神無月」の季節として正しいものを一つ選びなさい。

ア　春　　イ　夏　　ウ　秋　　エ　冬

2　傍線部2「のたまひける」の主語として、最も適当なものを一つ選びなさい。

ア　顕雅卿　　イ　宮腹　　ウ　女房たち　　エ　雑色

3　傍線部3「笑ひあはれけり」の理由として、最も適当なものを一つ選びなさい。

ア　女房たちの雑談に混ぜてもらおうと必死に話を合わせてきたから。

イ　時雨が車の車軸のように見えたと嘘のような話を平然と言ってきたから。

ウ　女房たちの気を引こうとつまらない冗談を言って一人で浮き足立っていたから。

エ　「車が降ってくる」という言い間違いをいつものように平気で言ってきたから。

4　空欄［ 4 ］に当てはまる語として、最も適当なものを一つ選びなさい。

ア　時雨　　イ　車軸　　ウ　ねずみ　　エ　観音

5　傍線部5「まさりてをかしかりけり」の解釈として、最も適当なものを一つ選びなさい。

ア　自分の供養のために、本物そっくりのねずみの像を作ってしまったこと。

イ　自分の失言癖を直そうと供養したはずなのに、また言い間違えてしまったこと。

ウ　熱心に祈り続ければ失言癖が直ると信じ、走っていたねずみを捕って捧《ささ》げたこと。

エ　言い間違いを指摘されたので、女房に差し入れをしてご機嫌をとろうとしたこと。

五 次の文章を読んで、1から7の問いに答えなさい。

デザインは、人間が生きていく中で、自分を取り巻く世界を変化させる工夫のことだと序章で説明しました。その工夫は、現在より便利に、現在より美しくという「より善き世界」を作るために向かう行為の産物と考えることもできます。それと同時に、自分を取り巻く世界がより「自分らしくある」ための行為の産物でもあるようです。

自分らしさ、それをアイデンティティといいます。心理学の中で、これほど頻繁に話題となり、研究の対象となり、議論となるテーマも珍しいくらいです。

心理学ではアイデンティティを「自己の存在について、確定的に答えられること」と定義します。「私は男性です」「私が楽しいと思うことは、心おきなく音楽を聴いている時間です」「私は、ずっとキヤノンのデジタルカメラを使い続けています」。このように、自分にとって揺るぎのないものであるように述べることができるもの、これらを積み重ねていくと、次第に自分の存在というものがはっきりしてくる。アイデンティティは自己が他者とは違う特徴・内容を持っていることを示すためのものでもあります。

人間が生まれてから一生を終えるまでの発達の中で、このアイデンティティに関わり始め、強く意識するのが10代から20代前半にかけての青年期だと考えられています。自己に対する意識が次第に強くなり、同時に他者から見られる自己にも敏感になる時期です。また、理想自己と呼ばれる、「こうありたいという自分」が明確に意識されるようになり、自分を重ね合わせるようになります。

自分のことをもっとよく・正確に周りに知ってほしい、同時にポジティブな評価を得たい。これを動機として、「自分らしさの表現」が始まります。毎日鏡の前に長い時間立って、髪の毛から服装にまで細心の注意を払うこと。部活動やアイドルなど、自分が第一だと思っていることに没頭すること。心を許し合い、認め合う仲間を持ち、つながりを深めること。1すべてが自分らしさの表現なのです。

持ち物をはじめとする人工物は、このアイデンティティの表現に強い関わりがあります。第1章でふれたように、携帯電話やカバンなど自分の持ち物を気に入ったようにカスタマイズすること。高校生がお気に入りのブランドの服に身を固め街に繰り出すこと。これらも自分らしさを周りに発信する精一杯の行為です。人は、こうしてモノを巻き込みながらアイデンティティを徐々に形成していきます。

青年期ばかりが注目を集めるアイデンティティですが、アイデンティティの構築は一生をかけて行われる活動です。しばしば間違われやすいのですが、青年期にアイデンティティが形成され、大人になったときには既に完成しているということはありません。大人になるまでには、ある程度の安定したアイデンティティが形成されるのですが、2歳を重ねるに従って自己の存在を語る材料は増える一方です。

アイデンティティの形成過程では、理想とするシナリオに自らを重ね合わせるだけでなく、同時に自分のアイデンティティとは異なる価値観や文化を排除しようという動きも生まれます。青年期にさしかかった中学生が、突然親の買ってきた服を「ダサい」といって着なくなるのが典型例です。

理想だと思う自己への傾倒と、自己とは異なるアイデンティティを持つ個人や集団に対する［ 3 ］な態度。これは大人になってもはっきりと残ります。40代や50代の男性で、自己のステータスシンボルとして高級車を手に入れようとすることには、理想とする自己を達成しようとする心性が色濃く出ています。また、親の世代となった私たちが子どもの服装に眉をひそめたり、みんながスーツを着て出社する職場にカジュアルな服装で訪れた来客に「場違いな」という目を注いだりするのも、たいていは自己が受け容《い》れているアイデンティティとは異なるものに対する違和感と排除の心理がベースになっています。

アイデンティティ自体は、自己の心の中にあり、自らそれを言明するという形で発現されるものですが、前出のように、モノを通した表現によって発露されることも多いのです。「人は見た目でわかる」としばしば言われますが、むしろ見た目を通して自己主張をしていると言った方が適切な場合も少なくありません。

荷方（２０１１）の調査で語られた、お気に入りのモノにまつわるライフヒストリーには、思い入れのある持ち物に対する、自らが体験した楽しい出来事や辛《つら》かった出来事のエピソードが多数見られました。また、モノにまつわる家族や友人のことなど、人に関するエピソードも多数ありました。身の回りの人工物が媒介となり、思い出の表象、あるいは記憶の手がかりとなっていることがここから明らかになりました。人工物は、記憶のための情報がたくさん付加されたものなのです。

フロー体験などの命名者として有名なチクセントミハイと共同研究者のロックバーグ＝ハルトン（１９８１）も、自分が一番大切にしているモノについての大規模な調査を行っています。彼らの調査結果によると、１９７０年代のアメリカで、人々が大切にしているものは家具や写真、美術品など。調査に参加した人々は、それらを大切にしている理由として、家族との思い出を挙げることが非常に多かったとしています。チクセントミハイらによれば、これらの大事なものは家族との思い出を象徴するものであり、自分がこれまで生きてきた中で、感情を伴うエピソードが家族を中心として発生したことをはっきりと示すものでした。

4 モノは苦楽を共にする。ここに現れるのは、エピソードとしての記憶、エピソード記憶（Tulving, 1983）と呼ばれるものです。エピソード記憶は出来事の記憶で、時間や場所など視覚を中心としたイメージやそのときの感情なども同時に思い出すことができるものです。楽しかった出来事、悲しかった出来事、これらのエピソード記憶には、同時に視覚的なイメージが記憶されています。その時の場所、モノ、それまでが記憶に残ります。このため、そのときにそこにあったモノは、記憶を思い出す手がかりとして私たちに出来事やそのときの感情を呼び起こすのです。

私たちは結婚や出産、さまざまな家族のライフイベントのたびに、何かしらの品物を手に入れることが多いと思います。記念品、思い出の品。私たちがイベントのたびに何かを買うのは、それが記憶として残ることをよくわかっているからなのではないかと思うのです。

１９９０年代中盤から、日本中のあちこちで見られた「コギャル」と呼ばれる女子高校生文化。ルーズソックス、着崩した制服、不相応とも見える高級ブランドの小物やバッグ。彼女たちは「渋谷」という街、センター街や１０９などを自分たちのアイデンティティの象徴としました。これと同時に、「アキバ（秋葉原）」を象徴として発生したのが「ヲタク」と呼ばれるコミュニティ。ゲーム・アニメ・ネットといったデジタルメディアを中心として、「萌え」など独特の文化を作り上げた彼らも、彼ら独自のアイデンティティを構築しました。流行も人気も、実際には「モノ」そのものではなく、それを取り巻く人間の文化やコミュニケーションの中で作られることがあります。

5 自分がよりどころとする文化があることは、アイデンティティの形成において、重要な影響を与えます。心理学ではこれらの文化をよりどころとした集団（コミュニティ）を準拠集団といいます。コギャルやヲタクに限らず、阪神ファン、道産子、理系など、ありとあらゆるものが準拠する属性になります。

社会心理学の知見は、集団はお互いが集まろうとし、それを維持しようとする働きがあることを示しています。この性質を集団凝集性といいます。凝集性を高めるため、集団に所属する個人はお互いに所属意識を高める行動をとります。所属する集団のアイデンティティを高めるため、同じモノを所持し、その集団のみに通用する*スラングを使う。異なる価値観を持つアイデンティティには［３］な態度をとる。こうした文化が作り出す「ルール・制約」が、さらにコミュニティの存在を確固としたものにしていきます。

有元と岡部（２００８）は女子高校生のコミュニティが持つ文化を研究する中で、プリクラや携帯のメール、ソーシャルメディアといった人工物、あるいは人工物によって作られる仮想的な空間を通して、集団としての凝集性を創出していくことを見いだしています。彼女たちは、プリクラやメールを媒介とした関係の中で、コミュニティ内だけに適用するルール・スタイルを発展させながら、コミュニティのアイデンティティ・独自性を進化させていきます。それと同時に、集められたプリクラに表現される人間関係、携帯電話のカメラに収められた画像などによって、自己のアイデンティティも積極的に表現されていきます。

人と人とのコミュニケーションについて、従来の教科書が示してきた典型的な説明は、まず人間と人間の間の言語によるやりとりが主であること、また言語によるコミュニケーション以外に、表情や行動といった非言語的なコミュニケーションも同様に重要な役割を果たすことでした。私たちは、自分自身が表出する情報をもとにコミュニケーションを行ってきたのです。そして、自分自身の存在、アイデンティティ、人間らしさといったものについても、これらのコミュニケーション手段で表現されてきました。

直接対面することができない場合、文字がコミュニケーションを担ってきました。ここで初めて人工物（文字）が登場します。長らくの間、人工物を伴うコミュニケーションのチャンネルは限定的だったのです。しかし、伝達手段は20世紀に入り劇的に進化します。電話、通信、出版、放送、そしてデジタルメディアに。人工物が間に入らないコミュニケーションの方がむしろ少ないくらいです。

人工物が介在するにつれて、私たちの存在表現も、人工物が持つ特徴に合わせたものとなってきました。感情表現が乏しくなりやすいメールには、絵文字を使って感情表現を補充する。プリクラは自動的に被写体の顔色や目の大きさを、魅力的なものに「整形」してプリントアウトしてくれます。ここでも、私たちは加工された現実の中にどっぷり浸《っ》かっているように見えます。

現代に生きる私たち（少なくともある世代までの日本人）にとって、自分が日常受け取っていくさまざまな経験、自分の存在やアイデンティティ、いずれももはや人工物や人工物による加工を伴う表現なしには成立しないように思われます。先の有元と岡部は、このような日常を「デザインド・リアリティ」といいます。6魅力も価値も経験も、人工物を伴う「デザイン」の上に立っているのです。

（荷方邦夫『心を動かすデザインの秘密』による）

注　＊スラング――ある特定の社会集団の中で用いられる低俗な言葉。

1　傍線部1「すべてが自分らしさの表現」の解釈として、最も適当なものを一つ選びなさい。

ア　承認欲求を満たすためにあらゆることに創意工夫し、周囲に働きかけること。
イ　ありのままの自分や理想の自分を周囲に理解してもらうために悪戦苦闘すること。
ウ　自己顕示欲が高い人たちに負けないような持ち物を取捨選択し、違いを強調すること。
エ　自分のこだわりを周囲に理解してもらい、他者との違いを知らしめる行動を取ること。

2　傍線部2「歳を重ねるに従って自己の存在を語る材料は増える一方です」の理由として、最も適当なものを一つ選びなさい。

ア　青年期に達すると、自分の好みは変わらなくなってしまうから。
イ　ある年齢に到達すると、好みの対象が大きく変化していくから。
ウ　成長していくにつれて、個性を表すものの幅が広がっていくから。
エ　人間は成長するにつれて、妥協できない価値観が明確になるから。

3　空欄 3 に共通する語として、最も適当なものを一つ選びなさい。

ア　利己的　　イ　排他的　　ウ　画一的　　エ　反抗的

4　傍線部4「モノは苦楽を共にする。」の解釈として、最も適当なものを一つ選びなさい。

ア　自分自身が経験したことをモノを通して、気持ちを蘇らせること。
イ　モノにまつわるさまざまな記憶は、周囲の人を巻き込む力があること。
ウ　思い出のモノを手放す悲しさに、多少ためらう気持ちが芽生えること。
エ　自分が大切にしているモノを追加することで、存在意義を確かめること。

5　傍線部5「自分がよりどころとする文化」の説明として、最も適当なものを一つ選びなさい。

ア　周囲と一線を引くために、新たに築き上げた統一的な思考のこと。

イ　あるものを基準として、自分のルーツをたどる手助けになること。

ウ　自分自身を形作るシンボルとして、支えとなる考え方や行動様式のこと。

エ　絶対に譲れない条件を相手に求め、保ち続けようとするつながりのこと。

6　傍線部6「魅力も価値も経験も、人工物を伴う『デザイン』の上に立っている」の説明として、最も適当なものを一つ選びなさい。

ア　直接的なやり取りを行う手段より身近で手軽な方法を選んで相手と対話することで、人間らしさを身につけていけると勝手に思い込んでいるということ。

イ　人生をデザインするためには、言語能力よりも非言語能力や共感する力をいかにして伸ばすことに焦点をあてていくべきかを常に考えているということ。

ウ　私たちの存在意義は今や人工物を挟まないと相手に認めてもらえないため、各自が趣向を凝らして自分を飾りたてるアイテムを持っているということ。

エ　現実の世界を自分に都合の良いように切り取り、手を加えたものであると分かっていても暗黙のうちに日常生活に取り入れているということ。

7　本文の内容と一致するものとして、最も適当なものを一つ選びなさい。

ア　人はより善き世界を作りあげるために日々努力を重ね続け、理想の自分を作り上げてきた。

イ　1990年代の日本は自己肯定感が低くなり、自分たちをダサいと思う若者が増えていった。

ウ　アイデンティティの確立を助けるものとして、時に人は見た目で自己表現をしようとしてきた。

エ　人は集団凝集性を高めるために定期的に集まり、同調性を最優先するあまり個性を捨てていった。

六

次の文章を読んで、1から7の問いに答えなさい。

【麻生人生はかつて引きこもりの日々を送っていた。ある日面倒をみてくれていた母が年賀状を残して突然いなくなってしまった。残された年賀状の中に大好きだった祖母の名前を見つけて会いに行った。祖母の家には、血のつながりのない妹つぼみが既に暮らしていたが、やがて三人での生活が始まり、次第に人生の生活は変わっていった。仕事にも就いた人生は、祖母の手作りの田んぼで米作りもするようになった。そんなある日、人生は仕事先の上司から就職活動がうまくいかない息子に米作りの手伝いをさせてほしいと頼まれた。】

ふと、畦道《あぜ》の向こうに、田端さんとその妻らしき人影が現れた。ふたりは揃《そろ》って有志一同にあいさつをしてから、人生とつぼみのそばへ笑顔で歩み寄った。

「今日は純平がお世話になりまして、ほんとうにありがとうございました。かえって迷惑だったかもしれんけど……」

田端さんが礼を述べると、人生とつぼみは、無言で頭を下げた。

「なんだよ、わざわざふたりして」

純平が、不機嫌な声を出した。

「だって、急な参加を受け入れて下さって、いろいろ教えていただいただろうから、きちんとお礼くらい言わなくちゃって思って……」

[1]そう言いわけしてから、純平の母は人生へ向かい合った。

「いつも主人から聞いています。おばあちゃんを助けてお米作りしてるんですってね。主人の勤務先でも、麻生さんはほんとによくがんばっておられるって……」

「まったく、麻生君の[2] A の垢《あか》を煎じてこいつに飲ませてやりたいぐらいだよ」

田端さんが、[2] B を挟むと、純平は、露骨に顔を歪《ゆが》めた。

「で、どうだった？　田植えは。少しは、皆さんのお役に立ったのか」

「知らねえよ」

父親の問いに、息子はぷいとそっぽを向いた。人生は、またむっとした。

こいつ、せっかく親父さんとお袋さんが迎えにきてくれたのに、その態度かよ。

田端さん夫妻は、困ったような苦笑を浮かべている。ふたりとも、きっとこの我がままな息子にほとほと[2] C を焼いているのだろう。けれど、少しでも社会経験ができるように、いろいろな人たちと交流できるように、彼が望んだ生き方をできるようにと、心を砕いているのだ。だから、あえて田植え体験などという面倒なことをさせたのだ。

人生は、純平の両親の心中を慮《おもんぱか》った。息子を大切に思うからこそ、厳しい体験をさせるべきなんだと心を決めているに違いない。そう、まるで……。

まるで、引きこもりだったおれを、突き放した母ちゃんみたいに。

人生は、[3]むっとしかけた表情を笑顔に変えて、田端夫妻に向かって言った。

「おれらのほうは、助かりました。田植えは、手伝ってくれる人が多ければ多いほど、いいっすね。今日、それがよおくわかりました」

田端夫妻の顔が、ほっと緩んだ。つぼみは、例のごとく、ばっかみたい、と言いたげだったが、どうにか口を結んでいる。人生は、純平のほうを振り向いた。

「ってわけで。次回も、もしよかったら、よろしく頼むわ。これからも草取りだの稲刈りだの脱穀だの、収穫の日まで結構大変なんだ」

純平は、そっぽを向いたまま、

「おれ、もう来ねえし」

と言い捨てた。田端さんが、「おい。なんだ、その態度は」とさすがに声を荒らげた。それで逆にキレたのか、純平は、もうがまんがならないという調子で文句を言い始めた。

「だってさあ。めんどくせえんだよ、この田植え。田植機も使わねーしさ。いちいち苗をつまんで地面掘って埋めて……こんな地べたを這《は》うような仕事、そもそもおれに向いてねーんだよ。おれは、もっとこう、上昇志向なの。東証一部上場の企業とかじゃなきゃ働く気になんねーの。東京のど真ん中の、でっかいビルに本社があるような会社に、かっけえスーツ着て通勤すんの。こんな泥臭い作業なんかおれには……」

と、その瞬間。

田端さんのげんこつが、いきなり純平の顔めがけて飛んだ。

ズサアッ、と派手な音を立てて、純平が畦道に後ろ向きに倒れた。うわっ！　と叫んで純平の傍らにしゃがみこんだのは人生だった。かばおうとしたわけではないが、反射的に手を差し伸べてしまったのだ。純平の母とつぼみは、声も出せずにその場に立ち尽くしている。父は、大声を張り上げた。

「お前はッ……お前は、いつから、そんな*御託《ごたく》を並べる人間になったんだッ！　おれと母さんが、苦労して苦労して育てた挙げ句が、こんなくだらねえ人間を作っちまったのかよッ！　お前の言葉はな。さっきのお前の言ったことはな。麻生君ばかりじゃねえ、農業やってる人たち、汗水たらして働いてる全部の人たちに対する侮辱だッ！　わかってんのか、おいッ!?　あやまれ！　そこへ手ェついてあやまれよッ！」

どうした、なにがあったんだ、と有志一同が引き返してきた。人生は、ほとんど無意識に純平の上半身を支えて起こそうとした。が、純平は、その手を振り切って、自分で立ち上がった。口もとが少し切れて、血がにじんでいる。純平の母はおろおろして、まだ声を出せずにいる。

火のような憎悪の目で、純平は父親をにらみつけた。そして、ズボンについた土を両手で払ってから、[4]「……サイテー」とつぶやいた。

「てめえら、全部、サイテー。ぜってー、許さねーからな」

暗い声で言い捨てると、遠巻きに眺めていた有志一同のあいだをかき分けて、走っていってしまった。

「ちょっ……待ちなさい、純平！」

ようやくひと声叫んで、純平の母が息子の後を追った。人生も思わず行きかけたが、田端さんがその肩をつかんで止めた。

「放っといてやってくれ。このくらいしないと、あいつにはわからないんだから」

その日の夜、宴会の席で、田端さんは、5なにごともなかったかのように明るくふるまっていた。

純平とその母は、あれっきり戻ってはこなかったが、田端さんは、明日は仕事があるというのに、夜更けまでつき合ってくれた。

（中略）

色のない、荒涼とした野原のような冬の終わりの田んぼを、最初に撮った。それから、苗床を作り、種籾《もみ》をまき、発芽して、ぐんぐん伸びゆく苗たちの様子を、田んぼを訪れるたびに撮っていた。まるで、子供の成長を楽しみに撮影する若い父親のように。待ち受け画面も、当然、生き生きと葉を伸ばす稲の写真だ。

携帯電話のフラップを開ける。小さな画面いっぱいに、青々とした田んぼの様子が広がっている。

人生はその小さな宇宙をみつめた。それから、アドレス帳に入っている「田端純平」の電話番号を検索した。

田植えのとき、田端さんから「何かあったら直接息子に連絡してほしい」と、純平の携帯番号とメールアドレスを聞かされていた。人生は、風呂のかまどの前にしゃがみこんだまま、そのアドレスに、メールを送信した。

純平父ちゃんへ　あのとき植えた苗、こんなにでかくなったぞ。一回、見にこねーか？　人生

待ち受けにしている青田の写真を添付した。返事がくるかどうかは、賭けだった。

（中略）

純平からの返信は、やはりこなかった。

期待していたわけじゃない。けれど、生長した苗の写真を見て、ひと言でいい、返事をくれれば嬉《うれ》しいなと、心のどこかで思っていた。

こんな地べたを這うような仕事、自分には向いていない。田植えのあと、そんなふうにうそぶいていた。一瞬むかっとなったけれど、6いまにして思えば、彼なりの精一杯の突っぱりだったんだとわかる。

就活がままならず、ひょっとすると、自分はこんなふうに地面にへばりついたままで、伸びていけないんじゃないか。そう思って、怖かったのかもしれない。

引きこもりをしていた頃の自分も、そうだった。狭い部屋の中に閉じこもっていたのは、過酷な社会の中で自分は伸びていけないかもしれない、と感じて怖かったからなのだ。

けれど、いまならわかる。田んぼで育つ稲のように、自分たちには、空を目指してどんどん伸びていく本能が備わっているはずなんだと。

あんなに小さなひと粒の種籾から、青々と育ちつつある稲、その力。「お米の力を信じて、とことんつき合ってあげなさい」と、米作りを始めるまえにばあちゃんが言っていた。

自然に備わっている生き物としての本能、その力を信じること。すなわち、生きる力、生きることをやめない力を信じること。

「お米の力」という言葉を、「人間の力」という言葉に置き換えてみる。すると、それは「自分の力」という言葉になる。

「自分の力」を信じて、とことんつき合ってあげなさい。――自分自身に。

ばあちゃんにそう言われている気がした。それを、7純平にも伝えてやりたかった。

（原田　マハ『生きるぼくら』による）

注　＊御託を並べる――勝手な言い分をくどくどと言いたてる。

＊純平父ちゃんへ――純平が苗に、我が子のような言葉掛けをしながら田植えをしていたことを思い出した人生が、メールの表題として送った言葉。

1　傍線部1「そう言いわけして」の心情として、最も適当なものを一つ選びなさい。

ア　息子の世界に両親が踏み込んでしまったことに対して、申し訳ないと思っている。

イ　両親で挨拶に来たことに、面白くないと思っている息子をなだめようとしている。

ウ　田植えの様子を見に来たが、周囲の人の前で反抗する息子を恥ずかしく思っている。

エ　就職活動がうまくいかない息子に、自分たちの思いを分かってもらおうとしている。

2　空欄[2] A ・[2] B ・[2] C に入る言葉の組み合わせとして、最も適当なものを一つ選びなさい。

ア　A 爪　B 声　C 胸　　イ　A へそ　B 足　C 手

ウ　A 耳　B 手　C 身　　エ　A 爪　B 口　C 手

3　傍線部3「むっとしかけた表情を笑顔に変えて」の説明として、最も適当なものを一つ選びなさい。

ア　父親に対する純平の態度には腹立たしさはあるが、母が自分に対して抱いたであろう親心を田端夫妻にも感じられ、その気持ちに寄り添いたくなったということ。

イ　不満を顔や態度に出す純平にはあきれたが、米作りを通して人との関わり方を覚えた先輩として、親に接する態度の手本を示す気持ちで表情を整えたということ。

ウ　いつまでも自立できない息子をかばおうとする田端夫妻の態度を心では軽蔑していたが、職場の上司でもあるので表面上では取り繕うべきだと思ったということ。

エ　人生もかつて母親に対して反抗的な態度を取った経験から純平の親に対する気持ちも手に取るようにわかり、田端夫妻に同情する気持ちが表情に表れたということ。

4　傍線部4「……サイテー」の心情を説明した四字熟語として、最も適当なものを一つ選びなさい。

ア　一心不乱　　イ　自問自答　　ウ　意気消沈　　エ　自暴自棄

5　傍線部5「なにごともなかったかのように明るくふるまっていた」の理由として、最も適当なものを一つ選びなさい。

ア　衝動的に息子を殴ってしまったが、平常心を取り戻そうとしたかったから。

イ　家族のもめごとで、みんなが気を遣うような雰囲気にしたくなかったから。

ウ　息子のことは母親に任せておけば、おそらく大丈夫だと安心していたから。

エ　就職活動がうまくいかない息子だが、この経験を必ず生かせると思ったから。

6　傍線部6「いまにして思えば、彼なりの精一杯の突っぱりだったんだとわかる」の説明として、最も適当なものを一つ選びなさい。

ア　全てがうまくいかない純平が、将来への不安と未熟な自分に対しての苛立《いら》ちをぶつけていたのだということが理解できるということ。

イ　都会で華やかに暮らした純平には田舎の辛《つら》く地味な農作業に価値を見出《いだ》せず、不満がこみあげてくる気持ちが理解できるということ。

ウ　就職活動につまずく自分の気持ちを両親に受け入れてもらえず、無理やり米作りをさせられる純平の憐《あわ》れさが理解できるということ。

エ　純平からの返信が来ないのは、米作りのことばかり気にかけて自分の気持ちを理解しない人達への反発心だと理解できるということ。

7 傍線部７「純平にも伝えてやりたかった」の理由として、最も適当なものを一つ選びなさい。

ア 親の敷いたレールからはみ出すことができてこそ、新たな世界へと踏み出すことができるということを理解してほしかったから。

イ 純平がまごころをこめて育ててきた苗が立派に生長していることを、ばあちゃんもとても喜んでいると伝えたかったから。

ウ 都会での就職活動がうまくいかなくても、田舎では地に足をつけたよりよい人生を送ることができることを知ってほしかったから。

エ 人は過酷な社会の中でも強く生きる力を持っているのだから、その力を信じていけばいいのだということをわかってほしかったから。

――2023年度／作新学院高等学校（総合進学部・情報科学部）（第２回）――

英語解答

1 A (1)…イ (2)…ア (3)…エ (4)…ウ

(5)…エ

B (6)…ア (7)…イ (8)…エ (9)…ウ

(10)…ウ

2 (1) ウ (2) イ (3) ア (4) エ

(5) ウ (6) ア (7) エ (8) ウ

(9) エ (10) イ

3 (1) ２番目…イ ４番目…ウ

(2) ２番目…オ ４番目…ア

(3) ２番目…イ ４番目…ウ

(4) ２番目…ア ４番目…ウ

(5) ２番目…イ ４番目…ウ

4 (1) ウ (2) エ (3) イ (4) エ

5 (1) ウ (2) エ (3) ア (4) ウ

(5) ア (6) エ

1〔放送問題〕解説省略

2〔適語（句）選択・語形変化〕

(1)「ピアニストは知られていた」と考え，受け身の形（‘be動詞＋過去分詞’）にする。 know－knew－known once「かつて」 well「よく」 「そのピアニストはかつて日本でよく知られていた」

(2) at last で「ついに，ようやく」の意味。 「かなりの長旅だったが，ようやくホテルに着いた」

(3) at school から，subject「科目，教科」を選ぶ。 planet「惑星」 conversation「会話」 poem「詩」 「私は絵を描くのが好きなので，美術は学校でのお気に入りの教科だ」

(4)‘invite＋人＋to ～’で「〈人〉を～に招く」の意味。 「スティーブは昨日，彼の誕生日パーティーに多くの友人を招いた」

(5)前置詞 of の後なので目的格の them が適切。both of ～で「～の両方」。 they－their－them－theirs 「ミキには兄〔弟〕と姉〔妹〕がいる。彼らの両方とも15歳だ」

(6)薬が買えなかったのは店が「閉まっていた」からである。 medicine「薬」 「ドラッグストアが休みだったので，私はその薬を買えなかった」

(7) be proud of ～で「～を誇りに思う」の意味。 「トムの両親は彼がバスで老女に席を譲ったとき，彼を誇りに思った」

(8)直後に文の形（‘主語＋動詞...’）が続いているので，「～ということ」の意味を表す接続詞 that を選ぶ。It is natural that ～で「～するのも当然だ」という意味。この文の It は形式主語で，that 以下の内容が真の主語になる。 「ナオミが疲れているのは当然だ」

(9)文前半に Ann was very surprised とあることから，猫が「突然」現れたと考えられる。 greatly「大いに，非常に」 finally「ついに」 「アンは今朝，猫が突然自転車の前を走ったとき，とても驚いた」

(10)後に形容詞の bad が続くことに注目する。‘taste＋形容詞’で「～の味がする」の意味。 「このジュースはひどい味がするが，健康には良い」

3〔整序結合〕

(1)語群から，「忠告してくれて」を「忠告を」と読み換え，your advice とする。「～を（どうも）ありがとう」は，Thank you (very much) for ～で表せる。 Thank you very much for your advice.

(2)「～を知っていますか」とあるので，Do you know で文を始める。「～の仕方」は how to ～で表せる。　Do you know how to make a cheesecake ?

(3)「科学者になること」をto不定詞の名詞的用法を使ってTo become a scientistと表した後，動詞のisを続け，to不定詞が主語の文をつくる。　To become a scientist is my dream.

(4)「きっと～だと思う」はI'm sure (that) ～で表せる。thatは接続詞なので，後の'～'は文の形('主語＋(助)動詞...')にする。ここではthatが省略されている。　I'm sure we can win the game.

(5)「～しましょう」なのでLet'sで始め，move this desk「机を動かす」を続ける。「～する前に」は接続詞beforeを使って表せる。　Let's move this desk before we clean the room.

4〔長文読解―英問英答―対話文〕

≪全訳≫❶スタッフ(S)：こんにちは，何かご用でしょうか。❷女性(W)：午前9時のニューヨーク行きの電車の切符を買いたいのですが。後方の窓側の席を取ることはできますか。❸S：申し訳ございません。後方の窓側の席はもう空いていません。前方の窓側の席はいかがでしょうか。❹W：いいえ，前方では居心地が良くなく，リラックスできません。後方の通路側の席を取ってくれませんか。❺S：承知いたしました。片道切符は32ドル，往復切符は60ドルです。❻W：片道切符をお願いします。❼S：かしこまりました。こちらが切符になります。❽W：40ドルでお願いします。❾S：こちらがおつりの8ドルです。❿W：ありがとうございます。質問をしてもいいですか。⓫S：もちろんです。⓬W：ニューヨークまで行くのにどのくらいかかりますか。⓭S：約2時間半です。

<解説>(1)「女性は最初どの席に座りたかったか」―ウ．③　第2段落第2文参照。　(2)「女性はどの席に座るか」―エ．④　第4，5段落参照。　(3)「女性は切符にお金をいくら払うか」―イ．「32ドル」　第5，6段落参照。　(4)「電車は何時にニューヨークに着くか」―エ．「午前11時30分」　第2段落第1文から，女性が午前9時の電車に乗ろうとしていることがわかり，第12，13段落から，ニューヨークまで約2時間半かかることがわかる。How long does it take to ～?は「～するのにどのくらいかかりますか」と'所要時間'を尋ねる表現。

5〔長文読解総合―エッセー〕

≪全訳≫❶私の名前はバリーです。皆さんに旅行についてお話ししたいと思います。旅行には2つの方法があると思います。1つは，多くの名所を訪れて，多くのことを学ぶことです。例えば，京都のお寺を訪れて，それについて多くの質問をすることができます。誰がそれを建てたのか。なぜ彼らはそれを建てたのか。それはいつ建てられたのか。京都には多くのお寺があるので，1日にいくつかのお寺を訪れることもできます。1日の終わりには，②日本の歴史について十分な知識を持つことになります。❷もう1つの旅行の方法は，1つの場所に長い間滞在し，何もせずにリラックスすることです。その間は何もすることがありませんが，それがこの種の旅のポイントです。このようにして，ある夏私の家族は旅行しました。私の家族はあまり旅行しませんでしたが，ある夜の夕食のときに，母が「どこかすてきな場所に行きたいわ。私たち家族が最後に旅行をしてからずいぶんたつわね」と言いました。その当時，父はとても忙しかったので，私は彼がこのアイデアを気に入っていないと思いました。しかし，父はOKしました。❸その後，姉〔妹〕と私は夏休みの旅行を計画しました。私たちは地元の図書館でツアーの本や雑誌を何冊か読み，安い値段で借りられるコテージを見つけました。それで8月の第1週に私たち家族は山の中にあるコテージに行きました。私たちは森を通って川まで歩き，そこで長い時間過ごしました。それはとても美しくて，みんなそこにいられてうれしく思いました。お店で食べ物を買い，みんなでコテージで料理をしました。私でさえも！　テレビもコンピューターもなかったので，一日中いろいろな話をしました。それは今でも私たちの最高の思い出の１つです。私たちはこの貴重な思い出を決して忘れないでしょう。

⑴＜適語(句)選択＞空所の後に続く，京都のいくつかの寺を訪れて，多くの質問をするという内容は，前文の「多くの名所を訪れて多くのことを学ぶ」という旅行の方法の具体例になっている。however「しかし」　because of ～「～のために，～が原因で」

⑵＜適文選択＞空所の前の the end of the day「その日の終わり」とは，この前の内容から，京都でいくつかの寺を訪れ，多くの質問をした日の終わりのことだとわかる。そのような１日を過ごせば，結果として日本の歴史について，たくさんの知識がつくと判断できる。　have a good knowledge of ～「～の知識が豊富だ」

⑶＜英文解釈＞下線部の前に‘逆接’の接続詞 But があることに注目し，前文からの流れを確認する。「父はこのアイデアを気に入っていないと思ったが，彼は OK と言った」という流れなので，下線部は父親がこのアイデアに賛成したということを表す。this idea「このアイデア」は，第２段落第４文の「(家族で)どこかすてきな場所に行きたい」という母親の発言を指すので，これらの内容をまとめたものを選ぶ。

⑷＜適語選択＞空所の前の「テレビもコンピューターもない」と後の「一日中いろんな話をした」は‘原因’と‘結果’の関係になっている。接続詞 so「だから，それで」の前後にはこの関係が成り立つ。

⑸＜内容真偽＞ア．「バリーと彼の姉〔妹〕は一緒に夏休みの旅行を計画した」…○　第３段落第１文の内容に一致する。　イ．「バリーの父親は彼の母親に京都のいくつかの寺を訪れてほしいと思った」…×　このような記述はない。　ウ．「バリーは夏休みの旅行の間にコテージで料理をしなかった」…×　第３段落第６，７文参照。バリーを含む家族全員が料理した。　エ．「バリーの家族はコテージで人気のある旅行番組をテレビで見た」…×　第３段落最後から３文目参照。コテージにテレビはなかった。

⑹＜表題選択＞旅行をテーマに，筆者がある夏にした家族旅行の思い出を振り返っている文章。筆者の伝えたいことを最もよく表し，題名としてふさわしいのは，家族旅行の時期について述べたエ．「８月の第１週」。

数学解答

1 (1) ア…7　イ…2
(2) ウ…1　エ…8　オ…1　カ…1
(3) キ…2　ク…2　ケ…3　コ…1
サ…1
(4) シ…1　ス…2　セ…5　ソ…2
(5) タ…2　チ…9
(6) ツ…－　テ…1　ト…6　ナ…－
ニ…3
(7) 6　(8) ネ…9　ノ…2
(9) ハ…1　ヒ…3　(10) ③

2 (1) ア…2　イ…1
(2) ウ…1　エ…4　オ…3　(3) ①
(4) キ…1　ク…4　(5) 2
(6) コ…1　サ…1　シ…2

3 (1) ア…3　イ…2　ウ…1
(2) エ…3　オ…2　カ…3　キ…2
(3) ク…6　ケ…3　コ…5
(4) サ…2　シ…1

4 ア…⑨　イ…②　ウ…④　エ…⑤
オ…⑦　カ…③

5 (1) ア…3　イ…9　ウ…3　エ…2
(2) ①…6
② カ…1　キ…0　ク…3
③ ケ…1　コ…3　サ…3

1〔独立小問集合題〕

(1)<数の計算>与式$=2-(-70)=2+70=72$

(2)<式の計算>与式$=21x-14+3-3x=18x-11$

(3)<数の性質>$132=2\times66=2\times2\times33=2\times2\times3\times11=2^2\times3\times11$

(4)<式の計算>与式$=\dfrac{6x^2y\times4y^6z^5}{2x^2y^2z^3}=12y^5z^2$

(5)<式の計算―因数分解>与式$=x^2-3x-18-4x=x^2-7x-18=(x+2)(x-9)$

(6)<連立方程式>$x-7y=5$……①，$-x+2y=10$……②とする。①＋②より，$-7y+2y=5+10$，$-5y=15$　$\therefore y=-3$　これを①に代入して，$x-7\times(-3)=5$，$x+21=5$　$\therefore x=-16$

(7)<一次方程式―比例式>$x\times5=10\times3$　$\therefore x=6$

(8)<数の計算>与式$=\sqrt{8^2\times2}-\sqrt{5^2\times2}+\sqrt{6^2\times2}=8\sqrt{2}-5\sqrt{2}+6\sqrt{2}=9\sqrt{2}$

(9)<確率―じゃんけん>AさんとBさんがじゃんけんを1回するとき，それぞれグー，チョキ，パーの3通りの出し方があるから，2人の出し方は全部で$3\times3=9$(通り)ある。このうち，あいことなるのは，2人ともグー，2人ともチョキ，2人ともパーの3通りだから，求める確率は$\dfrac{3}{9}=\dfrac{1}{3}$となる。

(10)<平面図形―円周率>円周率は，円の直径の長さに対する円周の長さの割合を表すものなので，円周の長さを円の直径の長さでわった値である。

2〔独立小問集合題〕

(1)<数の性質>$\sqrt{\dfrac{84}{a}}=\sqrt{\dfrac{2^2\times3\times7}{a}}$だから，これが自然数となる最も小さい自然数$a$は，$\dfrac{2^2\times3\times7}{a}=2^2$となる自然数$a$である。よって，$a=3\times7$より，$a=21$である。

(2)<平面図形―角度>右図1のように，5点A，B，C，D，Eを定める。$l /\!/ m$より，平行線の錯角は等しいので，$\angle CDE=\angle ABD=43°$となる。△CDEで内角と外角の関係より，$\angle x=\angle CDE+\angle DCE=43°+100°=143°$となる。

図1

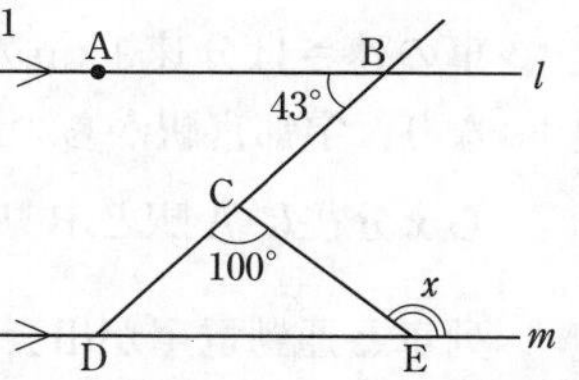

(3)<データの活用―箱ひげ図>ヒストグラムは，データの小さい方の度数は小さく，データの大きい方の度数は，データの小さい方に比べかなり大きくなっているから，第1四分位数，第2四分位数(中央値)，第3四分位数はデータの大きい方に寄ると考えられる。

よって，対応している箱ひげ図は，①となる。

(4)＜二次方程式の応用＞長方形の長い辺の長さを $x$cm とすると，短い辺の長さは，長い辺より 4cm 短いから，$x-4$cm と表せる。4隅から1辺が 2cm の正方形を切り取ってふたのない箱をつくるので，右図2のように，高さは 2cm となる。また，底面の長方形の長い辺の長さは $x-2\times2=x-4$(cm)，短い辺の長さは $(x-4)-2\times2=x-8$(cm) となる。容積が 120cm^3 となるので，$(x-4)\times(x-8)\times2=120$ が成り立つ。これを解くと，$(x-4)(x-8)=60$，$x^2-12x+32=60$，$x^2-12x-28=0$，$(x+2)(x-14)=0$ より，$x=-2$，14 となる。長方形の4隅から1辺が 2cm の正方形を切り取ることより，$x-4>4$ だから，$x=14$ が適する。よって，長方形の長い辺の長さは 14cm である。

図2

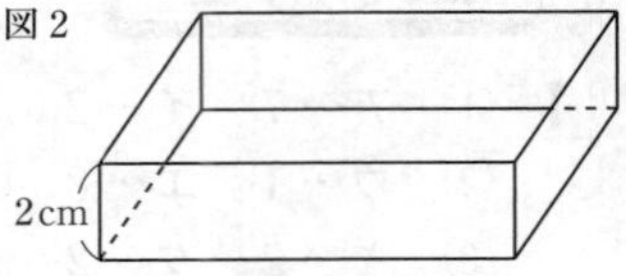

(5)＜関数―比例定数＞関数 $y=ax^2$ において，y の変域が $0\leqq y\leqq8$ となることより，$a>0$ である。これより，関数 $y=ax^2$ は，x の絶対値が大きいほど y の値も大きくなる。x の変域が $-2\leqq x\leqq1$ のときの y の変域が $0\leqq y\leqq8$ だから，x の絶対値が最大の $x=-2$ のとき，y の値が最大の $y=8$ である。よって，$8=a\times(-2)^2$ が成り立ち，$a=2$ となる。

(6)＜空間図形―体積＞投影図の立面図は，横が 8cm，縦が 7cm の長方形，平面図は，直径が 8cm の円であるから，この立体は，右図3のように，底面の直径が 8cm，高さが 7cm の円柱となる。底面の半径は $\frac{1}{2}\times8=4$ だから，投影図で表された立体の体積は，$\pi\times4^2\times7=112\pi$(cm^3) である。

図3

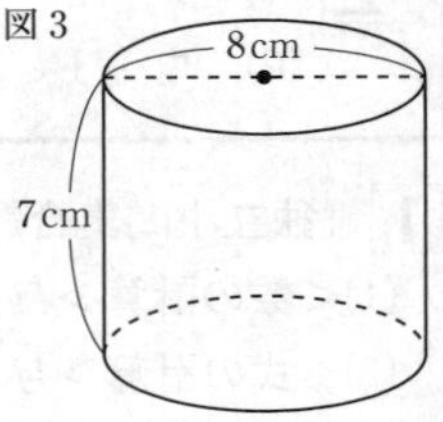

3〔関数―関数の利用〕

≪基本方針の決定≫(4)　走った距離の和は，通勤電車と貨物列車の長さの和となる。

(1)＜速さ＞通勤電車は，9時に宇都宮駅を出発し，9時6分に宇都宮駅から 9km 離れたA駅に到着しているから，6分で 9km 走る。よって，通勤電車の速さは，$\frac{9}{6}=\frac{3}{2}$ より，分速 $\frac{3}{2}$km となる。また，貨物列車は，9時に宇都宮駅から 22km 離れたC駅を出発し，9時1分に宇都宮駅から 21km 離れた地点を走っているから，1分で $22-21=1$(km) 走る。これより，貨物列車の速さは分速 1km である。

(2)＜関係式＞通勤電車は，9時7分にA駅を出発し，9時11分にB駅に到着している。A駅からB駅までの距離は $15-9=6$(km)，かかった時間は $11-7=4$(分) だから，$\frac{6}{4}=\frac{3}{2}$ より，A駅からB駅までの通勤電車の速さは分速 $\frac{3}{2}$km である。通勤電車が宇都宮駅を出発してから x 分後にA駅とB駅の間を走っているとき，A駅から走った時間は $x-7$ 分であり，宇都宮駅からA駅までの距離は 9km だから，このときの宇都宮駅からの距離は $9+\frac{3}{2}(x-7)=9+\frac{3}{2}x-\frac{21}{2}=\frac{3}{2}x-\frac{3}{2}$(km) と表せる。よって，$y=\frac{3}{2}x-\frac{3}{2}$ となる。

(3)＜距離＞問題の図より，貨物列車と通勤電車が出会うのはA駅とB駅の間である。(1)より，貨物列車の速さは分速 1km だから，C駅を出発してから x 分後のC駅から走った距離は $1\times x=x$(km) となり，宇都宮駅からの距離は $22-x$km と表せる。また，(2)より，通勤電車が宇都宮駅を出発してから x 分後にA駅とB駅の間を走っているとき，宇都宮駅からの距離は $\frac{3}{2}x-\frac{3}{2}$km と表せる。貨物列車と通勤電車が出会うとき，宇都宮駅からの距離は等しいから，$22-x=\frac{3}{2}x-\frac{3}{2}$ が成り立つ。これを解くと，$-\frac{5}{2}x=-\frac{47}{2}$，$x=\frac{47}{5}$ となるので，このときの宇都宮駅からの距離は $22-x=22-\frac{47}{5}=$

$\dfrac{63}{5}$(km)である。

(4)＜時間＞通勤電車と貨物列車がすれ違うのにかかる時間をt秒とする。走った距離の和は，通勤電車と貨物列車の先頭部分が重なってから最後尾の部分が重なるまでだから，通勤電車と貨物列車の長さの和となる。通勤電車の長さは295m，貨物列車の長さは580mだから，すれ違うのに走った距離の和は$295+580=875$(m)となる。通勤電車の速さは分速$\dfrac{3}{2}$km，貨物列車の速さは分速1kmであり，t秒は$\dfrac{t}{60}$分，875mは$\dfrac{875}{1000}=\dfrac{7}{8}$(km)だから，$\dfrac{3}{2}\times\dfrac{t}{60}+1\times\dfrac{t}{60}=\dfrac{7}{8}$が成り立つ。これを解くと，$\dfrac{t}{40}+\dfrac{t}{60}=\dfrac{7}{8}$，$3t+2t=105$，$5t=105$，$t=21$(秒)となる。

4〔平面図形—直角三角形—証明〕

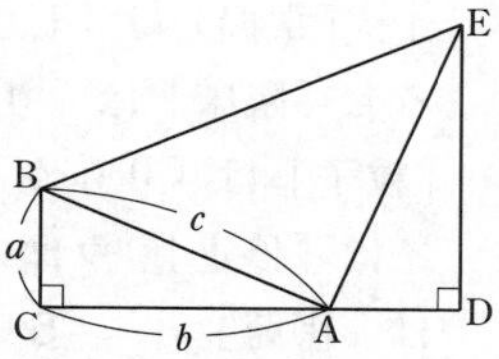

右図で，△ABC≡△EADなので，∠BAC＝∠AEDである。△EADで，∠ADE＋∠AED＋∠EAD＝180°より，90°＋∠AED＋∠EAD＝180°，∠AED＋∠EAD＝90°となるから，∠BAC＋∠EAD＝90°である。よって，∠BAE＝180°－(∠BAC＋∠EAD)＝180°－90°＝90°となる。また，AB＝EAだから，△BAEはAB＝AEの直角二等辺三角形である。次に，AD＝BC＝a，DE＝CA＝bであり，CD＝CA＋AD＝$b+a$となる。四角形BCDEはBC∥EDの台形だから，面積は，$\dfrac{1}{2}\times$(BC＋DE)×CD$=\dfrac{1}{2}\times(a+b)\times(b+a)=\dfrac{1}{2}(a^2+2ab+b^2)$……(i)となる。また，EA＝AB＝$c$だから，四角形BCDEの面積は，△ABC＋△EAD＋△BAE$=\dfrac{1}{2}\times b\times a+\dfrac{1}{2}\times a\times b+\dfrac{1}{2}\times c\times c=\dfrac{1}{2}(ab+ab+c^2)=\dfrac{1}{2}(2ab+c^2)$……(ii)とも表せる。したがって，(i)，(ii)より，$\dfrac{1}{2}(a^2+2ab+b^2)=\dfrac{1}{2}(2ab+c^2)$が成り立ち，$a^2+2ab+b^2=2ab+c^2$，$a^2+b^2=c^2$となる。

5〔平面図形—三角形〕

≪基本方針の決定≫(2)①　三平方の定理を利用する。　②　点Aから辺BCに垂線を引く。③　▒▒▒の2つの三角形は相似である。

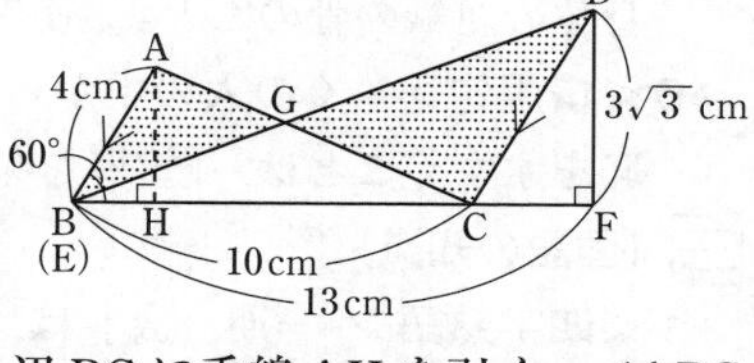

(1)＜面積＞右図で，∠DFE＝90°だから，△DEF$=\dfrac{1}{2}\times$EF×DF$=\dfrac{1}{2}\times13\times3\sqrt{3}=\dfrac{39\sqrt{3}}{2}$(cm^2)である。

(2)＜長さ，面積＞①右図で，CF＝EF－BC＝13－10＝3である。よって，△CDFで三平方の定理より，DC$=\sqrt{\mathrm{CF}^2+\mathrm{DF}^2}=\sqrt{3^2+(3\sqrt{3})^2}=\sqrt{36}=6$(cm)である。　②右上図で，点Aから辺BCに垂線AHを引く。∠ABC＝60°より，△ABHは3辺の比が1：2：$\sqrt{3}$の直角三角形だから，AH$=\dfrac{\sqrt{3}}{2}$AB$=\dfrac{\sqrt{3}}{2}\times4=2\sqrt{3}$となる。よって，△ABC$=\dfrac{1}{2}\times$BC×AH$=\dfrac{1}{2}\times10\times2\sqrt{3}=10\sqrt{3}$(cm^2)である。　③上図で，辺ACと辺DEの交点をGとすると，∠AGB＝∠CGDであり，AB∥DCより，∠ABG＝∠CDGだから，△ABG∽△CDGである。相似比はAB：CD＝4：6＝2：3だから，△ABG：△CDG$=2^2:3^2=$4：9である。また，AG：CG＝2：3となるから，△ABG：△CBG＝2：3である。②より△ABC$=10\sqrt{3}$なので，△ABG$=\dfrac{2}{2+3}$△ABC$=\dfrac{2}{5}\times10\sqrt{3}=4\sqrt{3}$となり，△CDG$=\dfrac{9}{4}$△ABG$=\dfrac{9}{4}\times4\sqrt{3}=9\sqrt{3}$である。よって，▒▒▒の面積は，△ABG＋△CDG$=4\sqrt{3}+9\sqrt{3}=13\sqrt{3}$(cm^2)となる。

2023年度／作新学院高等学校(総合進学部・情報科学部)(第２回)

国語解答

一　1　エ　2　ア　3　ア　4　イ　5　ウ

二　1　ウ　2　エ　3　イ　4　イ　5　エ　6　ウ

三　1　ウ　2　イ　3　ウ　4　ア　5　エ

四　1　エ　2　ア　3　エ　4　ア　5　イ

五　1　エ　2　ウ　3　イ　4　ア　5　ウ　6　エ　7　ウ

六　1　イ　2　エ　3　ア　4　エ　5　イ　6　ア　7　エ

一〔漢字〕

1.「掌握」は「しょうあく」と読む。「派閥」は「はばつ」,「朱」は「しゅ」,「鋳造」は「ちゅうぞう」,「臨床」は「りんしょう」。　2.「峡谷」は「きょうこく」と読む。「実況」は「じっきょう」,「粒子」は「りゅうし」,「究明」は「きゅうめい」,「契約」は「けいやく」。　3.「提携」と書く。イは「停止」, ウは「肯定」, エは「抵抗」。　4.「救援」と書く。アは「順延」, ウは「講演」, エは「御苑」。　5.「宰相」と書く。アは「采配」, イは「伐採」, エは「国債」。

二〔国語の知識〕

1＜語句＞「焦燥」は, いら立ちあせること。「驚嘆」は, 驚き感心すること。「放心」は, 心を奪われてぼんやりすること。

2＜漢字の知識＞a.「草」の一画目は, 楷書では草かんむりの横画になるのに, 二画目の縦画が一画目になっている。　b.「雪」の五画目と六画目, 七画目と八画目の点がつながり, 点画が省略されている。

3＜故事成語＞「人間万事塞翁が馬」は, 人生では, 思いがけないことが幸福を招いたり, 不幸につながったりして, 幸か不幸かは容易に判断できないこと。

4＜語句＞「おもむろに」は「徐に」と書き, 落ち着いて事を進めるさまを表す。

5＜語句＞「計画の骨」と「屋台骨」の「骨」は, 物事の中心のこと。「骨までしゃぶる」の「骨」は, 身体の組織の骨のこと。「登るのは骨だ」と「骨を惜しんでは」の「骨」は, 困難や苦労のこと。

6＜慣用句＞多くの人の中から特に選び出されることは,「白羽の矢が立つ」という(a…×)。また, 恥をすすぐことは,「雪辱を果たす」という(c…×)。

三〔国語の知識〕

1＜四字熟語＞「一期一会」は, 茶道の心得から生まれた言葉で, その日の出会いは一生に一度のものと理解して, 交わるべきである, という意味。

2＜品詞＞「栃木県で」と「家の中で」の「で」は, 場所を表す格助詞。「筆で」の「で」は, 方法を表す格助詞。「風邪で」の「で」は, 原因を表す格助詞。「一時間で」の「で」は, 配分の基準を表す格助詞。

3＜語句＞「レガシー」は, 遺産のこと。「伝説」は, レジェンド。「栄光」は, グローリー。「記憶」は, メモリー。

4＜古典の知識＞「望月」は「もちづき」と読み, 満月のこと。

5＜俳句の内容理解＞「一枚」は, 田畑を数える単位。また, 名詞の「柳」には, 詠嘆を表す「かな」が続くのが適切である。「田一枚植ゑて立ち去る柳かな」は, 西行が和歌によんだという柳のもとでしばし休んでいると, 人々はもう田を一枚植え終わっていて, 自分も立ち去るので, 残るのは柳のみである, という意味。

四〔古文の読解―説話〕出典；『十訓抄』一ノ三十九。

≪現代語訳≫楊梅大納言顕雅卿は，若い頃からひどい言い間違いをなさる方であった。／旧暦十月の頃，(顕雅卿は)皇女の腹から生まれた人に参上して，御簾の外で，女房たちといろいろなお話をなさっているときに，時雨がさぁーと降ってきたので，家来である雑色を呼んで，(顕雅卿が)「車が降るので，時雨を中に入れよ」とおっしゃったので，「車軸とか(が降ってくるというの)だろうか，おそろしいことよ」と言って，御簾の中(の人々は，)お笑いになっていた。／さて，そばにいる女房が，「言い間違いを，いつもされると聞いておりますが，本当でしょうか，お祈りをされていますか」とおっしゃったので，(顕雅卿は)「そのために，三尺のねずみをつくって，供養しようと思っております」とおっしゃった。ちょうどそのとき，ねずみが御簾の下端を，走り通ったのを見て，観音に間違えて，(このように)おっしゃったのである。／「〈時雨〉を中に入れよ」(という言い間違い)以上におもしろかった。／失敗の話の折には言い出される。

1＜古典の知識＞「神無月」は，旧暦の十月で，季節は冬である。

2＜古文の内容理解＞雑色を呼んで「車の降るに，時雨さし入れよ」と言ったのは，顕雅卿である。

3＜古文の内容理解＞顕雅卿が「車の降るに」と言い間違いをしたので，女房たちは，笑った。

4＜古文の内容理解＞顕雅卿は，本来なら「時雨の降るに，車さし入れよ」と言うべきところを「車の降るに，時雨さし入れよ」と言い間違えた。

5＜古文の内容理解＞本来なら，言い間違いをなくすために「三尺の観音をつくり，供養せむ」と言うべきなのに，顕雅卿は，目の前を通ったねずみを見て「三尺のねずみをつくり」と言い間違えた。女房たちは，供養が全く役に立っていないことがわかって，「時雨さし入れよ」よりもおもしろく感じたのである。

五〔論説文の読解―哲学的分野―人間〕出典；荷方邦夫『心を動かすデザインの秘密　認知心理学から見る新しいデザイン学』。

≪本文の概要≫デザインは，人間が生きていくうえで，自分を取り巻く世界を変化させる工夫のことである。その工夫は，よりよい世界をつくるための行為の産物であると同時に，自分らしくあるための行為の産物でもある。自分らしさ，すなわちアイデンティティを強く意識するのが，青年期である。自分のことを正確に周りに知ってほしい，同時にポジティブな評価を得たいという思いから，自分らしさの表現が始まる。持ち物をはじめとする人工物は，アイデンティティの表現と強く関わりがある。また，コギャルやヲタクなど，自分がよりどころとする文化があることも，アイデンティティの形成に重要な影響を与える。これらの文化をよりどころとした集団に所属する個人は，互いに所属意識を高める行動をとったり，同じ物を所持したりして，集団のアイデンティティを高め，コミュニティの存在を確固としたものにする。アイデンティティは，コミュニケーションによっても表現され，従来，人と人とのコミュニケーションは，言語や表情，行動など自分自身が表出する情報をもとに行われてきた。直接対面できない場合は文字を用いたが，伝達手段は20世紀に入り劇的に進化し，今は人工物を介さないコミュニケーションの方が少ない。現代に生きる私たちにとって，自分の存在やアイデンティティは，人工物を伴う「デザイン」のうえに成り立っているのである。

1＜文章内容＞「自分のことをもっとよく・正確に周りに知ってほしい，同時にポジティブな評価を得たい」という気持ちから「自分らしさの表現」が始まる。身だしなみに注意を払ったり，自分が第一と思うことに没頭したりすることは，自分をよく見せ，自分が他者とは違うことを示す「自分らしさ」を表す行動である。

2＜文章内容＞人は，「モノを通した表現」によって，アイデンティティを示そうとすることが多い。歳を重ねるにつれ，自分が使える人工物は増え，自分を表現する物も増えていく。

3＜文章内容＞人は，自分とは異なるアイデンティティを持つ人間や集団に対しては，「違和感と排除の心理」がはたらく。人は，大人になっても異なるアイデンティティを持つ人間や集団に対して排除しようとする態度を取るのであり，その態度は「準拠集団」の中でも見られる。

4＜文章内容＞ある物がお気に入りになるのは，その物にまつわる「楽しい出来事や辛かった出来事」があるからである。物には「記憶のための情報」が付加されているので，人は，その物を見ると，そのときの感情も思い出すのである。

5＜文章内容＞「よりどころ」は，頼みとするところのこと。コギャルやヲタクといった文化によって，その文化を趣向する人たちは，自分たちの「アイデンティティを構築」したのである。

6＜文章内容＞20世紀に入り，「人工物が間に入らないコミュニケーション」の方が少なくなり，私たちの存在表現も，「人工物が持つ特徴に合わせたもの」となった。例えば，プリクラは，私たちを魅力的な自分に加工し，私たちはそれを受け入れている。日常の経験や自分の存在やアイデンティティは，「人工物や人工物による加工を伴う表現」のうえに成り立っている。

7＜要旨＞人は，「より善き世界」をつくるために，「自分を取り巻く世界を変化させる工夫」をいろいろとしてきた(ア…×)。アイデンティティは自分の心の中にあり，言葉でそれを明らかにするが，「モノを通した表現によって発露される」ことも多く，「見た目を通して自己主張をしている」人も多い(ウ…〇)。1990年代中盤から，「コギャル」文化が生まれ，「ヲタク」と呼ばれるコミュニティも生まれて，それを自分たちのよりどころとする集団が形成された(イ…×)。人は，集団凝集性を高めるために，集まって所属意識を高める行為をするが，その中で，同時に「自己のアイデンティティも積極的に表現」される(エ…×)。

六　〔小説の読解〕出典；原田マハ『生きるぼくら』。

1＜心情＞両親二人が挨拶に来たことに，純平が「なんだよ」と不機嫌そうにしているので，母親は，「お礼くらい」言うのは当然だと言って，純平の気持ちをなだめようとした。

2＜慣用句＞A．「爪の垢を煎じて飲む」は，優れた人にほんの少しでもあやかろうとする，という意味。　B．「口を挟む」は，人が話している途中に横からその話に割り込む，という意味。　C．「手を焼く」は，取り扱いや処置に困る，という意味。

3＜文章内容＞人生は，純平の父親への態度に「むっと」した。田端さん夫婦が純平に田植え体験をさせたのは，純平のことを心配し大切に思っているからだと，人生はわかっていた。その気持ちは，引きこもりの自分を「突き放した」母を思い起こさせ，人生は，田端さん夫婦の気持ちを思い，笑顔をつくったのである。

4＜心情＞純平は，自分の言葉がきっかけになって，父親を怒らせることになり，父親に「憎悪」の感情すら抱いた。思いどおりにならずやけくそになって，純平は「サイテー」とつぶやいた。「自暴自棄」は，物事が思いどおりにならなくてやけくそになること。

5＜文章内容＞田端さんは，純平のことで皆に不快な思いをさせたと思い，家族の問題に皆を巻き込んで気を遣わせたくないと感じて，「なにごともなかったかのように」振る舞ったのである。

6＜文章内容＞人生は，かつての自分と同じように，純平が就職活動が思うように進まず，社会の中で自分は「伸びていけないんじゃないか」という不安や焦りを感じていたのではないかと思った。その不安や焦りが，田植えなどやっていられないという純平の言葉に表れたのだと，人生は思った。

7＜文章内容＞稲は，一粒の種から芽を出し育っていく。人にも同じように，「生きる力，生きることをやめない力」が備わっていると，人生は米づくりを通して気づいた。過酷な社会の中でも，伸びていこうとする自分の力を信じればいいと，人生は，純平に伝えたかったのである。

Memo

Memo

2022年度 作新学院高等学校[総合進学部・情報科学部](第１回)

【英　語】 (50分) 〈満点：100点〉

1 次のAとBは，放送による問題です。それぞれ放送の指示に従って答えなさい。

A

(1)

(2)

(3)

(4)

(5)

B

(6) ア It's important to use a dictionary.　イ It's important to read a difficult book.
ウ It's important to read without a dictionary.　エ It's important to make people happy.

(7) ア $12.　イ $14.　ウ $20.　エ $40.

(8) ア They will call the police.　イ They will go to buy a key.
ウ They will wash the car.　エ They will go back to the car.

(9) ア He has a stomachache. イ He has a cold.

ウ He has a toothache. エ He has an accident.

(10) ア She is going to call again. イ She is going to leave a message.

ウ She is going to go to a bookstore. エ She is going to take a message.

※リスニングテスト放送文は，英語の問題の終わりに付けてあります。

2 次の各文の（　　）に入る最も適当なものを，ア～エの中から１つずつ選びなさい。

(1) The letter (　　) Jane will come to Canada next month.

ア says　イ speaks　ウ talks　エ is

(2) He usually gets up at six and goes to bed (　　) ten and eleven.

ア for　イ on　ウ under　エ between

(3) She wanted to buy the watch, but it was too (　　) for her.

ア high　イ expensive　ウ deep　エ tall

(4) This temple is (　　) in Japan.

ア the older　イ older　ウ the oldest　エ oldest

(5) We live on the tenth (　　) of the building.

ア ground　イ field　ウ floor　エ garden

(6) There (　　) many stores in this town when I was a child.

ア is　イ are　ウ was　エ were

(7) My father was really (　　) last night. He went to bed as soon as he got home.

ア tired　イ dangerous　ウ kind　エ simple

(8) Lucy found a new flower shop on the (　　) to her house.

ア wall　イ way　ウ key　エ time

(9) Kosuke and Hitoshi write to (　　　) other about twice a month.

ア each　　イ any　　ウ some　　エ both

(10) Emi was feeling (　　　), so she couldn't go to school.

ア happy　　イ easy　　ウ bad　　エ great

3 次の日本文の意味になるように，(　　) 内の語(句)を並べかえたとき，その中で２番目と４番目にくるものを，ア～オの中から１つずつ選びなさい。ただし，文頭に来る語も小文字で書かれています。

(1) 明日私の家に来ませんか。

(ア don't　イ to　ウ come　エ why　オ you) my house tomorrow?

(2) 母はジムに部屋を掃除するように言いました。

His mother (ア clean　イ Jim　ウ his room　エ told　オ to).

(3) 彼は昨夜どれくらい英語を勉強しましたか。

How (ア he　イ did　ウ English　エ long　オ study) last night?

(4) 私は明日までに宿題を終わらせることができるでしょう。

I will (ア the homework　イ be　ウ to　エ finish　オ able) by tomorrow.

(5) 友達がくれた本はとてもおもしろかった。

The book (ア gave　イ my friend　ウ me　エ was　オ which) very interesting.

4 次の英文を読んで，(1)〜(4)の問いに対する答えとして最も適当なものを，ア〜エの中から１つずつ選びなさい。

I have many things which I like to do in my free time. For example, I like to go shopping by bike or read books in my room. But I think that traveling is the best way of all to spend my free time. I think so for three reasons.

The first reason is that when you travel, you can learn many interesting things about the culture of the place you are visiting. This is especially true when you travel to a foreign country, but it is also true when you are traveling in your home country. People often forget that there are many differences even *within their own countries.

The second reason is that you can try new food when you travel. Eating is one of my favorite things to do, so *whenever I travel, I like to try to eat as many new things as I can. Food is a large part of culture. If travelers want to experience and understand different cultures, it is important for them to eat the food which local people eat.

The third reason for traveling in your free time is that you can forget your daily problems when you travel. Whenever you travel, you don't have to think about work or school. You can relax and just think about things that are interesting to you.

When we travel, we can *encounter new cultures, eat new food, and forget our problems. So traveling is the best way to spend our free time.

(注) within 〜「〜の中で」　whenever 〜「〜する時はいつでも」　encounter 〜「〜に出会う」

(1) What is the best way for the writer to spend our free time?

ア To go shopping.　イ To ride a bike.　ウ To read some books.　エ To travel.

(2) What do people often forget even about their own country?

ア They forget that there are many kinds of foods.

イ They forget that there are many areas.

ウ They forget that there are a lot of differences.

エ They forget that there are three reasons.

(3) What is an important thing to experience in order to understand different cultures on a trip?

ア Food.　イ Free time.　ウ A bike.　エ Work.

(4) Which is true about this story?

ア When we travel, we have to think about work or school.

イ When we travel, we can learn many interesting things about culture.

ウ When we travel, we don't know how to spend our free time.

エ When we travel, we can encounter new daily problems.

5 次の英文を読んで，(1)〜(6)の問いに答えなさい。

*Lewis Pugh is a famous swimmer. In 2007, he swam in cold water near *the North Pole. ①Why did Lewis do this? Well, he wanted people to *pay attention to the problem of global warming.

When Lewis was a boy, he visited national parks and he learned many wonderful things about the Earth. He wanted to protect the Earth, so he decided to swim in cold water near the North Pole. Lewis was afraid of swimming in cold water, because he thought he might (②). However, he wanted people to pay attention to the *melting *glaciers. When he heard about *Lake Imja near *Mt. Everest, he decided to swim in cold water there.

Mt. Everest is the tallest mountain in the world. Swimming there is (③), because the mountain is so high and it's difficult to *breathe there. You may feel sick and have a headache. Because of global warming, glaciers on Mt. Everest are melting and disappearing. ④This means there's less water for people in countries near Lake Imja, like China and India.

Lewis says he learned two things by swimming in Lake Imja. First, he learned that people damage the Earth without knowing it. We do things which (⑤) because we don't know other ways to live. Second, he learned that if we change our *way of thinking, we can do a lot of things to protect the Earth. After learning these things, he thought that we should change our way of thinking and think more about our future.

(注) Lewis Pugh「ルイス・ピュー（人名）」　the North Pole「北極点」
pay attention to 〜「〜に注意を払う」　melting「溶けている」　glaciers「氷河」
Lake Imja「イムジャ湖（ネパールにある氷河湖）」　Mt. Everest「エベレスト山」
breathe「呼吸をする」　way of thinking「考え方」

(1) 下線部①の問いに対する答えとして最も適当なものを，ア〜エの中から１つ選びなさい。

ア 有名になりたかったため。

イ 人々に地球温暖化の問題に注意を払ってほしかったため。

ウ 地球のすばらしさについて知りたかったため。

エ 今まで誰もできなかったことを成し遂げたかったため。

(2) (②) に入る最も適当な語を，ア〜エの中から１つ選びなさい。

ア die　イ live　ウ relax　エ fly

(3) (③) に入る最も適当なものを，ア〜エの中から１つ選びなさい。

ア very popular　イ a lot of fun　ウ so easy　エ very hard

(4) 下線部④の示す内容として最も適当なものを，ア～エの中から１つ選びなさい。

ア　エベレスト山の近くにある氷河湖で泳ぐこと。

イ　エベレスト山が世界で一番高い山であること。

ウ　エベレスト山の氷河が溶けてなくなること。

エ　エベレスト山の近くに氷河湖があること。

(5) （　⑤　）に入る最も適当なものを，ア～エの中から１つ選びなさい。

ア　hurt the Earth

イ　save the Earth

ウ　are important for the Earth

エ　are right for the Earth

(6) 次の英文の中で本文の内容と一致するものを，ア～エの中から１つ選びなさい。

ア　When Lewis Pugh was a child, he swam in cold water near national parks.

イ　Because glaciers on Mt. Everest are melting and disappearing, people feel sick.

ウ　Lewis Pugh learned nothing when he swam in Lake Imja near Mt. Everest.

エ　Lewis Pugh thinks people can protect the Earth by changing their way of thinking.

[リスニングテスト放送文]

『これからリスニングテストを始めます。』

『では，四角１を見てください。』『四角１は問題Ａと問題Ｂの２つの部分に分かれています。』

『問題 A』『問題 A は(1)から(5)の５問です。それぞれの写真について４つの英文が１回放送されます。その内容を最も的確に描写しているものを，ア，イ，ウ，エの中から１つずつ選びなさい。』『では，始めます。』

1

Ａ

(1)

ア　The woman is riding on a train.

イ　The woman is training in a gym.

ウ　The woman is enjoying dancing.

エ　The woman is holding a bag.

（間隔５秒）

(2)

ア　The dog is under the table.

イ　The dog is in the cup.

ウ　The dog is on the sofa.

エ　The dog is in the basket.

（間隔５秒）

(3)

ア　The animal has a long neck.

イ　The animal has long ears.

ウ　The animal has short legs.

エ　The animal has big feet.

（間隔５秒）

(4)

ア　We play football here.

イ　We play basketball here.

ウ　We play volleyball here.

エ　We play baseball here.

（間隔５秒）

(5)

ア　We use this when we are sick.

イ　We use this when we take a bath.

ウ　We use this when we take a photograph.

エ　We use this when we write a letter.

（間隔５秒）

『問題B』『問題Bは(6)から(10)の５問です。それぞれの対話に問いが１つあります。答えとして最も適当なものを，ア，イ，ウ，エの中から１つずつ選びなさい。』『放送は２回繰り返されます。』『では，始めます。』

B

(6) W : I'd like to try to read an English novel. Can you recommend a book for me?

M : It's important to read without a dictionary. So, I recommend a book with easy words. How about reading this one?

W : A comedy novel? It's too difficult for me, isn't it?

M : No, the words are not so difficult, and you'll enjoy it.

Question What is the man's advice?

※2回繰り返し (間隔７秒)

(7) M : May I help you ?

W : Yes, please. This white T-shirt is nice. How much is it?

M : It's 14 dollars.

W : OK, how about that black one?

M : That one is 20 dollars.

W : OK. Then, I'll take the white one.

Question How much will the woman pay?

※2回繰り返し (間隔７秒)

(8) W : Wait, Paul.

M : What's the matter?

W : I didn't lock the car.

M :You should be careful.

Question What will they probably do?

※2回繰り返し (間隔７秒)

(9) W : What's the problem, Mr. Brown?

M : Well, I have a fever and a headache.

W : OK. Let's see. Open your mouth and say "Ah."

Question What does the man probably have?

※2回繰り返し (間隔７秒)

(10) W : Hello, this is Hanako speaking. May I speak to George?

M : I'm sorry, but he went to the bookstore to buy a magazine. He will be back at about 3 o'clock. May I take a message?

W : No, thank you. I'll call again later.

Question What is she going to do?

※2回繰り返し (間隔７秒)

『以上でリスニングテストを終了します。引き続き，筆記試験を続けて下さい。』

【数　学】（50分）〈満点：100点〉

（注意）解答は，設問の指示に従って丁寧にマークしなさい。

・答えが分数になるときは，約分して最も簡単な分数にしなさい。

・$\sqrt{}$ の中は最も小さい整数にしなさい。

・ア，イ，ウ，……で示した解答欄に－の符号，または，0から9までの数字のいずれか一つをマークしなさい。また，選択の場合は，その番号(数字)を一つマークしなさい。

［例1］[ア|イ] に -5 と答えたいとき，次のようにマークしなさい。

	マイナス	0	1	2	3	4	5	6	7	8	9
ア	●	⓪	①	②	③	④	⑤	⑥	⑦	⑧	⑨
イ	⊖	⓪	①	②	③	④	●	⑥	⑦	⑧	⑨

［例2］$\dfrac{\boxed{ウ}\boxed{エ}}{\boxed{オ}}$ に $-\dfrac{4}{5}$ と答えたいとき，$\dfrac{-4}{5}$ として，次のようにマークしなさい。

	マイナス	0	1	2	3	4	5	6	7	8	9
ウ	●	⓪	①	②	③	④	⑤	⑥	⑦	⑧	⑨
エ	⊖	⓪	①	②	③	●	⑤	⑥	⑦	⑧	⑨
オ	⊖	⓪	①	②	③	④	●	⑥	⑦	⑧	⑨

［例3］[カ] に選択した解答 ② と答えたいとき，2として，次のようにマークしなさい。

	マイナス	0	1	2	3	4	5	6	7	8	9
カ	⊖	⓪	①	●	③	④	⑤	⑥	⑦	⑧	⑨

1

次の(1)から(10)までの問いに答えなさい。

(1) $-5-2+3$ を計算すると，[ア|イ] である。

(2) $5(a-2b)-(3a-7b)$ を計算すると，[ウ] $a-$ [エ] b である。

(3) $9a^2b^5\times(-2a)\div(-6ab^2)$ を計算すると，[オ] $a^{\boxed{カ}}b^{\boxed{キ}}$ である。

(4) $\sqrt{48}-3\sqrt{3}+\dfrac{\sqrt{12}}{2}$ を計算すると，[ク] $\sqrt{\boxed{ケ}}$ である。

(5) 1次方程式 $\dfrac{3x+1}{2}=\dfrac{7x-2}{6}$ を解くと，$x=\dfrac{\boxed{コ}\boxed{サ}}{\boxed{シ}}$ である。

(6) $(x+9)(x-11)$ を展開すると，x^2- [ス] $x-$ [セ|ソ] である。

(7) $2x^2-128$ を因数分解すると，[タ] $(x+$ [チ] $)(x-$ [ツ] $)$ である。

(8)　2次方程式 $9x^2 = 25$ を解くと，$x = \pm\dfrac{\boxed{\text{テ}}}{\boxed{\text{ト}}}$ である。

(9)　大小2つの自然数がある。その差が3で，積が54になるとき，

大きいほうの自然数は，$\boxed{\text{ナ}}$ である。

(10)　右の図の数直線上の点で $5\sqrt{3}$ を表している点を，

次の ①～⑤ から選ぶと，$\boxed{\text{ニ}}$ である。

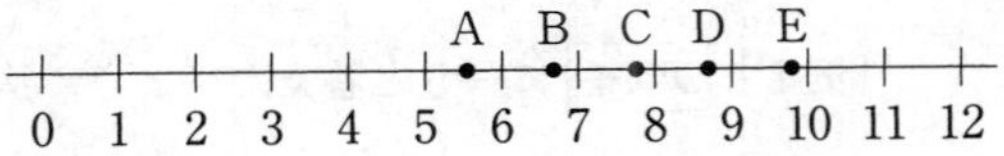

① A　　② B　　③ C　　④ D　　⑤ E

2

次の(1)から(6)までの問いに答えなさい。

(1)　Aさんは2日ごと，Bさんは4日ごと，Cさんは5日ごとに公園に来る。

Aさん，Bさん，Cさんの3人が5月8日に公園で出会った。

この3人が次に公園で出会うのは，$\boxed{\text{ア}}$ 月 $\boxed{\text{イ}\,\text{ウ}}$ 日である。

(2)　A，B，C，D，Eの5人のテストの平均点は58点であった。A，Bの2人の平均点が49点であるとき，C，D，Eの3人の合計の点数は，$\boxed{\text{エ}\,\text{オ}\,\text{カ}}$ 点である。

(3)　右の図において，$\angle x = \boxed{\text{キ}\,\text{ク}}\,^\circ$ である。

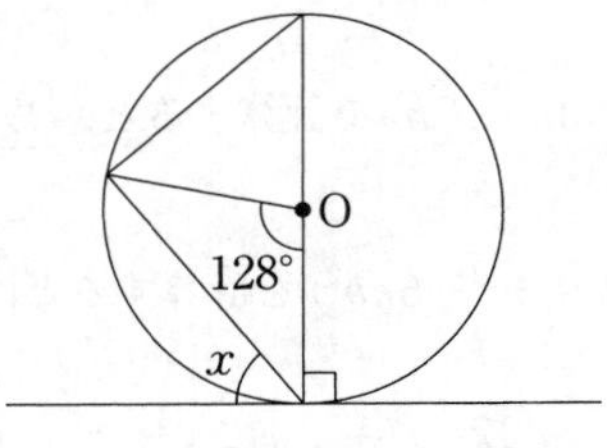

(4)　右の図のように，縦60 m，横24 mの長方形の畑がある。

縦と横に同じ幅の道をつくり，残った畑の面積が $1120\ \mathrm{m}^2$ に

なるようにするとき，道幅は，$\boxed{\text{ケ}}$ mである。

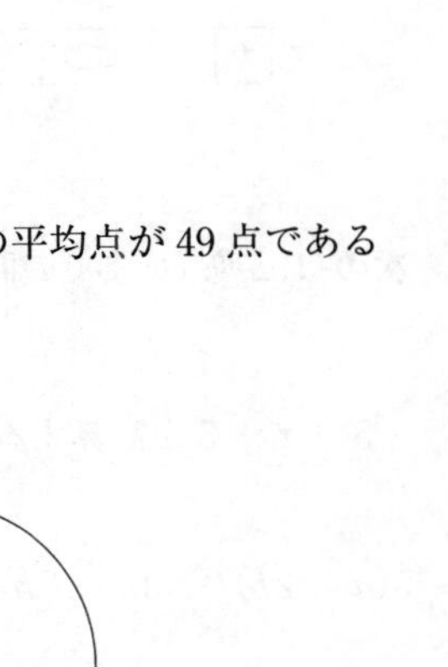

(5) y は x に反比例し，$x=4$ のとき，$y=1$ である。x の変域が $-6 \leqq x \leqq -2$ のとき，

y の変域は，$\boxed{コ \mid サ} \leqq y \leqq \dfrac{\boxed{シ \mid ス}}{\boxed{セ}}$ である。

(6) 青球5個と赤球3個が入った袋の中から同時に2個の球を取り出すとき，

少なくとも1個は赤球を取り出す確率は，$\dfrac{\boxed{ソ}}{\boxed{タ \mid チ}}$ である。

3 2本の対角線がそれぞれの中点で交わる四角形は，平行四辺形である。このことを，右の図の四角形ABCDを用いて，次のように証明した。

このとき，$\boxed{}$ に当てはまるものを ⓪〜⑨ から選んで，証明を完成させなさい。

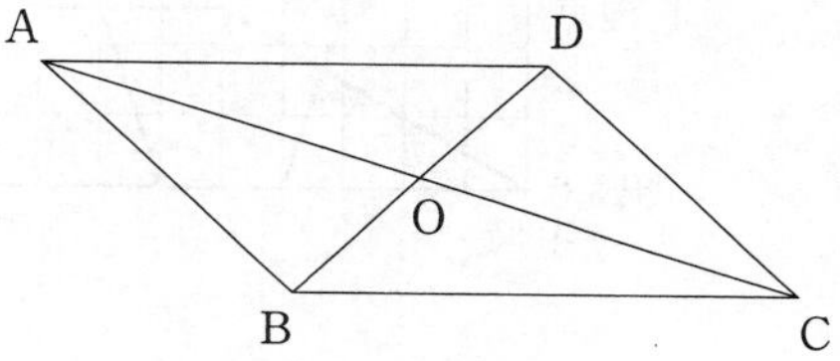

（証明）

四角形ABCDの2本の対角線の交点をOとする。

△AOBと△ $\boxed{ア}$ において，

仮定より，　AO = CO … ①

BO = DO … ②

$\boxed{イ}$ から，∠AOB = ∠ $\boxed{ア}$ … ③

①，②，③より，$\boxed{ウ}$ から

△AOB ≡ △ $\boxed{ア}$

合同な三角形の対応する辺や角は等しいので，

AB = $\boxed{エ}$ … ④

また，∠ABO = ∠ $\boxed{オ}$

$\boxed{カ}$ から，BA ∥ $\boxed{エ}$ … ⑤

したがって④，⑤より，四角形ABCDは，

$\boxed{キ}$ ので平行四辺形である。

⓪ CD　① AD　② COD　③ DOA　④ CDO

⑤ 対頂角は等しい　⑥ 錯角は等しい

⑦ 2組の辺とその間の角がそれぞれ等しい

⑧ 1組の対辺が平行で長さが等しい

⑨ 2組の対辺がそれぞれ等しい

4 駅から 10 km 離れた場所に体育館がある。駅と体育館の間でバスが運行されている。バスが 9 時に体育館を出発して駅との間を 10 分の停車をはさみながら，下のグラフのように往復している。

A さんは，9 時にバスと同じ道を通り，駅から体育館に向かって下のグラフのように歩き始め，駅から 2.5 km の P 地点で 15 分，駅から 6 km の Q 地点で 15 分の休憩後，体育館に到着した。

このとき，次の (1) から (2) までの問いに答えなさい。

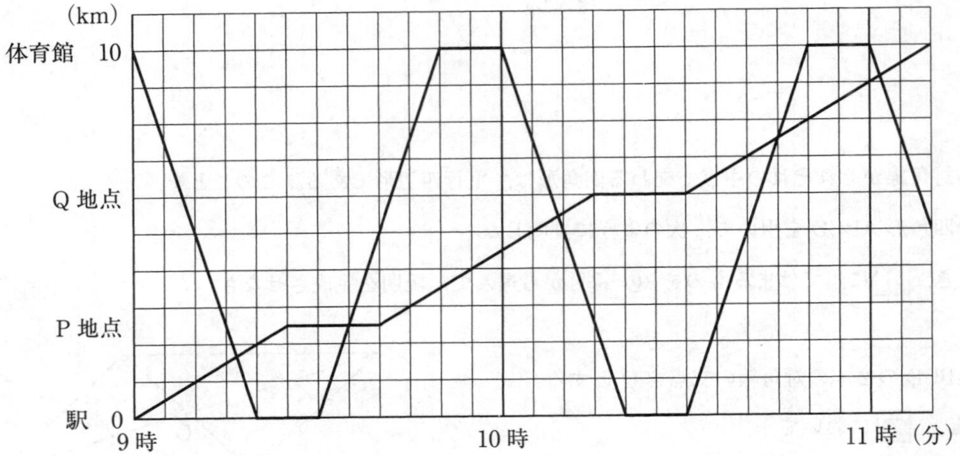

(1) A さんが駅から P 地点まで歩く速さは，分速 [アイウ] m，
体育館を出発して駅に向かったときのバスの速さは，分速 [エオカ] m である。

また，バスが 9 時に体育館を出発して最初に駅に到着するとき，
バスが体育館を出発してから x 分後の駅からバスまでの距離を y km として，
y を x の式で表すと，$y = \frac{[キク]}{[ケ]}x + [コサ]$ である。

(2) 9 時に駅を出発した A さんが，体育館から駅に向かっているバスと最初にすれ違うのは，
駅から，$\frac{[シ]}{[ス]}$ km の地点である。

また，A さんが体育館の手前で最後にバスとすれ違う時刻は，
[セソ] 時 [タ] 分 [チツ] 秒であり，駅から，$\frac{[テト]}{[ナ]}$ km の地点である。

5 右の図のように関数 $y=ax^2$ $(a>0)$ のグラフ上に２点Ａ，Ｂがあり，

点Ａの座標は，（２，１），点Ｂの x 座標は，-4 である。

直線ABと y 軸との交点をＥ，関数 $y=bx^2$ $(b<0)$ のグラフと点Ａを通り y 軸に平行な直線との交点をＣ，点Ｃを通り x 軸に平行な直線との交点をＤとする。

このとき，次の(1)から(2)までの問いに答えなさい。

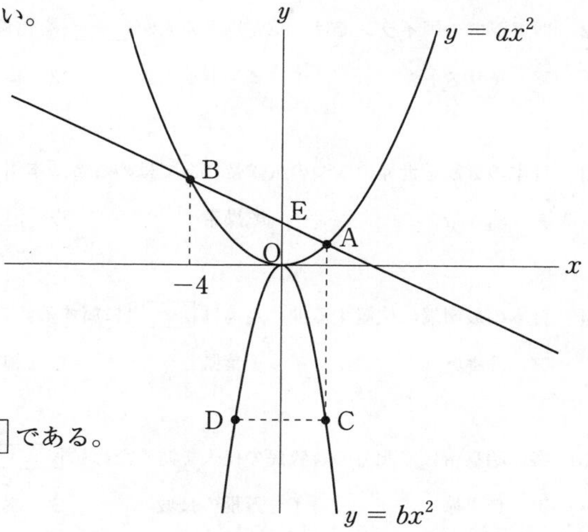

(1) a の値は，$\dfrac{\boxed{ア}}{\boxed{イ}}$ である。

また，直線ABの方程式は，$y=\dfrac{\boxed{ウ}\boxed{エ}}{\boxed{オ}}x+\boxed{カ}$ である。

(2) $\mathrm{AC}=\dfrac{9}{4}\mathrm{CD}$ となるとき，

① 点Ｄの座標は，$\left(\boxed{キ}\boxed{ク}\,,\,\boxed{ケ}\boxed{コ}\right)$ であり，b の値は，$\boxed{サ}\boxed{シ}$ である。

② 直線CD上に x 座標が正である点Ｐをとり，△BDPの面積が四角形BDCEの面積と等しくなるようにするとき，

点Ｐの座標は，$\left(\boxed{ス}\,,\,\boxed{セ}\boxed{ソ}\right)$ である。

【社　会】（45分）〈満点：100点〉

1 次の各文の空欄にあてはまるものを選びなさい。

問1　氷河によってけずられた谷に海水が深く入り込んだ氷河地形を［　　］という。

ア　フィヨルド　　イ　リアス海岸　　ウ　三角州　　エ　サンゴ礁

問2　西アジアの国イランでは，98％以上の人が［　　］を信仰している。

ア　キリスト教　　イ　ヒンドゥー教　　ウ　仏　教　　エ　イスラム教

問3　日本の気候を世界の5つの気候帯にあてはめると，本州・九州・四国はおもに［　　］に属する。

ア　熱　帯　　イ　乾燥帯　　ウ　温　帯　　エ　冷　帯（亜寒帯）

問4　日本の最南端に位置する沖ノ鳥島は［　　］に属する。

ア　沖縄県　　イ　千葉県　　ウ　神奈川県　　エ　東京都

問5　秦の始皇帝は，北方の遊牧民の侵入を防ぐために［　　］を築いた。

ア　首里城　　イ　万里の長城　　ウ　水《みず》　城《き》　　エ　兵馬俑《へいばよう》

問6　平清盛ゆかりの神社である［　　］は，広島県の宮島にある。

ア　厳島《いつくしま》神社　　イ　平等院鳳凰堂　　ウ　伊勢神宮　　エ　出雲大社

問7　私たちの消費生活は［　　］によって成り立っており，その内容や方法は，当事者の自由となっている。

ア　協　定　　イ　組　合　　ウ　契　約　　エ　納　税

問8　日本国憲法第25条には，「すべて国民は，［　　］最低限度の生活を営む権利を有する」と定められている。

ア　平和のうちに　　イ　健康で文化的な

ウ　法律の定めるところにより　　エ　公共の福祉に反しない限り

2 次の文章を読み，各問いに答えなさい。

東京都のＪＲ上野駅前に広がる高台の森は，今からおよそ150年前の1873（明治６）年にわが国で初めて公園に指定された上野公園である。駅の公園口の改札を出ると，江戸時代から名所として知られる桜並木が広がる。明治時代にはさまざまな博覧会，展覧会が催され，文明開化の発祥の地ともなった。現在では，公園内に博物館や美術館，動物園などの文化施設が設けられ，多くの人々が訪れる観光スポットとなっている。

公園内には明治から昭和の時代を代表する建築物が建ちならんでいる。東京国立博物館の表慶館《ひょうけいかん》は，明治時代末期の洋風建築の代表作である。1908（明治41）年，日本政府にお雇い外国人として招かれた①イギリス人コンドルの指導を受けた②片山東熊《かたやまとうくま》が設計して完成したものであり，国の重要文化財に指定されている。外観は，花こう岩をはった総レンガ造りで，３対のドームからなる③ネオ・バロックといわれる様式で造られ，まさに緑の森に建つ西洋建築のお手本といえる。

問１　下線部①について，イギリスに関して述べた文として，正しいものはどれか。

ア　夏は高温で乾燥し，ぶどうやオレンジ，オリーブなどの栽培がさかんである。

イ　国土の内陸部は，タイガとよばれる針葉樹の森林が広がっており，永久凍土となっている。

ウ　鉄鋼業や機械工業が世界に先がけ発達したが，現在ではＥＵ諸国と結びつきハイテク産業が成長している。

エ　キリスト教を信仰し，その中でもカトリック系が大多数を占めている。

問２　下線部②について，彼は，明治以降の文化財として初めて国宝となった迎賓館赤坂《げいひんかんあかさか》離《り》宮《きゅう》も手掛けた。迎賓館は，外国の元首（国王や大統領など）を招いて接待を行う施設であり，外国人客を招待することは政府の閣議で決定される。閣議を運営する責任者として，正しいものはどれか。

ア　内閣総理大臣　　**イ**　最高裁判所長官　　**ウ**　天　皇　　**エ**　衆議院議長

問３　下線部③について，この建築様式は，19世紀の後半にフランスの首都パリの都市計画の際に用いられ，自由で躍動感あふれる装飾形式が特徴である。19世紀の後半に起きた出来事として，正しいものはどれか。

ア　中国政府の打倒をめざして洪秀全が率いる太平天国の乱が起きた。

イ　ロシアで革命が起きてソ連が成立し，社会主義政策が進められた。

ウ　モンゴル民族のチンギス・ハンがユーラシア大陸の東西にまたがる大帝国を築いた。

エ　沖縄島では３つの小国が分立していたが，尚氏が統一して琉球王国が成立した。

上野動物園の④ジャイアントパンダが昨年，双子の赤ちゃんを産み，大きな話題となった。園内ではおよそ350種，2,500匹の動物を飼育しているが，その中でパンダを含め８割以上の動物が⑤絶滅危惧種に指定されているという。絶滅の危機にある野生生物を保全するために動物園は大きな役割を担っている。

問４　下線部④について，戦争に敗れた日本が独立を回復した後，1972（昭和47）年に国交を正常化し，日本との友好の記念にジャイアントパンダをおくった国として，正しいものはどれか。

ア　インド　　**イ**　オーストラリア　　**ウ**　ケニア　　**エ**　中　国

問５　下線部⑤について，動植物の絶滅の原因のひとつに温暖化などによる地球環境の変化がある。環境問題への取り組みに関して述べた次の文Ｘ・Ｙの正誤の組み合わせとして，正しいものはどれか。

Ｘ　二酸化炭素の排出量を減らすために，石油の代替エネルギーとしてレアメタルが使用されている。

Ｙ　持続可能な社会を実現するために，風力や太陽光などの再生可能エネルギーの開発が進められている。

ア　Ｘ－正　Ｙ－正　　**イ**　Ｘ－正　Ｙ－誤　　**ウ**　Ｘ－誤　Ｙ－正　　**エ**　Ｘ－誤　Ｙ－誤

薩摩藩（⑥鹿児島県）出身の西郷隆盛は，幕末から明治にかけて近代国家の建設に尽力した新政府の政治家である。しかし，のちに政府に逆らった者として汚名を着せられたが，大日本帝国憲法発布の⑦大赦《たいしゃ》をきっかけに，旧幕府との戦争で⑧江戸の町を戦火から救った功績をたたえ，1898（明治31）年に銅像が建てられた。この像は，薩摩犬の愛犬ツンを連れてウサギ狩りに出かける姿をモチーフにしており，彼の庶民的で飾り気のない人柄を浴衣姿であらわしたものとされ，東京のシンボルのひとつとなっている。

問6　下線部⑥について，鹿児島県は九州南部と沖縄県に向かって南北に連なる多くの島を持つ県であり，北緯28度から32度までの広い範囲に位置している。鹿児島県と同じ緯度に位置する都市として，正しいものはどれか。

ア　モスクワ（ロシア）　　イ　カイロ（エジプト）
ウ　ブラジリア（ブラジル）　　エ　バンコク（タ　イ）

問7　下線部⑦について，「大赦」とは，憲法発布のような国家のよろこび事の際，政令で定めた罪に対して刑罰の執行を免除することである。裁判制度に関して述べた文として，**誤っているもの**はどれか。

ア　殺人や傷害，強盗，詐欺などの犯罪について，有罪か無罪かを決める裁判を刑事裁判という。
イ　全国に8か所設置されている裁判所は高等裁判所である。
ウ　無実であるのに犯罪者として扱われてしまうことをえん罪という。
エ　裁判員制度において，裁判員は，満18歳以上の国民の中からくじと面接によって選ばれる。

問8　下線部⑧について，江戸では，江戸時代の間におよそ1,800回もの火事が発生したと記録されている。冬には北西から乾燥した強風（からっ風）が吹き，冬から春にかけて降水量が少ないという気象条件が火事の原因のひとつと考えられている。東京の年間の雨温図として，正しいものはどれか。

ア
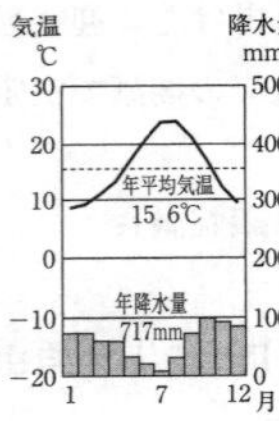

イ
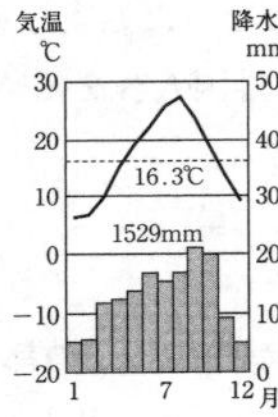

ウ
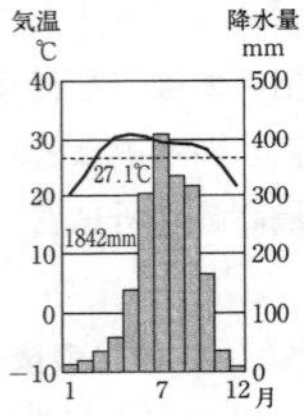

エ
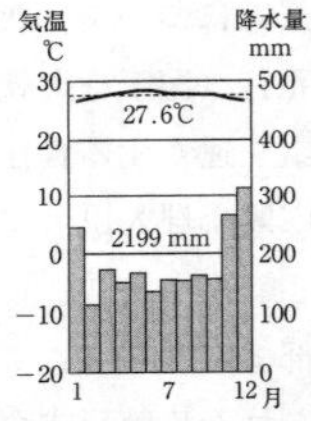

（「理科年表」平成26年）

不忍池《しのばずのいけ》は，公園の南西部にあり，周囲はおよそ2kmの天然池である。⑨縄文時代の頃にはこのあたり一帯は東京湾の入り江であったが，その後海岸線の後退とともに取り残されて池になったと考えられている。江戸時代，⑩将軍徳川秀忠は，江戸城から見て鬼門《きもん》（不吉とされる方角）にあたる上野の地に寛永寺を置き，不忍池を琵琶湖に見立てて弁天堂を建て，江戸の町を保護しようとした。現在は，夏になると水面が見えないほど蓮が生い茂り，壮観な景色を楽しむことができる。

問9　下線部⑨について，次のAは，およそ5,000年前の長野県の遺跡から出土し，国宝に指定された土偶である。世界の出来事をAから古い順に並べたものとして，正しいものはどれか。

A
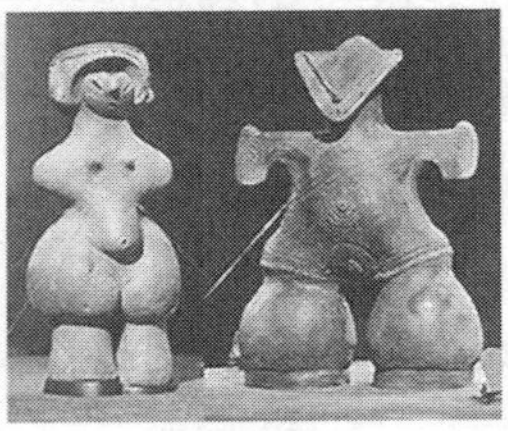

B　中国で甲骨文字が使われた。
C　パレスチナ地方でイエスが現れ，キリスト教が広まった。
D　ギリシャでパルテノン神殿が建てられた。

ア　A→B→C→D　　イ　A→B→D→C
ウ　A→C→B→D　　エ　A→C→D→B
オ　A→D→B→C　　カ　A→D→C→B

問10　下線部⑩について，平安京の鬼門の方角には琵琶湖に近い比叡山延暦寺がある。将軍は，江戸の町を平安京と照らし合わせて寛永寺を設けたが，鬼門の方角として，正しいものはどれか。

ア 北 東　　イ 北 西　　ウ 南 東　　エ 南 西

3 次の地図を見て，各問いに答えなさい。

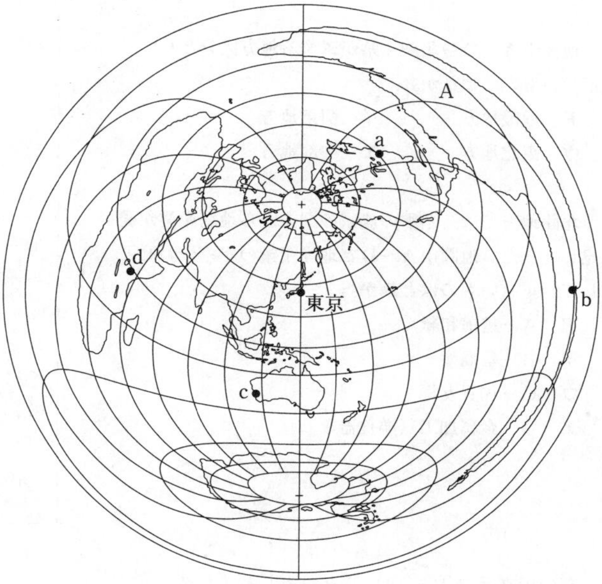

問１　地図中Ａの大陸名として，正しいものはどれか。

ア　アフリカ大陸
イ　北アメリカ大陸
ウ　南アメリカ大陸
エ　ユーラシア大陸

問２　地図中ａ～ｄについて，次の２つの条件をすべて満たしている都市として，正しいものはどれか。

条件	①東京から最短距離でその都市へ移動するとき，北緯 40 度を通過する。 ②東京から最短距離でその都市へ移動するとき，日付変更線を通過する。

ア　a　　**イ**　b　　**ウ**　c　　**エ**　d

問３　地図中ａ～ｄについて，右の国旗の国に属し，雨温図が示す都市として，正しいものはどれか。

ア　a　　**イ**　b
ウ　c　　**エ**　d

<国　旗>

<雨温図>

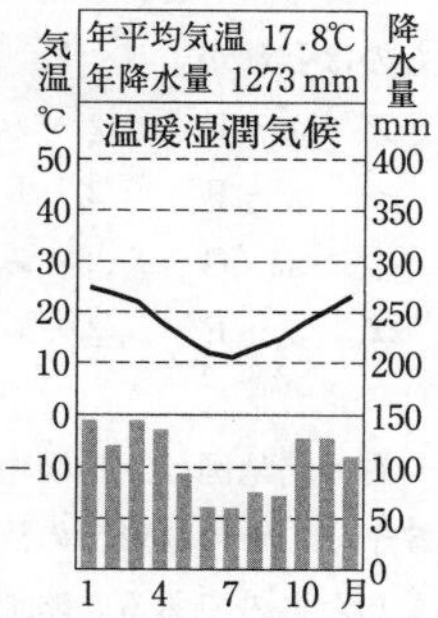

(『理科年表　平成 29 年』による)

問４　次の表は，地図中ａ～ｄが属する国の 2019 年における貿易額・輸出入品目・貿易相手国を示したものである。このうちｃが属する国のデータとして，正しいものはどれか。（表中の上段は輸出，下段は輸入を示している）

国	輸出入額（百万ドル）	主要輸出入品の輸出・輸入額に占める割合（%）			金額による輸出・輸入相手国・地域の割合（%）		
ア	1 645 625	機械類 23.7	自動車 7.9	石油製品 5.3	カナダ 17.8	メキシコ 15.6	中　国 6.5
	2 498 412	機械類 29.0	自動車 11.9	医薬品 5.2	中　国 18.4	メキシコ 14.1	カナダ 12.7
イ	65 117	大豆油かす 13.1	とうもろこし 9.1	自動車 6.6	ブラジル 15.9	中　国 10.5	アメリカ 6.3
	49 124	機械類 29.0	自動車 11.2	化学薬品 5.5	ブラジル 20.5	中　国 18.8	アメリカ 12.8
ウ	270 977	鉄鉱石 25.0	石　炭 16.6	金〔非貨幣用〕 6.1	中　国 38.7	日　本 14.8	韓　国 6.6
	213 620	機械類 25.9	自動車 12.1	石油製品 8.1	中　国 25.7	アメリカ 11.8	日　本 7.0
エ	5 695	茶 22.7	野菜と果実 9.8	切り花 9.5	ウガンダ 10.1	パキスタン 9.7	アメリカ 7.7
	14 107	石油製品 17.8	機械類 17.0	自動車 6.7	中　国 21.1	インド 10.5	サウジアラビア 9.8

（二宮書店『データブック　オブ・ザ・ワールド　2021 年版』による）

4 次の地図を見て，各問いに答えなさい。

問１　地図中Ａ～Ｄの北陸４県が属する地方区分として，正しいものはどれか。

ア　近畿地方　　　**イ**　関東地方

ウ　東北地方　　　**エ**　中部地方

問２　北陸地方では，冬季の農家の副業から地場産業が発達してきた。地図中Ａ～Ｄと地場産業の組み合わせとして，正しいものはどれか。

ア　Ａ－越前和紙

イ　Ｂ－輪島塗

ウ　Ｃ－加賀友禅

エ　Ｄ－金属加工（洋食器など）

問３　右の円グラフ①・②は，「みかん」と「レタス」の都道府県別生産量の割合を示したものである。また，ａ・ｂは地図中Ｅ～Ｇいずれかの県である。ａと②の組み合わせとして，正しいものはどれか。

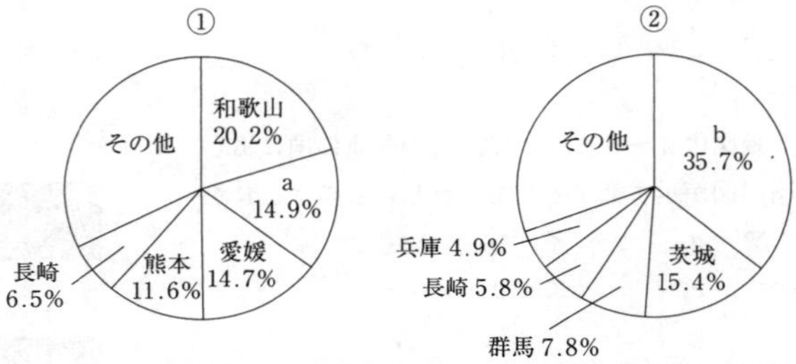

（二宮書店『データブック　オブ・ザ・ワールド　2021年版』による）

ア　ａ－Ｅ　　②－みかん

イ　ａ－Ｆ　　②－レタス

ウ　ａ－Ｇ　　②－みかん

エ　ａ－Ｅ　　②－レタス

問４　右の略地図は，地図中Ｇにある扇状地を２万５千分の１の地形図の決まりに従って描き，拡大したものである。略地図から読み取れる内容として，正しいものはどれか。

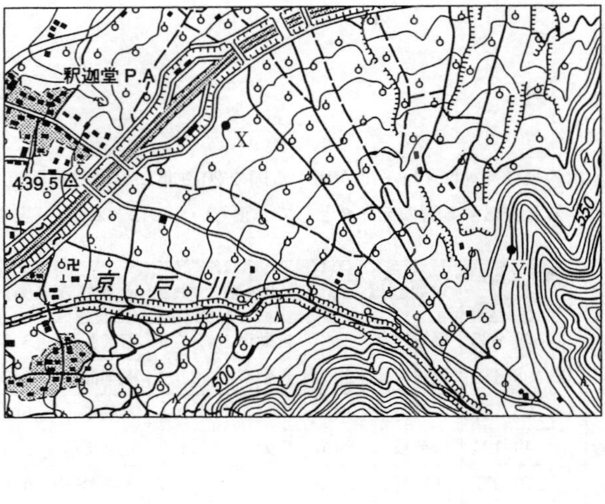

ア　扇状地の中央部は，水はけが良いことから水田に利用されている。

イ　釈迦堂Ｐ．Ａ付近の住宅地には小学校がある。

ウ　標高500ｍ付近の扇状地の末端部分では，集落が発達している。

エ　ＸからＹの標高差は90ｍである。

5 次の文章を読み，各問いに答えなさい。

中学生の作《つくる》くんと新《あらた》さんは，毎年全国的な注目を集める「都道府県魅力度ランキング」の順位を見て，栃木県があまり評価されていないことに疑問を抱き，自分たちの故郷栃木県の魅力を再確認しようと，各自で調べてレポートにまとめた。

◎作くんのレポート◎

私は，美味しい食べ物がたくさんあるところに大きな魅力を感じます。やはり代表的なソウルフードと言えば「宇都宮餃子」です。宇都宮の餃子専門店には全国から多くの観光客が訪れます。①第二次世界大戦中，宇都宮に駐屯していた陸軍の師団が中国の旧満州に出兵し，戦後，現地で食べた餃子のことをなつかしみ，つくり始めたのがきっかけだったそうです。

次に，全国的にも知名度が高い「佐野ラーメン」です。②大正時代の初めに洋食屋で働いていた中国人料理長が青竹打ちと呼ばれる技法で麺をつくったことが発祥とされています。青竹で打ったコシの強い平打ち麺と，日本名水百選の良質の水を使用し，あっさりとしたスープが特徴のご当地ラーメンです。

そして，栃木県のブランドとして人気を誇るのは「とちおとめ」です。いちごは，③江戸時代の終わりごろオランダから日本に伝えられたとされ，栃木県での生産は明治時代から始まったそうです。第二次世界大戦のため栽培が禁止された時期もありましたが，戦後から本格的に再開され，今からちょうど50年前の④1972（昭和47）年に生産量が日本一となりました。新品種の「スカイベリー」を使った美味しいスイーツをぜひ栃木県に足を運んで味わって欲しいです。

◎新さんのレポート◎

私は，何といっても歴史的な建造物と大自然のある観光地日光に大きな魅力を感じます。「日光の社寺」として世界文化遺産に登録されている日光東照宮をはじめ，華厳の滝や中禅寺湖などの雄大な自然を満喫することができます。日本百名山に名を連ねる男体山は，パワースポットとしても人気があります。⑤奈良時代に輪王寺を開いた勝道上人が修行のために登頂してから多くの人の信仰を集めるようになりました。

また，県内には全国的に知られている温泉がたくさんあります。その中でも日光国立公園内にある「湯西川温泉」はとても魅力的です。この地は，⑥平安時代から鎌倉時代にかけて源平の合戦で敗れた平氏が落ちのびてきた場所とされ，伝説が残る温泉です。温泉の発祥は，⑦室町幕府が滅亡した1573（天正元）年だそうです。毎年1月下旬から伝統行事のかまくら祭りが催され，およそ800ものロウソクがかまくらに灯り，とても幻想的な風景に出会えます。

日光に行くには，世界一長い杉並木としてギネスブックに登録されている日光街道・例幣使《れいへいし》街道を通ります。およそ12,000本の杉が37 kmも続く並木道は，⑧安土桃山時代から江戸時代の初めに徳川家康に仕えた武将の松平正綱《まさつな》が20年余りの年月をかけて20万本以上もの杉を植樹したことに始まります。ぜひ多くの皆さんに日光へ来ていただき，その魅力を感じて欲しいです。

問1　下線部①について，この戦争終結後に日本が国際社会に復帰することを容認したサンフランシスコ平和条約に関して述べた文として，**誤っているもの**はどれか。

ア　この条約には，中華人民共和国も調印した。

イ　この条約の調印と同じ日に，日米安全保障条約が結ばれた。

ウ　この条約の調印時の内閣総理大臣は，吉田茂であった。

エ　この条約の調印の前年に，朝鮮半島で戦争が勃発した。

問2　下線部②について，この時代に民衆の意見を政治に反映させる「民本主義」を主張した人物として，正しいものはどれか。

ア　美濃部達吉　　**イ**　原　敬　　**ウ**　吉野作造　　**エ**　幸徳秋水

問3　下線部③について，この時代の出来事に関して述べた次の文A～Cを古い順に並べたものとして，正しいものはどれか。

A　水野忠邦は，厳しい倹約令を出し，物価を下げるために株仲間を解散させた。

B　松平定信は，凶作やききんに備えるため，農村に倉を設けて米を蓄えさせた。

C　徳川吉宗は，新田開発を奨励し，年貢率を引き上げた。

ア　A→B→C　　**イ**　A→C→B　　**ウ**　B→A→C

エ　B→C→A　　**オ**　C→A→B　　**カ**　C→B→A

問4　下線部④について，この年以降に起こった出来事に関して述べた次の文Ⅰ～Ⅲのうち，正しいものはいくつあるか。

Ⅰ　農地改革が行われ，自作農が大幅に増加した。

Ⅱ　池田勇人内閣が所得倍増政策を打ち出した。

Ⅲ　国連の平和維持活動に自衛隊が初めて参加した。

ア　なし　　**イ**　1つ　　**ウ**　2つ　　**エ**　3つ

問5　下線部⑤について，この時代の政治に関して述べた次の文の空欄 [a]・[b] にあてはまる語句の組み合わせとして，正しいものはどれか。

> 朝廷は，中央の貴族を [a] として地方の国々に派遣し，その地を治めさせた。また [b] を九州に置いて地方をまとめさせ，外交の窓口としても機能させた。

ア　a－国　司　　b－多賀城　　**イ**　a－国　司　　b－大宰府

ウ　a－郡　司　　b－多賀城　　**エ**　a－郡　司　　b－大宰府

問6　下線部⑥について，この時代の文化と作品名の組み合わせとして，正しいものはどれか。

ア　天平文化－源氏物語　　**イ**　国風文化－古事記

ウ　天平文化－万葉集　　**エ**　国風文化－枕草子

問7　下線部⑦について，8代将軍足利義政が建てた建造物として，正しいものはどれか。

ア

イ

ウ

エ

問8　下線部⑧について，この時代に豊臣秀吉はキリスト教の布教を禁止する一方で，外国との貿易は奨励した。この貿易として，正しいものはどれか。

ア　勘合貿易　　**イ**　朝貢貿易　　**ウ**　三角貿易　　**エ**　南蛮貿易

6 次の文章を読み，各問いに答えなさい。

> 質問です。
>
> 「政治」と言われて，何を考えますか？あなたにとって，「政治」はどのようなものですか？
> 学校でどのような教育を行うかといった皆さんの身の回りの教育に関することをはじめ，①経済，農林水産，国土交通，雇用・労働，福祉，税，外交や防衛など，②私たちの周りにはたくさんの国や地域の「政治」に関わることがあります。他方，③外国に出て，皆さんの安全な航行を外国政府に要請する自国の旅券（パスポート）を手にした時，国の役割や存在を感じたことがある人もいることでしょう。
> ただ，「政治」とは個別の④課題の解決策であると同時に，次のような仕組みにつながるものなのです。
> すなわち，「政治」とは，私たちが国家や社会について重要と考えるものを，国家や社会としてどのような状態であることが良いのか，優先順位をつけて決定することであり，現在の日本では，⑤選挙を通じて私たち有権者に訴えられた候補者や政党の考えや公約を⑥議会の議論を通じて意見集約していく，つまり，議会で決定される法律・条例や予算などにより決めていくということなのです。このようなプロセスにより，国家・社会の秩序を維持し，その統合を図っていくことが可能となるのです。
> このプロセスに関与する方法が「選挙」なのです。

（総務省・文部科学省『私たちが拓《ひら》く日本の未来』より抜粋）

問１　下線部①について，希少性に関して述べた次の文の空欄 [A]・[B] にあてはまる語句の組み合わせとして，正しいものはどれか。

> 希少性とは，私たちの求める量に対して財やサービスが [A] した状態をいいます。より多くの人が欲しがるのに対して量が少ないことを希少性が [B] といいます。

ア　A－充　足　B－高　い　　**イ**　A－充　足　B－低　い
ウ　A－不　足　B－高　い　　**エ**　A－不　足　B－低　い

問２　下線部②について，私たちの持って生まれた権利のうち，次の文の空欄 [C] にあてはまる語句として，正しいものはどれか。

> アメリカ独立宣言
> 我々は，以下のことを自明の真理であると信じる。人間はみな [C] に創られ，ゆずりわたすことのできない権利を神によってあたえられていること，その中には，生命，自由，幸福の追求がふくまれていること。

> 日本国憲法
> 第14条　すべて国民は，法の下に [C] であつて，人種，信条，性別，社会的身分又は門地により，政治的，経済的又は社会的関係において，差別されない。

ア 平　等　　**イ** 永　久　　**ウ** 厳　粛　　**エ** 普　遍

問３　下線部③について，次のグラフは日本に暮らす外国人数の推移を示したものである。このグラフから読み取れる内容として，正しいものはどれか。

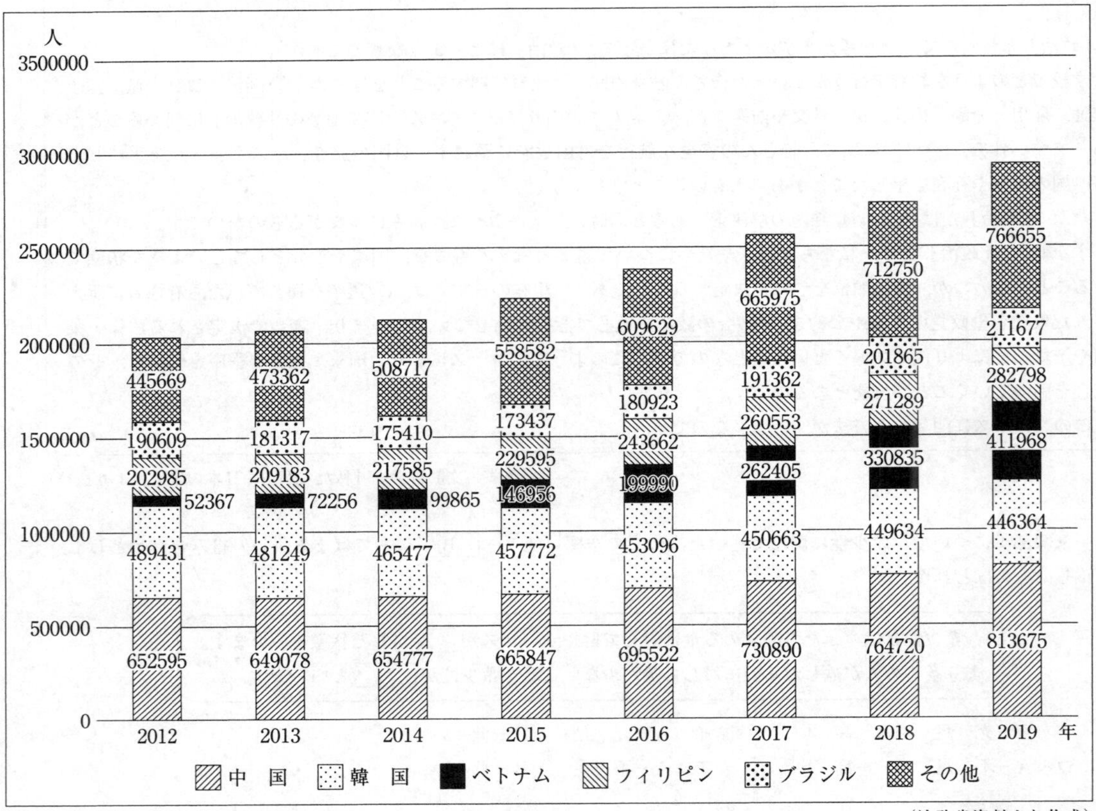

（法務省資料より作成）

ア　2012 年と 2019 年を比較した時，日本に暮らす外国人数の総数は，２倍以上増加している。

イ　2017 年以降，日本に暮らす中国の人々の人数は，毎年 100 万人を超えている。

ウ　2012 年以降，日本に暮らすブラジルの人々の人数は，一度も減少せず，年々増加している。

エ　2012 年と 2019 年を比較した時，日本に暮らすベトナムの人々の人数は，７倍以上増加している。

問４　下線部④について，私たちが解決しなければならない政治的な課題の中で，さまざまな差別の問題が挙げられる。明治から大正にかけて盛んになった女性解放に関連するものとして，**誤っているもの**はどれか。

ア　杉原千畝　　イ　青鞜社　　ウ　平塚らいてう　　エ　新婦人協会

問５　下線部⑤について，選挙の原則の一つである秘密選挙に関して述べた文として，正しいものはどれか。

ア　一人が一票を投票すること。

イ　有権者が直接立候補者を選び投票すること。

ウ　どの政党や候補者に投票したかを無記名で投票すること。

エ　一定年齢以上のすべての国民が選挙権を持つこと。

問６　下線部⑥について，衆議院の解散中，重大ですぐに対応する必要がある時，参議院で開かれる会として，正しいものはどれか。

ア　常　会　　イ　公聴会　　ウ　特別会　　エ　緊急集会

【理　科】（45分）〈満点：100点〉

1　次の各問いに答えよ。

問１　電流計で電流を測ったところ，図ａのようになった。測定した電流の大きさとして正しいものはどれか。

ア　3.6 mA
イ　36 mA
ウ　360 mA
エ　3.6 A

図ａ

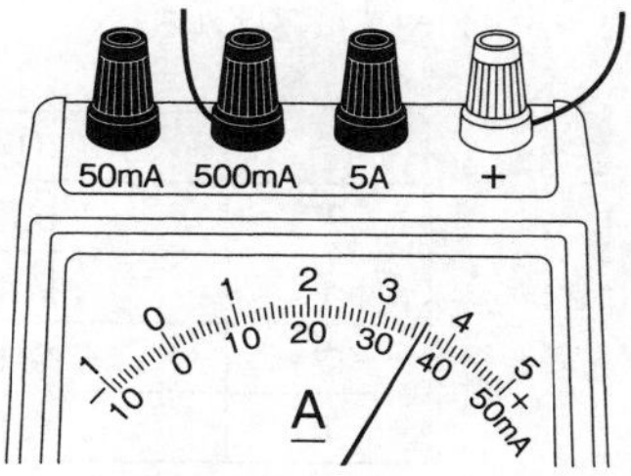

問２　図ｂのような簡易型真空実験装置を用いてブザーを鳴らしながら空気を抜いた。空気を抜いた後では，空気を抜く前と比べて音の聞こえ方が変化する。その変化として正しいものはどれか。

ア　音が高くなる。
イ　音が低くなる。
ウ　音が大きくなる。
エ　音が小さくなる。

図ｂ

問３　次の文章中の空欄□に適する数値と語の組み合わせとして正しいものはどれか。

ある物質の質量と体積を測ったところ，質量が20 g，体積が7.4 cm^3 だった。この物質の密度を計算すると，［①］g/cm^3 となるため，水に［②］ことがわかる。ただし，水の密度は1.00 g/cm^3 とする。

	①	②
ア	0.37	浮く
イ	0.37	浮かない
ウ	2.7	浮く
エ	2.7	浮かない

問４　BTB溶液を入れたうすい塩酸に，水酸化ナトリウムを少しずつ加えていくと，溶液の色が黄色から緑色を経て青色になった。このとき，溶液の中に残っていないイオンとして正しいものはどれか。

ア　H^+　　イ　Cl^-　　ウ　Na^+　　エ　OH^-

問５　ヒトの血管と血液について説明した文として正しいものはどれか。

ア　体循環においては動脈の壁は厚く弾力があり，静脈の壁はうすくところどころに弁がある。
イ　大静脈は心臓の左心室から出た血液を全身へ運ぶための血管である。
ウ　赤血球は不規則な形をしており酸素を運ぶ。
エ　血しょうは中央がくぼんだ円盤状で栄養分を運ぶ。

問6　根と茎のつくりとはたらきについて説明した次の文章中の空欄[　　]に適する語の組み合わせとして正しいものはどれか。

根の先端に近い部分には細い毛のような[①]が多数見られる。これがあることにより，根の表面積が大きくなり水や水にとけた養分を吸収しやすくなる。吸収した水や水にとけた養分は，維管束の[②]を通って茎や葉に運ばれる。

	①	②
ア	根毛	道管
イ	根毛	師管
ウ	柔毛	道管
エ	柔毛	師管

問7　日食と月食について説明した文として正しいものはどれか。

ア　月食とは，太陽の公転によって，太陽，地球，月の順に一直線上で並び，月の全体または一部が地球の影に入る現象である。
イ　月食とは，月の公転によって，太陽，月，地球の順に一直線上で並び，月の全体または一部が地球の影に入る現象である。
ウ　日食とは，太陽の公転によって，太陽，地球，月の順に一直線上で並び，太陽の全体または一部が月にかくれて見えなくなる現象である。
エ　日食とは，月の公転によって，太陽，月，地球の順に一直線上で並び，太陽の全体または一部が月にかくれて見えなくなる現象である。

問8　天気の変化と大気の動きについて説明した次の文章中の空欄[　　]に適する語の組み合わせとして正しいものはどれか。

北半球の高気圧のまわりでは，高気圧の中心[①]。また，[②]気流が起こるため天気は[③]が多い。

	①	②	③
ア	から風が吹き出す	上昇	くもりや雨
イ	から風が吹き出す	下降	晴れ
ウ	へ風が吹き込む	上昇	くもりや雨
エ	へ風が吹き込む	下降	晴れ

2

図cのように，200 g の物体にばねばかりをつけて，ゆっくりと 30 cm 引き上げた。100 g の物体にはたらく重力の大きさを 1 N として，次の各問いに答えよ。

図 c

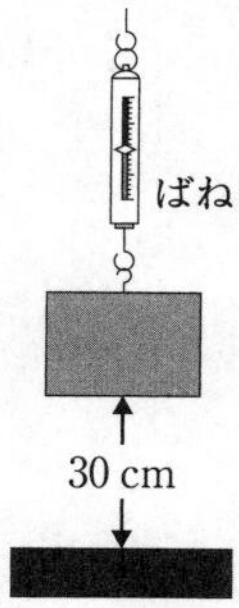

問1　ゆっくりと引き上げているとき，ばねばかりが示す値は何 N か。

ア　1 N　　**イ**　2 N　　**ウ**　100 N　　**エ**　200 N

問2　仕事について説明した文として**誤っているもの**はどれか。

ア　物体に力を加えていれば，物体が移動しなくても仕事をしたことになる。
イ　物体の高さが変わるとき，物体にはたらく重力は仕事をしている。
ウ　仕事は，力の大きさと力の向きに移動した距離によって表される。
エ　仕事の大きさは，道具を使っても，使わなくても変わらない。

問3　物体を引き上げる力がした仕事は何 J か。

ア　0.3 J　　**イ**　0.6 J　　**ウ**　30 J　　**エ**　60 J

問4　200 g の物体を 150 g に変えて，同じように 30 cm 引き上げた。このときの仕事は 200 g の物体を引き上げたときの何倍か。

ア　0.5 倍　　**イ**　0.75 倍　　**ウ**　1.5 倍　　**エ**　1.75 倍

3 図dのように凸レンズを通る光の道すじを調べる実験を行った。次の各問いに答えよ。ただし，Oは凸レンズの中心，Xはレンズの焦点を示す。

図d

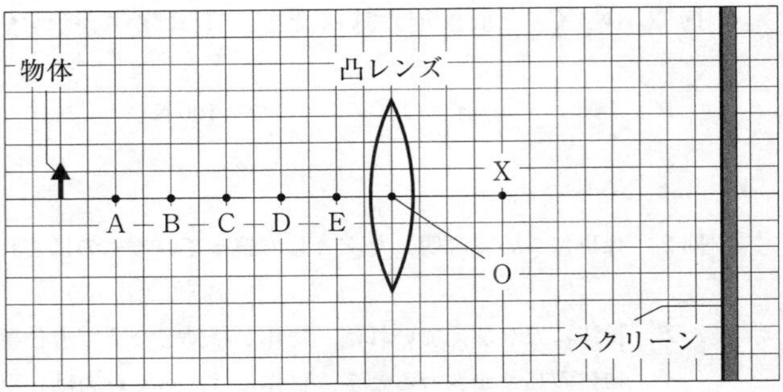

問1　図dのAの位置に置いた物体から出た光は図eのような道すじをたどる。焦点の位置として正しいものはどれか。

ア　1　　**イ**　2　　**ウ**　3　　**エ**　4

図e

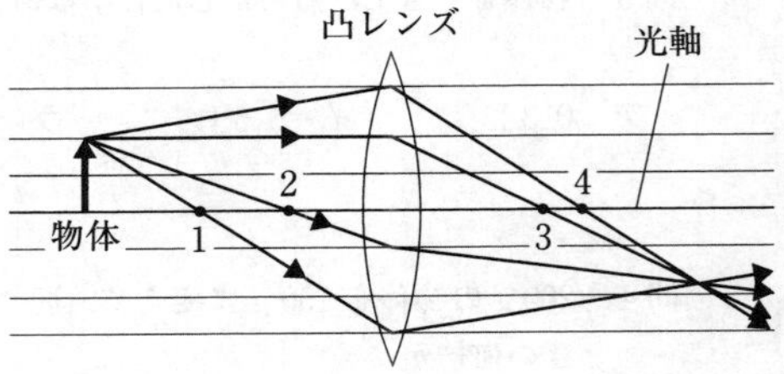

問2　図dのB～Eのある位置に物体を置いたとき，像ができなくなる位置として正しいものはどれか。

ア　B　　**イ**　C　　**ウ**　D　　**エ**　E

問3　図dのEの位置に物体を置いたときの像の特徴の組み合わせとして正しいものはどれか。

	像の種類	像の大きさ
ア	実像	物体よりも大きい
イ	実像	物体よりも小さい
ウ	虚像	物体よりも大きい
エ	虚像	物体よりも小さい

問4　図dのAの位置に物体を置き，凸レンズの上半分を黒い紙でおおったとき，スクリーンにできる像として正しいものはどれか。

ア　上半分だけが暗い像
イ　全体が暗い像
ウ　下半分だけの像
エ　上半分だけの像

4 乾いた丸底フラスコをアンモニアで満たし，図 f のような装置をつくった。スポイトの水をフラスコに入れると，フェノールフタレイン溶液を数滴加えた無色の水が丸底フラスコの方に吸い上げられて吹き出し，フラスコ内で色が変わった。次の各問いに答えよ。

図 f

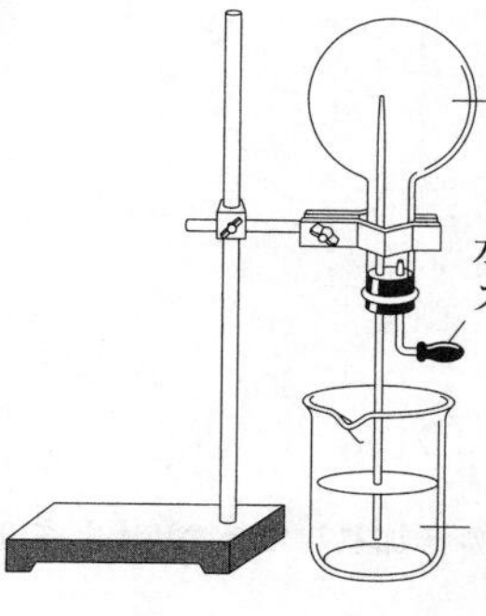

問 1　アンモニアを発生させる物質の組み合わせとして正しいものはどれか。

ア　塩酸　と　亜鉛
イ　塩酸　と　石灰石
ウ　塩化アンモニウム　と　水酸化カルシウム
エ　オキシドール　と　二酸化マンガン

問 2　ビーカー内の水が吹き上がった理由として正しいものはどれか。

ア　水とアンモニアの温度を比べると，アンモニアの方が高いため。
イ　スポイトの水をフラスコに入れることによって，一時的にフラスコ内の圧力が上がったため。
ウ　アンモニアが水にとけてフラスコ内の温度が上がり，水が水蒸気に変化したため。
エ　アンモニアが水にとけてフラスコ内の圧力が下がり，大気圧でビーカー内の水が押し出されたため。

問 3　吹き上がった水の色と液性の組み合わせとして正しいものはどれか。

	色	液性
ア	赤	酸性
イ	赤	アルカリ性
ウ	青	酸性
エ	青	アルカリ性

問 4　この実験装置でアンモニアとは別の気体を用いてもビーカー内の溶液を吸い上げることができる。その気体として正しいものはどれか。

ア　塩化水素　　**イ**　水素　　**ウ**　酸素　　**エ**　窒素

5 図gのように，針金にスチールウールをつけてガスバーナーで加熱した。その後，ガラス管を用いてスチールウールにゆっくりと空気を送った。次の各問いに答えよ。

図g

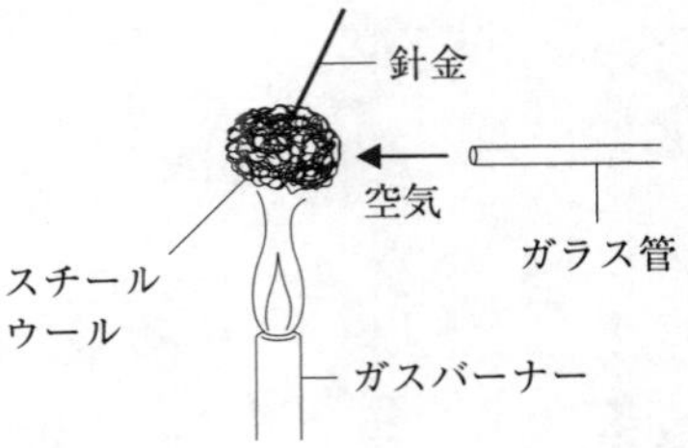

問1　スチールウールを加熱した後の色として正しいものはどれか。

ア　赤褐色　　**イ**　銀白色　　**ウ**　白色　　**エ**　黒色

問2　スチールウールを加熱する前と後の性質を説明した文として**誤っているもの**はどれか。

ア　加熱前のスチールウールより，加熱後の方が重い。
イ　加熱前のスチールウールをうすい塩酸の中に入れると気体が発生するが，加熱後は発生しない。
ウ　加熱前のスチールウールよりも加熱後の方が，磁石に引きよせられる性質が強くなる。
エ　加熱前のスチールウールより，加熱後の方がもろい。

問3　スチールウールにゆっくり空気を送る理由として正しいものはどれか。

ア　反応の時間を遅くするため。
イ　スチールウールの温度を早く下げるため。
ウ　内部まで加熱されるのを防ぐため。
エ　酸素と十分に反応させるため。

問4　燃焼について説明した文として**誤っているもの**はどれか。

ア　激しく熱や光を出しながら物質が酸化する変化を燃焼という。
イ　加熱するとスチールウールは燃焼するが，鉄くぎは燃焼しない。この原因は，酸素とふれあう面積の違いである。
ウ　空気中で木炭を燃焼させたときに発生する二酸化炭素は酸化物である。
エ　物質を燃焼させると，必ず二酸化炭素と水が発生する。

6 食物の消化について調べるために以下の実験を行った。

うすいデンプンのりを試験管A～Dに10 cm^3ずつとり，AとCにはだ液を2 cm^3ずつ加え，BとDには水を2 cm^3ずつ加えた。さらにヨウ素溶液を加え，それぞれよく振って混ぜた。その後，図hのように，AとBは40℃の湯が入ったビーカー，CとDは氷水が入ったビーカーに5～10分間つけた。次の各問いに答えよ。ただし，ビーカー内の温度は10分後も変化しないものとする。

図h

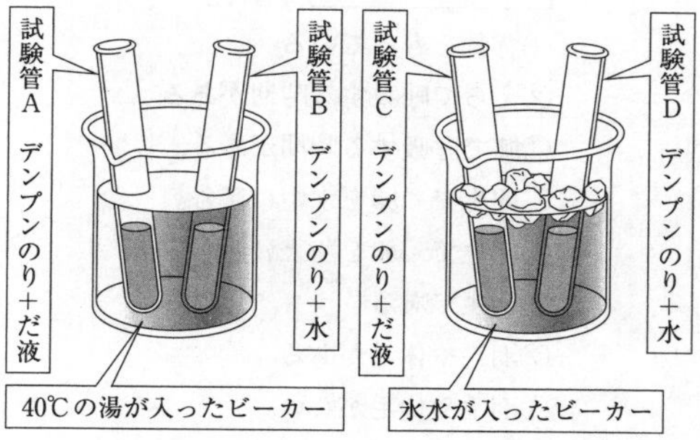

問1　消化液について説明した文として正しいものはどれか。

ア　胃液には脂肪を分解する消化酵素が含まれる。
イ　胃液は強アルカリ性である。
ウ　胆汁には消化酵素が含まれる。
エ　すい液中には炭水化物を分解する消化酵素が含まれている。

問2　だ液に含まれる消化酵素として正しいものはどれか。

ア　アミラーゼ　　イ　ペプシン　　ウ　リパーゼ　　エ　トリプシン

問3　試験管A～Dのうち，ビーカーにつけてからヨウ素溶液の色が変化した試験管はどれか。

ア　Aのみ　　イ　Cのみ　　ウ　AとB　　エ　AとC

問4　問3でヨウ素溶液が変化した後の色として正しいものはどれか。

ア　黄色　　イ　無色　　ウ　青紫色　　エ　赤褐色

7 生物の多様性と進化について次の各問いに答えよ。

問１　①～⑧は脊椎《せきつい》動物の特徴を表し，図ｉは脊椎動物の５つのなかまで，互いに共通する特徴の数をまとめたものである。図ｉ中のＡ～Ｄにあてはまる数の組み合わせとして正しいものはどれか。

脊椎動物の特徴

①背骨をもっている。
②えらで呼吸する時期がある。
③肺で呼吸する時期がある。
④卵生で，卵を水中に産む。
⑤卵生で，卵を陸上に産む。
⑥胎生である。
⑦羽毛や体毛がある。
⑧羽毛や体毛がない。

図ｉ

	魚類	両生類	は虫類	鳥類
両生類	4			
は虫類	A	B		
鳥類	1	2	3	
哺乳《ほにゅう》類	1	2	C	D

	A	B	C	D
ア	2	3	2	3
イ	2	2	2	3
ウ	2	3	1	3
エ	3	2	2	2

問２　生物の進化は化石によって裏づけられる。互いに相同器官である組み合わせとして**誤っているもの**はどれか。

ア　カメの前あし　と　ハトの翼
イ　ハトの翼　と　イヌの前あし
ウ　クジラのひれ　と　ヒトのうで
エ　ハトの翼　と　チョウのはね

問３　植物の進化の道すじとして正しいものはどれか。

ア　まず，胞子で増えるコケ植物やシダ植物が現れ，シダ植物のあるものから裸子植物が現れた。
イ　まず，胞子で増えるコケ植物やシダ植物が現れ，シダ植物のあるものから被子植物が現れた。
ウ　まず，胞子で増えるコケ植物やシダ植物が現れ，コケ植物のあるものから裸子植物が現れた。
エ　まず，胞子で増えるコケ植物やシダ植物が現れ，コケ植物のあるものから被子植物が現れた。

問４　生物の遺骸《いがい》が含まれる岩石として最も適当なものはどれか。

ア　火山の噴出物が堆積した後固まった凝灰岩である。
イ　海底などに堆積して固まったものでうすい塩酸をかけると二酸化炭素を発生する石灰岩である。
ウ　マグマが冷えて固まった火成岩である。
エ　流水によって運ばれて丸みを帯びた粒が堆積した砂岩である。

8 図 j は，ある地点でのある恒星の位置を調べて記録したものである。12 月 15 日の午後 6 時の恒星は，Ｐの位置にあった。次の各問いに答えよ。

図 j

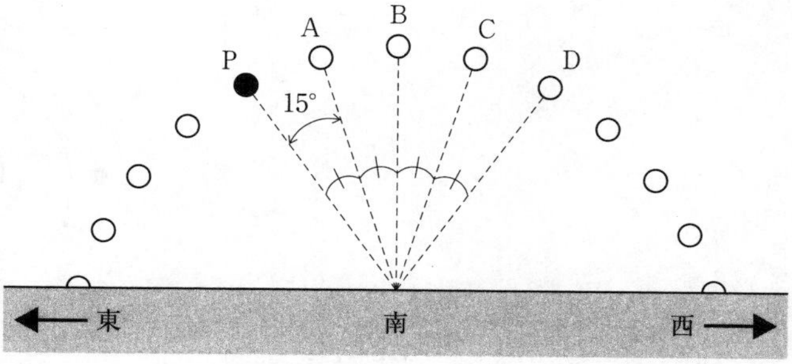

問 1　Ｐの位置にあった恒星は，4 時間後にＡ～Ｄのどの位置にあるか。

ア　A　　**イ**　B　　**ウ**　C　　**エ**　D

問 2　Ｐの位置にあった恒星は，11 月 15 日の午後 10 時ごろにＡ～Ｄのどの位置にあったか。

ア　A　　**イ**　B　　**ウ**　C　　**エ**　D

問 3　Ｐの位置にあった恒星が，1 月 15 日にＢの位置にくるのは何時ごろか。

ア　午後 4 時ごろ　　**イ**　午後 6 時ごろ　　**ウ**　午後 8 時ごろ　　**エ**　午後 10 時ごろ

問 4　同じ時刻で同じ恒星の見える位置が変わる原因として正しいものはどれか。

ア　地球の自転　　**イ**　地球の公転　　**ウ**　月の引力　　**エ**　地球の地軸が傾いているから

9 図ｋは，ある日の天気図の一部である。次の各問いに答えよ。

図ｋ
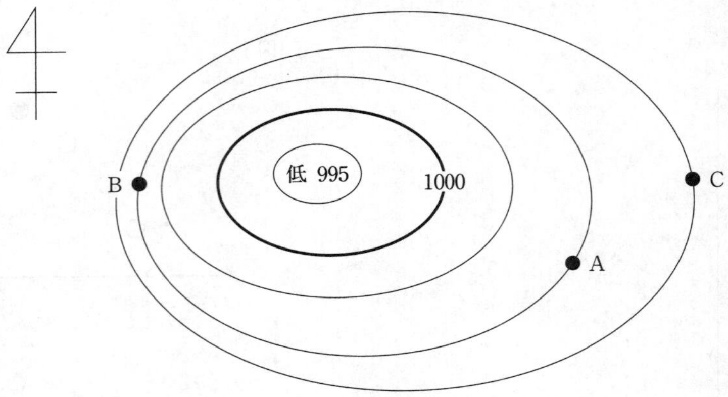

問１　地点Ａの気圧はどれか。

ア　1002 hPa　　イ　1004 hPa　　ウ　1008 hPa　　エ　1010 hPa

問２　地点Ｃでは，煙突の煙が北西の方向に流れていた。この地点の風向として正しいものはどれか。

ア　北西　　イ　北東　　ウ　南西　　エ　南東

問３　地点Ａ～Ｃの風の強さとして正しいものはどれか。

ア　地点Ａが一番強い　　イ　地点Ｂが一番強い　　ウ　地点Ｃが一番強い　　エ　すべて同じ

問４　ある日の空は全体の７割ほどが黒い雲でおおわれ，残りの３割ほどが青空であった。このときの天気はどのように記録されるか。

ア　快晴　　イ　晴　　ウ　くもり　　エ　雨

【国 語】（五〇分）〈満点：一〇〇点〉

一　1と2は、傍線部の漢字と同じ読みのものをそれぞれ一つ選びなさい。また、3から5は、傍線部を漢字に直した時に同じ漢字を使うものをそれぞれ一つ選びなさい。

1　掘削作業を見学する。
ア　みかんを出荷する。　イ　稚拙な字と評される。
ウ　屈強な若者を求める。　エ　外堀を埋める。

2　賃貸契約を結ぶ。
ア　選手を交替する。　イ　業務を委託する。
ウ　記念品を贈呈する。　エ　和洋折衷の建築を訪ねる。

3　物をソ末に扱う。
ア　ソ税を納入する。　イ　ソ暴な振舞い。
ウ　人類のソ先をたどる。　エ　進歩をソ害する。

4　身元を照カイする。
ア　株主総カイで決議。　イ　時計を分カイする。
ウ　カイ気祝いを贈る。　エ　日本文化を紹カイする。

5　世の中を風シする。
ア　シ跡を訪ねる。　イ　シ激臭に顔をしかめる。
ウ　シ令を発する。　エ　シ点と作用点を図に記す。

二　次の1から6の問いに答えなさい。

1　次の漢字と同じ部首のものを一つ選びなさい。
午
ア　傘　イ　率　ウ　準　エ　卓

2　傍線部の言葉の使い方として正しいものを一つ選びなさい。
ア　自分が警官だとうそぶいて被害者を信用させた。
イ　彼はまだ若いのに、なかなかうがったことを言う。
ウ　学びたい分野ではあるのだが、いわゆる数学は苦手である。
エ　日本人だからといって、おもむろに餅が好きなわけではない。

3　次の傍線部と波線部の関係を一つ選びなさい。
彼女は、美しくて優しい人です。
ア　主語・述語　イ　修飾語・被修飾語　ウ　並列　エ　補助

4　次の語の意味として正しいものを一つ選びなさい。
圧巻
ア　押し付けられた書物。　イ　大きな巻物。
ウ　最も優れたもの。　エ　長編の最終回。

5　「石に漱《くちすす》ぎ流れに枕す」と読む返り点の付け方を一つ選びなさい。
ア　漱$_{二}$ 石 枕$_{一}$ 流　イ　漱$_{レ}$ 石$_{二}$ 枕 流$_{一}$
ウ　漱 石$_{レ}$ 枕$_{レ}$ 流　エ　漱$_{レ}$ 石 枕$_{レ}$ 流

6　空欄に入る漢数字が最も大きいものを一つ選びなさい。
ア　天は□物を与えず　イ　□転び八起き　ウ　早起きは□文の得　エ　腹□分に医者いらず

三　次の会話は、先生と生徒のAさんとBさんが総合的な探究の時間で調べ学習をしている時のものです。これを読んで、**1**から**5**の問いに答えなさい。

先生　「皆さん、今回はＳＤＧｓ（エスディージーズ）について考えてみましょう。ＳＤＧｓとは、『Sustainable Development Goals（持続可能な開発目標）』の略称で、２０１５年に国連が定めた国際的な目標です。２０３０年までの長期的な開発の指針として、17の目標が定められています。」

A　「その中で、私たちが身近でできる取り組みは何かあるのかなあ。」

先生　「最も[1]カンシンを持った取り組みは何ですか？」

B　「私は『気候変動に具体的な対策を』という項目[2a]が一番気になりました。」

先生　「なるほどね。[3]地球温暖化がもたらしている弊害として、今、日本でも異常気象による水害が頻発していますね。他には何かありますか。」

A　「私は、秋の魚の代表として食卓でおなじみのさんまの値段が高騰しているという話題が気になります。これも、[4]地球温暖化の影響だとニュースでやっていました。」

B　「身近にある問題も、実は世界全体で取り組むべきことなのかもしれませんね。」

A　「私も同感です。日本だけ[2b]が、取り組めば解決できるというわけではないですよね。」

先生　「そうですね。気候変動を食い止めることは、まず、自分ができることから取り組むことは当然です[2c]が、さらに国同士が互いに手を取り合い、[5]していかなければならない問題がＳＤＧｓなのかもしれませんね。」

B　「さまざまな考えを持つ者同士が自国の利益を最優先するのではなく、一つの大きな目標に向かって協力することが大切なんですね。」

A　「私たち[2d]が暮らす社会全体には、相手を重んじる精神が求められているということですね。」

1　傍線部1「カンシン」を正しい漢字に直したとき、最も適当なものを一つ選びなさい。

ア　関心　　**イ**　感心　　**ウ**　歓心　　**エ**　寒心

2　傍線部2のa～d「が」のなかで、用法が**異なるもの**を一つ選びなさい。

ア　a　　**イ**　b　　**ウ**　c　　**エ**　d

3　傍線部3「地球温暖化」について図1から読み取れる内容として最も適当なものを一つ選びなさい。

ア　１９４１年から１９５１年の10年間は、世界の年平均気温の偏差に大きな変化はなかった。

イ　１８９１年から２０１１年までの約１２０年間に急激な気温の上昇は、3回あった。

ウ　１９８１年から２０１１年までの30年間の平均気温の偏差は、下降傾向にある。

エ　２０００年代に入ると、世界の年平均気温の偏差の急激な下降は見られなくなっている。

4　傍線部4「地球温暖化の影響」について、図2の１９８０年から２０２０年を参照し、図3から読み取れる内容として最も適当なものを一つ選びなさい。

ア　２０００年から２０１０年までの10年間は、日本近海の海面水温の上昇とともに、さんまの水揚量も右肩上がりである。

イ　２００６年から２００８年にかけてさんまの水揚量はピークに達したが、同時期の日本近海の海面水温の5年移動平均値も常に上昇をし続けている。

ウ　２０１０年以降、日本近海の海面水温の上昇に伴ってさんまの水揚量はピーク時より大幅に落ち込み、２０１９年以降は５万トンを下回った。

エ　１９８５年から１９９０年にかけて５年移動平均値の急激な上昇が見られたが、さんまの水揚量は不振に陥り過去最低を更新した。

5　空欄 5 に入る語として、最も適当なものを一つ選びなさい。

ア　面従腹背　　**イ**　呉越同舟　　**ウ**　一挙両得　　**エ**　一致団結

図１　世界の年平均気温の偏差

［出典：世界の年平均気温偏差（気象庁）よりWWP（世界自然保護基金）で作図］

図２　日本近海の全海域平均海面水温（年平均）の平年差の推移　気象庁

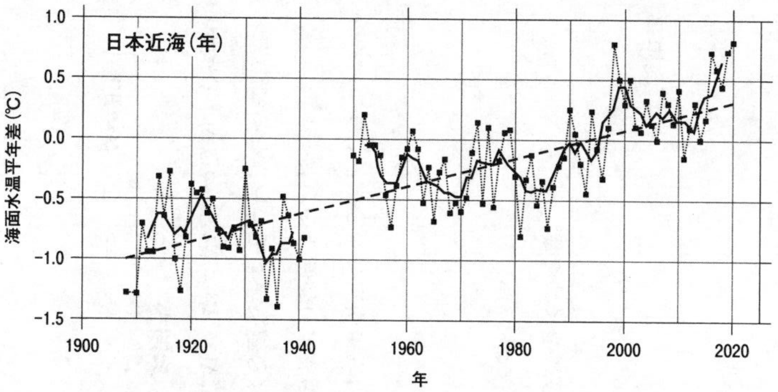

図の点線は各年の平年差を、太い実線は５年移動平均値を表します。
破線は長期変化傾向を表します。
平年値は1981年～2010年の30年間の平均値です。

図３　水揚量の推移（1981年～2020年）（全国さんま棒受網漁業協同組合）

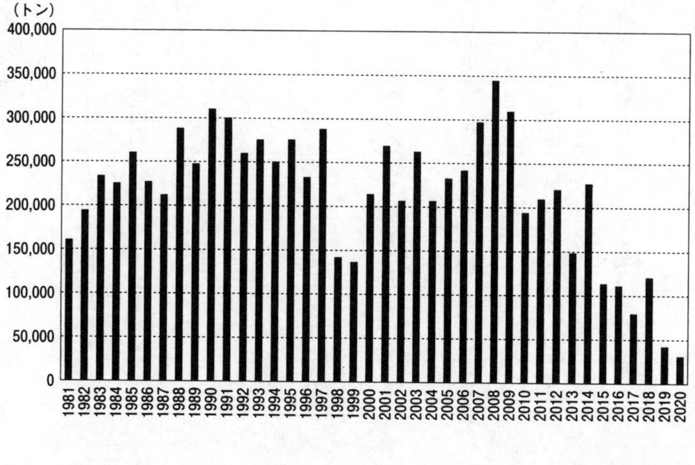

四 次の文章を読んで、1から5の問いに答えなさい。（問題作成の都合で原文を一部変更したところがあります。）

興福寺に智運房といふ僧ありけり。あまりに物の騒がしかりければ《大騒ぎをする人だったので》、「ひたさぎ《うるさい》の智運房」と言ひて、眠《ねぶ》りの正信と一具の名人なり《並び称された有名人であった。》。

ある時、盗人の事有りて、騒ぎけるに、1腹を柱に当てて、張らむ張らむ《殴ろう殴ろう》とす。「あれはいかに」と人の言ふに、「やら、腹かと思ひて」と言ふ。

ある時、谷の房*に焼亡《ぜうまう》《火事》ありけるに、手水桶*《てうづをけ》の水を、傍らなる法師の頭につちかくるを《かけるので、》、「これはいかに《「何をなさるのか」》」と2a言へば、「御分《あなた》の額に火の付きたるかと思ひて」と言ふ。火の光、額に映じて見えけるを、火の付きたるとぞ2b思ひける。

ある時、酒宴しけるに、夜更けて後、継瓶子*《つぎへいじ》せんとて瓶子持ちて、酒屋へ行きて、ほどなく帰る。人々興に入りて、瓶子の酒を銚子*に入れて見れば、浮草あり。試みれば水なり。「これはいかに。一向《全く》［ 3 ］にてあるは」と問へば、4「よも候はじ。やがて汲《く》みて候ひつるを《「まさかそのようなことはないはずです。すぐに汲んできましたのに」》」と言ふ。「こは《これは》何と言ふ事ぞ」と人々問へば、「夕、まさしく雨、道は滑り候ふ。月はおぼろなり。猿沢の池のはた《ほとりで》にて滑りて、瓶子を池に落《お》し入れて候ひつるを、やがて《すぐに》そこを急ぎ汲みて、瓶子に入れて候ひつるを」と言ひける。かへすがへす不思議なり。騒がしきのみにあらず、事の他に《とんでもなく》嗚呼《をこ》がましくこそ《愚かな人であった。》。

（『沙石集』による）

注 ＊房——僧侶の住まい。　＊手水桶——手や顔を洗うための水を入れる桶。
＊継瓶子——瓶子とは徳利《とっくり》のことで、空になった瓶子に酒を入れること。
＊銚子——酒を入れて杯に注ぐための長い柄のついた器。

1 傍線部1「腹を柱に当てて、張らむ張らむとす」の理由として、最も適当なものを一つ選びなさい。
ア 柱の陰から盗人を挑発しようとしたから。　イ 柱を盗人と勘違いをしたから。
ウ 眠っている正信に知らせようとしたから。　エ 盗人の腹が張り出していたから。

2 傍線部2a「言へば」・2b「思ひける」の主語の組み合わせとして、最も適当なものを一つ選びなさい。
ア a 盗人　b 眠りの正信　イ a 智運房　b 人々
ウ a 傍らなる法師　b 智運房　エ a 人々　b 傍らなる法師

3 空欄［ 3 ］に入る語として、最も適当なものを一つ選びなさい。
ア 酒　イ 水　ウ 雨　エ 涙

4　傍線部4「よも候はじ。やがて汲みて候ひつるを」の説明として、最も適当なものを一つ選びなさい。

ア　酒をこぼした部分の池の水を即座に汲んだので、瓶子の中はすべて酒であると思い込んでいたということ。

イ　池の水は神聖なものなので、瓶子の中に入ることによりご利益が増すに違いないと言い張ったということ。

ウ　夜の池は人々が近づかないので、誰も酒をこぼしたとは気づくはずはないと高をくくっていたということ。

エ　おぼろ月夜の光があまりにも美しかったので、瓶子の中に酒と一緒に汲み取ってこようとしたということ。

5　智運房の人物像として、最も適当なものを一つ選びなさい。

ア　少ない酒を皆に振る舞おうと心を尽くす優しい人物であった。

イ　いつも周囲の人々を楽しませようとする愉快な人物であった。

ウ　僧であるにもかかわらず酒を飲みすぎるふとどき者であった。

エ　やかましいだけでなく物事の分別をわきまえない者であった。

五　次の文章を読んで、1から7の問いに答えなさい。

何かの問題に直面して、解決策や答えを求めて考えをめぐらせるときは、まずその問題がどういう性質のものなのかを見極め、仕分けすることが大切です。

問題の性質を仕分けするとは、1「箱に入れる」と言い換えてもいいでしょう。いきなり答えを求めるのではなく、とりあえず、それがどんな「箱」に分類されるのかを考える。そうすることで、考え方の枠組みのようなものがはっきりしてきます。

箱の種類は、人それぞれです。自分なりの分類で、さまざまな箱を用意すればいいと思います。

たとえば日々の生活をしていくうえで直面する課題は、「正解のあること」と「正解のないこと」の2つの箱に分けることができます。

どちらの箱に入れる問題かは、ベネフィット*の多少で見分けることができます。

恋人になってほしい候補が2人いるとき、1人は自分の好みにピッタリ合ったルックスだけれど、性格があまり優しくない。もう1人はルックスはいまひとつだけれど、優しくて自分を大切にしてくれる。どちらにしようか迷うのは、メリットとデメリットが拮抗《きっこう》しているからです。ルックスが自分好みで性格も優しかったら正解は1つで、迷う余地はありません。

このようなベネフィットが拮抗する〝正解がない〟迷う問題は、直観で決めるしかありません。直観というのは、その人がそれまで生きてきた人生のすべての情報をデータベースとして脳が無意識の部分で判断してくれることなので、そこを信じるしかないわけです。

もっと別の次元での「正解のある問題」と「正解のない問題」もあります。

たとえば論点5*で扱った「憲法9条は改正すべきか」という問題があります。先述したように、これは現実的に誰かが困っている問題ではありません。自衛隊が合憲であることは野党も容認しているので、条文を変えても変えなくても現実は何も変わりません。

したがって、改憲か護憲かはイデオロギー*の争いとなっており、それぞれの陣営がどれだけ根拠を集めてきても客観的に「正解」が出ることはありません。神学論争のようなもので、いわば「永遠の水掛け論」となる性質の問題だと思います。憲法9条の改正について考えるなら、この問題が2そのような性質を持っていることを認識してから始めるほうがいいわけです。

別のタイプの正解の出ない問題もあります。たとえば、*論点4で扱った「気候危機」などは「複雑すぎてなかなか答えの出ない問題」という箱に入ります。そこで人類がもっと賢くなって正しい答えがわかるようになるまでは、いわば「保留」の箱に入れておき、いまは取り返しのつかない事態に陥らないように手を打っておこう、というのが、*COP21の決断だったということは、すでに述べた通りです。

もちろん、数字・*ファクト・*ロジックで考えればシンプルに答えが出て解決できる問題も、世の中にはたくさんあります。

他方、きちんと考えれば正解は明らかなのに、社会全体では意見が分かれてしまう問題もあります。その代表が、*論点19や*論点20で扱った「年金」や「財政赤字」の問題です。それを専門に研究している真っ当な学者の世界ではほぼ結論が出ているのに、メディアに煽《あお》られた世間の「俗論」がそれに反対しています。「*ポピュリズムに乗りやすい問題」とでも呼べばいいでしょうか。

[3] [A] いろいろなカテゴリーに分類される問題があることを知っていれば、一見、同レベルで意見が対立しているように見える問題であっても、既得権や人気取りから生まれた「俗論」が紛れ込んでいることを見抜きやすくなります。

どのような箱をいくつ持つかは、人それぞれです。そして、どんな箱に分類して考えるにしても、共通して正しい方法は、「まず[4]専門家の意見を虚心に聞く」ことだと、心得てほしいと思います。

最近の流《は》行《や》りは、「正解のない問いを立てる力」です。

その背景には、「正解のある問題」を解く力だけを鍛える受験勉強や偏差値教育などに対する疑問や反省があるのでしょう。いまのような混迷の時代は、知識偏重の教育を受けた受験秀才ではサバイバルできない、というわけです。

[3] [B] 、この世界には「正解のない問題」がたくさんあります。「考えれば必ず答えの出る問題」しか知らない人間だけでは、未来を切り拓くことはできないでしょう。「正解のない問いを立て続ける力」を持つ人材を求める声が高まるのは、時代の必然といえます。

[3] [C] 、だからといって「答えのある問題」についての知識が不要となるわけではありません。

（中略）

たとえば、国家とは何か。税金とは何か。選挙とは何か。これらの問題には、歴史に裏付けられた答えがあります。そして、市民ひとりひとりがこれらの答えを基礎知識として持ち合わせていなければ、平和で民主的な社会を維持していくことはできません。「正解のない社会問題」について考えることもできません。

人間は「考える葦《あし》である」といいますが、何も武器を持たずに自分の頭だけで考えることはできません。考えるためには、武器となる「基礎知識」が必要です。

だとすれば、教育はただ「考える力」を鍛えればいいというものではありません。最近は「知識の詰め込み」教育は評判が悪いのですが、若い世代に、生きていくために必要な知識を身につけてもらうことは、教育のきわめて重要な目的です。

人間を「社会で生き抜くための武器を持った考える葦」として育て、「正解のない問題」にあふれた社会に送り出すのが、[5]教育の果たすべき役割だと思います。

複雑系という学問分野に、「カオス理論」というものがあります。この理論によって、未来は原理的に予測不能であることが明らかになりました。計測できないほど小さな初期値の違いによって、結果がまったく異なってしまうからです。その理論の本質を言い表したのが、次の言葉でした。

「ブラジルで1匹の蝶が羽ばたけばテキサスで竜巻が起こる」

いわゆる「バタフライ効果」です。ブラジルが「北京」、テキサスの竜巻が「ニューヨークのハリケーン」になるバージョンもありますが、いずれにしろ、どこかで羽ばたくかもしれない蝶の動きをすべて把握して、気象の変化を計算することなど誰にもできません。

未来が予測できないと聞くと悲観的になりますが、逆に次のように考えたらどうでしょうか。

「取るに足らない1匹の蝶でも、羽ばたけば、世界の気象に影響を与えることができる」

私たちの暮らす世界は広くて複雑なので、人はしばしば無力感を抱きます。さまざまな問題を解決したいけれど、自分1人が頑張っても世界を変えることなどできっこない――そう思って、問題を考えること自体を諦めてしまうのです。「自分の1票など何の影響力もない」と思い込んで選挙で投票に行かないのは、その典型的な表れです。

しかし現実は違います。自分の半径1メートル圏内での行動が、ブラジルや北京で羽ばたく1匹の蝶のように、世界を変えてしまう可能性は十分にあります。それを体現した1人が、スウェーデンの環境活動家グレタ・トゥーンベリさんです。

8歳のときに気候変動への対策がほとんど行われていないことを知った彼女は、そのショックによって心に変調を来《きた》しました。そして15歳の時に、「気候のための学校ストライキ」をたった1人で始めます。その運動の輪がどんどん広がり、結果的に1000万人を超える若者たちを動かしました。

いまや世界に彼女の名前を知らない人はいないでしょう。大人たちの問題意識を喚起したという点で、彼女の行動には竜巻やハリケーンのようなインパクトがありました。「グレタ効果」という言葉もあるぐらいですから、6まさにカオス理論におけるバタフライ効果を連想させます。

「自分1人だけの小さな行動」は、決して無力ではなく、いつか世界を変える力を秘めています。逆に、羽ばたかなければ、永遠にハリケーンは起こりません。

(出口治明『自分の頭で考える日本の論点』による)

注　＊ベネフィット――ここでは利益。

＊論点4・論点5・論点19・論点20――本文の前で述べられていたそれぞれの議論。

＊イデオロギー――基本的なものの考え方。　＊COP21――気候変動に関わる国連の会議。

＊ファクト――事実。　＊ロジック――論理。

＊ポピュリズム――世論を代弁しているという政治上の主張。

1　傍線部1「『箱に入れる』」の理由として、最も適当なものを一つ選びなさい。

ア　問題は時間をかけて取り組むためにも、まず時系列で分けてから整理していくと便利だから。

イ　問題を解決するために既成の箱を用意し、分類していくことで対処方法の優先順位がつくから。

ウ　問題の特徴はさまざまであり、種類で分けることによって解決の糸口が見つけやすくなるから。

エ　問題の特色を見極めるために考えの枠組みを外し、見方が公平かどうか確認する過程がいるから。

2　傍線部2「そのような性質」の解釈として、最も適当なものを一つ選びなさい。

ア　双方が主張を曲げず延々と議論が交わされる性質。

イ　議論の技術をお互いに向上させるために役立つ性質。

ウ　互いの立場に配慮するあまり結論が二転三転する性質。

エ　自分にとって不都合な問題には触れず真実を歪《ゆが》める性質。

3　空欄[3] A ・[3] B ・[3] C に入る語の組み合わせとして、最も適当なものを一つ選びなさい。

ア　A　おそらく　B　もっとも　C　そして　　イ　A　まるで　B　そのうえ　C　また

ウ　A　このように　B　たしかに　C　しかし　　エ　A　やはり　B　したがって　C　いわゆる

4　傍線部4「専門家の意見を虚心に聞く」の解釈として、最も適当なものを一つ選びなさい。

ア　専門家の意見を軽んじて扱うこと。　　イ　専門家の意見を素直な心で受け取ること。

ウ　専門家の意見を崇拝すること。　　エ　専門家の意見を一度は不審に思うこと。

5　傍線部5「教育の果たすべき役割」の説明として、最も適当なものを一つ選びなさい。

ア　迫りくる危機を素早く察知できる能力と、状況に応じて有効な策を講じられる行動力のある人物を増やしていく役割。

イ　正しい手順をたどることで良い選択ができる力を強化し、どんな状況にあっても必ず正解を導き出せる人物を育む役割。

ウ　国民の三大義務など実社会に対応する常識を備えさせ、穏やかな気持ちで暮らしながら将来を築ける人物を世に送り出す役割。

エ　堅実な学力を身につけさせたうえで問題の核心に気づいて柔軟な思考ができる力を培い、困難な事態にも立ち向かえる人物を育てる役割。

6　傍線部6「まさにカオス理論におけるバタフライ効果を連想させます」の説明として、最も適当なものを一つ選びなさい。

ア　歴史的背景による特定の人種に対する差別が顕著だった時代を経て受け止める側の意識に変革が起こり、個人が起こした行動が多くの人に注目されることで本人の資質までもが向上するということ。

イ　この世は物事のなりゆきがはっきりしないところがあり将来を前もって推測することはできないが、美しい気持ちを持って正しい行動をしていればいつか必ず平和な社会が実現されるということ。

ウ　感知できないほどの差異が時間の経過に伴い大きな違いを生むように、どんなに小さく見える行動であっても、誰かが始めれば大きな社会変革を起こす可能性があるということ。

エ　認識できないくらいの微力な存在が社会に関心を持ち情報収集を積み重ねた結果、内面的成長を遂げ社会に大きく羽ばたける人間が続々と現れてくるということ。

7　本文の内容と一致するものとして、最も適当なものを一つ選びなさい。

ア　経験から得られたものが直観となるので、解決法が決められない場合はその直観に従うのが一番だ。

イ　大人たちの問題意識を喚起した「グレタ効果」の後、純粋な子どもたちの意見が通りやすくなった。

ウ　改憲などの「ポピュリズムに乗りやすい問題」は、一人ひとりが賢くなればすぐに解けるはずだ。

エ　人間は「考える葦である」ので、これからの教育は「考える力」を鍛えることさえすればよい。

六

次の文章を読んで、1から7の問いに答えなさい。

【　香音《かのん》は心の音を聴きとる店員がいる不思議なオルゴール店にやってきた。店員は今の香音の気持ちにふさわしい曲の入ったオルゴールをさし出した。】

「これはいかがですか」

自らぜんまいを回してみせる。流れ出したメロディーを聴いて、[1]あっと香音は声を上げてしまった。

「讃美歌？」

ついさっき、教会でひさびさに思い返していた曲だった。聖歌隊の十八番で、日曜礼拝でたびたび伴奏したのだ。

安らかな日々だった。コンクールのことも、南先生のことも、知らなかった。鍵盤に指を走らせるのが、ただただ楽しかった。幼稚園の先生にも、友達やその親たちにも感嘆され、聖歌隊からは感謝され、礼拝の参列者の間でも評判だった。香音ちゃんのピアノは神様の贈りものだ、と園長先生は感慨深げに言ったものだ。大切にしなさい。その力はみんなを幸せにするからね。

オルゴールがとまるのを待って、香音は2［ A ］を開いた。

「これ、下さい」

「よかった。実は僕も、耳は悪くないんです」

店員さんは目を細め、香音にうなずきかけた。

「すごくいい音で鳴っている」

いい音ね。不意に、南先生の声が香音の耳もとで響いた。3きゅう、と胸が苦しくなった。

「紙箱があるので、入れますね」

店員さんが腰を上げた。耳の中でこだましている先生の声は気にしないようにして、香音も笑顔をこしらえる。4そこで突然、彼が眉をひそめた。

「ん？」

中腰の姿勢でしげしげと見つめられ、香音はどぎまぎして目をふせた。作り笑いが失敗していただろうか。

「あともうひとつだけ、いいですか」

香音の返事を待たずに、店員さんはせかせかと棚のほうへ歩いていく。

店を出ると、香音は急いで先生の家へ向かった。途中から、ほとんど駆け足になっていた。門が見えてきたときには汗だくで、息がはずんでいた。

そのまま駆け寄ろうとして、つんのめりそうになった。道の先に、香音に負けず劣らず息をきらして走ってくる人影が見えたのだ。

「香音！」

見たこともないようなこわい顔をして駆けてきたお母さんは、立ちすくんでいる香音の前で仁王立ちになった。

香音は無言でうなだれた。足もとのくろぐろとした影が、穴みたいに見える。いっそ飛びこんでしまいたい。

「どれだけ心配したと思ってるの？」

5頭の上から降ってきた声は、頼りなく震えていた。

香音はびっくりして顔を上げた。お母さんは怒っているというよりも、途方に暮れたような顔つきになっていた。

「先生も心配してらしたわよ。今までどこにいたの？」

香音がレッスンに来ないと電話を受けて、探しにきたらしい。

「ごめんなさい」

「ねえ、香音。ピアノ、弾きたくないの？」

香音は目をみはり、お母さんを見上げた。

「さっき、電話で先生と少しお話ししたの。ちょっとお休みしてもいいんじゃないかって。先週、香音ともそういう話をしたんだって？」

お母さんが膝を折って香音と目線を合わせた。

「お願い。正直に教えて。お母さん、怒らないから。香音のやりたいようにやってほしいと思ってる」

肩からかけたかばんを、香音は手のひらで軽くなでた。底のほうがぽこりとふくれているのは、角ばった紙箱のせいだ。

店員さんが新しく棚から出してきてくれたオルゴールを聴いて、香音は[2] B をのんだ。バッハでも讃美歌でもない。けれどよく知っている曲が、またもや流れ出したのだった。

「ピアノを習っておられるんですか」

店員さんは優しい声で言った。

「はい」

でも、と言い足すなんて、ふだんの香音なら考えられないことだった。見ず知らずのおとなに、個人的な打ち明け話をするなんて。

このひとになら、わかってもらえるのではないかと思ったのだ。香音の胸の奥底で響いている音楽をみごとに聴きとってみせた、彼になら。

コンクールで落選したこと、ピアノを弾く気力を失っていること、今日レッスンをすっぽかしてしまったことまで、つっかえつっかえ話した。店員さんはなにも言わずに耳を傾けてくれた。それから、ふたつのオルゴールをテーブルに並べ直した。

「どちらでも好きなほうを、どうぞ」

香音は左右のオルゴールを見比べた。洗いざらい話したせいか、いくらか心は軽くなっていた。

深く息を吐き、耳をすます。

「こっちを下さい」

新しく出してもらったほうを、指さした。店員さんが満足そうに[2] C もとをほころばせ、香音が選んだオルゴールを手にとって、ぜんまいを巻いた。

素朴なバ*イエルの旋律が、香音の耳にしみとおった。

紙箱に入れてもらったオルゴールをかばんにしまうと、香音はお礼もそこそこに店を飛び出した。無性にピアノを弾きたかった。一刻も早く鍵盤にさわりたくてたまらなかった。

お母さんの目をじっと見て、香音は口を開く。

「わたし、ピアノを続けたい」

誰もが一位になれるわけじゃない。先週、南先生は香音にそう言った。[6]ここはそういう世界だから。でも、一位になるためだけに弾くわけでもないのよ。

あのときは、ただ香音を慰めようとしているのだと思った。でもたぶん、そうじゃない。先生は純粋に、事実をありのまま伝えてくれていた。

[7]「もっとうまくなりたいの」

そしてもう一度、いい音を取り戻したい。

先生の言う「そういう世界」に飛びこもうと、香音は自分で決めたのだ。いい音ね、とあの日ほめてもらった瞬間に。

「わかった」

お母さんが香音の頭をひとなでして、腰を伸ばした。

「じゃあ、一緒に先生に謝ろう」

香音はお母さんと並んで、門へと足を踏み出した。どこからか、バイエルの調べが聞こえてくる。

（瀧羽麻子『ありえないほどうるさいオルゴール店』による）

注　*バイエル――ピアノ奏法入門書。

1　傍線部1「あっと香音は声を上げてしまった」の理由として、最も適当なものを一つ選びなさい。

ア　純粋にピアノに向き合えた日々を思い出させてくれる曲が流れてきたから。

イ　讃美歌を聴いて心が穏やかになったことを店員に見透かされて驚いたから。

ウ　店員に自分のことをさらけ出してしまったようで恥ずかしくなったから。

エ　幼稚園の頃に一瞬で記憶が引き戻されていたことに気づかされたから。

2　空欄 A[2]・B[2]・C[2] に入る言葉の組み合わせとして、最も適当なものを一つ選びなさい。

ア　A 心　B 唾　C 手　　　イ　A 目　B 声　C 胸

ウ　A 手　B 涙　C 耳　　　エ　A 口　B 息　C 目

3　傍線部3「ぎゅう、と胸が苦しくなった。」の心情として、最も適当なものを一つ選びなさい。

ア　自分のピアノの音色をいつもほめてくれる南先生の存在がふと呼び起こされ、切なくなった。

イ　レッスンをさぼってしまった後ろめたさに襲われ、今回の言い訳をあれこれ悩んでしまった。

ウ　気分転換のために入った店なのに、結局は南先生のことを考える自分が嫌になってしまった。

エ　自分にしかわからない過去と合致する曲を選ぶ店員に恐怖心が芽生え、逃げ出したくなった。

4　傍線部4「そこで突然、彼が眉をひそめた。」の説明として、最も適当なものを一つ選びなさい。

ア　大人に気を遣いすぎる香音に対して、不快な気持ちになっているということ。

イ　今の香音の心に響く音は、もっと他にあるのではないかと感じたということ。

ウ　作り笑顔をする香音に、子どもらしく素直になるべきだと思ったということ。

エ　心の音をとっさに操作してしまう香音に、不思議な力を見出《いだ》したということ。

5　傍線部5「頭の上から降ってきた声は、頼りなく震えていた。」の説明として、最も適当なものを一つ選びなさい。

ア　ピアノ漬けの日々に嫌気がさしてレッスンをさぼった香音に対して、怒りを通り越して情けなさすら感じているということ。

イ　レッスンに行けなくなるほどショックを受けて行方がわからなくなってしまった香音を、心の底から心配しているということ。

ウ　母親としての威厳を残しつつも、自分の言うことを聞いてくれなくなった香音に対して自信を喪失してしまっているということ。

エ　順調な歩みであった香音のピアノの才能が期待外れであったことに焦りを感じ、別の道を用意するべきか悩んでいるということ。

6　傍線部6「ここはそういう世界だから。」の説明として、最も適当なものを一つ選びなさい。

ア　コンクールはスターを発掘する場でもあるために、ピアノの技術だけで採点はされないということ。

イ　一生懸命レッスンを重ねていても勝負は運であるので、強い精神力も大切な条件になるということ。

ウ　芸術とは本来点数化されるべきものではないので、コンクールの結果に拘《こだわ》る必要はないということ。

エ　自分なりに満足のいく演奏ができたとしても、納得のいく結果が得られるとは限らないということ。

7　傍線部7「『もっとうまくなりたいの』」の心情として、最も適当なものを一つ選びなさい。

ア　母親や南先生に心配をかけないためにもっと練習をして成長していきたい。

イ　コンクールにおいて常に上位入賞ができるような完璧な演奏を目指したい。

ウ　自分のピアノの音色で聴く人が幸せな気持ちになれるような演奏がしたい。

エ　いつの日か自分の作品がオルゴール曲に選ばれるような音楽家になりたい。

英語解答

1 A (1)…イ (2)…イ (3)…ア (4)…エ (5)…ウ

B (6)…ウ (7)…イ (8)…エ (9)…イ (10)…ア

2 (1) ア (2) エ (3) イ (4) ウ (5) ウ (6) エ (7) ア (8) イ (9) ア (10) ウ

3 (1) ２番目…ア ４番目…ウ

(2) ２番目…イ ４番目…ア

(3) ２番目…イ ４番目…オ

(4) ２番目…オ ４番目…エ

(5) ２番目…イ ４番目…ウ

4 (1) エ (2) ウ (3) ア (4) イ

5 (1) イ (2) ア (3) エ (4) ウ (5) ア (6) エ

1〔放送問題〕解説省略

2〔適語（句）選択・語形変化〕

(1) say には手紙や本などを主語にして，「～と書いてある」という意味がある。‘say (that) + 主語 + 動詞...’ の接続詞 that が省略された形。なお，speak，talk は that節を伴うことができない。　「手紙にはジェーンが来月カナダに来ると書いてある」

(2) ‘between *A* and *B*’ で「*A* と *B* の間に」。for は後に ‘期間’ を表す語句がきて「～間」の意味を表すので不適。　（例）for two days「２日間」　「彼はふだん６時に起き，10時から11時の間に寝る」

(3) 文脈から「高すぎた」と考える。空所前の it は ‘物’ の the watch を指しているので，expensive「（物などが）高価な」が適切。high は「（値段が）高い」というときに使うのでここでは不適。「彼女はその時計が買いたかったが，それは彼女にとって高価すぎた」

(4) in Japan「日本の中で」とあるので最上級の文だと考える。最上級には通例 the をつける。　「この寺は日本で一番古い」

(5) tenth，building などから「階」を表す floor を選ぶ。　「私たちはその建物の10階に住んでいる」

(6) There is/are ～「～がある〔いる〕」の文。‘複数’ を表す many stores が続いており，また when I was a child という ‘過去’ を表す語句があることから were が適切。　「私が子どものとき，この町にはたくさんの店があった」

(7) ２文目の内容から父親は「疲れていた」と判断できる。　as soon as ～「～するとすぐに」　「父は昨夜本当に疲れていた。彼は帰宅するとすぐに寝た」

(8) on the way to ～ で「～へ行く途中で」。　「ルーシーは家に帰る途中で新しい花屋を見つけた」

(9) each other で「お互い」。twice a month の a は「～につき」の意味。　write to ～「～に手紙を書く」　「コウスケとヒトシはだいたい月に２回手紙のやりとりをしている」

(10) 後半に，「だから」の意味で ‘原因’ と ‘結果’ をつなぐ so があるので，学校に行けなかった ‘原因’ となるものを選ぶ。　「エミは具合が悪かったので学校に行けなかった」

3〔整序結合〕

(1)「～しませんか」は Why don’t you ～? で表せる。　Why don’t you come to my house tomorrow?

(2)「〈人〉に～するように言う」は'tell＋人＋to ～'で表せる。　His mother told Jim to clean his room.

(3)「どれくらい」と時間の長さを尋ねるときはhow longを使う。これを文頭に置き，後は疑問文の語順にする。　How long did he study English last night?

(4)「～することができるでしょう」は，未来を表す助動詞のwillと「～できる」の意味のbe able to ～を合わせたwill be able to ～で表せる。　I will be able to finish the homework by tomorrow.

(5)主語の「友達がくれた本」を関係代名詞を使って表す。The book「本」の後に'物'を先行詞とする目的格の関係代名詞としてwhichを置き，my friend gave me「友達がくれた」を続ける。最後に述語動詞としてwasを置く。　The book which my friend gave me was very interesting.

4〔長文読解―英問英答―エッセー〕

≪全訳≫❶私には自由な時間にするのが好きなことがたくさんある。例えば，私は自転車で買い物に行ったり，自分の部屋で本を読んだりするのが好きだ。しかし，私はあらゆるものの中で，旅行が自由な時間を過ごす最良の方法だと思う。私は3つの理由でそう思う。❷第一の理由は，旅行をすると，訪れている場所の文化について多くの興味深いことを学べることだ。これは，外国に旅行をするときに，特に当てはまるが，自国内を旅行しているときにも当てはまる。人は，自国の中でさえ多くの違いがあることを忘れがちだ。❸第二の理由は，旅行をすると，新しい食べ物が試せることだ。食べることは私が大好きなことの1つなので，旅行をするときはいつでもできるだけ多くの新しいものを食べるようにしている。食べ物は文化の大きな部分を占める。もし旅行者が異文化を経験し，理解したいのであれば，地元の人々が食べる食べ物を食べることが重要だ。❹自由な時間に旅行をする第三の理由は，旅行をすると，日常の問題を忘れられることだ。旅行をするときはいつでも，仕事や学校について考える必要はない。あなたはリラックスし，自身にとって興味のあることだけを考えられる。❺私たちが旅行をするとき，私たちは新しい文化に出会い，新しい食べ物を食べ，問題を忘れることができる。だから，旅行は私たちの自由な時間を過ごす最良の方法なのだ。

＜解説＞(1)「筆者にとって自由な時間を過ごす一番の方法は何か」―エ.「旅行をすること」　第1段落第3文参照。　(2)「人々が自分自身の国についてさえよく忘れてしまうことは何か」―ウ.「彼らは多くの違いがあることを忘れる」　第2段落最終文参照。　(3)「旅行で異文化を理解するために経験すべき重要なことは何か」―ア.「食べ物」　第3段落最終文参照。　(4)「この話について正しいのはどれか」―イ.「私たちは旅行をするとき，文化に関する多くの興味深いことを学べる」　第2段落第1文参照。

5〔長文読解総合―説明文〕

≪全訳≫❶ルイス・ピューは有名なスイマーだ。2007年，彼は北極の近くの冷たい水の中で泳いだ。なぜルイスはこんなことをしたのだろうか。そう，彼は人々に地球温暖化の問題に注意を払ってほしいと思っていたのだ。❷ルイスは少年だったとき，国立公園を訪れ，地球について多くのすばらしいことを学んだ。彼は地球を守りたかったので，北極の近くの冷たい水の中で泳ぐことに決めた。ルイスは死ぬかもしれないと思ったので，冷たい水の中で泳ぐことを恐れていた。しかし，彼は人々に解けている氷河に注意を払ってほしいと思っていた。彼がエベレスト山の近くにあるイムジャ湖のことを耳にしたとき，彼はそこの冷たい水の中で泳ぐことに決めた。❸エベレストは世界で最も高い山だ。山はとても高く，呼吸をするのが難しいので，そこで泳ぐのは非常に困難だ。気分が悪くなり，頭痛がすることもある。地球温暖化のため，エベレスト山の氷河が解けてなくなろうとしている。これは，中国やインドなど，イムジャ湖近くにある国の人々の水が減っていることを意味する。❹ルイスは，イムジャ湖で泳ぐことで２つのことを学んだと言う。第一に，彼は人々が知らないうちに地球にダメージを与えていることを学んだ。私たちは，他の生き方がわからないので地球に害を及ぼすことをするのだ。第二に，彼は，私たちが考え方を変えれば地球を守るためにたくさんのことができるということを学んだ。これらのことを学んだ後，彼は，私たちが考え方を変え自分たちの未来についてもっと考えるべきだと思った。

⑴＜文脈把握＞直後が下線部①の問いに対する答えになっている。‘want＋人＋to ～’で「〈人〉に～してほしい」の意味。

⑵＜適語選択＞because に続く部分なので，冷たい水の中で泳ぐことを恐れる理由となるものを選ぶ。

⑶＜適語句選択＞直後の「山が高く，呼吸をするのが難しい」という内容から，very hard を選ぶ。

⑷＜指示語＞This means ～「これは～を意味する」という文なので，‘～’の部分の「水が減ること」を意味する内容を探す。直前の文の glaciers on Mt. Everest are melting and disappearing がそれに該当する。

⑸＜適語句選択＞ルイスが学んだ１つ目のことについて述べられている部分。前文の「人々は知らないうちに地球にダメージを与えている」という内容につながるのは，hurt the Earth「地球に害を及ぼす」である。　hurt「～を傷つける」

⑹＜内容真偽＞ア．「ルイス・ピューは子どもだったとき，国立公園の近くの冷たい水の中で泳いだ」…×　そのような記述はない。　イ．「エベレスト山の氷河は解けてなくなろうとしているので人々は具合が悪く感じている」…×　そのような記述はない。第３段落第３文に feel sick とあるが，これは高い山に登って呼吸が難しくなったときのことを説明するもの。　ウ．「ルイス・ピューはエベレスト山近くのイムジャ湖で泳いだとき，何も学ばなかった」…×　第４段落第１文参照。２つのことを学んだ。　エ．「ルイス・ピューは人々が考え方を変えることで地球を守ることができると思っている」…○　第４段落第４文の内容に一致する。

2022年度／作新学院高等学校（総合進学部・情報科学部）（第１回）

数学解答

1
(1)　ア…－　イ…4
(2)　ウ…2　エ…3
(3)　オ…3　カ…2　キ…3
(4)　ク…2　ケ…3
(5)　コ…－　サ…5　シ…2
(6)　ス…2　セ…9　ソ…9
(7)　タ…2　チ…8　ツ…8
(8)　テ…5　ト…3　(9)　9
(10)　④

2
(1)　ア…5　イ…2　ウ…8
(2)　エ…1　オ…9　カ…2
(3)　キ…6　ク…4　(4)　4
(5)　コ…－　サ…2　シ…－　ス…2
セ…3
(6)　ソ…9　タ…1　チ…4

3　ア…②　イ…⑤　ウ…⑦　エ…⓪
オ…④　カ…⑥　キ…⑧

4
(1)　ア…1　イ…0　ウ…0　エ…5
オ…0　カ…0　キ…－　ク…1
ケ…2　コ…1　サ…0
(2)　シ…5　ス…3　セ…1　ソ…1
タ…1　チ…4　ツ…0　テ…5
ト…5　ナ…6

5
(1)　ア…1　イ…4　ウ…－　エ…1
オ…2　カ…2
(2)　①　キ…－　ク…2　ケ…－
コ…8　サ…－　シ…2
②　ス…5　セ…－　ソ…8

1〔独立小問集合題〕

(1)<数の計算>$-5-2+3=-4$

(2)<式の計算>与式$=5a-10b-3a+7b=2a-3b$

(3)<式の計算>与式$=\dfrac{9a^2b^5\times 2a}{6ab^2}=3a^2b^3$

(4)<数の計算>与式$=\sqrt{4^2\times 3}-3\sqrt{3}+\dfrac{\sqrt{2^2\times 3}}{2}=4\sqrt{3}-3\sqrt{3}+\dfrac{2\sqrt{3}}{2}=4\sqrt{3}-3\sqrt{3}+\sqrt{3}=2\sqrt{3}$

(5)<一次方程式>両辺に6をかけて，$3(3x+1)=7x-2$，$9x+3=7x-2$，$9x-7x=-2-3$，$2x=-5$　$\therefore x=-\dfrac{5}{2}$$\left(\dfrac{-5}{2}\right.$と解答する$\left.\right)$

(6)<式の計算>与式$=x^2+(9-11)x+9\times(-11)=x^2-2x-99$

(7)<式の計算―因数分解>与式$=2(x^2-64)=2(x^2-8^2)=2(x+8)(x-8)$

(8)<二次方程式>$x^2=\dfrac{25}{9}$，$x=\pm\sqrt{\dfrac{25}{9}}$　$\therefore x=\pm\dfrac{5}{3}$

(9)<二次方程式の応用>大きい方の自然数をxとすると，小さい方の自然数は，差が3だから，$x-3$と表せる。2つの自然数の積が54だから，$x(x-3)=54$が成り立つ。これを解くと，$x^2-3x-54=0$，$(x+6)(x-9)=0$　$\therefore x=-6,\ 9$　$x-3>0$より，xは3より大きい自然数だから，$x=9$である。

(10)<数の性質>$5\sqrt{3}=\sqrt{5^2\times 3}=\sqrt{75}$だから，$\sqrt{64}<\sqrt{75}<\sqrt{81}$より，$8<5\sqrt{3}<9$である。よって，$5\sqrt{3}$を表している数直線上の点は，8と9の間にある点Dである。

2〔独立小問集合題〕

(1)<数の性質>Aさんは2日ごと，Bさんは4日ごと，Cさんは5日ごとに公園に来るので，2，4，5の最小公倍数が20より，3人が公園で出会ってから次に3人が公園で出会うのは20日後となる。3人は5月8日に公園で出会っているので，次に出会うのは，20日後の5月28日である。

(2)<数量の計算>A，B，C，D，E 5人の平均点が58点だから，5人の点数の合計は$58\times 5=290$(点)である。また，A，B 2人の平均点が49点だから，A，B 2人の点数の合計は$49\times 2=98$(点)である。よって，C，D，E 3人の点数の合計は，$290-98=192$(点)である。

(3)＜平面図形—角度＞右図1のように，4点A，B，C，Dを定める。△OABはOA＝OBの二等辺三角形だから，$\angle OBA=(180^\circ-\angle AOB)\div2=(180^\circ-128^\circ)\div2=26^\circ$である。$\angle OBD=90^\circ$より，$\angle OBC=90^\circ$だから，$\angle x=\angle OBC-\angle OBA=90^\circ-26^\circ=64^\circ$となる。

図1

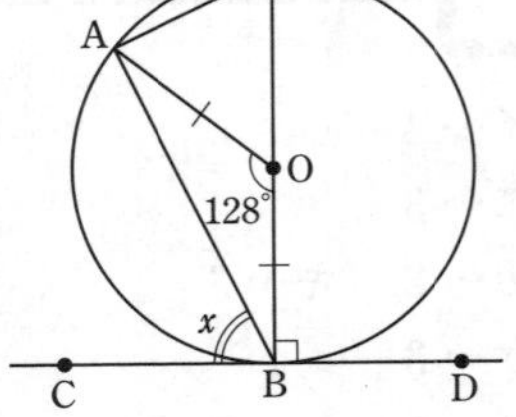

図2

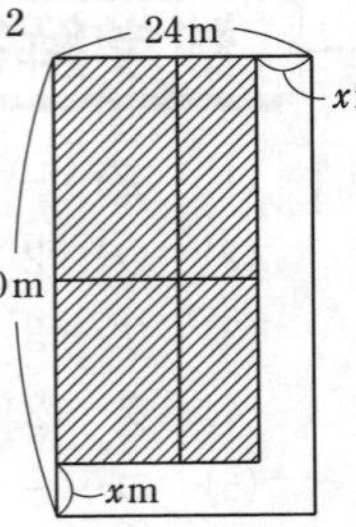

(4)＜二次方程式の応用＞右図2のように，残った畑の部分を左上に寄せる。このとき，残った畑を合わせた図形は長方形となる。道幅をxmとすると，その縦の長さは$60-x$m，横の長さは$24-x$mとなる。面積が1120m^{2}だから，$(60-x)(24-x)=1120$が成り立つ。これを解くと，$1440-60x-24x+x^2=1120$，$x^2-84x+320=0$，$(x-4)(x-80)=0$　$\therefore x=4,\ 80$　$0<x<24$だから，$x=4$であり，道幅は4mである。

(5)＜関数—変域＞yはxに反比例するので，比例定数をaとして，$y=\dfrac{a}{x}$と表せる。$x=4$のとき$y=1$だから，$1=\dfrac{a}{4}$より，$a=4$となり，反比例の式は$y=\dfrac{4}{x}$となる。関数$y=\dfrac{4}{x}$は，$x<0$において，xの値が増加するとyの値は減少する。よって，xの変域が$-6\leqq x\leqq-2$より，$x=-6$のときyの値は最大，$x=-2$のときyの値は最小となる。$x=-6$のとき$y=\dfrac{4}{-6}=-\dfrac{2}{3}$，$x=-2$のとき$y=\dfrac{4}{-2}=-2$だから，$y$の変域は$-2\leqq y\leqq-\dfrac{2}{3}$である。$\left(-2\leqq y\leqq\dfrac{-2}{3}\right.$と解答する$\left.\right)$

(6)＜確率—色球＞青球は5個，赤球は3個だから，球は$5+3=8$(個)ある。8個の球から2個の球を取り出すとき，順番に取り出すとすると，1個目が8通り，2個目が7通りより，取り出し方は$8\times7=56$(通り)となるが，同時に取り出す場合は，1個目と2個目が入れかわったものは同じ取り出し方と考えるので，56通りの中には同じ取り出し方が2通りずつあることになり，2個の球を同時に取り出すときの取り出し方は$56\div2=28$(通り)ある。このうち，2個とも青球となる場合は，5個の青球を青$_1$，青$_2$，青$_3$，青$_4$，青$_5$とすると，(青$_1$，青$_2$)，(青$_1$，青$_3$)，(青$_1$，青$_4$)，(青$_1$，青$_5$)，(青$_2$，青$_3$)，(青$_2$，青$_4$)，(青$_2$，青$_5$)，(青$_3$，青$_4$)，(青$_3$，青$_5$)，(青$_4$，青$_5$)の10通りある。よって，少なくとも1個は赤球を取り出す場合は$28-10=18$(通り)となるから，求める確率は$\dfrac{18}{28}=\dfrac{9}{14}$である。

3 〔平面図形—平行四辺形—証明〕

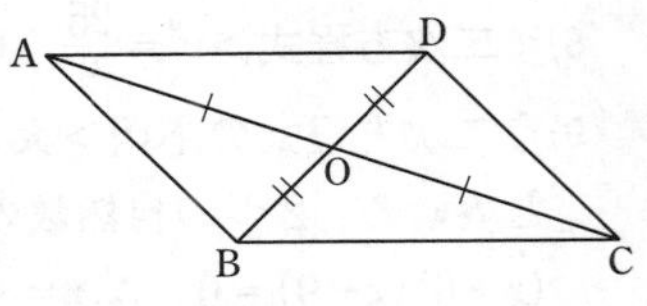

右図で，△AOBと合同である三角形は，△CODである。△AOBと△CODにおいて，③は，∠AOB＝∠CODとなる。これは，対頂角が等しいことから導いている。①のAO＝CO，②のBO＝DO，③の∠AOB＝∠CODより，2組の辺とその間の角がそれぞれ等しいので，△AOB≡△CODである。対応する辺や角が等しいので，④は，AB＝CDである。また，∠ABO＝∠CDOとなり，錯角が等しいから，⑤は，BA∥CDとなる。④，⑤より，1組の対辺が平行で長さが等しいので，四角形ABCDは平行四辺形である。

4 〔関数—関数の利用〕

(1)＜速さ，関係式＞問題の図より，Aさんは，9時に駅を出発し，2.5km離れたP地点に9時25分に着いているので，2.5kmを25分で歩いている。2.5kmは2500mだから，$2500\div25=100$より，Aさんが駅からP地点まで歩く速さは分速100mである。また，バスは，9時に体育館を出発し，9時20分に駅に到着している。駅から体育館までは10kmだから，10kmを20分で走っている。10kmは10000mだから，$10000\div20=500$より，体育館を出発して駅に向かったときのバスの速さは分速

500mである。次に，分速500mは，$\frac{500}{1000}=\frac{1}{2}$より，分速$\frac{1}{2}$kmである。これより，9時に体育館を出発したバスは，x分で$\frac{1}{2}x$km走るので，出発してからx分後の駅からバスまでの距離は$10-\frac{1}{2}x=-\frac{1}{2}x+10$(km)となり，$y=-\frac{1}{2}x+10$である。$\left(関係式は，y=\frac{-1}{2}x+10と解答する\right)$

(2)＜距離，時間＞9時に駅を出発したAさんが，体育館から駅に向かっているバスと最初にすれ違うとき，駅から，Aさん，バスがいる地点までの距離は等しい。$\frac{100}{1000}=\frac{1}{10}$より，分速100mは分速$\frac{1}{10}$kmだから，出発してから$x$分後にすれ違うとすると，駅からAさんまでの距離は$\frac{1}{10}x$kmとなる。(1)より，駅からバスまでの距離は$-\frac{1}{2}x+10$kmであるから，$\frac{1}{10}x=-\frac{1}{2}x+10$が成り立つ。これを解くと，$x=-5x+100$，$6x=100$　$\therefore x=\frac{50}{3}$　このとき，$\frac{1}{10}x=\frac{1}{10}\times\frac{50}{3}=\frac{5}{3}$となるので，Aさんがバスと最初にすれ違うのは駅から$\frac{5}{3}$kmの地点である。次に，Aさんが体育館の手前で最後にバスとすれ違うのは，10時30分に駅から6kmのQ地点を出発した後で，11時に体育館を出発したバスとすれ違う。10時30分は9時の90分後なので，AさんがQ地点を出発した後の駅からAさんまでの距離は，$6+\frac{1}{10}(x-90)=\frac{1}{10}x-3$(km)と表せる。また，11時は9時の120分後なので，11時に出発したバスが走った距離は$\frac{1}{2}(x-120)=\frac{1}{2}x-60$(km)となり，駅からバスまでの距離は$10-\left(\frac{1}{2}x-60\right)=-\frac{1}{2}x+70$(km)となる。よって，$\frac{1}{10}x-3=-\frac{1}{2}x+70$が成り立ち，これを解くと，$x-30=-5x+700$，$6x=730$　$\therefore x=\frac{365}{3}$　$\frac{365}{3}=121+\frac{2}{3}$であり，121分は2時間1分，$\frac{2}{3}$分は$\frac{2}{3}\times60=40$(秒)だから，Aさんが体育館の手前で最後にバスとすれ違う時刻は，9時に駅を出発してから2時間1分40秒後の11時1分40秒である。また，$\frac{1}{10}x-3=\frac{1}{10}\times\frac{365}{3}-3=\frac{55}{6}$より，すれ違う地点は，駅から$\frac{55}{6}$kmの地点である。

5〔関数―関数$\boldsymbol{y=ax^2}$と一次関数のグラフ〕

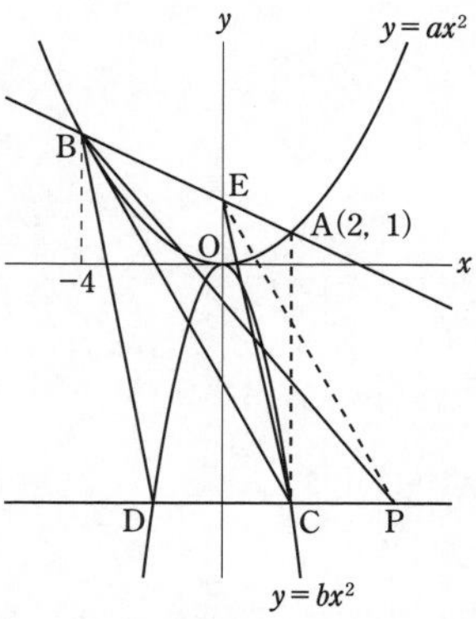

(1)＜比例定数，直線の式＞右図で，関数$y=ax^2$のグラフはA(2, 1)を通るので，$1=a\times2^2$より，$a=\frac{1}{4}$である。これより，点Bは関数$y=\frac{1}{4}x^2$のグラフ上の点である。x座標が-4なので，$y=\frac{1}{4}\times(-4)^2=4$より，B$(-4,\ 4)$である。よって，直線ABの傾きは$\frac{1-4}{2-(-4)}=-\frac{1}{2}$だから，その式は$y=-\frac{1}{2}x+c$とおける。A(2, 1)を通るので，$1=-\frac{1}{2}\times2+c$，$c=2$となり，直線ABの式は$y=-\frac{1}{2}x+2$である。$\left(直線ABの式は，y=\frac{-1}{2}x+2と解答する\right)$

(2)＜比例定数，座標＞①右上図で，ACはy軸に平行であり，点Aのx座標は2だから，点Cのx座標は2である。2点C，Dは関数$y=bx^2$のグラフ上にあり，CDはx軸に平行だから，2点C，Dはy軸について対称である。よって，点Dのx座標は-2であり，$\mathrm{CD}=2-(-2)=4$となる。$\mathrm{AC}=\frac{9}{4}\mathrm{CD}=\frac{9}{4}\times4=9$となるので，点Aの$y$座標が1であることより，点Cの$y$座標は$1-9=-8$となる。したがって，C$(2,\ -8)$より，D$(-2,\ -8)$である。関数$y=bx^2$のグラフは点Cを通るので，

$-8=b\times2^2$ より，$b=-2$ となる。　②前ページの図で，2点B，Cを結ぶと，△BDP＝△BCD＋△PBC，〔四角形BDCE〕＝△BCD＋△EBCだから，△BDP＝〔四角形BDCE〕のとき，△PBC＝△EBCである。よって，BC∥EPとなるから，点Pは点Eを通り直線BCに平行な直線と直線CDとの交点である。B(−4, 4)，C(2, −8)より，直線BCの傾きは$\frac{-8-4}{2-(-4)}=-2$だから，直線EPの傾きも−2となる。(1)より，直線ABの切片は2だから，E(0, 2)であり，直線EPの切片は2である。したがって，直線EPの式は$y=-2x+2$である。点Cのy座標が−8で，直線CDはx軸に平行だから，点Pのy座標は−8である。$-8=-2x+2$ より，$x=5$ となるので，P(5, −8)である。

＝読者へのメッセージ＝

4では，Aさんの歩く速さを分速100mから分速$\frac{1}{10}$km，バスの速さを分速500mから分速$\frac{1}{2}$kmのように表しました。速さに関する問題では，単位がそろっているか確認し，そろっていない場合は，単位がそろうように表すことが大切です。単位を変換できるようにしておきましょう。

――2022年度／作新学院高等学校（総合進学部・情報科学部）（第１回）――

社会解答

1 問１ ア　問２ エ　問３ ウ
問４ エ　問５ イ　問６ ア
問７ ウ　問８ イ

2 問１ ウ　問２ ア　問３ ア
問４ エ　問５ ウ　問６ イ
問７ エ　問８ イ　問９ イ
問10 ア

3 問１ ウ　問２ ア　問３ イ
問４ ウ

4 問１ エ　問２ ウ　問３ イ
問４ エ

5 問１ ア　問２ ウ　問３ カ
問４ イ　問５ イ　問６ エ
問７ ア　問８ エ

6 問１ ウ　問２ ア　問３ エ
問４ ア　問５ ウ　問６ エ

1〔三分野総合―小問集合問題〕

問１＜フィヨルド＞フィヨルドは，氷河にけずられてできた谷に海水が入り込んでつくられた地形で，ノルウェーなど高緯度地域に見られる。フィヨルドの海岸は，細長く奥行きのある湾が連続し，複雑に入り組んでいる。なお，リアス海岸は山地の谷の部分が海に沈み込んでつくられた複雑な海岸地形，三角州は河口付近に土砂が積もってつくられた平らな地形，サンゴ礁は温かく浅い海で石灰質の骨格や殻を持つ生物が積み重なってつくられた地形である。

問２＜イスラム教＞イランではイスラム教が国教となっており，国民の98％以上がイスラム教徒である。イランを含む西アジアでは，イスラム教が主に信仰されている。

問３＜日本の気候＞日本の大部分にあたる本州・九州・四国は，温帯の温暖湿潤気候に属する。なお，北海道は冷帯〔亜寒帯〕に属し，沖縄県の与那国島などは熱帯に属する。

問４＜沖ノ鳥島＞日本の最南端にあたる沖ノ鳥島と，最東端にあたる南鳥島は，どちらも東京都に属する。なお，最北端にあたる択捉島は北海道，最西端にあたる与那国島は沖縄県に属する。

問５＜万里の長城＞紀元前３世紀に初めて中国を統一した秦の始皇帝は，北方の遊牧民の侵入を防ぐため，それまで部分的に築かれていた城壁を修築し，長くつなげることで，万里の長城と呼ばれる城壁を築いた。なお，首里城は，15世紀に建国された琉球王国の王城である。水城は，白村江の戦い（663年）の後，唐や新羅の攻撃に備えて大宰府を守るために築かれた防衛施設である。兵馬俑は，始皇帝の墓（始皇帝陵）のそばに埋められた等身大の焼き物の人形である。

問６＜厳島神社＞瀬戸内海の宮島（広島県）にある厳島神社は，平安時代末期に政治を行った平清盛によって，現在に近い形に整備された神社である。日宋貿易に力を入れた清盛は，航海の安全を願って厳島神社にたびたび参詣し，一族とともに平家納経と呼ばれる華やかな経典を奉納した。なお，平等院鳳凰堂は，平安時代半ばに藤原頼通によって宇治（京都府）に建てられた阿弥陀堂，伊勢神宮（三重県）は，皇室の祖先とされた天照大神をまつる神社，出雲大社（島根県）は，最も古い時期に創建された神社の１つである。

問７＜契約＞消費生活における契約（売買契約）とは，商品の売り手と買い手の間で成立する，何をいくらで売買するかという合意のことである。どのような内容の契約をどのような方法で結ぶのかは，当事者が自由に決めることができる（契約自由の原則）。

問８＜生存権＞日本国憲法第25条では，「健康で文化的な最低限度の生活を営む権利」が保障されている。これは，社会権の基本となる権利である生存権に当てはまる。

2〔三分野総合—上野公園を題材とした問題〕

問１＜イギリス＞アは温帯の地中海性気候に属する地中海沿岸などの地域についての説明，イは冷帯地域についての説明であり，イギリスは温帯の西岸海洋性気候に属している(ア…×，イ…×)。イギリスでは，キリスト教のプロテスタントの一派であるイギリス国教会を信仰する人の割合が高い(エ…×)。

問２＜閣議＞閣議は，行政の運営に関する方針などを決める内閣の会議である。内閣総理大臣が主宰し，全ての国務大臣が出席して開かれる。閣議では，多数決ではなく全会一致による決定が行われる。

問３＜19世紀後半の出来事＞洪秀全は，欧米諸国による侵略を止められない清朝の打倒を目指して1851年に「太平天国」を建国したが，1864年に鎮圧された。なお，イは20世紀前半，ウは13世紀前半，エは15世紀前半の出来事である。

問４＜中国との国交正常化＞1972年，日本と中華人民共和国〔中国〕は日中共同声明を発表し，国交を正常化した。このとき，友好の記念として中国から日本にジャイアントパンダが贈られた。

問５＜地球環境問題＞レアメタル〔希少金属〕は，コバルトやマンガンなどのように，埋蔵量や産出量が世界的に少なかったり，純粋なものを取り出すことが難しかったりする希少価値の高い金属であり，エネルギーとして使われるものではない(X…誤)。二酸化炭素を排出しない石油の代替エネルギーとして，風力や太陽光などの再生可能エネルギーが挙げられ，持続可能な社会の実現のための開発が進められている(Y…正)。

問６＜鹿児島県と同緯度の都市＞エジプトの首都カイロは，ほぼ北緯30度に位置しており，鹿児島県が位置する北緯28度から32度までの範囲におさまる。なお，モスクワ(ロシア)は北緯55度付近，ブラジリア(ブラジル)は南緯15度付近，バンコク(タイ)は北緯15度付近に位置する。

問７＜裁判制度＞裁判員制度が開始された2009年以降，裁判員は満20歳以上の国民の中からくじと面接によって選ばれてきた(エ…×)。なお，成年年齢がこれまでの20歳から18歳に引き下げられたことに伴う法改正により，2022年４月からは裁判員になることができる年齢が満18歳以上となった。

問８＜東京の雨温図＞太平洋側の気候に属する東京は，夏は南東から吹く湿った季節風の影響で降水量が多く，冬は日本海側の地域に雪や雨を降らせた後に乾燥して吹き下りてくる北西の季節風(からっ風)の影響で降水量が少ない。したがって，夏の降水量が多く冬の降水量が少ないイが東京の雨温図となる。なお，アは夏の降水量が少ない温帯の地中海性気候，ウは年間を通して高温で雨季と乾季がある熱帯のサバナ気候，エは年間を通して高温で降水量が多い熱帯の熱帯雨林気候の雨温図である。

問９＜年代整序＞年代の古い順に，A(縄文時代の土偶—およそ5000年前)，B(甲骨文字の使用—紀元前15世紀頃)，D(パルテノン神殿の建設—紀元前５世紀)，C(キリスト教成立—１世紀頃)となる。

問10＜鬼門の方角＞比叡山延暦寺は京都府と滋賀県の境に位置し，現在の京都市街に位置した平安京からは北東の方角にあたる。したがって，鬼門の方角とは北東である。日本では古くから，北東は鬼が出入りする不吉な方角とされ，都の鬼門にあたる場所に寺院や神社が置かれた。

3 〔世界地理―世界の姿と諸地域〕

問１＜南アメリカ大陸＞この地図は，中心である東京からの距離と方位が正しく表された正距方位図法で描かれている。Ａは南アメリカ大陸であり，東京から見て地球の反対側に近い場所に位置する。

問２＜東京と世界各地との位置関係＞条件にある北緯40度の緯線は秋田市の付近や地中海を通り，180度の経線にほぼ沿って引かれた日付変更線は太平洋の中央部を縦断している。また，正距方位図法では，東京とａ～ｄの都市を結んだ直線が，東京とそれぞれの都市との最短距離となる。東京とａを結んだ直線は，北緯40度の緯線と日付変更線の両方を通過している。なお，東京とｂを結んだ直線は日付変更線のみ通過する。また，東京とｃを結んだ直線，東京とｄを結んだ直線は，北緯40度の緯線と日付変更線のどちらも通過しない。

問３＜アルゼンチンの都市の雨温図＞この国旗は，アルゼンチンのものである。どの国の国旗かわからない場合でも，雨温図が温暖湿潤気候で６～８月頃が冬となる南半球のものであることから，南アメリカ大陸の南部に位置するｂと判断できる。なお，ａは温暖湿潤気候(北半球)，ｃは温帯の地中海性気候に属する。また，ｄの付近には熱帯のサバナ気候や乾燥帯のステップ気候などが分布する。

問４＜各国の貿易＞地図中のａはアメリカ合衆国〔アメリカ〕，ｂはアルゼンチン，ｃはオーストラリア，ｄはケニアの都市である。アは，輸出入額が最も多く，上位の輸出・輸入相手国にカナダやメキシコが見られることなどから，アメリカである。イは，輸出品目に大豆油かすやとうもろこしが見られ，上位の輸出・輸入相手国にブラジルが見られることなどから，アルゼンチンである。ウは，鉄鉱石や石炭の輸出割合が高く，上位の輸出・輸入相手国が中国や日本など太平洋地域の国で占められていることから，オーストラリアである。エは，輸出入額が最も少なく，茶が最大の輸出品であること，上位の輸出相手国にアフリカのウガンダが見られることなどから，ケニアである。

4 〔日本地理―中部地方〕

問１＜北陸＞北陸は，中部地方の日本海側に位置する地域であり，Ａの新潟県，Ｂの富山県，Ｃの石川県，Ｄの福井県が含まれる。なお，中部地方の太平洋側(静岡県，愛知県，岐阜県南部)は東海，中部地方の内陸部(長野県，山梨県，岐阜県北部)は中央高地と呼ばれる。

問２＜北陸の地場産業＞加賀友禅は，石川県金沢市を中心に生産されている。なお，越前和紙は福井県越前市(Ｄ)，輪島塗は石川県輪島市(Ｃ)，洋食器などの金属加工は新潟県燕市(Ａ)の地場産業である。

問３＜みかん・レタスの生産県＞みかんは温暖な地域で生産されており，和歌山県，静岡県，愛媛県などが上位の生産県となっている。レタスは，夏の冷涼な気候を生かした高冷地農業が盛んな長野県の生産量が全国第１位で，ほかに近郊農業が盛んな茨城県などが上位の生産県となっている。したがって，①がみかんでグラフ中のａは静岡県(Ｆ)であり，②がレタスでグラフ中のｂは長野県(Ｅ)である。

問４＜地形図の読み取り＞２万５千分の１の地形図の等高線(主曲線)は10ｍごとに引かれており，Ｘ地点は460ｍ，Ｙ地点は550ｍの等高線上に位置していることから，その標高差は90ｍとなる(エ…○)。水はけのよい扇状地の中央部は水田(‖)には向いておらず，果樹園(○)に利用されている

(ア…×)。釈迦堂P.A付近の住宅地に小・中学校(文)は見られない(イ…×)。扇状地の末端部分にあたるのは，釈迦堂P.Aのある高速道路に沿った地域であり，この付近には標高439.5mを示す三角点(△)がある(ウ…×)。

5〔歴史―古代～現代の日本と世界〕

問１＜サンフランシスコ平和条約＞1951年，日本はアメリカなど連合国48か国との間でサンフランシスコ平和条約を結び，独立を回復した。しかし，中華人民共和国は講和会議に招かれず，またソ連などは条約の内容に反対して調印しなかった(ア…×)。

問２＜吉野作造＞吉野作造は，政治の目的を民衆の幸福や利益に置くべきだとする民本主義を唱えた。これは，天皇が主権を持つ大日本帝国憲法のもとで民衆の意見を政治に反映させることを目指すものであり，美濃部達吉が唱えた天皇機関説とともに大正デモクラシーの理論的な支えとなった。なお，原敬は大正時代に初の本格的な政党内閣を組織した人物，幸徳秋水は社会主義運動を行い大逆事件(1910年)で処刑された人物である。

問３＜年代整序＞年代の古い順に，Ｃ(享保の改革―1716～45年)，Ｂ(寛政の改革―1787～93年)，Ａ(天保の改革―1841～43年)となる。

問４＜1972年以降の出来事＞1992年に国際平和協力法〔PKO協力法〕が成立し，同年，カンボジアでの国連平和維持活動〔PKO〕に自衛隊が初めて参加した(Ⅲ…○)。なお，農地改革が行われたのは1946年から1950年にかけてのこと(Ⅰ…×)，池田勇人内閣が所得倍増政策を打ち出したのは1960年のことである(Ⅱ…×)。

問５＜律令政治＞奈良時代に確立した律令制度のもとでは，地方は多くの国に区分され，さらにその下に郡・里が置かれた。それぞれの国には国司が置かれ，中央の貴族が任命されて派遣された。また，九州北部には大宰府が置かれ，九州の政治を行ったほか外交の窓口となった。なお，郡司は郡を治めるために置かれ，地方の豪族が任命された。また，多賀城は東北地方の政治や軍事にあたった機関である。

問６＜平安時代の文化＞平安時代には，日本の生活や風土に合った国風文化が栄え，清少納言の『枕草子』や紫式部の『源氏物語』など，かな文字を用いた文学作品が多く生まれた。なお，天平文化は奈良時代に栄えた文化であり，『古事記』や『万葉集』は奈良時代に成立したものである。

問７＜銀閣＞室町幕府第８代将軍の足利義政は，京都の東山の別荘にアの銀閣を建てた。銀閣は，この時期に栄えた東山文化を代表する建造物である。なお，イは江戸時代に建てられた日光東照宮(栃木県)である。ウは大阪城の復興天守で，豊臣秀吉が建てた大阪城の天守閣があった場所に昭和時代に建てられたものである。エは東大寺(奈良県)の大仏殿で，江戸時代に再建されたものである。

問８＜南蛮貿易＞南蛮貿易は，戦国時代の16世紀半ば以降に行われるようになった，スペインやポルトガルとの貿易である。豊臣秀吉は，1587年にバテレン追放令を出し，宣教師の国外追放を命じてキリスト教の布教を禁止したが，南蛮貿易は禁止せずに奨励した。なお，勘合貿易〔日明貿易〕は室町時代に明との間で行われた貿易である。朝貢貿易は，中国の皇帝に対し臣下として貢ぎ物を送り，その返礼の品物を受け取るという形で行われた貿易であり，勘合貿易は朝貢貿易であった。三角貿易は，３つの国・地域間で行われる貿易を指し，17～18世紀にイギリス・アフリカ・西インド諸島の間で行われたものや，19世紀にイギリス・インド・清の間で行われたものが有名である。

6〔公民・歴史総合―総合〕

問１＜希少性＞求める量に対して財やサービスが不足した状態を，希少性という。希少性は，求める量と実際にある量との関係で決まり，より多くの人が欲しがるのに対して量が少なければ，希少性が高くなる。

問２＜平等権＞1776年に出されたアメリカ独立宣言では，人間は平等であり，生命・自由・幸福の追求などの基本的人権を持つことが宣言された。また，日本国憲法第14条では，法律を適用するにあたって全ての国民が人種や性別などによって差別されることなく平等に扱われるという「法の下の平等」が規定されている。

問３＜資料の読み取り＞日本に暮らすベトナムの人々の人数は，2012年は52367人，2019年は411968人であり，411968÷52367＝7.86…より，およそ7.9倍に増加している(エ…○)。日本に暮らす外国人数の総数は，2012年は200万人余り，2019年は300万人弱であり，およそ1.5倍の増加である(ア…×)。日本に暮らす中国の人々の人数は，一度も100万人を超えていない(イ…×)。日本に暮らすブラジルの人々の人数は，2012年から2015年にかけて毎年減少している(ウ…×)。

問４＜明治～大正時代の女性解放運動＞女性差別からの解放を目指した平塚らいてうは，明治時代末に女性だけの文芸集団である青鞜社を結成し，雑誌『青鞜』を発行した。また，大正時代には市川房枝らとともに新婦人協会を結成し，女性が政治活動に参加する自由などを求めた。なお，杉原千畝は第二次世界大戦中にリトアニアの領事代理であった人物で，ナチスの迫害から逃れる多数のユダヤ人を救うため，日本政府の意向を無視して日本への通過ビザを発行した。

問５＜秘密選挙＞秘密選挙とは，誰がどの候補者や政党に投票したのかわからないように無記名で投票するという原則である。日本の選挙は，一定の年齢以上の全ての国民が選挙権を持つ普通選挙，１人が１票を持つ平等選挙，有権者が代表を直接選出する直接選挙，秘密選挙の４原則に基づいて行われている。

問６＜参議院の緊急集会＞参議院の緊急集会は，衆議院の解散中に緊急の必要がある場合に，内閣の要求によって開かれる会である。なお，常会〔通常国会〕は毎年１月中に召集される国会，公聴会は国会の委員会において学識経験者などの意見を聞くために開かれる会，特別会〔特別国会〕は衆議院解散後の総選挙の日から30日以内に召集される国会である。

理科解答

1 問1　ウ　　問2　エ　　問3　エ
問4　ア　　問5　ア　　問6　ア
問7　エ　　問8　イ

2 問1　イ　　問2　ア　　問3　イ
問4　イ

3 問1　ウ　　問2　ウ　　問3　ウ
問4　イ

4 問1　ウ　　問2　エ　　問3　イ
問4　ア

5 問1　エ　　問2　ウ　　問3　エ
問4　エ

6 問1　エ　　問2　ア　　問3　ア
問4　イ

7 問1　ア　　問2　エ　　問3　ア
問4　イ

8 問1　エ　　問2　イ　　問3　イ
問4　イ

9 問1　ウ　　問2　エ　　問3　イ
問4　イ

1〔小問集合〕

問1＜電流計＞図aで，－端子は500mAの端子につながれているので，最大目盛りを500mAとして針の指している数値を読み取ると，360mAである。

問2＜音＞空気が音を伝えるので，図bの簡易型真空実験装置の空気を抜くと音を伝えるものが少なくなり，音は小さくなる。

問3＜密度＞質量が20g，体積が7.4cm^3の物質の密度は，〔密度(g/cm^3)〕=〔質量(g)〕÷〔体積(cm^3)〕より，20÷7.4=2.70…より，約2.7g/cm^3である。また，密度が，水の密度(1.00g/cm^3)より小さい物質は水に浮き，大きい物質は水に浮かずに沈む。よって，この物質は水に浮かない。

問4＜中和＞BTB溶液は酸性で黄色，中性で緑色，アルカリ性で青色を示す。酸性であるうすい塩酸に，アルカリである水酸化ナトリウムを加えていくと，中和により，溶液は酸性から中性，アルカリ性に変化する。アルカリ性の溶液の中には，酸性を示す原因である水素イオン(H^+)は残っていない。なお，水酸化物イオン(OH^-)はアルカリ性を示す原因となるイオンで，塩化物イオン(Cl^-)とナトリウムイオン(Na^+)は，酸性やアルカリ性には関係しない。

問5＜血管と血液＞ア…正しい。　イ…誤り。大静脈は全身から心臓の右心房へ戻る血液が流れる血管である。左心室から出た血液を全身へ運ぶための血管は大動脈である。　ウ，エ…誤り。赤血球は中央がくぼんだ円盤状で，全身へ酸素を運ぶ。不規則な形をしているのは白血球であり，血しょうは液体で，小腸から吸収した栄養分は血しょうに溶けて全身に運ばれる。

問6＜根と茎のつくり＞根の先端に近い部分にある細い毛のようなものを根毛という。また，根から吸収した水や水に溶けた養分が通るのは維管束の道管である。なお，柔毛は小腸の内側の壁に多数ある突起で，師管は葉でつくられた栄養分が通る管である。

問7＜日食と月食＞日食は，月の公転により，太陽，月，地球がこの順に一直線上に並び，太陽の全体または一部が月にかくれる現象である。なお，月食は，月の公転により，太陽，地球，月がこの順に一直線上に並び，月の全体または一部が地球の影に入る現象である。

問8＜高気圧＞高気圧の中心付近では下降気流が生じていて，中心から周りへ風が吹き出すため，雲ができにくく，晴れになることが多い。なお，低気圧の中心付近では上昇気流が生じていて，周りから中心に向かって風が吹き込むので，雲ができやすく，くもりや雨になることが多い。

2 〔運動とエネルギー〕

問１＜力＞200gの物体にはたらく重力の大きさは200÷100×1＝2(N)である。物体を重力に逆らって引き上げるとき，重力とつり合う力を加えるので，ばねばかりは２Ｎを示す。

問２＜仕事＞物体を力の向きに動かしたときに仕事をしたというので，物体が移動しない場合は仕事をしたことにはならない。よって，誤っているのはアである。

問３＜仕事＞〔仕事(J)〕＝〔力の大きさ(N)〕×〔力の向きに動いた距離(m)〕より，問１でばねばかりは２Ｎを示し，30cmは0.3mだから，求める仕事の大きさは，2×0.3＝0.6(J)となる。

問４＜仕事＞物体の質量が$\frac{150}{200}$＝0.75(倍)になるので，物体にはたらく重力の大きさも0.75倍になる。物体を引き上げる距離は30cmで同じだから，仕事の大きさは0.75倍である。

3 〔身近な物理現象〕

問１＜焦点＞物体から出た光のうち，光軸に平行な光は，凸レンズで屈折して焦点を通る。よって，図ｅで焦点の位置を示しているのは３である。なお，物体から出て焦点を通った光は，凸レンズで屈折して光軸に平行に進むから，１，２は焦点ではない。

問２＜凸レンズと像＞物体を焦点に置いたとき，凸レンズを通った光は平行に進み，１点に集まらないので，実像も虚像もできない。図ｄで，焦点Ｘは凸レンズの中心Ｏから４目盛りの位置にあるから，Ｘと反対側の焦点はＤの位置である。よって，物体をＤの位置に置いたとき，像はできない。なお，物体を焦点より外側のＡとＢとＣの位置に置いたときは実像ができ，焦点より内側のＥの位置に置いたときは虚像ができる。

問３＜虚像＞図ｄで，Ｅの位置は焦点の内側だから，凸レンズを通して虚像が見える。虚像の大きさは物体よりも大きい。なお，実像は物体を焦点より外側に置いたときにスクリーンにできる像である。

問４＜凸レンズと像＞凸レンズの上半分を黒い紙でおおっても，黒い紙でおおわれていない部分を通った光がスクリーンに像を結ぶため，できる像の形は変わらない。しかし，凸レンズを通る光の量が少なくなるので，全体が暗い像になる。

4 〔物質のすがた〕

問１＜アンモニア＞アンモニアは，塩化アンモニウムと水酸化カルシウムを混ぜ合わせて加熱すると発生する。なお，アは水素，イは二酸化炭素，エは酸素を発生させる物質の組み合わせである。

問２＜アンモニアの噴水実験＞アンモニアは水に非常に溶けやすい気体なので，図ｆで，スポイトの水をフラスコに入れると，アンモニアが水に急激に溶ける。その結果，フラスコ内の圧力が下がり，ビーカーの水の水面が大気圧に押され，フェノールフタレイン溶液を加えた水がフラスコの中に吹き上がる。

問３＜アンモニアの噴水実験＞アンモニアは水に溶けるとアルカリ性を示し，フェノールフタレイン溶液は酸性や中性では無色のままだが，アルカリ性では赤色を示す。よって，吹き上がった水は赤色である。

問４＜噴水＞この実験のように，ビーカー内の溶液を吸い上げることができるのは，アンモニアのように水に非常に溶けやすい気体である。ア～エのうち，水に非常に溶けやすい気体は塩化水素である。なお，水素，酸素，窒素は水に溶けにくい気体である。

5〔化学変化と原子・分子〕

問１＜鉄の酸化＞図ｇのようにスチールウール(鉄)を加熱すると，空気中の酸素と結びついて酸化鉄ができる。酸化鉄は黒色の物質である。

問２＜鉄の酸化＞スチールウール(鉄)は磁石に引きよせられるが，加熱後にできた酸化鉄は磁石に引きよせられない。よって，誤っているのはウである。なお，酸化鉄は，結びついた酸素の質量の分だけ，スチールウールより質量が大きくなる。また，スチールウールをうすい塩酸に入れると水素を出して溶けるが，酸化鉄をうすい塩酸に入れても気体は発生しない。スチールウール(鉄)は引っぱるとよくのびるが，酸化鉄はもろく，さわるとくずれやすい。

問３＜実験方法＞図ｇのように，ガラス管を用いてスチールウールにゆっくりと空気を送るのは，スチールウールの内部まで酸素と十分に反応させるためである。

問４＜燃焼＞スチールウール(鉄)やマグネシウムリボンの燃焼では，酸素は鉄やマグネシウムと結びつくが，二酸化炭素も水も発生しない。よって，誤っているのはエである。なお，二酸化炭素や水が発生するのは，炭素や水素を含む物質が燃焼した場合である。

6〔生物の体のつくりとはたらき〕

問１＜消化液＞エ…正しい。すい液中には炭水化物を分解する消化酵素(アミラーゼ)以外にタンパク質や脂肪を分解する消化酵素も含まれている。　ア，イ…誤り。胃液中の消化酵素(ペプシン)はタンパク質を分解する。また，胃液には塩酸が含まれ，強い酸性である。なお，脂肪は，すい液中の消化酵素(リパーゼ)によって分解される。　ウ…誤り。胆汁には消化酵素は含まれないが，脂肪の消化を助けるはたらきがある。

問２＜消化酵素＞だ液に含まれる消化酵素はアミラーゼで，デンプンを分解する。なお，ペプシンは胃液に含まれタンパク質を分解し，リパーゼとトリプシンはすい液に含まれ，リパーゼは脂肪を，トリプシンはタンパク質を分解する。

問３，問４＜だ液のはたらき＞ヨウ素溶液はデンプンと反応するので，４本の試験管にヨウ素溶液を加えた時点では，いずれの試験管の溶液も青紫色に変化する。次に，デンプンのりにだ液を加えてヒトの体温くらいの40℃の湯が入ったビーカーにつけた試験管Ａでは，デンプンがだ液によって分解される。そのため，デンプンがなくなり，青紫色が消えて無色になる。なお，氷水が入ったビーカーにつけた試験管Ｃではだ液がはたらかず，デンプンが残っていて，だ液を入れていない試験管Ｂと試験管Ｄではデンプンがそのまま残っているので，これらは青紫色のまま変化しない。

7〔生命・自然界のつながり〕

問１＜脊椎動物の特徴＞図ｉで，魚類とは虫類に共通する特徴Ａは①，⑧の２つで，両生類とは虫類に共通する特徴Ｂは①，③，⑧の３つ，は虫類と哺乳類に共通する特徴Ｃは①，③の２つ，鳥類と哺乳類に共通する特徴Ｄは①，③，⑦の３つである。

問２＜相同器官＞相同器官は，現在の形やはたらきが違っていても，起源が同じ器官と考えられるものである。脊椎動物であるハトの翼と，無脊椎動物であるチョウのはねは起源が異なるので，相同器官ではない。なお，ハトの翼とチョウのはねのように，起源が違っても同じようなはたらきをする器官を相似器官という。

問３＜植物の進化＞まず，胞子で増えるコケ植物やシダ植物が陸上に現れ，維管束を持つシダ植物は乾燥に耐えられるので生活場所を広げていった。そして，シダ植物から種子で増える裸子植物が現れ，裸子植物から被子植物が進化したと考えられている。

問４＜石灰岩＞ア～エのうち，石灰岩は，サンゴやフズリナなどの炭酸カルシウムの骨格や殻を持つ生物の遺骸が堆積した岩石である。なお，堆積岩である凝灰岩や砂岩にも生物の遺骸が含まれることがある。

8〔地球と宇宙〕

問１＜星の日周運動＞地球の自転によって，南の空の星は，東から西へ，１時間に360°÷24＝15°動いて見える。よって，図ｊで，Ｐの位置にあった恒星は，４時間後に西へ15°×4＝60°動いたＤの位置にある。

問２＜星の動き＞地球の公転によって，同じ時刻に観測した南の空の星は，１か月後に東から西へ約30°動いて見える。そのため，Ｐの位置にあった恒星は，１か月前の11月15日の午後６時頃には，Ｐの位置より東へ30°動いた位置にある。よって，この恒星は，４時間後の午後10時頃には，その位置から西へ60°動いたＢの位置にある。

問３＜星の動き＞同じ時刻に観測した南の空の星は，１か月後に，東から西へ約30°動いて見えるので，１か月後の１月15日の午後６時頃には，Ｐの位置より西へ30°動いたＢの位置にある。よって，１月15日にＢの位置にくるのは午後６時頃である。

問４＜星の動き＞同じ時刻で同じ恒星の見える位置が変わるのは，地球が公転しているからである。なお，地球の自転が原因になるのは１日の星の動きである。月の引力によって，潮の満ち引きが起こる。また，地軸を傾けたまま地球が公転していることで，季節の変化が生じる。

9〔気象と天気の変化〕

問１＜気圧＞低気圧の中心は周りより気圧が低い。また，等圧線は1000hPaを基準に4hPaごとに引かれている。よって，図ｋで，地点Ａは，1000hPaの等圧線から，低気圧の中心より２本外側の等圧線上にあるから，その気圧は1000＋4×2＝1008(hPa)である。

問２＜風向＞風向は風が吹いてくる方向である。煙突の煙が北西の方向に流れているときは，南東の方向から風が吹いているので，風向は南東である。

問３＜風力＞等圧線の間隔が狭いほど気圧の差が大きいから，風が強くなる。よって，図ｋで，一番風が強いのは，等圧線の間隔が一番狭い地点Ｂである。

問４＜雲量＞空全体を10としたときの雲がおおっている割合を雲量といい，雨や雪などが降っていないとき，雲量０，１が快晴，雲量２～８が晴れ，雲量９，10がくもりである。よって，空全体の７割が雲でおおわれているとき，雲量は７なので，天気は晴れである。

2022年度／作新学院高等学校（総合進学部・情報科学部）（第１回）

国語解答

一　1 ウ　2 ア　3 イ　4 ア　5 イ

二　1 エ　2 イ　3 ウ　4 ウ　5 エ　6 エ

三　1 ア　2 ウ　3 エ　4 ウ　5 エ

四　1 イ　2 ウ　3 イ　4 ア　5 エ

五　1 ウ　2 ア　3 ウ　4 イ　5 エ　6 ウ　7 ア

六　1 ア　2 エ　3 ア　4 イ　5 イ　6 エ　7 ウ

一〔漢字〕

1．「掘削」は「くっさく」と読む。「出荷」は「しゅっか」，「稚拙」は「ちせつ」，「屈強」は「くっきょう」，「外堀」は「そとぼり」。　2．「賃貸」は「ちんたい」と読む。「交替」は「こうたい」，「委託」は「いたく」，「贈呈」は「ぞうてい」，「折衷」は「せっちゅう」。　3．「粗末」と書く。アは「租税」，ウは「祖先」，エは「阻害」。　4．「照会」と書く。イは「分解」，ウは「快気」，エは「紹介」。　5．「風刺」と書く。アは「史跡」，ウは「指令」，エは「支点」。

二〔国語の知識〕

1＜漢字の知識＞「午」と「卓」の部首は「十（じゅう）」。「傘」の部首は「𠆢（ひとやね）」，「率」の部首は「玄（げん）」，「準」の部首は「氵（さんずい）」。

2＜語句＞「うがつ」は，ここと思う所に穴をあける，物事の本質をとらえる，という意味で用いる。「うそぶく」は，そらとぼける，大きなことを言う，という意味。「いわゆる」は，世間でよく言われている，という意味。「おもむろに」は，静かに，ゆっくり，という意味。

3＜文の組み立て＞「美しくて」と「優しい」が，同等に並んでいるので，並列の関係。

4＜故事成語＞「圧巻」は，本来は，書物の中で最も優れた部分のこと。ここから，全体の中で最も優れた部分を表す。

5＜漢文の訓読＞「石」→「漱」→「流」→「枕」の順に読む。下から上に一字返って読むときは，レ点を用いる。

6＜ことわざ＞「天は二物を与えず」は，一人の人間がいくつもの美点や才能を持っていることはない，という意味。「七転び八起き」は，何度失敗してもくじけず立ち向かう，という意味。「早起きは三文の得」は，早起きすると何かしらいいことがあるということ。「腹八分に医者いらず」は，食べすぎず腹八分にしていれば健康である，という意味。

三〔国語の知識〕

1＜漢字＞興味を持つ，という意味の「カンシン」は「関心」である。

2＜品詞＞「当然ですが」の「が」は，接続助詞。他は，主語を表す格助詞。

3＜資料＞1941年から1951年の10年間は，世界の平均気温の偏差に大きな変化がある（ア…×）。1891年から2011年までの約120年間に，急激な気温の上昇は４回あった（イ…×）。1981年から2011年までの30年間の平均気温の偏差は，上昇傾向にある（ウ…×）。

4＜資料＞2000年から2010年までの10年間は，さんまの水揚量は右肩上がりではなく，増減している（ア…×）。2006年から2008年の日本近海の海面水温の５年移動平均値は，上下している（イ…×）。1985年から1990年にかけて，さんまの水揚量については増減はあるが，過去最低を更新はしていない（エ…×）。

５＜四字熟語＞気候変動の問題は，個人の取り組みだけではなく，国どうしが目標に向かって協力すべきものだから，「一致団結」する必要がある。「面従腹背」は，うわべでは服従しているかのように見せかけているが，内心では逆らっていること。「呉越同舟」は，仲の悪い者どうしが同じ場所に居合わせること。「一挙両得」は，一つのことをして，同時に二つの利益を得ること。

四〔古文の読解―説話〕出典；無住法師『沙石集』巻第八ノ二。

≪現代語訳≫興福寺に智運房という僧がいた。あまりに大騒ぎをする人だったので，「うるさい智運房」といい，眠りの正信と並び称された有名人であった。／あるとき，盗人が入ることがあって，騒いでいると（智運房は）腹を柱に当てて（柱を盗人と思い）殴ろう殴ろうとする。「あれはどういうことか」と人が言うと，「ああ，腹かと思って」と言う。／あるとき，谷の房で火事があったときに，手水桶の水を，そばにいた法師の頭にかけるので，「何をなさるのか」と（法師が）言うと，（智運房は）「あなたの顔に火がついたのかと思って」と言う。火の光が，（法師の）顔に映って見えたのを，火がついたと（智運房は）思った。／あるとき，酒宴を催したときに，夜が更けた後，（智運房は）空になった瓶子に酒を入れようとして瓶子を持ち，酒屋へ行って，すぐに戻る。人々はおもしろがり，瓶子の酒を銚子に入れて見ると，中に浮き草がある。試しに飲んでみると（酒ではなく）水である。「これはどうしたことか。全く〈水〉であるとは」ときくと，（智運房は）「まさかそのようなことはないはずです。すぐに汲んできましたのに」と言う。「これは何ということか」と人々が尋ねると，（智運房は）「夕方，まさしく雨が降り，道は滑ります。月はおぼろです。猿沢の池のほとりで滑って，瓶子を池に落としてしまいましたが，すぐにそこを急いで汲んで，瓶子に入れましたのに」と言った。返す返す不思議である。騒がしいだけではなく，とんでもなく愚かな人であった。

１＜古文の内容理解＞智運房は，盗人が入ったと聞き，柱を盗人と間違って殴ろうとしたのである。

２＜古文の内容理解＞ａ．智運房から手水桶の水をかけられて，何をするのかと尋ねたのは，「傍らなる法師」である。　ｂ．法師の顔に火がついたのかと思って水をかけたのは，智運房である。

３＜古文の内容理解＞瓶子には浮草が入っており，試しに飲んだところ，瓶子に入っていたのは「水」だったのである。

４＜古文の内容理解＞智運房は，酒の入った瓶子を池に落としたが，すぐにその部分の池の水を汲んだから，瓶子の中には酒が入っていると思っていたのである。

５＜古文の内容理解＞「ひたさぎの智運房」と言われるほど騒がしく，柱を盗人と間違えたり，法師の顔に火がついたと思って法師に水をかけたりする人である。また，酒の入った瓶子を池に落としても，すぐに汲み直せば酒が入ると思うような愚かな人であった。

五〔論説文の読解―哲学的分野―哲学〕出典；出口治明『自分の頭で考える日本の論点』。

≪本文の概要≫何かの問題に直面したとき，すぐに答えを求めずに，その問題がどういう性質かを見きわめ，自分なりの「箱」に仕分けをすると，考え方の枠組みがはっきりする。どんな分類の仕方でもよいが，共通して正しい方法は，「まず専門家の意見を虚心に聞く」ことである。最近は「正解のない問いを立てる力」が大切だと言われる。この世界には「正解のない問題」がたくさんあり，それを考えようとする時代だから，必然的に「正解のない問いを立てる力」を評価することになる。しかし，「答えのある問題」についての知識が不要になるわけではない。自分の頭で考えるためには，基礎知識が必要だからである。未来は，原理的に予測不可能であり，この世界は広くて複雑だから，一人ががんばっても世界を変えることはできないと，考えることを諦めたくなる。しかし，一人の行動が他の人たちに影響を与え，世界を変えていく可能性は十分にある。

１＜文章内容＞問題を「箱に入れる」ことで，解決するための枠組みがはっきりし，どのように解決したらよいのかを，順序立てて考えることができるようになるのである。

2＜指示語＞例えば，憲法9条の改正について考えるなら，この問題はイデオロギーの対立によるものであり，客観的に正解が出るものではないという性質がある。

3＜接続語＞A．「正解のない問題」には，イデオロギーの争いとなっている問題や複雑すぎて今はわからない問題などがあり，「正解のある問題」には俗論が反対している問題などがある。このように，問題にもさまざまなカテゴリーがあることを知っていれば，問題も考えやすくなる。　B，C．この世界には，「正解のない問題」がたくさんあることは明らかなので，「正解のない問いを立て続ける力」を持つ人材を求めるのは，当然であるが，考えるためには，「答えのある問題」についての知識が必要なことも，明らかである。

4＜語句＞「虚心」は，先入観を持たずに，素直に物事に接すること。

5＜文章内容＞生きていくために必要な知識を身につけたうえで，「正解のない問題」についても考えられるような力を養うことが，「教育の果たすべき役割」である。

6＜文章内容＞「バタフライ効果」とは，計測できないほど小さな初期値の違いによって，結果が全く異なってしまうことである。同じように，自分の小さな行動が他の人々に影響を与え，大きな変化をもたらし，世界を変えるほどの大きな力になることもあるのである。

7＜要旨＞メリットとデメリットが拮抗している問題では，直観に従って決めていくのがよく，それは直観はそれまでの経験をもとにして脳が無意識のうちに判断するものだからである(ア…○)。改憲の問題は，イデオロギーの争いであり，「永遠の水掛け論」になる可能性がある(ウ…×)。これからの教育は，「考える力」を使うために必要な「基礎知識」を持つことも大切にしていくべきである(エ…×)。一人の少女の活動が「グレタ効果」と呼ばれるほどに，多くの大人たちの問題意識を喚起したが，それは，「純粋な子どもたちの意見が通りやすくなった」ということではない(イ…×)。

六〔小説の読解〕出典；瀧羽麻子『ありえないほどうるさいオルゴール店』。

1＜文章内容＞教会で何度も伴奏し，ピアノを弾くのがただただ楽しいと思えた頃の曲が聴こえてきたので，香音は「あっ」と声を上げたのである。

2＜語句＞A．オルゴールが止まるとすぐに「これ，下さい」と言ったのだから，「口」を開いたのである。　B．「息をのむ」は，はっと驚いて息を止める，という意味。新しく出してくれたオルゴールの曲は，香音もよく知っていたので，はっと驚いたのである。　C．店員さんは，満足そうにして，「目」もとをほころばせたのである。

3＜心情＞店員さんの「すごくいい音で鳴っている」という言葉から，香音は，南先生が「いい音ね」と香音のピアノの音色を褒めてくれたことを思い出し，胸が苦しくなったのである。

4＜文章内容＞「眉をひそめる」は，心配事があったり，他人のしたことを不快に思ったりして顔をしかめる，という意味。店員さんは，香音のつくり笑いに気がついて，香音の心にはもっと他に思っていることがあるのではないかと思ったのである。

5＜文章内容＞香音がピアノのレッスンに行っていないことを知り，お母さんは怒っているのではなく，とても心配していたのである。

6＜文章内容＞自分なりに一生懸命ピアノを弾いたとしても，誰もが一位になれるわけでもなく，納得できる結果が得られるわけでもないというのが，ピアノの世界なのである。

7＜心情＞香音は，いい音ねと褒めてもらった日々のことを思い出し，人を幸せにするような演奏がしたいと改めて思ったのである。

2022年度 作新学院高等学校[総合進学部・情報科学部](第２回)

【英　語】　(50分)　〈満点：100点〉

1　次のＡとＢは，放送による問題です。それぞれ放送の指示に従って答えなさい。

A

(1)

(2)

(3)

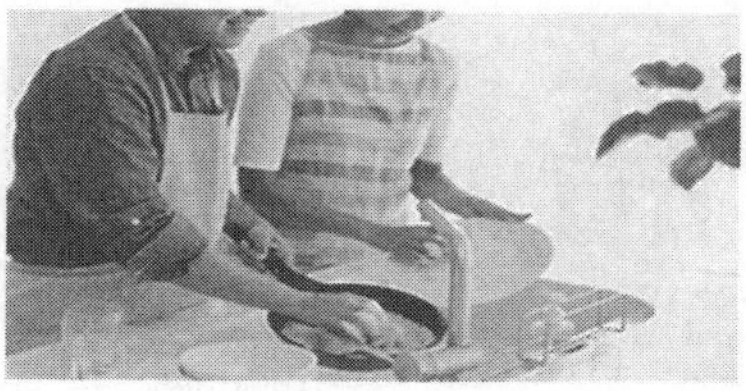

(4)

(5)

B

(6)　ア　30 yen.　　イ　100 yen.
　　ウ　130 yen.　　エ　260 yen.

(7)　ア　History.　　イ　Science.
　　ウ　Math.　　エ　English.

(8)　ア　Drums.　　イ　Guitar.
　　ウ　Harmonica.　　エ　Piano.

(9) ア Going to the station.　イ Going for dinner.
ウ Finishing work.　エ Working at a Japanese restaurant.

(10) ア 000-2203-6458.　イ 000-2203-4685.
ウ 000-2203-4658.　エ 000-2203-6485.

※リスニングテスト放送文は，英語の問題の終わりに付けてあります。

2 次の各文の（　）に入る最も適当なものを，ア～エの中から１つずつ選びなさい。

(1) Carl is going to (　　) his money on new clothes.
ア lend　イ spend　ウ wish　エ break

(2) I climbed a mountain in the rain today, so my shoes are really (　　).
ア new　イ dirty　ウ dry　エ big

(3) Joe is very (　　) at basketball.
ア much　イ well　ウ good　エ main

(4) It was a (　　) and peaceful night, so I was able to sleep very well.
ア hot　イ loud　ウ real　エ quiet

(5) My brother takes a (　　) every morning after going for a walk.
ア shower　イ road　ウ chance　エ sheet

(6) Your idea was very different (　　) mine.
ア as　イ with　ウ from　エ for

(7) I usually drink a (　　) of milk with breakfast every morning.
ア couple　イ pair　ウ piece　エ glass

(8) Takeo is a good (　　). He can draw great pictures.
ア artist　イ scientist　ウ musician　エ driver

(9) It took more than two hours to go to the theater. It was really (　　) away.
ア wide　イ far　ウ long　エ great

(10) I have two cats. (　　) names are Shiro and Kokoro.
ア We　イ They　ウ Our　エ Their

3

次の日本文の意味になるように，（　　）内の語(句)を並べかえたとき，その中で２番目と４番目にくるものを，ア～オの中から１つずつ選びなさい。ただし，文頭に来るべき語も小文字で書かれています。

(1) プールで泳いでいる女の子は私の妹です。

（ア　the pool　イ　swimming　ウ　is　エ　in　オ　the girl ）my sister.

(2) 私は昨日とても忙しかったので外出できませんでした。

I was（ア　to　イ　out　ウ　go　エ　too　オ　busy ）yesterday.

(3) ディールと私は10年前からの親友です。

Deal and I（ア　been　イ　good　ウ　for　エ　friends　オ　have ）ten years.

(4) トムはメアリーがパーティーに来られないのではないかと思いました。

Tom（ア　Mary　イ　afraid　ウ　come　エ　couldn't　オ　was ）to the party.

(5) 男体山が窓から見えます。

（ア　out　イ　can　ウ　Mt. Nantai　エ　seen　オ　be ）of the window.

4

次の英文を読んで，(1)～(4)の問いに対する答えとして最も適当なものを，ア～エの中から１つずつ選びなさい。

Marian Anderson was an African American and one of the greatest singers in the world. Anderson was born in the United States in 1897 and lived during the time of *inequality for African Americans. Anderson's father died when she was ten, and her family had little money. She always loved music and singing. When she was a child, she sang in her church *choir. Everyone admired her voice and told her to take lessons. But she had no money, so members of her church collected money for her lessons.

Anderson had a great voice. She took lessons from several *talented singers of the time. In 1925, she won an important contest. Her performance was very successful, but she had trouble when she was looking for work in the United States because she was an African American.

Anderson moved to Europe and sang in many famous opera houses. When she performed in Austria, the famous conductor *Arturo Toscanini heard her voice. He said, "Your voice is heard only once in a hundred years." Anderson returned to the United States in 1935. She was a famous singer and many people wanted to hear her voice. However, there was a big problem for Anderson. She could not sing at most theaters in Washington, D.C. because of *segregation. Eleanor Roosevelt, the wife of the President, believed that segregation was wrong, so she invited Anderson to sing on the stage of *the Lincoln Memorial. More than 75,000 people came to hear Anderson's voice and realized that her skin color *had nothing to do with her *ability as a singer.

Anderson died in 1993. She opened doors for many African American performers. She showed that ability is more important than skin color.

(注) inequality「不平等」　choir「聖歌隊」　talented「才能がある」
Arturo Toscanini「アルトゥーロ・トスカニーニ（イタリアの指揮者）」　segregation「差別」
the Lincoln Memorial「リンカーン記念堂」　had nothing to do with ～「～と関係がなかった」
ability「能力」

(1) Who collected money for Anderson to take lessons?
ア Her father.　イ Arturo Toscanini.
ウ Members of her church.　エ Eleanor Roosevelt.

(2) How did Arturo Toscanini feel when he heard Anderson's voice?
ア He felt that Anderson was a great singer.
イ He felt that Anderson sang in a low voice.
ウ He felt that Anderson had little money.
エ He felt that Anderson couldn't sing well.

(3) When did Anderson win an important contest?
ア In 1897.　イ In 1925.　ウ In 1935.　エ In 1993.

(4) Anderson wasn't able to sing at most theaters in Washington, D.C. Why?
ア Because she was poor.
イ Because she couldn't find work in the United States.
ウ Because she had a great voice.
エ Because she was an African American.

5 次の英文を読んで，(1)～(6)の問いに答えなさい。

Australia has many famous animals such as koalas and kangaroos. But many people don't know that there are also *camels in Australia. A town called *Alice Springs has a special event, ①"The Camel Cup," every July. At this event, a lot of people ride camels in races.

In 1840, the first camels were brought to Australia from Asia. Camels don't have to drink a lot of water, so they were useful in the dry Australian desert. They were used to carry *mail, food, and other things to small towns like Alice Springs. Between 1860 and 1907, about 12,000 camels were brought to Australia from various countries. But *in the 1920s, people started using trucks and trains to carry things. (②), so they *were set free in the desert.

For many years, nobody tried to use the camels. Then, in 1970, two men in Alice Springs had a camel race for fun. People enjoyed watching the race, so they decided to do it every year. Now, many people ride camels in "The Camel Cup." The races are always exciting to watch because (③) knows what will happen! For example, some of the camels just sit down, some don't move at all, and others run the wrong way. Riding camels is very hard work, but the winners of the races can get interesting prizes.

There are other *attractions on the day of the races and people can buy food and drinks. The people of Alice Springs really enjoy "The Camel Cup," and the money from this event is given to volunteer groups in the town. (④).

(注) camels「ラクダ」 Alice Springs「アリススプリングス（オーストラリア北部の都市)」
mail「郵便物」 in the 1920s「1920 年代に」 were set free「解放された」
attractions「アトラクション，催し物」

(1) 下線部①について最も適当なものを，ア～エの中から１つ選びなさい。

ア 1920 年にはオーストラリアで行われていた。

イ ２人の男性がラクダのレースをしたことから始まった。

ウ レースは４年に一度アリススプリングスで開催されている。

エ カンガルーやコアラのレースも実施される。

(2) (②) に入る最も適当なものを，ア～エの中から１つ選びなさい。

ア Camels were important animals in Australia

イ People didn't like camels

ウ Camels weren't needed anymore

エ People lived in a small town like Alice Springs

(3) (③) に入る最も適当なものを，ア～エの中から１つ選びなさい。

ア someone イ anyone ウ everyone エ nobody

(4) (④) に入る最も適当なものを，ア～エの中から１つ選びなさい。

ア Camels aren't useful all over the world now

イ Camels must be set free all over the world

ウ Camels will drink more and more water in the Australian desert

エ Camels are becoming a part of life in the Australian desert once again

(5) 次の英文の中で本文の内容と一致するものを，ア～エの中から１つ選びなさい。

ア People enjoy watching the exciting races in “The Camel Cup.”

イ People in Australia used camels to carry many trucks and trains before.

ウ People living in Alice Springs can’t buy food and drinks in “The Camel Cup.”

エ Volunteer groups in Alice Springs give a lot of money to the winners of “The Camel Cup.”

(6) 本文の題名として最も適当なものを，ア～エの中から１つ選びなさい。

ア Many Animals in Australia

イ Using Trucks and Trains to Carry Things

ウ A Special Event in Alice Springs

エ The First Camels from Australia

［リスニングテスト放送文］

『これからリスニングテストを始めます。』

『では，四角１を見てください。』『四角１は問題Ａと問題Ｂの２つの部分に分かれています。』

『問題 A』『問題 A は(1)から(5)の５問です。それぞれの写真について４つの英文が１回放送されます。その内容を最も的確に描写しているものを，ア，イ，ウ，エの中から１つずつ選びなさい。』『では，始めます。』

1

Ａ

(1)

ア　The woman is playing cards.

イ　The man is calling his son.

ウ　The man is driving a car.

エ　The girl is sleeping in a car.

（間隔５秒）

(2)

ア　There are four flowers in the garden.

イ　There are some plants in the garden.

ウ　There are some planes in the sky.

エ　There are four fireworks in the sky.

（間隔５秒）

(3)

ア　Two people are washing the dishes.

イ　Two people are cleaning the floor.

ウ　Two people are talking on the phone.

エ　Two people are having breakfast.

（間隔５秒）

(4)

ア　We have vegetable soup and a rice ball.

イ　We have bacon and eggs for breakfast.

ウ　We have a bowl of rice and miso soup.

エ　We have curry and rice.

（間隔５秒）

(5)

ア　She is working at a hospital.

イ　She is working in a restaurant.

ウ　She is working in a department store.

エ　She is working at a bookstore.

（間隔５秒）

『問題B』『問題Bは(6)から(10)の5問です。それぞれの対話に問いが1つあります。答えとして最も適当なものを，ア，イ，ウ，エの中から1つずつ選びなさい。』『放送は2回繰り返されます。』『では，始めます。』

B

(6) W : How much are these oranges?

M : 130 yen for one.

W : Good. Then I'll have two.

M : Thank you.

Question　How much will the woman pay?

※2回繰り返し

（間隔7秒）

(7) W : What are your plans for after high school, Jiro ?

M : I don't know yet, but I want to work with children in the future. I liked math before but now I'm interested in nature. I want to be a science teacher.

W : I think you will be a good teacher.

Question　What subject is the man interested in now?

※2回繰り返し

（間隔7秒）

(8) W: We both play the guitar. How about making our own band?

M : That's a good idea. My friend Rosie can play the piano.

W : If we also have drums, our music is going to be more powerful.

M : That's true. And we need a harmonica to add more variety.

Question　Which instrument do they need to have a more powerful sound?

※2回繰り返し

（間隔7秒）

(9) M : Susie, can we go for dinner together after finishing work?

W : Sounds good. Where do you want to eat today?

M : How about the Japanese restaurant near the station?

W : OK, let's go there.

Question　What are they talking about?

※2回繰り返し

（間隔7秒）

(10) M : Lucy, I'd like to call you tonight. Can I ask your number?

W : Sure. My number is 000-2203-4658

M : Thank you. What time is good for you?

W : Any time is OK.

Question　What is Lucy's phone number?

※2回繰り返し　（間隔7秒）

『以上でリスニングテストを終了します。引き続き，筆記試験を続けて下さい。』

【数　学】 (50分) 〈満点：100点〉

（注意） 解答は，設問の指示に従って丁寧にマークしなさい。

・答えが分数になるときは，約分して最も簡単な分数にしなさい。

・$\sqrt{}$ の中は最も小さい整数にしなさい。

・ア，イ，ウ，……で示した解答欄に－の符号，または，0から9までの数字のいずれか一つをマークしなさい。また，選択の場合は，その番号(数字)を一つマークしなさい。

［例1］ $\boxed{\text{ア}}\boxed{\text{イ}}$ に -5 と答えたいとき，次のようにマークしなさい。

	マイナス	0	1	2	3	4	5	6	7	8	9
ア	●	0	1	2	3	4	5	6	7	8	9
イ	−	0	1	2	3	4	●	6	7	8	9

［例2］ $\dfrac{\boxed{\text{ウ}}\boxed{\text{エ}}}{\boxed{\text{オ}}}$ に $-\dfrac{4}{5}$ と答えたいとき，$\dfrac{-4}{5}$ として，次のようにマークしなさい。

	マイナス	0	1	2	3	4	5	6	7	8	9
ウ	●	0	1	2	3	4	5	6	7	8	9
エ	−	0	1	2	3	●	5	6	7	8	9
オ	−	0	1	2	3	4	●	6	7	8	9

［例3］ $\boxed{\text{カ}}$ に選択した解答 ② と答えたいとき，2として，次のようにマークしなさい。

	マイナス	0	1	2	3	4	5	6	7	8	9
カ	−	0	1	●	3	4	5	6	7	8	9

1 次の(1)から(10)までの問いに答えなさい。

(1) $8+4\times(-3)$ を計算すると，$\boxed{\text{ア}}\boxed{\text{イ}}$ である。

(2) $3x+y-8x-3y$ を計算すると，$\boxed{\text{ウ}}\boxed{\text{エ}}\,x-\boxed{\text{オ}}\,y$ である。

(3) $(-6x+y)^2$ を展開すると，$\boxed{\text{カ}}\boxed{\text{キ}}\,x^2-\boxed{\text{ク}}\boxed{\text{ケ}}\,xy+y^2$ である。

(4) $\dfrac{4}{3}x^2y^4\times\dfrac{3}{2}xy^2\div\left(-\dfrac{3}{2}x^2y^2\right)$ を計算すると，$\dfrac{\boxed{\text{コ}}\boxed{\text{サ}}}{\boxed{\text{シ}}}\,xy^{\boxed{\text{ス}}}$ である。

(5) $y^2+6y-16$ を因数分解すると，$\left(y+\boxed{\text{セ}}\right)\left(y-\boxed{\text{ソ}}\right)$ である。

(6) 連立方程式 $\begin{cases}4x-y=3\\-x+y=3\end{cases}$ を解くと，$x=\boxed{\text{タ}}$，$y=\boxed{\text{チ}}$ である。

(7)　$\sqrt{18}+\sqrt{50}-2\sqrt{2}$ を計算すると，$\boxed{\text{ツ}}\sqrt{\boxed{\text{テ}}}$ である。

(8)　2次方程式 $x^2+5x=6(x+2)$ を解くと，$x=\boxed{\text{トナ}}$，$\boxed{\text{ニ}}$ である。

(9)　$5<\sqrt{2n-1}\leqq 7$ を満たす自然数 n は全部で，$\boxed{\text{ヌネ}}$ 個である。

(10)　A さんは家族と一緒に車で高速道路を利用して，遊園地に出かけた。
午前9時に家を出発し，行きはお父さんが平均時速 66 km で車を運転した。
遊園地で8時間過ごし，帰りはお母さんが平均時速 55 km で車を運転して，
午後7時に家にもどった。
自宅から遊園地までの距離は，$\boxed{\text{ノハ}}$ km である。

2 次の(1)から(6)までの問いに答えなさい。

(1)　y は x に比例し，$x=4$ のとき $y=24$ である。y を x の式で表すと，$y=\boxed{\text{ア}}x$ である。

(2)　周の長さがちょうど 36 cm の正三角形があるとき，
この正三角形の面積は，$\boxed{\text{イウ}}\sqrt{\boxed{\text{エ}}}$ cm^2 である。

(3)　大小2個のさいころを同時に投げる。大きいさいころの出る目の数を a，
小さいさいころの出る目の数を b とするとき，
$a+2b$ が 10 以上になるのは，$\boxed{\text{オカ}}$ 通りである。

(4)　右の図において，AB = 4 cm のとき，直線 AB を軸として
1回転させてできる円錐の体積は，$\boxed{\text{キク}}\pi\ \text{cm}^3$ である。
ただし，π は円周率である。

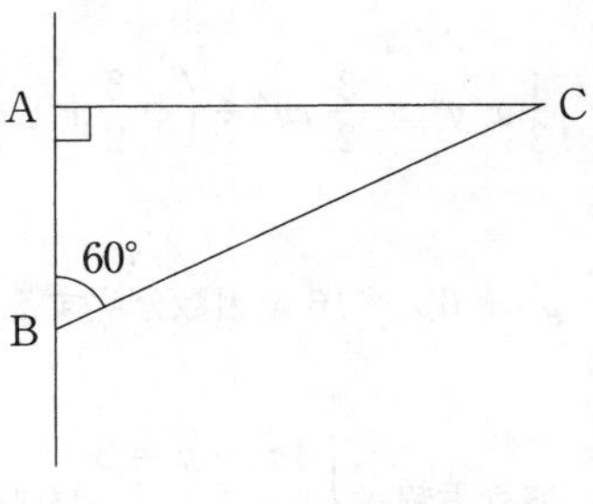

(5)　右の図において，$\angle ABC =$ [ケコ]$^\circ$ である。

ただし，CD と DA は円 O の接線である。

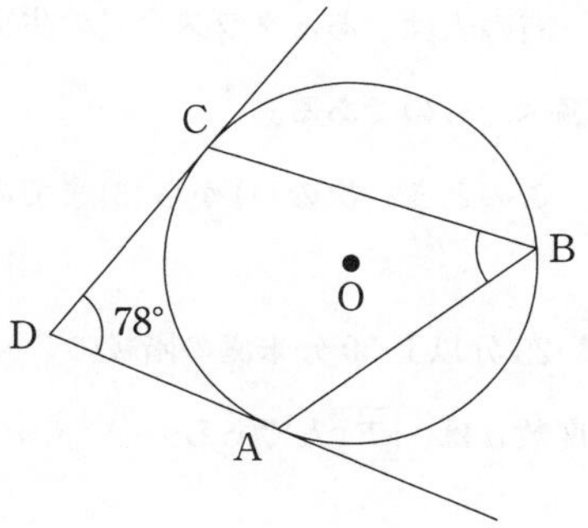

(6)　次の ①〜⑧ のうち，正しいものは [サ] 個ある。

①　直角三角形を回転させてできる立体は，回転の軸がどの辺であっても円錐になる。

②　関数 $y = \dfrac{2}{x}$ のグラフは双曲線で，$x > 0$ の範囲では，x の値が増加するにつれて y の値は減少する。

③　$\sqrt{24}$ と $\sqrt{40}$ の間にある整数は，6 と 7 である。

④　ひし形は点対称な図形であり，線対称な図形でもある。

⑤　11 は素数であり，117 も素数である。

⑥　正八角形の内角の和は，1260° である。

⑦　数直線上において，-3 と $+3$ の距離は，6 である。

⑧　$y = 2x^2$ について，x の値が -1 から 4 まで増加するときの変化の割合は，6 である。

3

右の図のように，

関数 $y = x^2\ (x \geqq 0)$ のグラフ上に n 個の点がある。

n 個目の点の x 座標は，$n-1$ である。

このとき，次の(1)から(3)までの問いに答えなさい。

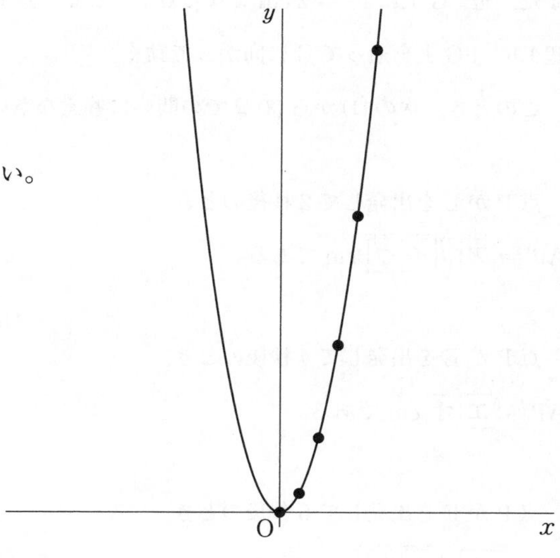

(1)　2 個目の点の座標は，

([ア]，[イ])である。

(2)　y 座標が 36 の点は，

[ウ] 個目の点である。

(3)　1 個目から 10 個目までの点の y 座標を

すべて加えると，[エオカ] である。

4

右の表は，あるクラス全員の生徒の通学時間を調べたものである。

このとき，次の(1)から(3)までの問いに答えなさい。

階級(分)	度数(人)	相対度数
以上 0〜 5未満	2	0.05
5〜10	9	0.225
10〜15	6	0.15
15〜20	c	b
20〜25	7	0.175
25〜30	a	0.15
合計	d	1

(1) 25 分以上 30 分未満の階級の度数 a は，[ア] 人である。

(2) 15 分以上 20 分未満の階級の相対度数 b は，[イ].[ウエ] で，度数 c は，[オカ] 人である。

また，クラスの生徒全員の人数 d は，[キク] 人である。

中央値がある階級は，[ケコ] 分以上 [サシ] 分未満である。

(3) この表によると，生徒の通学時間の平均値は，[スセ].[ソタチ] 分である。

5

右の図のように AD ＝ 4 cm，AE ＝ 6 cm，EF ＝ 8 cm の直方体 ABCD－EFGH がある。

また，辺 CG 上に IG ＝ 2 cm となる点 I をとる。点 P は E を出発して毎秒 2 cm の速さで，辺 EF，FG 上を通って G に向かって動く。

このとき，次の(1)から(3)までの問いに答えなさい。

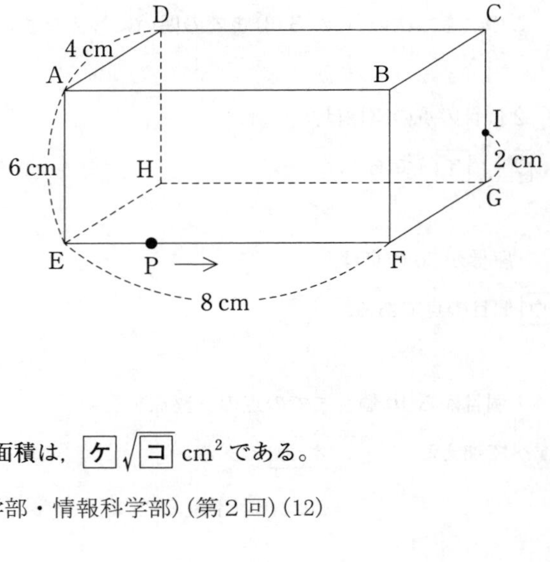

(1) 点 P が E を出発して 2 秒後のとき，

AP ＝ [ア]$\sqrt{[イウ]}$ cm である。

(2) 点 P が E を出発して 4 秒後のとき，

AP ＝ [エオ] cm である。

(3) 点 P が E を出発して 6 秒後のとき，

AP ＝ [カ]$\sqrt{[キク]}$ cm である。

また，IE と AP の交点を J とすると，△JEP の面積は，[ケ]$\sqrt{[コ]}$ cm^2 である。

【国　語】（五〇分）〈満点：一〇〇点〉

一　1と2は、傍線部の漢字と同じ読みのものをそれぞれ一つ選びなさい。また、3から5は、傍線部を漢字に直した時に同じ漢字を使うものをそれぞれ一つ選びなさい。

1　自意識過剰な人。
ア　解剖学を専攻する。　　イ　慎重な意見。
ウ　一部始終を見ていた。　　エ　宵の明星。

2　熟慮して結論を出す。
ア　旅券を発行する。　　イ　虎狼の心を持つ。
ウ　殊勲を立てる。　　エ　虚言癖がある。

3　千マンの差が大きい。
ア　新聞の四コママン画。　　イ　マン華鏡をのぞく。
ウ　出来ばえにマン足する。　　エ　腕力を自マンする。

4　真相がハン明する。
ア　模ハン解答を作成する。　　イ　ハン決を下す。
ウ　市ハンの薬に頼る。　　エ　国がハン栄する。

5　免疫学の専モン家。
ア　モン戸を開放する。　　イ　発言が波モンを呼ぶ。
ウ　呪モンを唱える。　　エ　介護施設へ慰モンに向かう。

二　次の1から6の問いに答えなさい。

1　次の漢字の中から、部首が**異なるもの**を一つ選びなさい。
ア　夫　　イ　奉　　ウ　春　　エ　奏

2　次の傍線部と同じ使い方をしているものを一つ選びなさい。
子供ばかりか大人さえ夢中になる。
ア　こちらを見ようとさえしない。　　イ　初心者でさえすぐできる。
ウ　強風に加え雨さえ降りだした。　　エ　書物さえあれば充分だ。

3　次の慣用句の意味を一つ選びなさい。
長い目で見る
ア　長期的な展望に立って将来を予測する様子。　　イ　寛容な態度で見守る様子。
ウ　誰に接する場合でも温厚で謙虚な様子。　　エ　時間をかけて難題を解決する様子。

4　それぞれの故事成語の空欄に入る数字の合計として正しいものを一つ選びなさい。
一を聞いて□を知る　　□里霧中　　□面楚歌　　□炊の夢
ア　二十　　イ　二十二　　ウ　百二十　　エ　百二十二

5　文学作品の成立順として正しいものを一つ選びなさい。
ア　『枕草子』→『万葉集』→『奥の細道』→『徒然草』
イ　『徒然草』→『万葉集』→『奥の細道』→『枕草子』
ウ　『奥の細道』→『徒然草』→『枕草子』→『万葉集』
エ　『万葉集』→『枕草子』→『徒然草』→『奥の細道』

6　慣用句の使い方として正しい記号の組み合わせを一つ選びなさい。

1　同僚から後ろ（a　髪　b　指）をさされる。

2　ついにライバルと肩を（a　並べる　b　持つ）までになる。

3　司会ぶりが（a　地　b　板）についてきた。

ア　a－b－a　　イ　a－b－b　　ウ　b－a－b　　エ　b－b－a

三　次の会話は、オリンピックについての生徒同士のやりとりです。これを読んで、1から5の問いに答えなさい。

A　「コロナウィルス感染拡大により、開催が危ぶまれていた東京2020オリンピック・パラリンピックだったけど、日本選手団の活躍もあり大いに盛り上がって、無事に閉幕したね。」

B　「うん。感動した場面がたくさんあったけど、僕は特に前々回のロンドン大会や前回のリオデジャネイロ大会の不本意な結果からの復活を誓って、メダルを獲得した選手の活躍には感動したな。」

A　「そうだよね。［ 1 ］挽回できて本当に良かったよね。重圧に打ち勝った涙には、僕も感動したよ。」

B　「ところでオリンピック憲章というものがあると先生が2おっしゃっていたよね。」

A　「そうだったね。」

B　「そこには『権利および自由は人種、肌の色、性別などの理由によるいかなる差別も受けることなく、確実に享受されなければならない』と記されているんだよ。」

A　「そうなんだ。オリンピックは競技の3優劣を競うだけの祭典ではないんだな。」

B　「オリンピックが平和の祭典でもあると言われる理由だね。」

A　「うん。その通りだね。」

B　「今大会で結果が出せなかった選手には、この悔しさを忘れないように［ 4 ］して、次回のパリ大会では良い結果を出してもらいたいな。」

A　「パリ大会までの期間、気持ちが折れ5ないよう頑張って欲しいな。」

1　空欄［ 1 ］に入る語として、最も適当なものを一つ選びなさい。

ア　醜聞　　イ　名誉　　ウ　功績　　エ　屈辱

2　傍線部2「おっしゃって」と同じ敬語表現のものを一つ選びなさい。

ア　私がそちらに伺う予定です。　　イ　お目にかかれて光栄です。

ウ　知事が開会式に出席される。　　エ　弟は部屋で本を読んでいます。

3　傍線部3「優劣」と同じ熟語の構成を一つ選びなさい。

ア　基礎　　イ　抑圧　　ウ　隔世　　エ　需給

4　空欄［ 4 ］に入る四字熟語としてふさわしいものを一つ選びなさい。

ア　自問自答　　イ　一喜一憂　　ウ　東奔西走　　エ　臥《が》薪《しん》嘗《しょう》胆《たん》

5　傍線部5「ない」と違う品詞にあたるものを一つ選びなさい。

ア　この坂を一気に駆け上がりたい。　　イ　明日は休んだほうがよい。

ウ　父は気分がいいらしい。　　エ　夕方には天気が崩れるようだ。

四　次の文章を読んで、1から5の問いに答えなさい。（問題作成の都合で原文を一部変更したところがあります。）

【　母が娘のかへと山々の景色を見ながら、春と秋の優劣について語り始めた。】

むかし大津のみやにあめが下知らすすめらみこと《天下を治めていらした天智天皇が》藤原の鎌足の君に「春山のよろづの花のにほひ《あでやかさと》、秋山のちぢ《全体の》のもみぢの色、いづれかまさる」とみことのりありしとき《どちらが優れていると思うか」とご質問をなさったときに、》、額田女《ぬかたのめ》おほきみ御かたへにおはしけるが《お近くにいらっしゃったのだが、》、1歌をよみてことわりたまふ。其の歌の中に、「春のはなはいとおもしろけれど《味わい深いけれど、》、くさ深ければ入りてもとらず。また秋の葉は折りてもしぬび《しみじみと美しく思い、》、また青きをば置きてぞなげく《ため息をつく。》。しかば秋こそめでまされ」と2きこえ給ふなり《申し上げなさったのです。》。さる事にはきこゆれど、此の*おうな《私の》がおもひがこころには《浅はかな考えでは、》、はるの桜はちりやすく、秋のもみぢはうつろひやすし。いづれかまことの心とせむ。人はすがたかたちの物にあらず。かれ《あれを》見給へ。むかつをのむらもみぢは《向こうの山の紅葉のむらがりは、》、3たとへていはむには《例えて言えば、》、おもて《顔におしろいや》にしろきあかきをつくり《紅でいろどり、》、身には黄なる紫なるをかざりて、ひと時のさかりをみするがごとし《一時の栄華を見せているようなものです。》。これにめでまよふ《これに心を惹かれ》人は、4まことのいろごのみ《風流》にははべらず。

（『西山物語』による）

注　*おうな――老女。ここではかへの母親のこと。

1　傍線部1「歌をよみてことわりたまふ」の解釈として、最も適当なものを一つ選びなさい。

ア　額田女おほきみが、春の花々と秋の紅葉のどちらが風情があるかという天皇の問いに和歌で答えた。

イ　額田女おほきみが、春と秋のどちらが趣深いものかという判断を和歌で下し人々の期待に応えた。

ウ　藤原の鎌足の君は天皇のおそばに仕える額田女おほきみに遠慮して、和歌を詠むことを断った。

エ　藤原の鎌足の君も額田女おほきみも春と秋の優劣がつけ難く、お答えは和歌を通して断った。

2　傍線部2「きこえ給ふ」の主語として、最も適当なものを一つ選びなさい。

ア　天智天皇　　イ　藤原の鎌足の君　　ウ　額田女おほきみ　　エ　世間の人々

3　傍線部3「たとへていはむには」を現代仮名遣いで読んだものとして、最も適当なものを一つ選びなさい。

ア　たとえていはむにわ　　イ　たとへていわむにはは

ウ　たとえていわんには　　エ　たとへていわんにわ

4　傍線部4「まことのいろごのみにははべらず」の理由として、最も適当なものを一つ選びなさい。

ア　表面上のつかの間の美しさに惑わされて心を乱されるのは、真に風流を解するとは言えないから。

イ　男性は容姿端麗な女性に心を奪われやすく、本当の美しさを十分理解しているとは言えないから。

ウ　立場をわきまえずに自分の主張だけを一方的に押し通そうとする人に物の道理は分からないから。

エ　季節に合った自然の美しさをありのままに味わおうとしない者に本当の風情は理解できないから。

5 次のアからエは本文の内容について生徒が自分の考えを述べたものである。本文の内容と一致するものとして、最も適当なものを一つ選びなさい。

ア 天皇は、それぞれの季節の美しさを味わうには上辺の華やかさに夢中になるのは愚かだと理解させるために、春と秋の優劣について問いかけたんだね。

イ 額田女おおきみは、秋の紅葉はしみじみと趣深く、折り取っても青いままでそばにおいても美しいので、秋の方が優れていると言っているよ。

ウ おうなは母親として、春の花々のような一瞬を彩るような恋愛はするべきではないということを、娘のかへに教えようとしていたんだよね。

エ 藤原の鎌足の君は、娘盛りのかへの美しさを春の桜にたとえ、おうなの魅力を紅葉の散り際のはかなさにたとえていたのかもしれないよ。

五

次の文章を読んで、1から7の問いに答えなさい。

人びとが幸運な人生のうちにあるときには、教養は、人の精神を秩序づける。その人柄を美しく飾る。ただ、人生は、自然法則に支配される自然現象と異なって、幸運と不運のうちにある。同じ人間として生まれながら、富裕な家庭に生まれた子どもと貧困な家庭に生まれた子どもでは、「運不運」が違うとわたしたちは言う。わたしたちは、自分の人生の「生まれ」を選択することはできない。

わたしたち人間が生きるということは、この地球上に命を与えられ、その命を維持していくということを意味している。生まれるということは、命を与えられるということである。与えられるということは受け身である。わたしたちは自らの誕生を選択することはできないからである。

他方、わたしたちは命をつなぐために、たくさんのことを選択する。「選択する」ということは、「選択肢をもつ」ということ、さらに、「選択することができる」ということも意味している。複数の選択肢のなかから選択することができるということは、選択の自由をもつということである。選択の自由があればこそ、わたしたちは、複数の選択肢から自らの意思でどれか一つを選ぶことができる。[1]選択の存在こそ人間が自由であることの根幹に位置しているのである。

ただ、選択が望みの結果をもたらすかどうかは、選択の時点で分かっているわけではない。わたしたちは選択を誤ることもある。この場合の「誤る」は、数学の解答を誤るという意味ではない。正しい答えを出せなかったということではない。わたしたちは「正しい選択」というが、これは、[2]数学の答えのような「正しさ」ではない。選択には、「よりよい選択」と「より悪い選択」、「どちらともつかない選択」がある。よりよい選択とは、わたしたちの願望の実現をもたらす選択、いわば幸福な状況をもたらす選択であり、そうでない選択が誤った選択、不幸をもたらす選択が悪い選択である。

さらに、よい選択をしたと思っても、選択の状況が変化するなかで不運が生じることもある。順調に進んでいた仕事が突然の地震で行き詰まってしまうこともある。わたしたちは、こういう状況を運が悪いとか、不運だとかいう。

選択を誤ることで、あるいは、不運に見舞われることで、わたしたちは困難な状況に陥る。困難な状況に陥ってしまうことの分岐点となった選択のことを「選択を間違った」とか、「選択が正しくなかった」、あるいは「選択はよかったが、運が悪かった」というのである。たしかに、「誤った選択」「正しくなかった選択」は回避したい。不運な出来事に出会うことも喜ばしいことではない。が、そういう選択をすること、そのような状況を生きることができることもまた、人間が自由であるということに含まれている。

ここで命のように、「与えられているもの」を「所与」と呼ぶことにしよう。わたしたちは、与えられた命のもとで、[3] A 、所与としての人生のうちにあって、選択する自由を与えられている。

所与と選択とが人間が存在するということの根本的な条件である。[3] B 、人生は、所与と選択だけによって成り立っているわけではない。人生には、所与でもなく、選択でもない広大な領域が広がっている。遭遇という領域である。

わたしたちは、人生のなかで、さまざまな人びとや出来事に出会う。遭遇する。この遭遇もまた「所与としての生きていること」と切っても切れない関係にある。所与をスタートとしてわたしたちの人生は進んでいくのであるが、そのなかでわたしたちはそれぞれにさまざまな人や出来事と出会うからである。[3] C 遭遇は所与ではない。選択でもない。

遭遇は選択ではないが、さまざまな遭遇は、他方でわたしたちにさまざまな選択肢を用意してくれる。人生の豊かさは、この所与と遭遇によって用意される選択のなかにある。いろいろな人と出会い、いろいろな出来事に出会う。人との遭遇、出来事との遭遇によってさらにさまざまな選択肢が現れてくる。そのなかの選択によって人生は変化してゆく。選択によって出会うさまざまな人や出来事や風景が[4]人生の彩りとなる。

ただ、遭遇もまた、時として、さまざまな困難な状況をもたらす。自然災害との遭遇もあり、危害を及ぼす人間との遭遇もある。そうした遭遇で迫られる選択に失敗すれば、その結果は不幸な結果になることもある。死に至ることもある。

社会に秩序が存在し、平和を維持している時代にわたしたちが生まれたとすれば、そのような状況もわたしたちの「所与」ということができる。そのような時代であれば、人びとは心安らかに暮らすことができるようにみえる。

しかし、そのような時代にも、人は時として困難な状況に遭遇する。戦争がなくても、人びとの間には対立や紛争があって、ときには暴力に至る。DV（ドメスティック・バイオレンス）といわれる家庭内暴力や「いじめ」もある。

命の危機に遭遇することは不幸なことであるが、[5]幸運に恵まれるだけがよい人生ではない。むしろ、さまざまな困難を克服すること、そのような克服を実現するための賢い選択を行うことこそが人生を豊かにする。困難な状況にあってこそ、人間は賢い選択をすることができるからである。

命にかかわる危機のなかで何が人を救うことができるだろうか。アリストテレス*の「教養は幸運なときには飾りとなるが、不運のなかにあっては命綱となる」ということばで、わたしがあえて「命綱」と訳したのは、ギリシア語の「カタフイゲー」ということばである。アリストテレスは、幸運なときの「コスモス（飾り）」と不運なときの「カタフイゲー」を対比させた。カタフイゲーは、文字通りには、「避難所」である。「避難所」は、危機のときに身を守る場所であるが、いざというときに身を守る力になるという意味では、むしろ「命綱」と言った方がいいと思う。これは、ほかの人が守ってくれる力という意味ではない。自らの心のうちにあって、自分を守る力である。アリストテレスはそれが教養だというのである。教養は、自分自身のなかに形成された生きるための底力だからである。

（中略）

わたしは、教養の本質はもっと別のところにあると考えている。「飾りとしての教養」に対して、わたしは、現代の若者が身につけるべき教養は、枝葉や花としての教養ではないと思っている。それは、「人間の根」としての教養である。6これは「命綱」に通じる思想である。

人間を一本の木にたとえるならば、その根っこにあたるのが教養である。一本の木が生長してゆくとき、その生長を支えるのが太い根である。根が丈夫でしっかりしていれば、木は大きく育つことができる。幹を太くし、枝を広げ、葉を茂らせ、花を咲かせ、実をつける。地上に伸びた木を地中で支えるのが根である。

木が生長しようとすると、ときには風が吹く。強風で枝が折れることもある。雷が落ちれば、幹までが割れてしまうかもしれない。日照りが続くときには、地中に深く伸びた根でなければ、水を吸い上げることはできない。

木が倒れてしまわないのは、根を大地に深く、また広く伸ばしているからである。根がしっかり大地を踏みしめているからこそ、木は大きくなることができるし、嵐にも*旱魃《かんばつ》にも耐えることができる。

「教養は人間の根である」というのは、順風のなかにあるとき、その教養は、その人の幹と枝を育て、花を咲かせ、また、実をつけさせる。その人を美しく飾る。他方、人がさまざまな困難に遭遇するとき、その困難に打ち克《か》つ力となって、その人を守る。

教養ある人は、よりよい選択をすることによって身を守ることができ、よりよい人生を実現することができる。よい選択をするためには、わたしたちは、まず目の前に現れてくる選択肢を選択肢として認識できなければならない。これができなければ、わたしたちは大切な選択肢を見逃してしまう。選択肢を選択肢として認識できる能力、複数の選択肢のなかから、よりよい選択肢、さらには最善の選択肢を選択するための能力、言い換えれば、最善の選択を支えるのが教養である。

（桑子敏雄『何のための「教養」か』による）

注　＊アリストテレス――古代ギリシアの哲学者。
　　＊旱魃――長い間雨が降らず、農作物に必要な水が涸《か》れてしまうこと。

1　傍線部1「選択の存在こそ人間が自由であることの根幹に位置している」の説明として、最も適当なものを一つ選びなさい。

ア　幸運を呼び込むための技術を高めながら、正しいと思われる生き方を選ぶ努力が大切だということ。
イ　教養がほとんどなくても運次第ではその後の人生において未知の可能性が広がっていくということ。
ウ　教養を磨くことで全てが決まるので注意して選ばないと一生不幸な道を歩むことになるということ。
エ　選択肢を持つということが、人間が人間らしく生きる上で大変重要な意味を持っているということ。

2　傍線部2「数学の答えのような『正しさ』ではない」の解釈として、最も適当なものを一つ選びなさい。

ア　人が生きていくうえで一人ひとりが大切にするものは同じであるということ。
イ　数学は正しい答えが一つしか出ないが人生の答えは一つではないということ。
ウ　正しさを追い求めてしまうと真実が見えなくなるうえに本質も見失うということ。
エ　人生と数学の道は異なっているように思われるが実際には同じであるということ。

3　空欄[3]A・[3]B・[3]Cの接続詞の組み合わせとして、最も適当なものを一つ選びなさい。

ア　A　かりに　　B　だが　　C　さらに
イ　A　つまり　　B　そして　　C　ところで
ウ　A　すなわち　　B　ただし　　C　しかし
エ　A　たとえば　　B　もっとも　　C　そのうえ

4　傍線部4「人生の彩り」の説明として、最も適当なものを一つ選びなさい。

ア　与えられる命からスタートする生の中で巡り合った全ての事から得られる人生の深みや面白みのこと。

イ　人生にはさまざまな選択肢が用意されており、自分の意思で全く違う人生を歩んでいけるということ。

ウ　自然に満ちあふれた景色を目に焼きつけることで人生の幅が広がり、趣深さも増していくということ。

エ　人生の節目でその都度違う生き方を自ら選び取ることによってこそ財産と思える日々に辿《たど》り着くこと。

5　傍線部5「幸運に恵まれるだけがよい人生ではない」の理由として、最も適当なものを一つ選びなさい。

ア　平坦な道のりばかりの人生よりも容易ではない生き方のほうが、忘れていた本来の生きる力を次第に取り戻す契機になっていくから。

イ　長い人生の間には不運に見舞われることもあるが、それを乗り越えるための優れた選択を行うことで充実した人生へとつながるから。

ウ　「運不運」だけに身をゆだねていくうちに徐々に他力本願になってしまい、幸せの中に潜む落とし穴に気付くことが遅れてしまうから。

エ　人間の人生はさまざまな出会いの中から生きる豊かさを感じていくものだが、不幸な出来事こそが自分の生きる糧となっていくから。

6　傍線部6「これは『命綱』に通じる思想」の説明として、最も適当なものを一つ選びなさい。

ア　我々は最善の方法を見出《いだ》すことでしか生き延びることができないので、基礎となる教養を習得すべきだということ。

イ　命をつないでいくための考え方として教養は必要不可欠なものなので、実りある人生を築く礎となるということ。

ウ　人間は大きく成長するために心の中に教養という根を張り巡らせ、よりよい生き方を模索していくということ。

エ　教養は人生が順調な時にはその人を飾る道具となり、逆境に陥りそうな時には自分を守る盾となるということ。

7　本文の内容と一致するものとして、最も適当なものを一つ選びなさい。

ア　教養は社会秩序を保つために必要なものなので、教養の有無によって社会格差がさらに広がっていく。

イ　人間がこの世に存在する根本的な条件は所与と選択という二つの範囲だけで、遭遇は付加価値である。

ウ　わたしたちがよりよい人生を送るために目の前の選択肢を正しく見極め、選び取ることが必要である。

エ　物事の本質を見極めるため常に順風か逆風かを認識し、その場に即した知識を得ることが大切である。

六

次の文章を読んで、1から7の問いに答えなさい。

【昨年度まで遠間第一小学校の臨時教員だった佐々川海人は、一人で遠間の海岸に松林を復活させようと奮闘していた。教え子だった仲山みなみたちがその活動に賛同し、防潮堤建設反対の署名活動に参加した。小学校でそのことが問題となり、みなみの担任である小野寺先生が地域の世話役であるあんちゃんとともに佐々川のもとを訪れる。】

「こんにちは。松の水やりですか」

「ええ。僕一人だと焼け石に水ですけどね」

ほぼ二人同時に[1a]「手伝いますよ」と、声が出た。それから一時間近く、男三人でひたすら水をまいた。

佐々川はかつて松林があったあたりに廃材で小屋を建てて住んでいるらしい。

陽《ひ》が傾きかけた頃、全員が肩で息をしながら砂浜に座り込んで、佐々川が用意した麦茶で乾杯した。

「今日の夕陽はきれいだねえ。なんか、得した気分だよ」

上機嫌のあんちゃんが目を細めている。

「ここには何かご用で来られたんですか」

佐々川に尋ねられて、小野寺は正直に学校での一件を話した。

「そうでしたか……。本当に申し訳ないことをしました。そうですね、僕がもっとしっかりみなみちゃんに説明すればよかったな」

【　　　Ⅰ　　　】

仲山みなみの名が出て、そこに食いつきそうになったが小野寺は我慢した。

「佐々川先生、教えて欲しいんですが、子どもたちは、どういう経緯で今朝の募金活動に参加したんでしょう？」

「毎週一度、学校で図工の授業をしていたご縁で、六年生のみんなと仲良くなりました。特にみなみちゃんや大樹君らとは年の離れた友達みたいにウマが合ったんです。彼らは、僕が立ち上げた松原海岸復活の会のホームページを見て、それで植林の手伝いに来てくれたんです」

中でもみなみは「私たちにも他にできることはないか」と積極的だったそうだ。

「それで、市役所前や繁華街での署名活動を計画中だと言ったら、ぜひ手伝いたいと言ってくれて……。でも冷静に考えたら確かに、子どもたちを反対運動に巻き込むのは問題です。一日も早く松林と砂浜が戻って欲しい——。僕の頭の中はそのことでいっぱいで、子どもたちの立場をまったく考えてなかった。僕が浅はかでした。明日にでも、学校に謝りに行きます」

その時あんちゃんが、「ごめん、ちょっと用事を思い出した。小野寺ちゃんの自転車、車から降ろしとくから、適当に帰って」と言い出した。

小野寺は二つ返事で応じて、佐々川との話に戻った。

「佐々川先生だけの責任やないですよ。それより、遠間の子どもたちにとって松原海岸がどんな存在なのか、気づかんかった私の方こそ問題や」

だが、佐々川は2反省の弁を繰り返し口にした。

「松原海岸って遠間っ子にとっては心の故郷《ふるさと》みたいな場所なんですよ。僕はこのすぐ近くで生まれました。物心ついた時からずっとここが遊び場でした。砂に絵を描くのがとにかく楽しかった。それから祖父に古いカメラをもらったのをきっかけに、今度は写真にハマりました。毎日、暇さえあれば飽きもせず松原海岸を撮っていました」

それが高じて海人は東京の美大で写真を学び、その世界で生きようと決意したこともあったそうだ。

「震災直後は、僕の家族を奪った海を恨みました。恵みの海、母のような存在だとずっと思っていた海に裏切られた気がしました。同時に怖かった。だから、僕はここから逃げ出したんです」

【　　　Ⅱ　　　】

なのに今は戻って、小屋まで建てて暮らしている——。

「今はもう怖い存在じゃないんですか」

その問いに佐々川はしばらく答えなかった。海風を受ける佐々川の姿が夕焼け色に染まって、波の音だけが続いている。

「美大時代や卒業後に世話になった人たちの善意を頼りに、東京のみならず、あちこちを放浪しました。気づくといつも海の見える場所に惹《ひ》きつけられていました。でも、何か物足りない。心の中に得体の知れない空洞のようなものを感じていました。3それが何なのか、ようやく分かったんです。震災後、遠間から逃避していた時にテレビで偶然、ここの風景が映ったんです。それを目にした途端、自分でも驚くくらい涙が溢《あふ》れてきて。思考より先に体が反応していた。その瞬間、僕が生きる場所は遠間しかないと悟ったんです」

そして戻ってみると、松原海岸に高さ一二メートルもの防潮堤の建設が決まっていた。

「大事な選択をする時に、ここから逃げていた僕に、防潮堤建設を勝手に決めやがってと文句を言う権利はありません。でも、やっぱり認めるわけにはいかないって思いました」

【　　　Ⅲ　　　】

「ご存じでしたか。ここに松林があったから多くの住民の命が助かったんです」

初めて聞く話だった。

「僕は発災時に近くの牡蠣《かき》の養殖場で作業をしてました。大きく揺れてパニックになりました。それでも何とか逃げ出した時に海の方を見ると、強い引き波で海底が見えていたんです。これはダメだ……。そこからはもう無我夢中で、軽バンで高台を目指しました」

佐々川の視線に釣られて、ここから見える一本道を見てしまった。さっき通ってきた道だ。そして、その場所を必死に走る白い軽バンの姿も見えた気がした。

「バックミラーに津波が映った時の恐怖は忘れられません。物凄《ものすご》い勢いで迫ってきました。防潮堤なんてあっさり越えてしまった。目一杯アクセルを踏み込みながら、これは追いつかれる、ダメだと覚悟しました。

ところが、急に津波の速度が落ちた。松林が波の勢いを削《そ》いだんです。おかげで、僕は何とか助かりました。同じように、その隙に逃げ果《おお》せたという人が何人もいます。松林は身代わりになって僕らを守ってくれたんです」

自然の力が人を襲い、自然の力が人を守る。どっちにしたって自然には敵《かな》わんのか――。

「あんな大津波が再び来た時のために防潮堤が必要だと国や知事、市長は主張する。

でも、僕は海が見えないのが一番いけないと思います。ぞっとするような引き波が見えたから、僕は一刻も早く逃げなければと思った」

【　　　　　　Ⅳ　　　　　　】

だが、防潮堤に視界を遮《さえぎ》られていては海の状態が分からない。海が見えなければ、津波が防潮堤を呑《の》み込む直前まで異変に気づかないかもしれない。

「海の恵みで潤う時もあれば、海に牙を剥《む》かれ酷《ひど》い目にあうこともある。でも、[4]それが海と共に生きるという意味なんだと思います。

だから、僕らの視界から海を奪って欲しくないんです。僕は常に海を見ていたい」

佐々川の想いは、海辺の町である遠間で生きる人々の本音なのだろう。

「僕は人づきあいが苦手だし、こんな活動をする柄じゃないんです。でも、図工の臨時教員という機会を得たことで、気づかせてもらったんです。

もはや立ち直れないと思うほど壊滅したのに、遠間の回復を信じている子どもたちがいる。生まれ育った遠間の美しい自然が大好きで、それを取り戻すための役に立ちたいと一生懸命考えている。そんな子らに海を壁で遮られた寂しい未来を手渡すのか。

彼らのためにも、海と生きる者として声を上げなければならないと思いました」

みなみがなぜ今回の運動に一生懸命なのかも、分かった気がした。

「その話、みなみにもしたんですか」

「ええ。みなみちゃんが一番熱心ですからね。彼女、今年の春に辛いことがあったんですよね。大切な人を助けられなかったと自分自身を責めてました。だけど、誰だって簡単には他人を救えない。それよりも自分の人生を一生懸命生きるべきなんだと話しました」

「みなみは、何と?」

「理屈では分かっていても、それを認めたくなかった。そして、震災を理由にして顧《かえり》みることを拒み、[5]何でもかんでも前進しようとする大人が許せなかったみたいですね」

まさにその通りの大人が、俺だ……。

「そんなことがいろいろ積み重なって、松原復活の運動を手伝いたかったようです。そして、友達にも呼びかけると」

みなみは今、一人で心の大きな傷を乗り越えようとしている。

彼女に対して、分かった風な言葉でなぐさめてはいけないのだ。黙って見守るのが大人の役目だと、小野寺はあらためて痛感した。

「佐々川先生、私にも松原海岸復活運動、[1][b]手伝わせてください。子どもたちが自主的にやろうとしている活動を続けさせてやりたいんです。私が校長や教育長の妨害を止める楯《たて》になります。まあ、大したことはできませんけどね」

それは偽善ちゃうんかという自問はこの際、無視した。

翌日、遠間第一小学校の玄関口にある掲示板に、壁新聞が貼られた。

紙名は、『*わがんね新聞』で、松原海岸の松林と砂浜を守ることは、いけないことなのか!と全校児童に呼びかける内容だった。

6編集責任者として、仲山みなみの名が記されていた。

（真山　仁『海は見えるか』による）

注　＊『わがんね新聞』――震災直後から刊行している子どもたちの疑問を載せた壁新聞。

1　傍線部1a「手伝いますよ」・1b「手伝わせてください」の心情として、最も適当なものを一つ選びなさい。

ア　最初は佐々川一人で水やりしていることに同情しただけだったが、活動の理由を知った後は、遠間の人たちと一緒に故郷の原風景を残したいと決意している。

イ　最初は早く水やり作業を終わらせて話し合う時間を確保したいと焦っていたが、活動の理由を知った後は、更に次の仕事を手伝う羽目になるだろうと覚悟している。

ウ　最初は松原海岸を復活させることが面白そうだと興味本位で申し出たが、活動の理由を知った後は、中途半端な気持ちで参加しては佐々川に申し訳ないと思っている。

エ　最初は成り行きで参加してしまったことを後悔していたが、活動の理由を知った後は、佐々川と子どもたちだけにすべてを任せておくのは荷が重過ぎると同情している。

2　傍線部2「反省の弁を繰り返し口にした」の理由として、最も適当なものを一つ選びなさい。

ア　自分の直感で始めたことが国をも巻き込み、大ごとになってしまったことに対して恐縮しているから。

イ　今謙虚に謝っておかなければ、今後子どもたちの協力を得られなくなるかもしれないと危惧したから。

ウ　臨時教員をしていた頃から何度も小野寺先生に叱責されていたので、今回も自分に非があると思ったから。

エ　学校や保護者に許可なく、小学生たちを活動に参加させてしまったことに対してとても後悔しているから。

3　傍線部3「それが何なのか、ようやく分かったんです。」の説明として、最も適当なものを一つ選びなさい。

ア　遠間が再び災害に見舞われないように、安心安全な街を築き上げていくリーダーとして自らが立ち上がるという使命にやっと気付いたということ。

イ　一度は故郷の海から逃げ出してしまったが、松林の先に海が見える遠間こそ自分の生きる場所であるという本心にやっと辿《たど》り着けたということ。

ウ　再び子どもたちが松林の海辺でのびのびと育っていけるように、自分が地域と学校の懸け橋になっていこうという決意を新たにしたということ。

エ　心に深い傷を負ったままの被災地の子どもたちのために、今必要なことを模索していくことこそ自分の責務であることに思い至ったということ。

4　傍線部4「それが海と共に生きるという意味」の説明として、最も適当なものを一つ選びなさい。

ア　どんな時でも喜びと哀しみの両面を享受しながら海と向き合っていくということ。

イ　人々が遠間で生きるためには海からの恩恵を最大限活用していくべきだということ。

ウ　大切な家族や友達を失ってもその記憶と共に美しい海に慰められて生きるということ。

エ　学校と地域が連携し松原海岸復活運動を推進していくしか遠間の回復はないということ。

5　傍線部5「何でもかんでも前進しようとする大人が許せなかった」の理由として、最も適当なものを一つ選びなさい。

ア　防潮堤建設計画のすべてを理解し自分の感情を整理するにはあまりにも幼過ぎるみなみは、自分の成長を急《せ》かす大人に言い知れぬ嫌悪感を抱いていたから。

イ　日頃から大人に対して不信感を抱いていたみなみは、すべてに対して積極的に行動しろと助言する担任の態度を押しつけがましいと感じていたから。

ウ　徐々に復興していく周囲の環境に追いついていけないみなみは、自分のつらい過去に余計な口出しをしてくる大人たちを批判的に見ているから。

エ　失われたものにまだ拘《こだわ》り続けているみなみは、過去を振り返らずに前だけを向けと言う大人たちに共感することができなかったから。

6　傍線部6「編集責任者として、仲山みなみの名が記されていた。」とあるが、みなみの心情として最も適当なものを一つ選びなさい。

ア　学校や大人への不満が爆発した結果、強引な防潮堤建設工事に真正面から反対するという覚悟の表れ。

イ　過去のつらい経験を乗り越えて、松原海岸復活運動に対して真剣に向き合っていくという決意の表れ。

ウ　発行するためには代表者一名の記載が必須であり、皆に推薦されたことで芽生えた自己顕示欲の表れ。

エ　代表者としての責任感が芽生えるまでに多少時間はかかったが、やっと自覚できたという意志の表れ。

7　本文には次の一文が欠落しています。この文が入る箇所として、最も適当なものを一つ選びなさい。

【それで反対運動か。】

ア　Ⅰ　　イ　Ⅱ　　ウ　Ⅲ　　エ　Ⅳ

2022年度／作新学院高等学校（総合進学部・情報科学部）（第２回）

英語解答

1 A (1)…ウ　(2)…エ　(3)…ア　(4)…ウ
(5)…イ

B (6)…エ　(7)…イ　(8)…ア　(9)…イ
(10)…ウ

2 (1) イ　(2) イ　(3) ウ　(4) エ
(5) ア　(6) ウ　(7) エ　(8) ア
(9) イ　(10) エ

3 (1) ２番目…イ　４番目…ア
(2) ２番目…オ　４番目…ウ
(3) ２番目…ア　４番目…エ
(4) ２番目…イ　４番目…エ
(5) ２番目…イ　４番目…エ

4 (1) ウ　(2) ア　(3) イ　(4) エ

5 (1) イ　(2) ウ　(3) エ　(4) エ
(5) ア　(6) ウ

1〔放送問題〕解説省略

2〔適語選択・語形変化〕

(1) ‘spend＋お金＋on ～’で「(お金)を～に使う」。　「カールは自分のお金を新しい服に使うつもりだ」

(2)前にある so「だから」に着目し，雨の中，山に登った結果，靴がどうなるかを考える。　「今日は雨の中，山に登ったので，私の靴はとても汚れている」

(3) be good at ～で「～が上手〔得意〕だ」。　「ジョーはバスケットボールがとても上手だ」

(4)よく眠ることができたという‘結果’につながるのは，quiet「静かな」。　peaceful「平穏な」　be able to ～「～することができる」　「静かで平穏な夜だったのでとてもよく眠ることができた」

(5) take a shower で「シャワーを浴びる」。なお，take a chance は「いちかばちかやってみる」という意味。　go for a walk「散歩に行く」　「兄〔弟〕は毎朝散歩に行った後にシャワーを浴びる」

(6) be different from ～で「～と異なる」。　「あなたの考えは私の考えと大きく異なっていた」

(7) a glass of ～で「コップ１杯の～」という意味。　a couple of ～「２，３の～」　a pair of ～「１組の～」　a piece of ～「(主に‘数えられない名詞’の前で)１つの～」　「私はふだん毎朝，朝食とともにコップ１杯の牛乳を飲む」

(8) ２文目の「絵を描く」という内容に合うのは artist「芸術家」。　「タケオは優れた芸術家だ。彼はすばらしい絵を描くことができる」

(9) far away「遠く離れて」　‘It takes＋時間＋to ～’「～するのに(時間が)…かかる」　「その劇場に行くのに２時間以上かかった。それは本当に遠く離れた所にあった」

(10)空所の後に names という名詞が続くことから所有格にする。「その２匹のネコの」の意味を表すのは their「それらの」。　「私は２匹のネコを飼っている。それらの名前はシロとココロだ」

3〔整序結合〕

(1)「プールで泳いでいる女の子」は‘名詞＋現在分詞＋その他の語句’の形で the girl swimming in the pool とまとまる(現在分詞の形容詞的用法)。この後に述語動詞の is を続ける。　The girl swimming in the pool is my sister.

(2)「～すぎて…できない」は‘too ～ to …’,「外出する」はgo outで表せる。　I was too busy to go out yesterday.

(3)「ディールと私は10年間ずっと良い友達だ」と読み換え，‘have/has＋過去分詞...’の現在完了(‘継続’用法)で表す。「～間」はfor ～。　Deal and I have been good friends for ten years.

(4)「～ではないかと思う〔心配する〕」は，‘be動詞＋afraid (that)＋主語＋動詞...’で表せるので，Tom was afraidで始め，その後にMary couldn't comeと続ける。　Tom was afraid Mary couldn't come to the party.

(5)「男体山が窓から見られることができる」と読み換え，Mt. Nantaiを主語にした受け身の文にする。助動詞を使った受け身は‘助動詞＋be＋過去分詞’の形。「窓から」はout of the window。　Mt. Nantai can be seen out of the window.

4〔長文読解—英問英答—伝記〕

≪全訳≫❶マリアン・アンダーソンはアフリカ系アメリカ人で，世界で最もすばらしい歌手の1人だった。アンダーソンは1897年にアメリカで生まれ，アフリカ系アメリカ人にとって不平等な時代を生きた。アンダーソンの父親は彼女が10歳のときに亡くなり，彼女の家族にはほとんどお金がなかった。彼女はいつも音楽と歌が大好きだった。彼女は子どものとき，教会の聖歌隊で歌っていた。誰もが彼女の声を賞賛し，彼女にレッスンを受けるよう言った。しかし，彼女にはお金がなかったので，彼女の教会のメンバーは彼女のレッスンのためにお金を集めた。❷アンダーソンはすばらしい声を持っていた。彼女は当時の才能がある歌手数人からレッスンを受けた。1925年，彼女は重要なコンテストで優勝した。彼女のパフォーマンスは大成功を収めたが，アフリカ系アメリカ人だったので，彼女はアメリカで仕事を探すときに苦労した。❸アンダーソンはヨーロッパに渡り，多くの有名なオペラハウスで歌った。彼女がオーストリアで歌ったとき，有名な指揮者のアルトゥーロ・トスカニーニが彼女の声を聞いた。彼は「あなたの声は100年に一度しか聞かれないものだ」と言った。❹アンダーソンは1935年にアメリカに戻った。彼女は有名な歌手で，多くの人々が彼女の声を聞きたがっていた。しかし，アンダーソンには大きな問題があった。彼女は差別のために首都ワシントンのほとんどの劇場で歌うことができなかった。(当時の)大統領の妻エレノア・ルーズベルトは差別が間違っていると信じていたので，アンダーソンをリンカーン記念堂のステージで歌うよう招待した。7万5000人以上の人々がアンダーソンの声を聞くために来場し，彼女の肌の色は彼女の歌手としての能力と全く関係がないことに気づいた。❺アンダーソンは1993年に亡くなった。彼女は多くのアフリカ系アメリカ人の歌い手に門戸を開いた。彼女は，能力が肌の色よりも大切であることを示したのだ。

<解説>(1)「誰がアンダーソンがレッスンを受けるお金を集めたか」—ウ.「彼女の教会のメンバー」　第1段落最終文参照。　(2)「アルトゥーロ・トスカニーニはアンダーソンの声を聞いたとき，どう感じたか」—ア.「彼はアンダーソンがすばらしい歌手だと感じた」　第3段落最終文参照。「100年に一度しか聞かれない」＝「(滅多に巡り合うことができないほど)すばらしい」ということ。　(3)「アンダーソンはいつ重要なコンテストで優勝したか」—イ.「1925年」　第2段落第3文参照。
(4)「アンダーソンは首都ワシントンのほとんどの劇場で歌うことができなかった。なぜか」—エ.「彼女がアフリカ系アメリカ人だったから」　第4段落第4文にbecause of segregation「差別のために」とある。同段落最終文から，この「差別」は肌の色に関するものだとわかる。

5〔長文読解総合―説明文〕

≪全訳≫❶オーストラリアには，コアラやカンガルーなどの有名な動物がたくさんいる。しかし，多くの人はオーストラリアにはラクダもいることを知らない。アリススプリングスという町では，毎年7月に「キャメルカップ」という特別なイベントが開かれる。このイベントでは，多くの人がラクダに乗ってレースをする。❷1840年，アジアから最初のラクダがオーストラリアに持ち込まれた。ラクダはたくさんの水を飲まなくてもよいので，乾燥したオーストラリアの砂漠で役に立った。それらは，アリススプリングスのような小さな町に郵便物や食べ物，その他の物を運ぶために使われた。1860年から1907年の間に，さまざまな国から約1万2000頭のラクダがオーストラリアに持ち込まれた。しかし1920年代になると，人々は物を運ぶためにトラックや列車を使い始めた。②ラクダはもう必要とされなくなったので，砂漠に解放された。❸何年もの間，誰もラクダを使おうとしなかった。その後，1970年にアリススプリングスの2人の男性が楽しみのためにラクダレースを開催した。人々がレースを見るのを楽しんだので，彼らは毎年それをすることに決めた。現在，多くの人が「キャメルカップ」でラクダに乗っている。何が起こるか誰にもわからないので，レースはいつも見てわくわくするものだ！　例えば，ラクダの中にはただ座るだけのものもいれば，全く動かないもの，間違った方向に走るものもいる。ラクダに乗るのはとても大変なことだが，レースの勝者は興味深い賞品を手に入れることができる。❹レース当日は他にもアトラクションがあり，食べ物や飲み物を買うことができる。アリススプリングスの人々は「キャメルカップ」を本当に楽しんでおり，このイベントから得られるお金は町のボランティアグループに与えられる。④ラクダは再び，オーストラリアの砂漠で生活の一部になりつつある。

(1)＜要旨把握＞第3段落第2～4文参照。　for fun「楽しみのために，おもしろ半分に」

(2)＜適文選択＞直前の文参照。物を運ぶのにトラックや列車を使い始めたので，それまで荷物を運んでいたラクダは必要なくなったのである。

(3)＜適語選択＞直後の文から，レース中，ラクダは座ってしまったり，全く動かなかったり，間違った方向に走ったりすることがわかる。レースで何が起こるかは「誰にもわからない」のである。

(4)＜適文選択＞第4段落から「キャメルカップ」がアリススプリングスの人々にとって重要なイベントになっていることがわかる。エは，そのことをまとめた内容になっている。

(5)＜内容真偽＞ア．「人々は『キャメルカップ』のわくわくするレースを見て楽しんでいる」…○　第3段落第3～5文に一致する。　イ．「オーストラリアの人々は以前，多くのトラックや列車を運ぶためにラクダを使っていた」…×　第2段落終わりの2文参照。トラックや列車の出現でラクダは必要なくなった。　ウ．「アリススプリングスに住んでいる人々は『キャメルカップ』で食べ物や飲み物を買うことができない」…×　第4段落第1文参照。　エ．「アリススプリングスのボランティアグループは『キャメルカップ』の勝者にたくさんのお金を与える」…×　第4段落第2文参照。「キャメルカップ」の売り上げが，ボランティアグループに与えられる。

(6)＜表題選択＞本文では，オーストラリアのアリススプリングスで開かれる「キャメルカップ」について，開催の経緯やイベントの様子について説明されている。「キャメルカップ」は，ウ．「アリススプリングスの特別なイベント」である。

2022年度／作新学院高等学校（総合進学部・情報科学部）（第２回）

数学解答

1 (1) ア…－　イ…4
(2) ウ…－　エ…5　オ…2
(3) カ…3　キ…6　ク…1　ケ…2
(4) コ…－　サ…4　シ…3　ス…4
(5) セ…8　ソ…2
(6) タ…2　チ…5
(7) ツ…6　テ…2
(8) ト…－　ナ…3　ニ…4
(9) ヌ…1　ネ…2
(10) ノ…6　ハ…0

2 (1) 6　(2) イ…3　ウ…6　エ…3
(3) オ…2　カ…1
(4) キ…6　ク…4
(5) ケ…5　コ…1　(6) 4

3 (1) ア…1　イ…1　(2) 7
(3) エ…2　オ…8　カ…5

4 (1) 6
(2) イ…0　ウ…2　エ…5　オ…1
カ…0　キ…4　ク…0　ケ…1
コ…5　サ…2　シ…0
(3) ス…1　セ…6　ソ…1　タ…2
チ…5

5 (1) ア…2　イ…1　ウ…3
(2) エ…1　オ…0
(3) カ…2　キ…2　ク…9　ケ…3
コ…5

1〔独立小問集合題〕

(1)＜数の計算＞与式$=8+(-12)=8-12=-4$

(2)＜式の計算＞与式$=3x-8x+y-3y=-5x-2y$

(3)＜式の計算＞与式$=(-6x)^2+2\times(-6x)\times y+y^2=36x^2-12xy+y^2$

(4)＜式の計算＞与式$=\frac{4x^2y^4}{3}\times\frac{3xy^2}{2}\div\left(-\frac{3x^2y^2}{2}\right)=\frac{4x^2y^4}{3}\times\frac{3xy^2}{2}\times\left(-\frac{2}{3x^2y^2}\right)=-\frac{4x^2y^4\times3xy^2\times2}{3\times2\times3x^2y^2}=$ $-\frac{4}{3}xy^4$ $\left(\frac{-4}{3}xy^4\right.$ と解答する$\left.\right)$

(5)＜式の計算―因数分解＞与式$=y^2+\{8+(-2)\}y+8\times(-2)=(y+8)(y-2)$

(6)＜連立方程式＞$4x-y=3$……①，$-x+y=3$……②とする。①＋②より，$4x+(-x)=3+3$，$3x=6$ $\therefore x=2$　これを②に代入して，$-2+y=3$　$\therefore y=5$

(7)＜数の計算＞与式$=\sqrt{3^2\times2}+\sqrt{5^2\times2}-2\sqrt{2}=3\sqrt{2}+5\sqrt{2}-2\sqrt{2}=6\sqrt{2}$

(8)＜二次方程式＞$x^2+5x=6x+12$，$x^2-x-12=0$，$(x+3)(x-4)=0$　$\therefore x=-3,\ 4$

(9)＜数の性質＞$5=\sqrt{25}$，$7=\sqrt{49}$ だから，$\sqrt{25}<\sqrt{2n-1}\leqq\sqrt{49}$ となり，$25<2n-1\leqq49$ である。n が自然数より，$2n-1$ は奇数を表すから，$2n-1=27$，29，31，……，49 である。$2n-1=27$ より，$2n=28$，$n=14$ となり，$2n-1=49$ より，$2n=50$，$n=25$ となるから，自然数 n は $n=14$，15，16，……，25 であり，$25-13=12$(個)ある。

(10)＜一次方程式の応用＞自宅から遊園地までの距離を $x$km とする。行きは平均時速 66km で走ったから，かかった時間は$\frac{x}{66}$時間であり，帰りは平均時速 55km で走ったから，かかった時間は$\frac{x}{55}$時間である。また，午前9時から午後7時までは$(7+12)-9=10$(時間)であり，遊園地で8時間過ごしたから，行きと帰りにかかった時間の合計は$10-8=2$(時間)である。よって，$\frac{x}{66}+\frac{x}{55}=2$ が成り立つ。両辺を330倍して解くと，$5x+6x=660$，$11x=660$，$x=60$(km)となる。

2〔独立小問集合題〕

(1)＜関数―比例の式＞y が x に比例するから，比例定数を a として，$y=ax$ とおける。$x=4$ のとき $y=24$ だから，$24=a\times4$ より，$a=6$ となる。よって，求める式は $y=6x$ である。

(2)＜平面図形―面積＞右図1のように，周の長さが36cmの正三角形を△ABCとすると，AB＝BC＝36÷3＝12となる。点Aから辺BCに垂線AHを引くと，△ABHは3辺の比が$1:2:\sqrt{3}$の直角三角形になるから，AH＝$\frac{\sqrt{3}}{2}$AB＝$\frac{\sqrt{3}}{2}\times12=6\sqrt{3}$となる。よって，△ABC＝$\frac{1}{2}$×BC×AH＝$\frac{1}{2}\times12\times6\sqrt{3}$＝$36\sqrt{3}$(cm^2)である。

図1

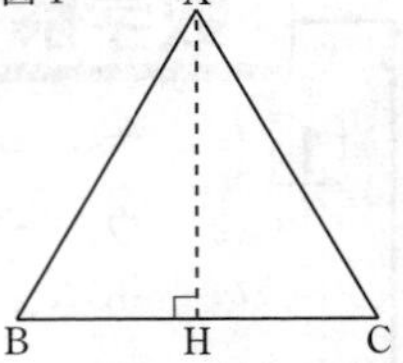

(3)＜場合の数―さいころ＞a，bは大小2個のさいころの出る目の数だから，1以上6以下の整数である。$a+2b\geqq10$となるのは，$a=1$のとき，$1+2b\geqq10$より，$b=5$，6の2通りある。$a=2$のとき，$2+2b\geqq10$より，$b=4$，5，6の3通りある。$a=3$のとき，$3+2b\geqq10$より，$b=4$，5，6の3通りある。以下同様にして，$a=4$のとき$b=3$，4，5，6の4通り，$a=5$のとき$b=3$，4，5，6の4通り，$a=6$のとき$b=2$，3，4，5，6の5通りある。よって，$a+2b\geqq10$となるのは，2＋3＋3＋4＋4＋5＝21(通り)ある。

(4)＜空間図形―体積＞右図2で，△ABCを直線ABを軸として1回転させてできる円錐は，底面の半径がAC，高さがAB＝4である。∠ABC＝60°より，△ABCは3辺の比が$1:2:\sqrt{3}$の直角三角形だから，AC＝$\sqrt{3}$AB＝$\sqrt{3}\times4=4\sqrt{3}$である。よって，求める体積は$\frac{1}{3}\times\pi\times(4\sqrt{3})^2\times4=64\pi$(cm^3)となる。

図2

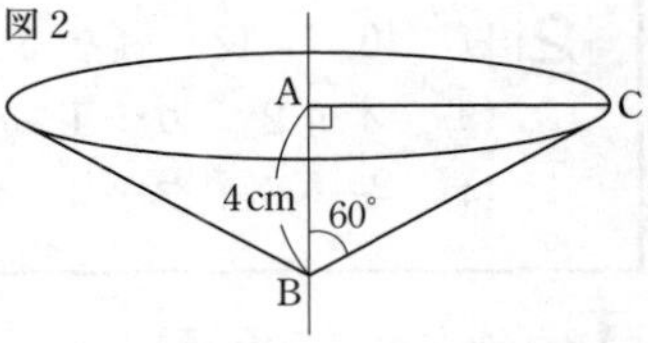

(5)＜平面図形―角度＞右図3で，円の中心Oと点A，点Cを結ぶ。DC，DAが円Oの接線より，∠OCD＝∠OAD＝90°である。よって，四角形OADCで，∠AOC＝360°－∠OCD－∠ADC－∠OAD＝360°－90°－78°－90°＝102°となるから，$\overset{\frown}{AC}$に対する円周角と中心角の関係より，∠ABC＝$\frac{1}{2}$∠AOC＝$\frac{1}{2}$×102°＝51°である。

図3

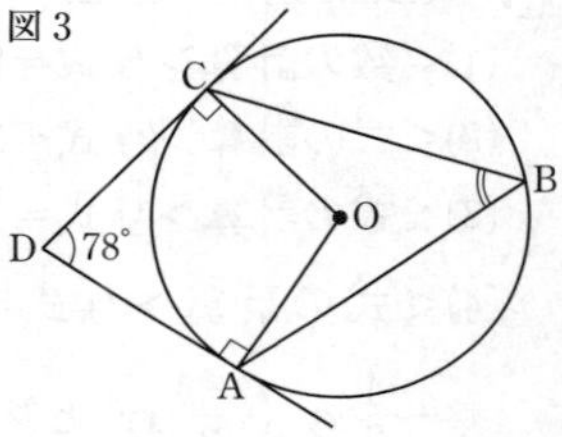

(6)＜正誤問題＞①…誤。直角三角形の斜辺を回転の軸とすると，円錐を2つ合わせた立体になり，円錐にはならない。　②…正。　③…誤。$\sqrt{16}<\sqrt{24}<\sqrt{25}$より，$4<\sqrt{24}<5$であり，$\sqrt{36}<\sqrt{40}<\sqrt{49}$より，$6<\sqrt{40}<7$だから，$\sqrt{24}$と$\sqrt{40}$の間にある整数は5と6である。　④…正。　⑤…誤。$117=3^2\times13$より，117は素数ではない。　⑥…誤。正八角形の内角の和は180°×(8－2)＝1080°である。　⑦…正。数直線上において，－3と原点，＋3と原点の距離はともに3であり，－3と＋3は原点に対して逆方向にあるので，その距離は3＋3＝6である。　⑧…正。関数$y=2x^2$において，$x=-1$のとき$y=2\times(-1)^2=2$，$x=4$のとき$y=2\times4^2=32$だから，xの値が－1から4まで増加するときの変化の割合は，$\frac{32-2}{4-(-1)}=6$である。　以上より，正しいものは，②，④，⑦，⑧の4個である。

3 〔関数―関数$y=ax^2$のグラフ〕

(1)＜座標＞n個目の点のx座標を$n-1$とするから，2個目の点のx座標は2－1＝1である。点は関数$y=x^2$のグラフ上にあるので，y座標は$y=1^2=1$となり，2個目の点の座標は(1，1)である。

(2)＜nの値＞y座標が36なので，$36=x^2$より，$x=\pm6$となり，$x\geqq0$だから，$x=6$である。よって，x座標が6だから，$n-1=6$より，$n=7$(個目)の点である。

(3)＜y座標の和＞1個目から10個目までの点のx座標は，1－1＝0，2－1＝1，3－1＝2，4－1＝3，5－1＝4，6－1＝5，7－1＝6，8－1＝7，9－1＝8，10－1＝9であるから，y座標は，$y=0$，$1^2=1$，$2^2=4$，$3^2=9$，$4^2=16$，$5^2=25$，$6^2=36$，$7^2=49$，$8^2=64$，$9^2=81$である。よって，求める和は，0＋1＋4＋9＋16＋25＋36＋49＋64＋81＝285である。

4〔データの活用―度数分布表〕

(1)＜度数＞25分以上30分未満の階級の相対度数と10分以上15分未満の階級の相対度数はともに0.15で等しいから，度数も等しい。10分以上15分未満の階級の度数が6人なので，25分以上30分未満の階級の度数も $a=6$(人)である。

(2)＜相対度数，度数，中央値＞相対度数の合計は1となるから，15分以上20分未満の階級の相対度数は，$b=1-(0.05+0.225+0.15+0.175+0.15)=1-0.75=0.25$ となる。また，0分以上5分未満の階級は，度数が2人，相対度数が0.05であり，度数の合計は d 人だから，$d\times0.05=2$ が成り立つ。これより，$d=40$ である。15分以上20分未満の階級の度数は，$c=40\times0.25=10$(人)となる。次に，クラスの生徒全員の人数は40人だから，中央値は通学時間を小さい順に並べたときの20番目と21番目の平均値である。15分未満が $2+9+6=17$(人)，20分未満が $17+10=27$(人)より，20番目と21番目はともに15分以上20分未満の階級に含まれるから，中央値がある階級は15分以上20分未満の階級である。

(3)＜平均値＞平均値は，各階級における〔階級値〕×〔度数〕を合計し，その値を度数の合計でわって求める。各階級の階級値は，小さい方から，2.5分，7.5分，12.5分，17.5分，22.5分，27.5分である。度数は，それぞれ，2人，9人，6人，10人，7人，6人で，合計は40人だから，平均値は，$(2.5\times2+7.5\times9+12.5\times6+17.5\times10+22.5\times7+27.5\times6)\div40=645\div40=16.125$(分)となる。

5〔空間図形―直方体〕

≪基本方針の決定≫(3)　面AEGC上で考える。

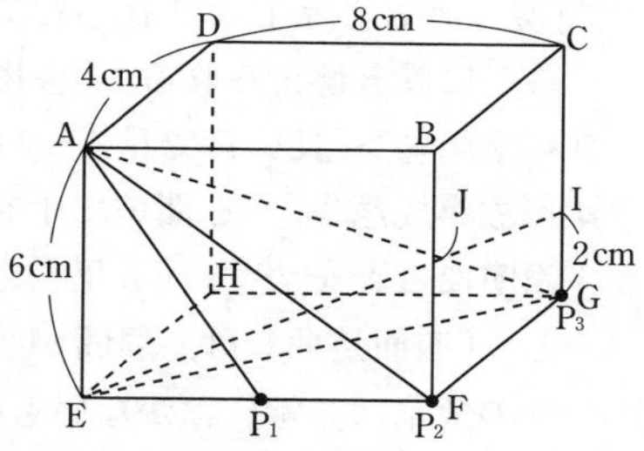

(1)＜長さ―三平方の定理＞点Pは毎秒2cmの速さで動くから，2秒後，点Pは $2\times2=4$(cm)動いている。右図で，このときの点Pを P_1 とすると，点 P_1 は辺EF上にあり，$EP_1=4$ である。$\triangle AEP_1$ で三平方の定理より，$AP_1=\sqrt{AE^2+EP_1{}^2}=\sqrt{6^2+4^2}=\sqrt{52}=2\sqrt{13}$(cm)である。

(2)＜長さ―三平方の定理＞4秒後，点Pは $2\times4=8$(cm)動いている。$EF=8$ だから，右図で，このときの点Pを P_2 とすると，点 P_2 は頂点Fにあり，$EP_2=8$ である。$\triangle AEP_2$ で三平方の定理より，$AP_2=\sqrt{AE^2+EP_2{}^2}=\sqrt{6^2+8^2}=\sqrt{100}=10$(cm)である。

(3)＜長さ，面積＞6秒後，点Pは $2\times6=12$(cm)動いている。$EF+FG=8+4=12$ だから，上図で，このときの点Pを P_3 とすると，点 P_3 は頂点Gにある。FG⊥〔面AEFB〕より，FP_3⊥〔面AEFB〕だから，$\angle AFP_3=90^\circ$ である。(2)より，$AF=AP_2=10$ であり，$FP_3=FG=4$ だから，$\triangle AFP_3$ で三平方の定理より，$AP_3=\sqrt{AF^2+FP_3{}^2}=\sqrt{10^2+4^2}=\sqrt{116}=2\sqrt{29}$(cm)である。次に，$\triangle EFP_3$ で三平方の定理より，$EP_3=\sqrt{EF^2+FP_3{}^2}=\sqrt{8^2+4^2}=\sqrt{80}=4\sqrt{5}$ である。CG⊥〔面EFGH〕より，CP_3⊥〔面EFGH〕だから，$\angle IP_3E=90^\circ$ であり，$\triangle IEP_3=\frac{1}{2}\times EP_3\times IG=\frac{1}{2}\times4\sqrt{5}\times2=4\sqrt{5}$ となる。また，$AE /\!/ CP_3$ だから，$\triangle AEJ\backsim\triangle P_3IJ$ となり，$EJ:IJ=AE:P_3I=AE:IG=6:2=3:1$ である。$\triangle JEP_3$ と $\triangle IEP_3$ の底辺をそれぞれ辺EJ，辺EIと見ると，高さが等しいから，面積の比は底辺の比に等しくなり，$\triangle JEP_3:\triangle IEP_3=EJ:EI=3:(3+1)=3:4$ となる。よって，$\triangle JEP_3=\frac{3}{4}\triangle IEP_3=\frac{3}{4}\times4\sqrt{5}=3\sqrt{5}$(cm^2)となる。

2022年度／作新学院高等学校（総合進学部・情報科学部）（第２回）

国語解答

一　1　エ　　2　ア　　3　ウ　　4　イ　　5　ア

二　1　ウ　　2　ウ　　3　ア　　4　ア　　5　エ　　6　ウ

三　1　イ　　2　ウ　　3　エ　　4　エ　　5　イ

四　1　ア　　2　ウ　　3　ウ　　4　ア　　5　イ

五　1　エ　　2　イ　　3　ウ　　4　ア　　5　イ　　6　エ　　7　ウ

六　1　ア　　2　エ　　3　イ　　4　ア　　5　エ　　6　イ　　7　ウ

一〔漢字〕

1．「過剰」は「かじょう」と読む。「解剖」は「かいぼう」，「慎重」は「しんちょう」，「始終」は「しじゅう」，「明星」は「みょうじょう」。　2．「熟慮」は「じゅくりょ」と読む。「旅券」は「りょけん」，「虎狼」は「ころう」，「殊勲」は「しゅくん」，「虚言」は「きょげん」。　3．「干満」と書く。アは「漫画」，イは「万華鏡」，エは「自慢」。　4．「判明」と書く。アは「模範」，ウは「市販」，エは「繁栄」。　5．「専門家」と書く。イは「波紋」，ウは「呪文」，エは「慰問」。

二〔国語の知識〕

1＜漢字の知識＞「春」の部首は，「日（ひ）」。「夫」「奉」「奏」の部首は，「大（だい）」。

2＜品詞＞「大人さえ」と「雨さえ」の「さえ」は，添加の副助詞。「までも」に置き換えられる。「見ようとさえ」と「初心者でさえ」の「さえ」は，他も当然そうであると類推させる副助詞。「すら」に置き換えられる。「書物さえ」の「さえ」は，限定の副助詞。「だけ」に置き換えられる。

3＜慣用句＞「長い目で見る」は，現段階で判断せず，将来を期待して気長に見る，という意味。

4＜故事成語＞「一を聞いて十を知る」は，物事の一部を聞いただけで全体を理解できることから，聡明なことを表す。「五里霧中」は，どうすればいいかわからず，見通しも方針も全く立たないこと。「四面楚歌」は，周囲が敵や反対するものばかりで，孤立していること。「一炊の夢」は，人の世の栄華は非常にはかないものであるということ。

5＜文学史＞『万葉集』は，奈良時代成立の現存する日本最古の和歌集。『枕草子』は，平安時代成立の随筆で，作者は清少納言。『徒然草』は，鎌倉時代成立の随筆で，作者は兼好法師。『おくのほそ道』は，江戸時代成立の俳諧紀行文で，作者は松尾芭蕉。

6＜慣用句＞「後ろ指をさされる」は，陰で悪口を言われる，という意味。「肩を並べる」は，実力などが対等である，という意味。「板につく」は，動作や態度が，その地位や職業にふさわしくなる，という意味。

三〔国語の知識〕

1＜四字熟語＞「名誉挽回」は，一度失った信頼を取り戻すこと。

2＜敬語＞「おっしゃって」と「出席される」は，目上の人の行為なので，尊敬語。「伺う」と「お目にかかる」は，相手に対する自分の行為なので，謙譲語。「います」は，丁寧語。

3＜熟語の構成＞「優劣」と「需給」は，反対の意味の漢字を組み合わせた熟語。「基礎」と「抑圧」は，似た意味の漢字を組み合わせた熟語。「隔世」は，下の漢字が上の漢字の目的語になっている熟語。

4＜四字熟語＞「悔しさを忘れない」ように，目的を遂げるために自分に試練を与え，苦労や努力をすることを「臥薪嘗胆」という。「自問自答」は，自分に問いかけ，自分で答えること。「一喜一憂」は，情勢が変わるたびに喜んだり悲しんだりすること。「東奔西走」は，あちこち忙しく駆け回ること。

5＜品詞＞「折れない」の「ない」は，打ち消しの助動詞。「駆け上がりたい」の「たい」は，希望の助動詞。「いいらしい」の「らしい」と，「晴れるようだ」の「ようだ」は，推定の助動詞。「休んだほうがよい」の「よい」は，形容詞。

四〔古文の読解―読本〕出典；建部綾足『西山物語』。

≪現代語訳≫昔，大津の宮で天下を治めていらした天智天皇が藤原鎌足の君に「春山の全ての花のあでやかさと，秋山の全体の紅葉の色，どちらが優れていると思うか」とご質問をなさったときに，額田王がお近くにいらっしゃったのだが，和歌をよんでお答えなさる。その歌の中に，「春の花はたいそう味わい深いけれど，草も深く伸びているので入って取ることはしない。また秋の葉は折り取ってもしみじみと美しく思い，また青いまま(落ちてしまった)葉は置いてため息をつく。そうならば秋の方が優れている」と申し上げなさったのです。そのように申し上げるけれど，この私の浅はかな考えでは，春の桜は散りやすく，秋の紅葉は移ろいやすい。どちらが本当の風情としようか。人は姿や容貌のものではない。あれをごらんなさい。向こうの山の紅葉の群がりは，例えて言えば，顔におしろいや紅でいろどり，身には黄色や紫のものを飾って，一時の栄華を見せているようなものです。これに心をひかれて心を乱す人は，本当の風流ではございません。

1＜古文の内容理解＞「ことわる」は，判定する，という意味。天智天皇が藤原鎌足に，春の花の美しさと秋の紅葉とどちらが優れているかとお尋ねになったときに，そばにいた額田王が，歌をよんで答えたのである。

2＜古文の内容理解＞歌をよんで天皇の質問に答えたのは，額田王である。

3＜歴史的仮名遣い＞歴史的仮名遣いの語頭以外の「はひふへほ」は，現代仮名遣いでは原則として「わいうえお」になる。また，助動詞の「む」は，現代仮名遣いでは「ん」になる。

4＜古文の内容理解＞顔におしろいや紅をつけて，身体を美しく飾っても，それは一時のことで，そのような上辺の美しさに心を惑わせるようでは，本当の風流をわかっているとはいえないのである。

5＜古文の内容理解＞天皇が藤原鎌足に春と秋の優劣を尋ねたことには，特別な意図はないと考えられる(ア…×)。額田王は，天皇の質問に，春の花は味わい深いが取って観賞できず，秋の葉は取っても置いたままでも楽しめるので，秋の方が優れていると歌で答えた(イ…○，エ…×)。おうなは，娘に，上辺だけの一時の華やかさを求めることは本当の風流ではないと教えている(ウ…×)。

五〔論説文の読解―哲学的分野―哲学〕出典；桑子敏雄『何のための「教養」か』。

≪本文の概要≫人間が生きるということは，この地球上に命を与えられ，その命を維持していくことである。生まれることは所与であり，受け身であり，私たちは，自らの誕生を選択することはできない。他方，命をつなぐためには，選択することが必要である。選択できるということは，私たちが選択する自由を持っているということである。選択の存在こそが，人間が自由であることの根幹に位置している。ただし，選択を誤ることはあるし，その結果困難な状況に陥ることもある。よい選択をしたとしても，不運が生じることもある。また人生には，所与でも選択でもない，遭遇という領域もある。遭遇は，私たちにさまざまな選択肢を用意してくれる。遭遇によって用意される選択は，人生に彩りを与える。さまざまな困難を克服するための賢い選択を行うことが，人生を豊かにする。人間を一本の木にたとえるなら，その根にあたるのが教養である。人生が順風の中にあると，教養はその人を美しく飾る。困難に遭遇すれば，教養はその困難に打ち克つ力となってその人を守る。教養は，人生の選択肢を認識できる能力や，選択肢の中から最善のものを選べる能力を支えてくれるのである。

1＜文章内容＞複数の選択肢があるからこそ，私たちは選択できるのであり，私たちは「選択の自由をもつ」といえる。選択肢を持つことが，人間が自らの意思で選び自由に生きる基本である。

２＜文章内容＞数学は正しい答えが決まるが，人生の選択の場合は「よりよい選択」であり，答えは一つとは限らないのである。

３＜接続詞＞A.「わたしたちは，与えられた命のもと」で，言い換えれば「所与としての人生のうち」にあって，選択する自由を与えられている。　B.「所与と選択とが人間が存在するということの根本的な条件である」ことは間違いないが，人生は「所与と選択だけによって成り立っているわけではない」のである。　C.人生の中で，私たちは「さまざまな人や出来事と出会う」けれども，遭遇は所与でもないし，選択でもない。

４＜文章内容＞人生は命を与えられる所与から始まり，生きていく中で遭遇によって選択肢が広がり，その選択によって「人生は変化」していく。人は，いろいろな人や出来事に出会うことから，人生におもしろみを得るのである。

５＜文章内容＞人生で出会うさまざまな困難を克服しようと，「賢い選択を行うことこそが人生を豊かにする」のである。

６＜文章内容＞「人間の根」としての教養とは，人が順風の中にあるときは，その人を育て飾るが，さまざまな困難に遭遇するときはその人を守るものである。だから，教養は，いざというときに身を守る力になる「命綱」といえる。

７＜要旨＞私たちは生きていくうえでさまざまな選択肢を持つが，人生は，所与と選択だけによって成り立っているのではなく，遭遇という領域もある(イ…×)。人間の根にあたるのが教養であり，教養は，その人が順風の中にあるときにはその人を飾り，困難に直面したときには，困難に打ち克つ力となる(ア・エ…×)。教養ある人は，よりよい選択によって身を守れるのであり，私たちは，よい選択をするためには，目の前に現れる選択肢を選択肢として認識できなければならない(ウ…○)。

六〔小説の読解〕出典；真山仁『海は見えるか』。

１＜心情＞小野寺は，最初は，一人で松に水やりをしている佐々川の大変さを感じて「手伝いますよ」と言ったが，佐々川の故郷に対する思いや松原復活運動の意味を知った後は，子どもたちに活動を続けさせてやりたいと思い，「手伝わせてください」と言ったのである。

２＜心情＞子どもたちが手伝いたいと言ったけれども，佐々川は，「子どもたちの立場」を全く考えずに活動に参加させたことを「浅はか」だったと，申し訳なく思ったのである。

３＜文章内容＞佐々川は，震災直後は「海に裏切られた気」がして故郷から逃げ出したが，テレビで遠間の風景を見た瞬間，自分が「生きる場所は遠間しかない」と気づいたのである。

４＜文章内容＞海の恵みで潤うこともあれば，津波に襲われて，ひどい目に遭うこともある。その全てを受け入れて，海が見える場所で，海と向き合って生きていくことが「海と共に生きる」ことだと，佐々川は考えている。

５＜文章内容＞みなみは，自分が大切な人を助けられなかったと悔やみ，自分の生まれ育った遠間の自然を大事にしたいと思っていた。震災を理由にして過去を振り返ることを拒み，とにかく「前進しようとする大人」たちの言うことを，みなみは受け入れられなかったのだと考えられる。

６＜心情＞みなみは，松原海岸の復活運動を手伝う中で「一人で心の大きな傷を乗り越えようと」していた。復活運動への記事の責任者として名前を載せることは，傷を乗り越え，真剣に復活運動に取り組む姿勢の表れだと考えられる。

７＜文脈＞佐々川が遠間に戻ったときには，松原海岸の防波堤建設が決まっていた。防波堤をつくるかどうか選択するときに，その場にいなかった自分に文句を言う権利はないが「認めるわけにはいかない」と思ったと，佐々川は言った。それを聞いた小野寺は「それで反対運動か」と思った。

Memo

Memo

高校を受験する生徒とご父母のための…

2025年度用 高校合格資料集

■首都圏有名書店にて今秋発売予定！

内容目次

1. まず試験日はいつ？ 推薦ワクは？競争率は？
2. この学校のことはどこに行けば分かるの？
3. かけもち受験のテクニックは？
4. 合格するために大事なことが二つ！
5. もしもだよ！ 試験に落ちたらどうしよう？
6. 勉強しても成績があがらない
7. 最後の試験は面接だよ！

※表紙は昨年のものです。

定価1430円（税込）

当社発行物の無断使用は固くお断りいたします。御使用の前はまずご相談ください。

当社発行物には500点余の首都圏中・高過去問をはじめ、6点の学校案内、そのほかいくつかの情報誌などがございます。その多くが年度版で、限られたスタッフが来るべき受験シーズン前に余裕を持って受験生へ届けられるよう、日夜作業にあたり出版を重ねております。

最近、通塾生ご父母や塾内部からの告発によって、いくつかの塾が許諾なしに当社過去問を複写（コピー）し生徒に配布、授業等にも使用していることが発覚し、その一部が紛争、係争に至っております。過去問には原著作者や管理団体、代行出版等のほか、当社に著作権がございます。当社としましては、著作権侵害の発覚に対しては著作権を有するこれらの著作権関係者にその事実を開示して、マスコミにリリースする場合や法的な措置を取る場合がございます。その事例としましては、毎年当社過去問の発行を待って自由にシステム化使用していたＡ塾、個別教室でコピーを生徒に解かせ指導していたＢ塾、冊子化していたＣ社、生徒の希望によって書籍の過去問代わりにコピーを配布していたＤ塾などがあります。

当社発行物の全部もしくは一部を無断使用することは固くお断りいたします。

当社コンテンツの中にはリーズナブルな設定で紙面の利用を許諾している塾もたくさんございますので、ご希望の方は、お気軽にご相談くださいますようお願いします。同時に、当社発行物を無断で使用している会社などにつきましての情報もお寄せいただければ幸いです。

株式会社 声の教育社

スーパー過去問の **解説執筆・解答作成スタッフ（在宅）募集！** ※募集要項の詳細は、10月に弊社ホームページ上に掲載します。

2025年度用
高校スーパー過去問

■編集人 声の教育社・編集部
■発行所 株式会社 声の教育社
〒162-0814 東京都新宿区新小川町8-15
☎03-5261-5061㈹ FAX03-5261-5062
https://www.koenokyoikusha.co.jp

作新学院高等学校

別冊 解答用紙

丁寧に抜きとって、別冊としてご使用ください。

注意

○ 解答用紙は、収録の都合により縮小したものや、小社独自に作成したものもあります。
○ 学校配点は学校発表のもの、推定配点は小社で作成したものです。
○ 無断転載を禁じます。
○ 解答用紙を拡大コピーする場合、表示した拡大率に対応する用紙サイズは以下のとおりです。
101%～102%＝B5　103%～118%＝A4　119%～144%＝B4　145%～167%＝A3
(タイトルと配点表は含みません)

２０２４年度　　作新学院高等学校　総合進学部・情報科学部

英語解答用紙　第１回

評点	／100

部・科・コース		受験	欠席
総合進学部		Ⓑ	◯
情報科学部	商業システム科	Ⓒ	◯
	電気・電子システム科	Ⓓ	◯
	自動車整備士養成科	Ⓔ	◯
	美術デザイン科	Ⓕ	◯
	ライフデザイン科	Ⓖ	◯
	普通科総合選択コース	Ⓗ	◯

受験番号				
万	千	百	十	一
⓪	⓪	⓪	⓪	⓪
①	①	①	①	①
②	②	②	②	②
③	③	③	③	③
④	④	④	④	④
⑤	⑤	⑤	⑤	⑤
⑥	⑥	⑥	⑥	⑥
⑦	⑦	⑦	⑦	⑦
⑧	⑧	⑧	⑧	⑧
⑨	⑨	⑨	⑨	⑨

フリガナ	
氏名	

記入上の注意

1．マークは、必ずHBまたはBの鉛筆で、◯の中からはみ出さないように正確にぬりつぶしてください。

2．訂正は、プラスチック消しゴムできれいに消してください。

3．解答用紙は、折り曲げたり、汚したりしないでください。

良い例

悪い例

1						
	A	(1)	㋐	㋑	㋒	㋓
		(2)	㋐	㋑	㋒	㋓
		(3)	㋐	㋑	㋒	㋓
		(4)	㋐	㋑	㋒	㋓
		(5)	㋐	㋑	㋒	㋓
	B	(6)	㋐	㋑	㋒	㋓
		(7)	㋐	㋑	㋒	㋓
		(8)	㋐	㋑	㋒	㋓
		(9)	㋐	㋑	㋒	㋓
		(10)	㋐	㋑	㋒	㋓

3							
	(1)	2番目	㋐	㋑	㋒	㋓	㋔
		4番目	㋐	㋑	㋒	㋓	㋔
	(2)	2番目	㋐	㋑	㋒	㋓	㋔
		4番目	㋐	㋑	㋒	㋓	㋔
	(3)	2番目	㋐	㋑	㋒	㋓	㋔
		4番目	㋐	㋑	㋒	㋓	㋔
	(4)	2番目	㋐	㋑	㋒	㋓	㋔
		4番目	㋐	㋑	㋒	㋓	㋔
	(5)	2番目	㋐	㋑	㋒	㋓	㋔
		4番目	㋐	㋑	㋒	㋓	㋔

2					
	(1)	㋐	㋑	㋒	㋓
	(2)	㋐	㋑	㋒	㋓
	(3)	㋐	㋑	㋒	㋓
	(4)	㋐	㋑	㋒	㋓
	(5)	㋐	㋑	㋒	㋓
	(6)	㋐	㋑	㋒	㋓
	(7)	㋐	㋑	㋒	㋓
	(8)	㋐	㋑	㋒	㋓
	(9)	㋐	㋑	㋒	㋓
	(10)	㋐	㋑	㋒	㋓

4					
	(1)	㋐	㋑	㋒	㋓
	(2)	㋐	㋑	㋒	㋓
	(3)	㋐	㋑	㋒	㋓
	(4)	㋐	㋑	㋒	㋓

5					
	(1)	㋐	㋑	㋒	㋓
	(2)	㋐	㋑	㋒	㋓
	(3)	㋐	㋑	㋒	㋓
	(4)	㋐	㋑	㋒	㋓
	(5)	㋐	㋑	㋒	㋓
	(6)	㋐	㋑	㋒	㋓

（注）この解答用紙は小社で作成いたしました。

推定配点		計
	1　A　各２点×５　B　各３点×５　　2～5　各３点×25	100点

２０２４年度　作新学院高等学校　総合進学部・情報科学部

数学解答用紙　第１回

番号		氏名		評点	／100

			マイナス	0	1	2	3	4	5	6	7	8	9
1	(1)	ア	⊖	0	1	2	3	4	5	6	7	8	9
		イ	⊖	0	1	2	3	4	5	6	7	8	9
	(2)	ウ	⊖	0	1	2	3	4	5	6	7	8	9
		エ	⊖	0	1	2	3	4	5	6	7	8	9
	(3)	オ	⊖	0	1	2	3	4	5	6	7	8	9
		カ	⊖	0	1	2	3	4	5	6	7	8	9
	(4)	キ	⊖	0	1	2	3	4	5	6	7	8	9
		ク	⊖	0	1	2	3	4	5	6	7	8	9
		ケ	⊖	0	1	2	3	4	5	6	7	8	9
	(5)	コ	⊖	0	1	2	3	4	5	6	7	8	9
		サ	⊖	0	1	2	3	4	5	6	7	8	9
		シ	⊖	0	1	2	3	4	5	6	7	8	9
	(6)	ス	⊖	0	1	2	3	4	5	6	7	8	9
		セ	⊖	0	1	2	3	4	5	6	7	8	9
		ソ	⊖	0	1	2	3	4	5	6	7	8	9
	(7)	タ	⊖	0	1	2	3	4	5	6	7	8	9
		チ	⊖	0	1	2	3	4	5	6	7	8	9
	(8)	ツ	⊖	0	1	2	3	4	5	6	7	8	9
		テ	⊖	0	1	2	3	4	5	6	7	8	9
		ト	⊖	0	1	2	3	4	5	6	7	8	9
	(9)	ナ	⊖	0	1	2	3	4	5	6	7	8	9
		ニ	⊖	0	1	2	3	4	5	6	7	8	9
	(10)	ヌ	⊖	0	1	2	3	4	5	6	7	8	9
		ネ	⊖	0	1	2	3	4	5	6	7	8	9
		ノ	⊖	0	1	2	3	4	5	6	7	8	9
		ハ	⊖	0	1	2	3	4	5	6	7	8	9
2	(1)	ア	⊖	0	1	2	3	4	5	6	7	8	9
	(2)	イ	⊖	0	1	2	3	4	5	6	7	8	9
		ウ	⊖	0	1	2	3	4	5	6	7	8	9
		エ	⊖	0	1	2	3	4	5	6	7	8	9
		オ	⊖	0	1	2	3	4	5	6	7	8	9
	(3)	カ	⊖	0	1	2	3	4	5	6	7	8	9
	(4)	キ	⊖	0	1	2	3	4	5	6	7	8	9
		ク	⊖	0	1	2	3	4	5	6	7	8	9
		ケ	⊖	0	1	2	3	4	5	6	7	8	9
	(5)	コ	⊖	0	1	2	3	4	5	6	7	8	9
		サ	⊖	0	1	2	3	4	5	6	7	8	9
	(6)	シ	⊖	0	1	2	3	4	5	6	7	8	9
		ス	⊖	0	1	2	3	4	5	6	7	8	9
		セ	⊖	0	1	2	3	4	5	6	7	8	9
		ソ	⊖	0	1	2	3	4	5	6	7	8	9
3		ア	⊖	0	1	2	3	4	5	6	7	8	9
		イ	⊖	0	1	2	3	4	5	6	7	8	9
		ウ	⊖	0	1	2	3	4	5	6	7	8	9
		エ	⊖	0	1	2	3	4	5	6	7	8	9
		オ	⊖	0	1	2	3	4	5	6	7	8	9
		カ	⊖	0	1	2	3	4	5	6	7	8	9
		キ	⊖	0	1	2	3	4	5	6	7	8	9
		ク	⊖	0	1	2	3	4	5	6	7	8	9
4	(1)	ア	⊖	0	1	2	3	4	5	6	7	8	9
	(2)	イ	⊖	0	1	2	3	4	5	6	7	8	9
		ウ	⊖	0	1	2	3	4	5	6	7	8	9
	(3)	エ	⊖	0	1	2	3	4	5	6	7	8	9
5	(1)	ア	⊖	0	1	2	3	4	5	6	7	8	9
		イ	⊖	0	1	2	3	4	5	6	7	8	9
		ウ	⊖	0	1	2	3	4	5	6	7	8	9
		エ	⊖	0	1	2	3	4	5	6	7	8	9
	(2)	オ	⊖	0	1	2	3	4	5	6	7	8	9
		カ	⊖	0	1	2	3	4	5	6	7	8	9
	(3)	キ	⊖	0	1	2	3	4	5	6	7	8	9
		ク	⊖	0	1	2	3	4	5	6	7	8	9
		ケ	⊖	0	1	2	3	4	5	6	7	8	9
		コ	⊖	0	1	2	3	4	5	6	7	8	9
		サ	⊖	0	1	2	3	4	5	6	7	8	9
		シ	⊖	0	1	2	3	4	5	6	7	8	9

（注）この解答用紙は小社で作成いたしました。

推定配点		計
	1　各３点×10　　2　(1)～(4)　各３点×４　(5)，(6)　各２点×３ 3～5　各４点×13〔3アイ，ウエ，オカはそれぞれ完答，5(1)，(3)はそれぞれ各４点×２〕	100点

２０２４年度　作新学院高等学校　総合進学部・情報科学部

社会解答用紙　第１回

評点	／100

部・科・コース		受験	欠席
総合進学部		Ⓑ	◯
情報科学部	商業システム科	Ⓒ	◯
	電気・電子システム科	Ⓓ	◯
	自動車整備士養成科	Ⓔ	◯
	美術デザイン科	Ⓕ	◯
	ライフデザイン科	Ⓖ	◯
	普通科総合選択コース	Ⓗ	◯

受験番号				
万	千	百	十	一
⓪	⓪	⓪	⓪	⓪
①	①	①	①	①
②	②	②	②	②
③	③	③	③	③
④	④	④	④	④
⑤	⑤	⑤	⑤	⑤
⑥	⑥	⑥	⑥	⑥
⑦	⑦	⑦	⑦	⑦
⑧	⑧	⑧	⑧	⑧
⑨	⑨	⑨	⑨	⑨

フリガナ	
氏名	

記入上の注意

1. マークは、必ずHBまたはBの鉛筆で、◯の中からはみ出さないように正確にぬりつぶしてください。
2. 訂正は、プラスチック消しゴムできれいに消してください。
3. 解答用紙は、折り曲げたり、汚したりしないでください。

良い例	●
悪い例	⊙ ⊗ ⊘ ▨

1					
問1	㋐	㋑	㋒	㋓	
問2	㋐	㋑	㋒	㋓	
問3	㋐	㋑	㋒	㋓	
問4	㋐	㋑	㋒	㋓	
問5	㋐	㋑	㋒	㋓	
問6	㋐	㋑	㋒	㋓	
問7	㋐	㋑	㋒	㋓	
問8	㋐	㋑	㋒	㋓	

2				
問1	㋐	㋑	㋒	㋓
問2	㋐	㋑	㋒	㋓
問3	㋐	㋑	㋒	㋓
問4	㋐	㋑	㋒	㋓
問5	㋐	㋑	㋒	㋓
問6	㋐	㋑	㋒	㋓
問7	㋐	㋑	㋒	㋓
問8	㋐	㋑	㋒	㋓
問9	㋐	㋑	㋒	㋓

3						
問1	㋐	㋑	㋒	㋓		
問2	㋐	㋑	㋒	㋓		
問3	㋐	㋑	㋒	㋓		
問4	㋐	㋑	㋒	㋓	㋔	㋕

4						
問1	㋐	㋑	㋒	㋓	㋔	㋕
問2	㋐	㋑	㋒	㋓	㋔	㋕
問3	㋐	㋑	㋒	㋓	㋔	㋕
問4	㋐	㋑	㋒	㋓		

5						
問1	㋐	㋑	㋒	㋓		
問2	㋐	㋑	㋒	㋓		
問3	㋐	㋑	㋒	㋓	㋔	㋕
問4	㋐	㋑	㋒	㋓		
問5	㋐	㋑	㋒	㋓		
問6	㋐	㋑	㋒	㋓		
問7	㋐	㋑	㋒	㋓		
問8	㋐	㋑	㋒	㋓		

6				
問1	㋐	㋑	㋒	㋓
問2	㋐	㋑	㋒	㋓
問3	㋐	㋑	㋒	㋓
問4	㋐	㋑	㋒	㋓
問5	㋐	㋑	㋒	㋓
問6	㋐	㋑	㋒	㋓
問7	㋐	㋑	㋒	㋓

（注）この解答用紙は小社で作成いたしました。

推定配点		計
	1 各２点×８　2 各３点×９　3 各２点×４ 4 各３点×４　5 各２点×８　6 各３点×７	100点

２０２４年度　作新学院高等学校　総合進学部・情報科学部

理科解答用紙　第１回

評点	／100

部・科・コース		受験	欠席
総合進学部		Ⓑ	◯
情報科学部	商業システム科	Ⓒ	◯
	電気・電子システム科	Ⓓ	◯
	自動車整備士養成科	Ⓔ	◯
	美術デザイン科	Ⓕ	◯
	ライフデザイン科	Ⓖ	◯
	普通科総合選択コース	Ⓗ	◯

受験番号				
万	千	百	十	一
⓪	⓪	⓪	⓪	⓪
①	①	①	①	①
②	②	②	②	②
③	③	③	③	③
④	④	④	④	④
⑤	⑤	⑤	⑤	⑤
⑥	⑥	⑥	⑥	⑥
⑦	⑦	⑦	⑦	⑦
⑧	⑧	⑧	⑧	⑧
⑨	⑨	⑨	⑨	⑨

フリガナ	
氏名	

記入上の注意

1．マークは、必ずHBまたはBの鉛筆で、◯の中からはみ出さないように正確にぬりつぶしてください。
2．訂正は、プラスチック消しゴムできれいに消してください。
3．解答用紙は、折り曲げたり、汚したりしないでください。

良い例　悪い例

1	問1	㋐	㋑	㋒	㋓
	問2	㋐	㋑	㋒	㋓
	問3	㋐	㋑	㋒	㋓
	問4	㋐	㋑	㋒	㋓
	問5	㋐	㋑	㋒	㋓
	問6	㋐	㋑	㋒	㋓
	問7	㋐	㋑	㋒	㋓
	問8	㋐	㋑	㋒	㋓

2	問1	㋐	㋑	㋒	㋓
	問2	㋐	㋑	㋒	㋓
	問3	㋐	㋑	㋒	㋓
	問4	㋐	㋑	㋒	㋓

3	問1	㋐	㋑	㋒	㋓
	問2	㋐	㋑	㋒	㋓
	問3	㋐	㋑	㋒	㋓
	問4	㋐	㋑	㋒	㋓

4	問1	㋐	㋑	㋒	㋓
	問2	㋐	㋑	㋒	㋓
	問3	㋐	㋑	㋒	㋓
	問4	㋐	㋑	㋒	㋓

5	問1	㋐	㋑	㋒	㋓
	問2	㋐	㋑	㋒	㋓
	問3	㋐	㋑	㋒	㋓
	問4	㋐	㋑	㋒	㋓

6	問1	㋐	㋑	㋒	㋓
	問2	㋐	㋑	㋒	㋓
	問3	㋐	㋑	㋒	㋓
	問4	㋐	㋑	㋒	㋓

7	問1	㋐	㋑	㋒	㋓
	問2	㋐	㋑	㋒	㋓
	問3	㋐	㋑	㋒	㋓
	問4	㋐	㋑	㋒	㋓

8	問1	㋐	㋑	㋒	㋓
	問2	㋐	㋑	㋒	㋓
	問3	㋐	㋑	㋒	㋓
	問4	㋐	㋑	㋒	㋓

9	問1	㋐	㋑	㋒	㋓
	問2	㋐	㋑	㋒	㋓
	問3	㋐	㋑	㋒	㋓
	問4	㋐	㋑	㋒	㋓

推定配点		計
	1～4　各３点×20　5～9　各２点×20	100点

二〇二四年度　作新学院高等学校　総合進学部・情報科学部

国語解答用紙　第一回

評点	／100

部・科・コース		受験	欠席
総合進学部		Ⓑ	◯
情報科学部	商業システム科	Ⓒ	◯
	電気・電子システム科	Ⓓ	◯
	自動車整備士養成科	Ⓔ	◯
	美術デザイン科	Ⓕ	◯
	ライフデザイン科	Ⓖ	◯
	普通科総合選択コース	Ⓗ	◯

受験番号				
万	千	百	十	一
⓪	⓪	⓪	⓪	⓪
①	①	①	①	①
②	②	②	②	②
③	③	③	③	③
④	④	④	④	④
⑤	⑤	⑤	⑤	⑤
⑥	⑥	⑥	⑥	⑥
⑦	⑦	⑦	⑦	⑦
⑧	⑧	⑧	⑧	⑧
⑨	⑨	⑨	⑨	⑨

フリガナ	
氏名	

記入上の注意

1. マークは、必ずHBまたはBの鉛筆で、◯の中からはみ出さないように正確にぬりつぶしてください。
2. 訂正は、プラスチック消しゴムできれいに消してください。
3. 解答用紙は、折り曲げたり、汚したりしないでください。

良い例	●
悪い例	⊙ ⊗ ⦸

一

5	4	3	2	1
㋐	㋐	㋐	㋐	㋐
㋑	㋑	㋑	㋑	㋑
㋒	㋒	㋒	㋒	㋒
㋓	㋓	㋓	㋓	㋓

二

6	5	4	3	2	1
㋐	㋐	㋐	㋐	㋐	㋐
㋑	㋑	㋑	㋑	㋑	㋑
㋒	㋒	㋒	㋒	㋒	㋒
㋓	㋓	㋓	㋓	㋓	㋓

三

5	4	3	2	1
㋐	㋐	㋐	㋐	㋐
㋑	㋑	㋑	㋑	㋑
㋒	㋒	㋒	㋒	㋒
㋓	㋓	㋓	㋓	㋓

四

5	4	3	2	1
㋐	㋐	㋐	㋐	㋐
㋑	㋑	㋑	㋑	㋑
㋒	㋒	㋒	㋒	㋒
㋓	㋓	㋓	㋓	㋓

五

7	6	5	4	3	2	1
㋐	㋐	㋐	㋐	㋐	㋐	㋐
㋑	㋑	㋑	㋑	㋑	㋑	㋑
㋒	㋒	㋒	㋒	㋒	㋒	㋒
㋓	㋓	㋓	㋓	㋓	㋓	㋓

六

7	6	5	4	3	2	1
㋐	㋐	㋐	㋐	㋐	㋐	㋐
㋑	㋑	㋑	㋑	㋑	㋑	㋑
㋒	㋒	㋒	㋒	㋒	㋒	㋒
㋓	㋓	㋓	㋓	㋓	㋓	㋓

推定配点		計
	一～三　各２点×16 四　１，２　各２点×２　３　３点　４　２点　５　３点 五，六　各４点×14	100点

2024年度　作新学院高等学校　総合進学部・情報科学部

英語解答用紙　第2回

評点	／100

部・科・コース		受験	欠席
総合進学部		Ⓑ	◯
情報科学部	商業システム科	Ⓒ	◯
	電気・電子システム科	Ⓓ	◯
	自動車整備士養成科	Ⓔ	◯
	美術デザイン科	Ⓕ	◯
	ライフデザイン科	Ⓖ	◯
	普通科総合選択コース	Ⓗ	◯

受験番号				
万	千	百	十	一
⓪	⓪	⓪	⓪	⓪
①	①	①	①	①
②	②	②	②	②
③	③	③	③	③
④	④	④	④	④
⑤	⑤	⑤	⑤	⑤
⑥	⑥	⑥	⑥	⑥
⑦	⑦	⑦	⑦	⑦
⑧	⑧	⑧	⑧	⑧
⑨	⑨	⑨	⑨	⑨

フリガナ	
氏名	

記入上の注意

1．マークは、必ずHBまたはBの鉛筆で、◯の中からはみ出さないように正確にぬりつぶしてください。
2．訂正は、プラスチック消しゴムできれいに消してください。
3．解答用紙は、折り曲げたり、汚したりしないでください。

良い例　悪い例

1						
A	(1)	㋐	㋑	㋒	㋓	
	(2)	㋐	㋑	㋒	㋓	
	(3)	㋐	㋑	㋒	㋓	
	(4)	㋐	㋑	㋒	㋓	
	(5)	㋐	㋑	㋒	㋓	
B	(6)	㋐	㋑	㋒	㋓	
	(7)	㋐	㋑	㋒	㋓	
	(8)	㋐	㋑	㋒	㋓	
	(9)	㋐	㋑	㋒	㋓	
	(10)	㋐	㋑	㋒	㋓	

3						
(1)	2番目	㋐	㋑	㋒	㋓	㋔
	4番目	㋐	㋑	㋒	㋓	㋔
(2)	2番目	㋐	㋑	㋒	㋓	㋔
	4番目	㋐	㋑	㋒	㋓	㋔
(3)	2番目	㋐	㋑	㋒	㋓	㋔
	4番目	㋐	㋑	㋒	㋓	㋔
(4)	2番目	㋐	㋑	㋒	㋓	㋔
	4番目	㋐	㋑	㋒	㋓	㋔
(5)	2番目	㋐	㋑	㋒	㋓	㋔
	4番目	㋐	㋑	㋒	㋓	㋔

2				
(1)	㋐	㋑	㋒	㋓
(2)	㋐	㋑	㋒	㋓
(3)	㋐	㋑	㋒	㋓
(4)	㋐	㋑	㋒	㋓
(5)	㋐	㋑	㋒	㋓
(6)	㋐	㋑	㋒	㋓
(7)	㋐	㋑	㋒	㋓
(8)	㋐	㋑	㋒	㋓
(9)	㋐	㋑	㋒	㋓
(10)	㋐	㋑	㋒	㋓

4				
(1)	㋐	㋑	㋒	㋓
(2)	㋐	㋑	㋒	㋓
(3)	㋐	㋑	㋒	㋓
(4)	㋐	㋑	㋒	㋓

5				
(1)	㋐	㋑	㋒	㋓
(2)	㋐	㋑	㋒	㋓
(3)	㋐	㋑	㋒	㋓
(4)	㋐	㋑	㋒	㋓
(5)	㋐	㋑	㋒	㋓
(6)	㋐	㋑	㋒	㋓

（注）この解答用紙は小社で作成いたしました。

推定配点		計
	1　A　各2点×5　B　各3点×5　　2～5　各3点×25	100点

２０２４年度　作新学院高等学校　総合進学部・情報科学部

数学解答用紙　第２回

番号		氏名		評点	／100

大問	小問	解答欄	マイナス	0	1	2	3	4	5	6	7	8	9
1	(1)	ア	⊖	⓪	①	②	③	④	⑤	⑥	⑦	⑧	⑨
		イ	⊖	⓪	①	②	③	④	⑤	⑥	⑦	⑧	⑨
	(2)	ウ	⊖	⓪	①	②	③	④	⑤	⑥	⑦	⑧	⑨
		エ	⊖	⓪	①	②	③	④	⑤	⑥	⑦	⑧	⑨
	(3)	オ	⊖	⓪	①	②	③	④	⑤	⑥	⑦	⑧	⑨
	(4)	カ	⊖	⓪	①	②	③	④	⑤	⑥	⑦	⑧	⑨
		キ	⊖	⓪	①	②	③	④	⑤	⑥	⑦	⑧	⑨
		ク	⊖	⓪	①	②	③	④	⑤	⑥	⑦	⑧	⑨
		ケ	⊖	⓪	①	②	③	④	⑤	⑥	⑦	⑧	⑨
		コ	⊖	⓪	①	②	③	④	⑤	⑥	⑦	⑧	⑨
		サ	⊖	⓪	①	②	③	④	⑤	⑥	⑦	⑧	⑨
	(5)	シ	⊖	⓪	①	②	③	④	⑤	⑥	⑦	⑧	⑨
		ス	⊖	⓪	①	②	③	④	⑤	⑥	⑦	⑧	⑨
		セ	⊖	⓪	①	②	③	④	⑤	⑥	⑦	⑧	⑨
		ソ	⊖	⓪	①	②	③	④	⑤	⑥	⑦	⑧	⑨
	(6)	タ	⊖	⓪	①	②	③	④	⑤	⑥	⑦	⑧	⑨
	(7)	チ	⊖	⓪	①	②	③	④	⑤	⑥	⑦	⑧	⑨
		ツ	⊖	⓪	①	②	③	④	⑤	⑥	⑦	⑧	⑨
	(8)	テ	⊖	⓪	①	②	③	④	⑤	⑥	⑦	⑧	⑨
		ト	⊖	⓪	①	②	③	④	⑤	⑥	⑦	⑧	⑨
	(9)	ナ	⊖	⓪	①	②	③	④	⑤	⑥	⑦	⑧	⑨
		ニ	⊖	⓪	①	②	③	④	⑤	⑥	⑦	⑧	⑨
		ヌ	⊖	⓪	①	②	③	④	⑤	⑥	⑦	⑧	⑨
		ネ	⊖	⓪	①	②	③	④	⑤	⑥	⑦	⑧	⑨
	(10)	ノ	⊖	⓪	①	②	③	④	⑤	⑥	⑦	⑧	⑨
2	(1)	ア	⊖	⓪	①	②	③	④	⑤	⑥	⑦	⑧	⑨
	(2)	イ	⊖	⓪	①	②	③	④	⑤	⑥	⑦	⑧	⑨
		ウ	⊖	⓪	①	②	③	④	⑤	⑥	⑦	⑧	⑨
	(3)	エ	⊖	⓪	①	②	③	④	⑤	⑥	⑦	⑧	⑨
	(4)	オ	⊖	⓪	①	②	③	④	⑤	⑥	⑦	⑧	⑨
		カ	⊖	⓪	①	②	③	④	⑤	⑥	⑦	⑧	⑨
		キ	⊖	⓪	①	②	③	④	⑤	⑥	⑦	⑧	⑨
	(5)	ク	⊖	⓪	①	②	③	④	⑤	⑥	⑦	⑧	⑨
	(6)	ケ	⊖	⓪	①	②	③	④	⑤	⑥	⑦	⑧	⑨
3	(1)	ア	⊖	⓪	①	②	③	④	⑤	⑥	⑦	⑧	⑨
		イ	⊖	⓪	①	②	③	④	⑤	⑥	⑦	⑧	⑨
		ウ	⊖	⓪	①	②	③	④	⑤	⑥	⑦	⑧	⑨
	(2)	エ	⊖	⓪	①	②	③	④	⑤	⑥	⑦	⑧	⑨
		オ	⊖	⓪	①	②	③	④	⑤	⑥	⑦	⑧	⑨
		カ	⊖	⓪	①	②	③	④	⑤	⑥	⑦	⑧	⑨
	(3)	キ	⊖	⓪	①	②	③	④	⑤	⑥	⑦	⑧	⑨
		ク	⊖	⓪	①	②	③	④	⑤	⑥	⑦	⑧	⑨
		ケ	⊖	⓪	①	②	③	④	⑤	⑥	⑦	⑧	⑨
4	(1)	ア	⊖	⓪	①	②	③	④	⑤	⑥	⑦	⑧	⑨
		イ	⊖	⓪	①	②	③	④	⑤	⑥	⑦	⑧	⑨
		ウ	⊖	⓪	①	②	③	④	⑤	⑥	⑦	⑧	⑨
		エ	⊖	⓪	①	②	③	④	⑤	⑥	⑦	⑧	⑨
		オ	⊖	⓪	①	②	③	④	⑤	⑥	⑦	⑧	⑨
		カ	⊖	⓪	①	②	③	④	⑤	⑥	⑦	⑧	⑨
		キ	⊖	⓪	①	②	③	④	⑤	⑥	⑦	⑧	⑨
		ク	⊖	⓪	①	②	③	④	⑤	⑥	⑦	⑧	⑨
	(2) ①	ケ	⊖	⓪	①	②	③	④	⑤	⑥	⑦	⑧	⑨
		コ	⊖	⓪	①	②	③	④	⑤	⑥	⑦	⑧	⑨
		サ	⊖	⓪	①	②	③	④	⑤	⑥	⑦	⑧	⑨
	(2) ②	シ	⊖	⓪	①	②	③	④	⑤	⑥	⑦	⑧	⑨
		ス	⊖	⓪	①	②	③	④	⑤	⑥	⑦	⑧	⑨
		セ	⊖	⓪	①	②	③	④	⑤	⑥	⑦	⑧	⑨
5	(1)	ア	⊖	⓪	①	②	③	④	⑤	⑥	⑦	⑧	⑨
		イ	⊖	⓪	①	②	③	④	⑤	⑥	⑦	⑧	⑨
		ウ	⊖	⓪	①	②	③	④	⑤	⑥	⑦	⑧	⑨
	(2)	エ	⊖	⓪	①	②	③	④	⑤	⑥	⑦	⑧	⑨
		オ	⊖	⓪	①	②	③	④	⑤	⑥	⑦	⑧	⑨
	(3)	カ	⊖	⓪	①	②	③	④	⑤	⑥	⑦	⑧	⑨
		キ	⊖	⓪	①	②	③	④	⑤	⑥	⑦	⑧	⑨
	(4)	ク	⊖	⓪	①	②	③	④	⑤	⑥	⑦	⑧	⑨
		ケ	⊖	⓪	①	②	③	④	⑤	⑥	⑦	⑧	⑨
		コ	⊖	⓪	①	②	③	④	⑤	⑥	⑦	⑧	⑨
		サ	⊖	⓪	①	②	③	④	⑤	⑥	⑦	⑧	⑨
		シ	⊖	⓪	①	②	③	④	⑤	⑥	⑦	⑧	⑨

（注）この解答用紙は小社で作成いたしました。

推定配点		計
推定配点	1　各３点×10　2, 3　各４点×９ 4　⑴　各２点×３　⑵　各４点×２　5　各４点×５	100点

二〇二四年度　作新学院高等学校　総合進学部・情報科学部

国語解答用紙　第二回

評点	／100

部・科・コース		受験	欠席
総合進学部		Ⓑ	◯
情報科学部	商業システム科	Ⓒ	◯
	電気・電子システム科	Ⓓ	◯
	自動車整備士養成科	Ⓔ	◯
	美術デザイン科	Ⓕ	◯
	ライフデザイン科	Ⓖ	◯
	普通科総合選択コース	Ⓗ	◯

受験番号				
万	千	百	十	一
⓪	⓪	⓪	⓪	⓪
①	①	①	①	①
②	②	②	②	②
③	③	③	③	③
④	④	④	④	④
⑤	⑤	⑤	⑤	⑤
⑥	⑥	⑥	⑥	⑥
⑦	⑦	⑦	⑦	⑦
⑧	⑧	⑧	⑧	⑧
⑨	⑨	⑨	⑨	⑨

フリガナ	
氏名	

記入上の注意

1．マークは、必ずHBまたはBの鉛筆で、◯の中からはみ出さないように正確にぬりつぶしてください。

2．訂正は、プラスチック消しゴムできれいに消してください。

3．解答用紙は、折り曲げたり、汚したりしないでください。

良い例　⬬

悪い例　⊙　⌀　⌀　▨

一

5	4	3	2	1
㋐	㋐	㋐	㋐	㋐
㋑	㋑	㋑	㋑	㋑
㋒	㋒	㋒	㋒	㋒
㋓	㋓	㋓	㋓	㋓

二

6	5	4	3	2	1
㋐	㋐	㋐	㋐	㋐	㋐
㋑	㋑	㋑	㋑	㋑	㋑
㋒	㋒	㋒	㋒	㋒	㋒
㋓	㋓	㋓	㋓	㋓	㋓

三

5	4	3	2	1
㋐	㋐	㋐	㋐	㋐
㋑	㋑	㋑	㋑	㋑
㋒	㋒	㋒	㋒	㋒
㋓	㋓	㋓	㋓	㋓

四

5	4	3	2	1
㋐	㋐	㋐	㋐	㋐
㋑	㋑	㋑	㋑	㋑
㋒	㋒	㋒	㋒	㋒
㋓	㋓	㋓	㋓	㋓

五

7	6	5	4	3	2	1
㋐	㋐	㋐	㋐	㋐	㋐	㋐
㋑	㋑	㋑	㋑	㋑	㋑	㋑
㋒	㋒	㋒	㋒	㋒	㋒	㋒
㋓	㋓	㋓	㋓	㋓	㋓	㋓

六

7	6	5	4	3	2	1
㋐	㋐	㋐	㋐	㋐	㋐	㋐
㋑	㋑	㋑	㋑	㋑	㋑	㋑
㋒	㋒	㋒	㋒	㋒	㋒	㋒
㋓	㋓	㋓	㋓	㋓	㋓	㋓

推定配点		計
	一～三　各２点×16 四　１～３　各２点×３　４，５　各３点×２ 五，六　各４点×14	100点

２０２３年度　作新学院高等学校　総合進学部・情報科学部

英語解答用紙　第１回

評点	／100

部・科・コース		受験	欠席
総合進学部		Ⓑ	◯
情報科学部	商業システム科	Ⓒ	◯
	電気・電子システム科	Ⓓ	◯
	自動車整備士養成科	Ⓔ	◯
	美術デザイン科	Ⓕ	◯
	ライフデザイン科	Ⓖ	◯
	普通科総合選択コース	Ⓗ	◯

受験番号				
万	千	百	十	一
⓪	⓪	⓪	⓪	⓪
①	①	①	①	①
②	②	②	②	②
③	③	③	③	③
④	④	④	④	④
⑤	⑤	⑤	⑤	⑤
⑥	⑥	⑥	⑥	⑥
⑦	⑦	⑦	⑦	⑦
⑧	⑧	⑧	⑧	⑧
⑨	⑨	⑨	⑨	⑨

フリガナ	
氏名	

記入上の注意

1. マークは、必ずHBまたはBの鉛筆で、◯の中からはみ出さないように正確にぬりつぶしてください。
2. 訂正は、プラスチック消しゴムできれいに消してください。
3. 解答用紙は、折り曲げたり、汚したりしないでください。

良い例	●
悪い例	⊙ ⊘ ⊘ ▨

1						
	A	(1)	㋐	㋑	㋒	㋓
		(2)	㋐	㋑	㋒	㋓
		(3)	㋐	㋑	㋒	㋓
		(4)	㋐	㋑	㋒	㋓
		(5)	㋐	㋑	㋒	㋓
	B	(6)	㋐	㋑	㋒	㋓
		(7)	㋐	㋑	㋒	㋓
		(8)	㋐	㋑	㋒	㋓
		(9)	㋐	㋑	㋒	㋓
		(10)	㋐	㋑	㋒	㋓

3							
	(1)	2番目	㋐	㋑	㋒	㋓	㋔
		4番目	㋐	㋑	㋒	㋓	㋔
	(2)	2番目	㋐	㋑	㋒	㋓	㋔
		4番目	㋐	㋑	㋒	㋓	㋔
	(3)	2番目	㋐	㋑	㋒	㋓	㋔
		4番目	㋐	㋑	㋒	㋓	㋔
	(4)	2番目	㋐	㋑	㋒	㋓	㋔
		4番目	㋐	㋑	㋒	㋓	㋔
	(5)	2番目	㋐	㋑	㋒	㋓	㋔
		4番目	㋐	㋑	㋒	㋓	㋔

2					
	(1)	㋐	㋑	㋒	㋓
	(2)	㋐	㋑	㋒	㋓
	(3)	㋐	㋑	㋒	㋓
	(4)	㋐	㋑	㋒	㋓
	(5)	㋐	㋑	㋒	㋓
	(6)	㋐	㋑	㋒	㋓
	(7)	㋐	㋑	㋒	㋓
	(8)	㋐	㋑	㋒	㋓
	(9)	㋐	㋑	㋒	㋓
	(10)	㋐	㋑	㋒	㋓

4					
	(1)	㋐	㋑	㋒	㋓
	(2)	㋐	㋑	㋒	㋓
	(3)	㋐	㋑	㋒	㋓
	(4)	㋐	㋑	㋒	㋓

5					
	(1)	㋐	㋑	㋒	㋓
	(2)	㋐	㋑	㋒	㋓
	(3)	㋐	㋑	㋒	㋓
	(4)	㋐	㋑	㋒	㋓
	(5)	㋐	㋑	㋒	㋓
	(6)	㋐	㋑	㋒	㋓

（注）この解答用紙は小社で作成いたしました。

推定配点		計
	1　A　各２点×５　B　各３点×５　2～5　各３点×25	100点

2023年度　作新学院高等学校　総合進学部・情報科学部

数学解答用紙　第1回

番号		氏名	

評点	／100

			マイナス	0	1	2	3	4	5	6	7	8	9
1	(1)	ア	−	0	1	2	3	4	5	6	7	8	9
		イ	−	0	1	2	3	4	5	6	7	8	9
	(2)	ウ	−	0	1	2	3	4	5	6	7	8	9
		エ	−	0	1	2	3	4	5	6	7	8	9
	(3)	オ	−	0	1	2	3	4	5	6	7	8	9
		カ	−	0	1	2	3	4	5	6	7	8	9
		キ	−	0	1	2	3	4	5	6	7	8	9
		ク	−	0	1	2	3	4	5	6	7	8	9
	(4)	ケ	−	0	1	2	3	4	5	6	7	8	9
		コ	−	0	1	2	3	4	5	6	7	8	9
		サ	−	0	1	2	3	4	5	6	7	8	9
	(5)	シ	−	0	1	2	3	4	5	6	7	8	9
		ス	−	0	1	2	3	4	5	6	7	8	9
		セ	−	0	1	2	3	4	5	6	7	8	9
	(6)	ソ	−	0	1	2	3	4	5	6	7	8	9
	(7)	タ	−	0	1	2	3	4	5	6	7	8	9
		チ	−	0	1	2	3	4	5	6	7	8	9
	(8)	ツ	−	0	1	2	3	4	5	6	7	8	9
		テ	−	0	1	2	3	4	5	6	7	8	9
		ト	−	0	1	2	3	4	5	6	7	8	9
	(9)	ナ	−	0	1	2	3	4	5	6	7	8	9
		ニ	−	0	1	2	3	4	5	6	7	8	9
	(10)	ヌ	−	0	1	2	3	4	5	6	7	8	9
2	(1)	ア	−	0	1	2	3	4	5	6	7	8	9
		イ	−	0	1	2	3	4	5	6	7	8	9
		ウ	−	0	1	2	3	4	5	6	7	8	9
		エ	−	0	1	2	3	4	5	6	7	8	9
		オ	−	0	1	2	3	4	5	6	7	8	9
	(2)	カ	−	0	1	2	3	4	5	6	7	8	9
		キ	−	0	1	2	3	4	5	6	7	8	9
		ク	−	0	1	2	3	4	5	6	7	8	9
	(3)	ケ	−	0	1	2	3	4	5	6	7	8	9
		コ	−	0	1	2	3	4	5	6	7	8	9
	(4)	サ	−	0	1	2	3	4	5	6	7	8	9
		シ	−	0	1	2	3	4	5	6	7	8	9
	(5)	ス	−	0	1	2	3	4	5	6	7	8	9
	(6)	セ	−	0	1	2	3	4	5	6	7	8	9
		ソ	−	0	1	2	3	4	5	6	7	8	9
		タ	−	0	1	2	3	4	5	6	7	8	9
		チ	−	0	1	2	3	4	5	6	7	8	9
		ツ	−	0	1	2	3	4	5	6	7	8	9
3	(1)	ア	−	0	1	2	3	4	5	6	7	8	9
		イ	−	0	1	2	3	4	5	6	7	8	9
		ウ	−	0	1	2	3	4	5	6	7	8	9
		エ	−	0	1	2	3	4	5	6	7	8	9
		オ	−	0	1	2	3	4	5	6	7	8	9
	(2)	カ	−	0	1	2	3	4	5	6	7	8	9
	(3)	キ	−	0	1	2	3	4	5	6	7	8	9
4	(1)	ア	−	0	1	2	3	4	5	6	7	8	9
		イ	−	0	1	2	3	4	5	6	7	8	9
	(2)	ウ	−	0	1	2	3	4	5	6	7	8	9
		エ	−	0	1	2	3	4	5	6	7	8	9
		オ	−	0	1	2	3	4	5	6	7	8	9
	(3)	カ	−	0	1	2	3	4	5	6	7	8	9
	(4)	キ	−	0	1	2	3	4	5	6	7	8	9
		ク	−	0	1	2	3	4	5	6	7	8	9
5	(1)	ア	−	0	1	2	3	4	5	6	7	8	9
		イ	−	0	1	2	3	4	5	6	7	8	9
	(2)	ウ	−	0	1	2	3	4	5	6	7	8	9
		エ	−	0	1	2	3	4	5	6	7	8	9
	(3)	オ	−	0	1	2	3	4	5	6	7	8	9
		カ	−	0	1	2	3	4	5	6	7	8	9
		キ	−	0	1	2	3	4	5	6	7	8	9
		ク	−	0	1	2	3	4	5	6	7	8	9
	(4)	ケ	−	0	1	2	3	4	5	6	7	8	9
		コ	−	0	1	2	3	4	5	6	7	8	9
		サ	−	0	1	2	3	4	5	6	7	8	9

（注）この解答用紙は小社で作成いたしました。

推定配点	1, 2　各３点×16　　3〜5　各４点×13〔3(1)は各４点×３〕	計
		100点

２０２３年度　作新学院高等学校　総合進学部・情報科学部

社会解答用紙　第１回

評点	／100

部・科・コース		受験	欠席
総合進学部		Ⓑ	◯
情報科学部	商業システム科	Ⓒ	◯
	電気・電子システム科	Ⓓ	◯
	自動車整備士養成科	Ⓔ	◯
	美術デザイン科	Ⓕ	◯
	ライフデザイン科	Ⓖ	◯
	普通科総合選択コース	Ⓗ	◯

受験番号				
万	千	百	十	一
⓪	⓪	⓪	⓪	⓪
①	①	①	①	①
②	②	②	②	②
③	③	③	③	③
④	④	④	④	④
⑤	⑤	⑤	⑤	⑤
⑥	⑥	⑥	⑥	⑥
⑦	⑦	⑦	⑦	⑦
⑧	⑧	⑧	⑧	⑧
⑨	⑨	⑨	⑨	⑨

フリガナ	
氏名	

記入上の注意

1．マークは、必ずHBまたはBの鉛筆で、◯の中からはみ出さないように正確にぬりつぶしてください。
2．訂正は、プラスチック消しゴムできれいに消してください。
3．解答用紙は、折り曲げたり、汚したりしないでください。

良い例	●
悪い例	⊙ ⊗ ⌀ ▨

1					
	問1	㋐	㋑	㋒	㋓
	問2	㋐	㋑	㋒	㋓
	問3	㋐	㋑	㋒	㋓
	問4	㋐	㋑	㋒	㋓
	問5	㋐	㋑	㋒	㋓
	問6	㋐	㋑	㋒	㋓
	問7	㋐	㋑	㋒	㋓
	問8	㋐	㋑	㋒	㋓

2					
	問1	㋐	㋑	㋒	㋓
	問2	㋐	㋑	㋒	㋓
	問3	㋐	㋑	㋒	㋓
	問4	㋐	㋑	㋒	㋓
	問5	㋐	㋑	㋒	㋓
	問6	㋐	㋑	㋒	㋓
	問7	㋐	㋑	㋒	㋓
	問8	㋐	㋑	㋒	㋓

3						
	問1	㋐	㋑	㋒	㋓	
	問2	㋐	㋑	㋒	㋓	㋔
	問3	㋐	㋑	㋒	㋓	
	問4	㋐	㋑	㋒	㋓	

4							
	問1	㋐	㋑	㋒	㋓	㋔	㋕
	問2	㋐	㋑	㋒	㋓	㋔	㋕
	問3	㋐	㋑	㋒	㋓		
	問4	㋐	㋑	㋒	㋓		

5							
	問1	㋐	㋑	㋒	㋓		
	問2	㋐	㋑	㋒	㋓		
	問3	㋐	㋑	㋒	㋓		
	問4	㋐	㋑	㋒	㋓		
	問5	㋐	㋑	㋒	㋓	㋔	㋕
	問6	㋐	㋑	㋒	㋓		
	問7	㋐	㋑	㋒	㋓		
	問8	㋐	㋑	㋒	㋓		

6					
	問1	㋐	㋑	㋒	㋓
	問2	㋐	㋑	㋒	㋓
	問3	㋐	㋑	㋒	㋓
	問4	㋐	㋑	㋒	㋓
	問5	㋐	㋑	㋒	㋓
	問6	㋐	㋑	㋒	㋓
	問7	㋐	㋑	㋒	㋓
	問8	㋐	㋑	㋒	㋓

（注）この解答用紙は小社で作成いたしました。

推定配点		計
	1　各２点×８　2，3　各３点×12　4　各２点×４ 5　各３点×８　6　各２点×８	100点

２０２３年度　作新学院高等学校　総合進学部・情報科学部

理科解答用紙　第１回

評点	／100

部・科・コース		受験	欠席
総合進学部		Ⓑ	◯
情報科学部	商業システム科	Ⓒ	◯
	電気・電子システム科	Ⓓ	◯
	自動車整備士養成科	Ⓔ	◯
	美術デザイン科	Ⓕ	◯
	ライフデザイン科	Ⓖ	◯
	普通科総合選択コース	Ⓗ	◯

受験番号				
万	千	百	十	一
⓪	⓪	⓪	⓪	⓪
①	①	①	①	①
②	②	②	②	②
③	③	③	③	③
④	④	④	④	④
⑤	⑤	⑤	⑤	⑤
⑥	⑥	⑥	⑥	⑥
⑦	⑦	⑦	⑦	⑦
⑧	⑧	⑧	⑧	⑧
⑨	⑨	⑨	⑨	⑨

フリガナ	
氏名	

記入上の注意

1．マークは、必ずHBまたはBの鉛筆で、◯の中からはみ出さないように正確にぬりつぶしてください。
2．訂正は、プラスチック消しゴムできれいに消してください。
3．解答用紙は、折り曲げたり、汚したりしないでください。

良い例　悪い例

1				
問1	㋐	㋑	㋒	㋓
問2	㋐	㋑	㋒	㋓
問3	㋐	㋑	㋒	㋓
問4	㋐	㋑	㋒	㋓
問5	㋐	㋑	㋒	㋓
問6	㋐	㋑	㋒	㋓
問7	㋐	㋑	㋒	㋓
問8	㋐	㋑	㋒	㋓

2				
問1	㋐	㋑	㋒	㋓
問2	㋐	㋑	㋒	㋓
問3	㋐	㋑	㋒	㋓
問4	㋐	㋑	㋒	㋓

3				
問1	㋐	㋑	㋒	㋓
問2	㋐	㋑	㋒	㋓
問3	㋐	㋑	㋒	㋓
問4	㋐	㋑	㋒	㋓

4				
問1	㋐	㋑	㋒	㋓
問2	㋐	㋑	㋒	㋓
問3	㋐	㋑	㋒	㋓
問4	㋐	㋑	㋒	㋓

5				
問1	㋐	㋑	㋒	㋓
問2	㋐	㋑	㋒	㋓
問3	㋐	㋑	㋒	㋓
問4	㋐	㋑	㋒	㋓

6				
問1	㋐	㋑	㋒	㋓
問2	㋐	㋑	㋒	㋓
問3	㋐	㋑	㋒	㋓
問4	㋐	㋑	㋒	㋓

7				
問1	㋐	㋑	㋒	㋓
問2	㋐	㋑	㋒	㋓
問3	㋐	㋑	㋒	㋓
問4	㋐	㋑	㋒	㋓

8				
問1	㋐	㋑	㋒	㋓
問2	㋐	㋑	㋒	㋓
問3	㋐	㋑	㋒	㋓
問4	㋐	㋑	㋒	㋓

9				
問1	㋐	㋑	㋒	㋓
問2	㋐	㋑	㋒	㋓
問3	㋐	㋑	㋒	㋓
問4	㋐	㋑	㋒	㋓

（注）この解答用紙は小社で作成いたしました。

推定配点		計
	1～4　各３点×20　　5～9　各２点×20	100点

二〇二三年度　作新学院高等学校　総合進学部・情報科学部

国語解答用紙　第一回

評点	／100

部・科・コース		受験	欠席
総合進学部		Ⓑ	◯
情報科学部	商業システム科	Ⓒ	◯
	電気・電子システム科	Ⓓ	◯
	自動車整備士養成科	Ⓔ	◯
	美術デザイン科	Ⓕ	◯
	ライフデザイン科	Ⓖ	◯
	普通科総合選択コース	Ⓗ	◯

受験番号				
万	千	百	十	一
⓪	⓪	⓪	⓪	⓪
①	①	①	①	①
②	②	②	②	②
③	③	③	③	③
④	④	④	④	④
⑤	⑤	⑤	⑤	⑤
⑥	⑥	⑥	⑥	⑥
⑦	⑦	⑦	⑦	⑦
⑧	⑧	⑧	⑧	⑧
⑨	⑨	⑨	⑨	⑨

フリガナ	
氏名	

記入上の注意

1. マークは、必ずHBまたはBの鉛筆で、◯の中からはみ出さないように正確にぬりつぶしてください。
2. 訂正は、プラスチック消しゴムできれいに消してください。
3. 解答用紙は、折り曲げたり、汚したりしないでください。

良い例	●
悪い例	⊙ ⊘

一

5	4	3	2	1
㋐	㋐	㋐	㋐	㋐
㋑	㋑	㋑	㋑	㋑
㋒	㋒	㋒	㋒	㋒
㋓	㋓	㋓	㋓	㋓

二

6	5	4	3	2	1
㋐	㋐	㋐	㋐	㋐	㋐
㋑	㋑	㋑	㋑	㋑	㋑
㋒	㋒	㋒	㋒	㋒	㋒
㋓	㋓	㋓	㋓	㋓	㋓

三

5	4	3	2	1
㋐	㋐	㋐	㋐	㋐
㋑	㋑	㋑	㋑	㋑
㋒	㋒	㋒	㋒	㋒
㋓	㋓	㋓	㋓	㋓

四

5	4	3	2	1
㋐	㋐	㋐	㋐	㋐
㋑	㋑	㋑	㋑	㋑
㋒	㋒	㋒	㋒	㋒
㋓	㋓	㋓	㋓	㋓

五

7	6	5	4	3	2	1
㋐	㋐	㋐	㋐	㋐	㋐	㋐
㋑	㋑	㋑	㋑	㋑	㋑	㋑
㋒	㋒	㋒	㋒	㋒	㋒	㋒
㋓	㋓	㋓	㋓	㋓	㋓	㋓

六

7	6	5	4	3	2	1
㋐	㋐	㋐	㋐	㋐	㋐	㋐
㋑	㋑	㋑	㋑	㋑	㋑	㋑
㋒	㋒	㋒	㋒	㋒	㋒	㋒
㋓	㋓	㋓	㋓	㋓	㋓	㋓

（注）この解答用紙は小社で作成いたしました。

推定配点		計
	一～三　各２点×16 四　１，２　各２点×２　３　３点　４　２点　５　３点 五，六　各４点×14	100点

２０２３年度　作新学院高等学校　総合進学部・情報科学部

英語解答用紙　第２回

評点	／100

部・科・コース		受験	欠席
総合進学部		Ⓑ	◯
情報科学部	商業システム科	Ⓒ	◯
	電気・電子システム科	Ⓓ	◯
	自動車整備士養成科	Ⓔ	◯
	美術デザイン科	Ⓕ	◯
	ライフデザイン科	Ⓖ	◯
	普通科総合選択コース	Ⓗ	◯

受験番号				
万	千	百	十	一
⓪	⓪	⓪	⓪	⓪
①	①	①	①	①
②	②	②	②	②
③	③	③	③	③
④	④	④	④	④
⑤	⑤	⑤	⑤	⑤
⑥	⑥	⑥	⑥	⑥
⑦	⑦	⑦	⑦	⑦
⑧	⑧	⑧	⑧	⑧
⑨	⑨	⑨	⑨	⑨

フリガナ	
氏名	

記入上の注意

１．マークは、必ずHBまたはBの鉛筆で、◯の中からはみ出さないように正確にぬりつぶしてください。

２．訂正は、プラスチック消しゴムできれいに消してください。

３．解答用紙は、折り曲げたり、汚したりしないでください。

良い例	⬬
悪い例	⊙

1						
	A	(1)	㋐	㋑	㋒	㋓
		(2)	㋐	㋑	㋒	㋓
		(3)	㋐	㋑	㋒	㋓
		(4)	㋐	㋑	㋒	㋓
		(5)	㋐	㋑	㋒	㋓
	B	(6)	㋐	㋑	㋒	㋓
		(7)	㋐	㋑	㋒	㋓
		(8)	㋐	㋑	㋒	㋓
		(9)	㋐	㋑	㋒	㋓
		(10)	㋐	㋑	㋒	㋓

3							
	(1)	2番目	㋐	㋑	㋒	㋓	㋔
		4番目	㋐	㋑	㋒	㋓	㋔
	(2)	2番目	㋐	㋑	㋒	㋓	㋔
		4番目	㋐	㋑	㋒	㋓	㋔
	(3)	2番目	㋐	㋑	㋒	㋓	㋔
		4番目	㋐	㋑	㋒	㋓	㋔
	(4)	2番目	㋐	㋑	㋒	㋓	㋔
		4番目	㋐	㋑	㋒	㋓	㋔
	(5)	2番目	㋐	㋑	㋒	㋓	㋔
		4番目	㋐	㋑	㋒	㋓	㋔

2					
	(1)	㋐	㋑	㋒	㋓
	(2)	㋐	㋑	㋒	㋓
	(3)	㋐	㋑	㋒	㋓
	(4)	㋐	㋑	㋒	㋓
	(5)	㋐	㋑	㋒	㋓
	(6)	㋐	㋑	㋒	㋓
	(7)	㋐	㋑	㋒	㋓
	(8)	㋐	㋑	㋒	㋓
	(9)	㋐	㋑	㋒	㋓
	(10)	㋐	㋑	㋒	㋓

4					
	(1)	㋐	㋑	㋒	㋓
	(2)	㋐	㋑	㋒	㋓
	(3)	㋐	㋑	㋒	㋓
	(4)	㋐	㋑	㋒	㋓

5					
	(1)	㋐	㋑	㋒	㋓
	(2)	㋐	㋑	㋒	㋓
	(3)	㋐	㋑	㋒	㋓
	(4)	㋐	㋑	㋒	㋓
	(5)	㋐	㋑	㋒	㋓
	(6)	㋐	㋑	㋒	㋓

（注）この解答用紙は小社で作成いたしました。

推定配点		計
	1　A　各２点×５　B　各３点×５　　2～5　各３点×25	100点

２０２３年度　作新学院高等学校　総合進学部・情報科学部

数学解答用紙　第２回

番号		氏名	

評点	／100

			マイナス	0	1	2	3	4	5	6	7	8	9
1	(1)	ア	⊖	⓪	①	②	③	④	⑤	⑥	⑦	⑧	⑨
		イ	⊖	⓪	①	②	③	④	⑤	⑥	⑦	⑧	⑨
	(2)	ウ	⊖	⓪	①	②	③	④	⑤	⑥	⑦	⑧	⑨
		エ	⊖	⓪	①	②	③	④	⑤	⑥	⑦	⑧	⑨
		オ	⊖	⓪	①	②	③	④	⑤	⑥	⑦	⑧	⑨
		カ	⊖	⓪	①	②	③	④	⑤	⑥	⑦	⑧	⑨
	(3)	キ	⊖	⓪	①	②	③	④	⑤	⑥	⑦	⑧	⑨
		ク	⊖	⓪	①	②	③	④	⑤	⑥	⑦	⑧	⑨
		ケ	⊖	⓪	①	②	③	④	⑤	⑥	⑦	⑧	⑨
		コ	⊖	⓪	①	②	③	④	⑤	⑥	⑦	⑧	⑨
		サ	⊖	⓪	①	②	③	④	⑤	⑥	⑦	⑧	⑨
	(4)	シ	⊖	⓪	①	②	③	④	⑤	⑥	⑦	⑧	⑨
		ス	⊖	⓪	①	②	③	④	⑤	⑥	⑦	⑧	⑨
		セ	⊖	⓪	①	②	③	④	⑤	⑥	⑦	⑧	⑨
		ソ	⊖	⓪	①	②	③	④	⑤	⑥	⑦	⑧	⑨
	(5)	タ	⊖	⓪	①	②	③	④	⑤	⑥	⑦	⑧	⑨
		チ	⊖	⓪	①	②	③	④	⑤	⑥	⑦	⑧	⑨
	(6)	ツ	⊖	⓪	①	②	③	④	⑤	⑥	⑦	⑧	⑨
		テ	⊖	⓪	①	②	③	④	⑤	⑥	⑦	⑧	⑨
		ト	⊖	⓪	①	②	③	④	⑤	⑥	⑦	⑧	⑨
		ナ	⊖	⓪	①	②	③	④	⑤	⑥	⑦	⑧	⑨
		ニ	⊖	⓪	①	②	③	④	⑤	⑥	⑦	⑧	⑨
	(7)	ヌ	⊖	⓪	①	②	③	④	⑤	⑥	⑦	⑧	⑨
	(8)	ネ	⊖	⓪	①	②	③	④	⑤	⑥	⑦	⑧	⑨
		ノ	⊖	⓪	①	②	③	④	⑤	⑥	⑦	⑧	⑨
	(9)	ハ	⊖	⓪	①	②	③	④	⑤	⑥	⑦	⑧	⑨
		ヒ	⊖	⓪	①	②	③	④	⑤	⑥	⑦	⑧	⑨
	(10)	フ	⊖	⓪	①	②	③	④	⑤	⑥	⑦	⑧	⑨
2	(1)	ア	⊖	⓪	①	②	③	④	⑤	⑥	⑦	⑧	⑨
		イ	⊖	⓪	①	②	③	④	⑤	⑥	⑦	⑧	⑨
	(2)	ウ	⊖	⓪	①	②	③	④	⑤	⑥	⑦	⑧	⑨
		エ	⊖	⓪	①	②	③	④	⑤	⑥	⑦	⑧	⑨
		オ	⊖	⓪	①	②	③	④	⑤	⑥	⑦	⑧	⑨
	(3)	カ	⊖	⓪	①	②	③	④	⑤	⑥	⑦	⑧	⑨
	(4)	キ	⊖	⓪	①	②	③	④	⑤	⑥	⑦	⑧	⑨
		ク	⊖	⓪	①	②	③	④	⑤	⑥	⑦	⑧	⑨
	(5)	ケ	⊖	⓪	①	②	③	④	⑤	⑥	⑦	⑧	⑨
	(6)	コ	⊖	⓪	①	②	③	④	⑤	⑥	⑦	⑧	⑨
		サ	⊖	⓪	①	②	③	④	⑤	⑥	⑦	⑧	⑨
		シ	⊖	⓪	①	②	③	④	⑤	⑥	⑦	⑧	⑨
3	(1)	ア	⊖	⓪	①	②	③	④	⑤	⑥	⑦	⑧	⑨
		イ	⊖	⓪	①	②	③	④	⑤	⑥	⑦	⑧	⑨
		ウ	⊖	⓪	①	②	③	④	⑤	⑥	⑦	⑧	⑨
	(2)	エ	⊖	⓪	①	②	③	④	⑤	⑥	⑦	⑧	⑨
		オ	⊖	⓪	①	②	③	④	⑤	⑥	⑦	⑧	⑨
		カ	⊖	⓪	①	②	③	④	⑤	⑥	⑦	⑧	⑨
		キ	⊖	⓪	①	②	③	④	⑤	⑥	⑦	⑧	⑨
	(3)	ク	⊖	⓪	①	②	③	④	⑤	⑥	⑦	⑧	⑨
		ケ	⊖	⓪	①	②	③	④	⑤	⑥	⑦	⑧	⑨
		コ	⊖	⓪	①	②	③	④	⑤	⑥	⑦	⑧	⑨
	(4)	サ	⊖	⓪	①	②	③	④	⑤	⑥	⑦	⑧	⑨
		シ	⊖	⓪	①	②	③	④	⑤	⑥	⑦	⑧	⑨
4		ア	⊖	⓪	①	②	③	④	⑤	⑥	⑦	⑧	⑨
		イ	⊖	⓪	①	②	③	④	⑤	⑥	⑦	⑧	⑨
		ウ	⊖	⓪	①	②	③	④	⑤	⑥	⑦	⑧	⑨
		エ	⊖	⓪	①	②	③	④	⑤	⑥	⑦	⑧	⑨
		オ	⊖	⓪	①	②	③	④	⑤	⑥	⑦	⑧	⑨
		カ	⊖	⓪	①	②	③	④	⑤	⑥	⑦	⑧	⑨
5	(1)	ア	⊖	⓪	①	②	③	④	⑤	⑥	⑦	⑧	⑨
		イ	⊖	⓪	①	②	③	④	⑤	⑥	⑦	⑧	⑨
		ウ	⊖	⓪	①	②	③	④	⑤	⑥	⑦	⑧	⑨
		エ	⊖	⓪	①	②	③	④	⑤	⑥	⑦	⑧	⑨
	(2) ①	オ	⊖	⓪	①	②	③	④	⑤	⑥	⑦	⑧	⑨
	(2) ②	カ	⊖	⓪	①	②	③	④	⑤	⑥	⑦	⑧	⑨
		キ	⊖	⓪	①	②	③	④	⑤	⑥	⑦	⑧	⑨
		ク	⊖	⓪	①	②	③	④	⑤	⑥	⑦	⑧	⑨
	(2) ③	ケ	⊖	⓪	①	②	③	④	⑤	⑥	⑦	⑧	⑨
		コ	⊖	⓪	①	②	③	④	⑤	⑥	⑦	⑧	⑨
		サ	⊖	⓪	①	②	③	④	⑤	⑥	⑦	⑧	⑨

（注）この解答用紙は小社で作成いたしました。

推定配点		計
	1, 2　各３点×16 3　(1)　各３点×２　(2)～(4)　各４点×３ 4　各３点×６　　5　各４点×４	100点

二〇二三年度　作新学院高等学校　総合進学部・情報科学部

国語解答用紙　第二回

評点	／100

部・科・コース		受験	欠席
総合進学部		Ⓑ	⬭
情報科学部	商業システム科	Ⓒ	⬭
	電気・電子システム科	Ⓓ	⬭
	自動車整備士養成科	Ⓔ	⬭
	美術デザイン科	Ⓕ	⬭
	ライフデザイン科	Ⓖ	⬭
	普通科総合選択コース	Ⓗ	⬭

受験番号				
万	千	百	十	一
⓪	⓪	⓪	⓪	⓪
①	①	①	①	①
②	②	②	②	②
③	③	③	③	③
④	④	④	④	④
⑤	⑤	⑤	⑤	⑤
⑥	⑥	⑥	⑥	⑥
⑦	⑦	⑦	⑦	⑦
⑧	⑧	⑧	⑧	⑧
⑨	⑨	⑨	⑨	⑨

フリガナ	
氏名	

記入上の注意

1. マークは、必ずHBまたはBの鉛筆で、⬭の中からはみ出さないように正確にぬりつぶしてください。
2. 訂正は、プラスチック消しゴムできれいに消してください。
3. 解答用紙は、折り曲げたり、汚したりしないでください。

良い例	⬬
悪い例	⊙ ⦻ ⌀ ▦

一

5	4	3	2	1
㋐	㋐	㋐	㋐	㋐
㋑	㋑	㋑	㋑	㋑
㋒	㋒	㋒	㋒	㋒
㋓	㋓	㋓	㋓	㋓

二

6	5	4	3	2	1
㋐	㋐	㋐	㋐	㋐	㋐
㋑	㋑	㋑	㋑	㋑	㋑
㋒	㋒	㋒	㋒	㋒	㋒
㋓	㋓	㋓	㋓	㋓	㋓

三

5	4	3	2	1
㋐	㋐	㋐	㋐	㋐
㋑	㋑	㋑	㋑	㋑
㋒	㋒	㋒	㋒	㋒
㋓	㋓	㋓	㋓	㋓

四

5	4	3	2	1
㋐	㋐	㋐	㋐	㋐
㋑	㋑	㋑	㋑	㋑
㋒	㋒	㋒	㋒	㋒
㋓	㋓	㋓	㋓	㋓

五

7	6	5	4	3	2	1
㋐	㋐	㋐	㋐	㋐	㋐	㋐
㋑	㋑	㋑	㋑	㋑	㋑	㋑
㋒	㋒	㋒	㋒	㋒	㋒	㋒
㋓	㋓	㋓	㋓	㋓	㋓	㋓

六

7	6	5	4	3	2	1
㋐	㋐	㋐	㋐	㋐	㋐	㋐
㋑	㋑	㋑	㋑	㋑	㋑	㋑
㋒	㋒	㋒	㋒	㋒	㋒	㋒
㋓	㋓	㋓	㋓	㋓	㋓	㋓

推定配点		計
	一～三　各２点×16 四　１，２　各２点×２　３　３点　４　２点　５　３点 五，六　各４点×14	100点

２０２２年度　作新学院高等学校　総合進学部・情報科学部

英語解答用紙　第１回

評点	／100

部・科・コース		受験	欠席
総合進学部		Ⓑ	◯
情報科学部	商業システム科	Ⓒ	◯
	電気・電子システム科	Ⓓ	◯
	自動車整備士養成科	Ⓔ	◯
	美術デザイン科	Ⓕ	◯
	ライフデザイン科	Ⓖ	◯
	普通科総合選択コース	Ⓗ	◯

受験番号				
万	千	百	十	一
⓪	⓪	⓪	⓪	⓪
①	①	①	①	①
②	②	②	②	②
③	③	③	③	③
④	④	④	④	④
⑤	⑤	⑤	⑤	⑤
⑥	⑥	⑥	⑥	⑥
⑦	⑦	⑦	⑦	⑦
⑧	⑧	⑧	⑧	⑧
⑨	⑨	⑨	⑨	⑨

フリガナ	
氏名	

記入上の注意

1. マークは、必ずHBまたはBの鉛筆で、◯の中からはみ出さないように正確にぬりつぶしてください。
2. 訂正は、プラスチック消しゴムできれいに消してください。
3. 解答用紙は、折り曲げたり、汚したりしないでください。

良い例	⬬
悪い例	⊙　⊗　⊘　▦

1	A	(1)	㋐	㋑	㋒	㋓
		(2)	㋐	㋑	㋒	㋓
		(3)	㋐	㋑	㋒	㋓
		(4)	㋐	㋑	㋒	㋓
		(5)	㋐	㋑	㋒	㋓
	B	(6)	㋐	㋑	㋒	㋓
		(7)	㋐	㋑	㋒	㋓
		(8)	㋐	㋑	㋒	㋓
		(9)	㋐	㋑	㋒	㋓
		(10)	㋐	㋑	㋒	㋓

3	(1)	2番目	㋐	㋑	㋒	㋓	㋔
		4番目	㋐	㋑	㋒	㋓	㋔
	(2)	2番目	㋐	㋑	㋒	㋓	㋔
		4番目	㋐	㋑	㋒	㋓	㋔
	(3)	2番目	㋐	㋑	㋒	㋓	㋔
		4番目	㋐	㋑	㋒	㋓	㋔
	(4)	2番目	㋐	㋑	㋒	㋓	㋔
		4番目	㋐	㋑	㋒	㋓	㋔
	(5)	2番目	㋐	㋑	㋒	㋓	㋔
		4番目	㋐	㋑	㋒	㋓	㋔

2	(1)	㋐	㋑	㋒	㋓
	(2)	㋐	㋑	㋒	㋓
	(3)	㋐	㋑	㋒	㋓
	(4)	㋐	㋑	㋒	㋓
	(5)	㋐	㋑	㋒	㋓
	(6)	㋐	㋑	㋒	㋓
	(7)	㋐	㋑	㋒	㋓
	(8)	㋐	㋑	㋒	㋓
	(9)	㋐	㋑	㋒	㋓
	(10)	㋐	㋑	㋒	㋓

4	(1)	㋐	㋑	㋒	㋓
	(2)	㋐	㋑	㋒	㋓
	(3)	㋐	㋑	㋒	㋓
	(4)	㋐	㋑	㋒	㋓

5	(1)	㋐	㋑	㋒	㋓
	(2)	㋐	㋑	㋒	㋓
	(3)	㋐	㋑	㋒	㋓
	(4)	㋐	㋑	㋒	㋓
	(5)	㋐	㋑	㋒	㋓
	(6)	㋐	㋑	㋒	㋓

（注）この解答用紙は小社で作成いたしました。

推定配点		計
	1　A　各２点×５　B　各３点×５　2～5　各３点×25	100点

２０２２年度　作新学院高等学校　総合進学部・情報科学部

数学解答用紙　第１回

番号		氏名		評点	／100

大問	小問		マイナス	0	1	2	3	4	5	6	7	8	9
1	(1)	ア	⊖	⓪	①	②	③	④	⑤	⑥	⑦	⑧	⑨
		イ	⊖	⓪	①	②	③	④	⑤	⑥	⑦	⑧	⑨
	(2)	ウ	⊖	⓪	①	②	③	④	⑤	⑥	⑦	⑧	⑨
		エ	⊖	⓪	①	②	③	④	⑤	⑥	⑦	⑧	⑨
	(3)	オ	⊖	⓪	①	②	③	④	⑤	⑥	⑦	⑧	⑨
		カ	⊖	⓪	①	②	③	④	⑤	⑥	⑦	⑧	⑨
		キ	⊖	⓪	①	②	③	④	⑤	⑥	⑦	⑧	⑨
	(4)	ク	⊖	⓪	①	②	③	④	⑤	⑥	⑦	⑧	⑨
		ケ	⊖	⓪	①	②	③	④	⑤	⑥	⑦	⑧	⑨
	(5)	コ	⊖	⓪	①	②	③	④	⑤	⑥	⑦	⑧	⑨
		サ	⊖	⓪	①	②	③	④	⑤	⑥	⑦	⑧	⑨
		シ	⊖	⓪	①	②	③	④	⑤	⑥	⑦	⑧	⑨
	(6)	ス	⊖	⓪	①	②	③	④	⑤	⑥	⑦	⑧	⑨
		セ	⊖	⓪	①	②	③	④	⑤	⑥	⑦	⑧	⑨
		ソ	⊖	⓪	①	②	③	④	⑤	⑥	⑦	⑧	⑨
	(7)	タ	⊖	⓪	①	②	③	④	⑤	⑥	⑦	⑧	⑨
		チ	⊖	⓪	①	②	③	④	⑤	⑥	⑦	⑧	⑨
		ツ	⊖	⓪	①	②	③	④	⑤	⑥	⑦	⑧	⑨
	(8)	テ	⊖	⓪	①	②	③	④	⑤	⑥	⑦	⑧	⑨
		ト	⊖	⓪	①	②	③	④	⑤	⑥	⑦	⑧	⑨
	(9)	ナ	⊖	⓪	①	②	③	④	⑤	⑥	⑦	⑧	⑨
	(10)	ニ	⊖	⓪	①	②	③	④	⑤	⑥	⑦	⑧	⑨
2	(1)	ア	⊖	⓪	①	②	③	④	⑤	⑥	⑦	⑧	⑨
		イ	⊖	⓪	①	②	③	④	⑤	⑥	⑦	⑧	⑨
		ウ	⊖	⓪	①	②	③	④	⑤	⑥	⑦	⑧	⑨
	(2)	エ	⊖	⓪	①	②	③	④	⑤	⑥	⑦	⑧	⑨
		オ	⊖	⓪	①	②	③	④	⑤	⑥	⑦	⑧	⑨
		カ	⊖	⓪	①	②	③	④	⑤	⑥	⑦	⑧	⑨
	(3)	キ	⊖	⓪	①	②	③	④	⑤	⑥	⑦	⑧	⑨
		ク	⊖	⓪	①	②	③	④	⑤	⑥	⑦	⑧	⑨
	(4)	ケ	⊖	⓪	①	②	③	④	⑤	⑥	⑦	⑧	⑨
	(5)	コ	⊖	⓪	①	②	③	④	⑤	⑥	⑦	⑧	⑨
		サ	⊖	⓪	①	②	③	④	⑤	⑥	⑦	⑧	⑨
		シ	⊖	⓪	①	②	③	④	⑤	⑥	⑦	⑧	⑨
		ス	⊖	⓪	①	②	③	④	⑤	⑥	⑦	⑧	⑨
		セ	⊖	⓪	①	②	③	④	⑤	⑥	⑦	⑧	⑨
	(6)	ソ	⊖	⓪	①	②	③	④	⑤	⑥	⑦	⑧	⑨
		タ	⊖	⓪	①	②	③	④	⑤	⑥	⑦	⑧	⑨
		チ	⊖	⓪	①	②	③	④	⑤	⑥	⑦	⑧	⑨
3		ア	⊖	⓪	①	②	③	④	⑤	⑥	⑦	⑧	⑨
		イ	⊖	⓪	①	②	③	④	⑤	⑥	⑦	⑧	⑨
		ウ	⊖	⓪	①	②	③	④	⑤	⑥	⑦	⑧	⑨
		エ	⊖	⓪	①	②	③	④	⑤	⑥	⑦	⑧	⑨
		オ	⊖	⓪	①	②	③	④	⑤	⑥	⑦	⑧	⑨
		カ	⊖	⓪	①	②	③	④	⑤	⑥	⑦	⑧	⑨
		キ	⊖	⓪	①	②	③	④	⑤	⑥	⑦	⑧	⑨
4	(1)	ア	⊖	⓪	①	②	③	④	⑤	⑥	⑦	⑧	⑨
		イ	⊖	⓪	①	②	③	④	⑤	⑥	⑦	⑧	⑨
		ウ	⊖	⓪	①	②	③	④	⑤	⑥	⑦	⑧	⑨
		エ	⊖	⓪	①	②	③	④	⑤	⑥	⑦	⑧	⑨
		オ	⊖	⓪	①	②	③	④	⑤	⑥	⑦	⑧	⑨
		カ	⊖	⓪	①	②	③	④	⑤	⑥	⑦	⑧	⑨
		キ	⊖	⓪	①	②	③	④	⑤	⑥	⑦	⑧	⑨
		ク	⊖	⓪	①	②	③	④	⑤	⑥	⑦	⑧	⑨
		ケ	⊖	⓪	①	②	③	④	⑤	⑥	⑦	⑧	⑨
		コ	⊖	⓪	①	②	③	④	⑤	⑥	⑦	⑧	⑨
		サ	⊖	⓪	①	②	③	④	⑤	⑥	⑦	⑧	⑨
	(2)	シ	⊖	⓪	①	②	③	④	⑤	⑥	⑦	⑧	⑨
		ス	⊖	⓪	①	②	③	④	⑤	⑥	⑦	⑧	⑨
		セ	⊖	⓪	①	②	③	④	⑤	⑥	⑦	⑧	⑨
		ソ	⊖	⓪	①	②	③	④	⑤	⑥	⑦	⑧	⑨
		タ	⊖	⓪	①	②	③	④	⑤	⑥	⑦	⑧	⑨
		チ	⊖	⓪	①	②	③	④	⑤	⑥	⑦	⑧	⑨
		ツ	⊖	⓪	①	②	③	④	⑤	⑥	⑦	⑧	⑨
		テ	⊖	⓪	①	②	③	④	⑤	⑥	⑦	⑧	⑨
		ト	⊖	⓪	①	②	③	④	⑤	⑥	⑦	⑧	⑨
		ナ	⊖	⓪	①	②	③	④	⑤	⑥	⑦	⑧	⑨
5	(1)	ア	⊖	⓪	①	②	③	④	⑤	⑥	⑦	⑧	⑨
		イ	⊖	⓪	①	②	③	④	⑤	⑥	⑦	⑧	⑨
		ウ	⊖	⓪	①	②	③	④	⑤	⑥	⑦	⑧	⑨
		エ	⊖	⓪	①	②	③	④	⑤	⑥	⑦	⑧	⑨
		オ	⊖	⓪	①	②	③	④	⑤	⑥	⑦	⑧	⑨
		カ	⊖	⓪	①	②	③	④	⑤	⑥	⑦	⑧	⑨
	(2) ①	キ	⊖	⓪	①	②	③	④	⑤	⑥	⑦	⑧	⑨
		ク	⊖	⓪	①	②	③	④	⑤	⑥	⑦	⑧	⑨
		ケ	⊖	⓪	①	②	③	④	⑤	⑥	⑦	⑧	⑨
		コ	⊖	⓪	①	②	③	④	⑤	⑥	⑦	⑧	⑨
		サ	⊖	⓪	①	②	③	④	⑤	⑥	⑦	⑧	⑨
		シ	⊖	⓪	①	②	③	④	⑤	⑥	⑦	⑧	⑨
	(2) ②	ス	⊖	⓪	①	②	③	④	⑤	⑥	⑦	⑧	⑨
		セ	⊖	⓪	①	②	③	④	⑤	⑥	⑦	⑧	⑨
		ソ	⊖	⓪	①	②	③	④	⑤	⑥	⑦	⑧	⑨

（注）この解答用紙は小社で作成いたしました。

推定配点		計
	1, 2　各３点×16　　3　各２点×７ 4　各３点×６　　5　各４点×５	100点

２０２２年度　作新学院高等学校　総合進学部・情報科学部

社会解答用紙　第１回

評点	／100

部・科・コース		受　験	欠席
総合進学部		Ⓑ	◯
情報科学部	商業システム科	Ⓒ	◯
	電気・電子システム科	Ⓓ	◯
	自動車整備士養成科	Ⓔ	◯
	美術デザイン科	Ⓕ	◯
	ライフデザイン科	Ⓖ	◯
	普通科総合選択コース	Ⓗ	◯

受験番号 万	千	百	十	一
⓪	⓪	⓪	⓪	⓪
①	①	①	①	①
②	②	②	②	②
③	③	③	③	③
④	④	④	④	④
⑤	⑤	⑤	⑤	⑤
⑥	⑥	⑥	⑥	⑥
⑦	⑦	⑦	⑦	⑦
⑧	⑧	⑧	⑧	⑧
⑨	⑨	⑨	⑨	⑨

フリガナ	
氏名	

記入上の注意

1. マークは、必ずHBまたはBの鉛筆で、◯の中からはみ出さないように正確にぬりつぶしてください。
2. 訂正は、プラスチック消しゴムできれいに消してください。
3. 解答用紙は、折り曲げたり、汚したりしないでください。

良い例　悪い例

1					
問１	㋐	㋑	㋒	㋓	
問２	㋐	㋑	㋒	㋓	
問３	㋐	㋑	㋒	㋓	
問４	㋐	㋑	㋒	㋓	
問５	㋐	㋑	㋒	㋓	
問６	㋐	㋑	㋒	㋓	
問７	㋐	㋑	㋒	㋓	
問８	㋐	㋑	㋒	㋓	

2						
問１	㋐	㋑	㋒	㋓		
問２	㋐	㋑	㋒	㋓		
問３	㋐	㋑	㋒	㋓		
問４	㋐	㋑	㋒	㋓		
問５	㋐	㋑	㋒	㋓		
問６	㋐	㋑	㋒	㋓		
問７	㋐	㋑	㋒	㋓		
問８	㋐	㋑	㋒	㋓		
問９	㋐	㋑	㋒	㋓	㋔	㋕
問10	㋐	㋑	㋒	㋓		

3				
問１	㋐	㋑	㋒	㋓
問２	㋐	㋑	㋒	㋓
問３	㋐	㋑	㋒	㋓
問４	㋐	㋑	㋒	㋓

4				
問１	㋐	㋑	㋒	㋓
問２	㋐	㋑	㋒	㋓
問３	㋐	㋑	㋒	㋓
問４	㋐	㋑	㋒	㋓

5						
問１	㋐	㋑	㋒	㋓		
問２	㋐	㋑	㋒	㋓		
問３	㋐	㋑	㋒	㋓	㋔	㋕
問４	㋐	㋑	㋒	㋓		
問５	㋐	㋑	㋒	㋓		
問６	㋐	㋑	㋒	㋓		
問７	㋐	㋑	㋒	㋓		
問８	㋐	㋑	㋒	㋓		

6				
問１	㋐	㋑	㋒	㋓
問２	㋐	㋑	㋒	㋓
問３	㋐	㋑	㋒	㋓
問４	㋐	㋑	㋒	㋓
問５	㋐	㋑	㋒	㋓
問６	㋐	㋑	㋒	㋓

(注) この解答用紙は小社で作成いたしました。

推定配点		計
	1, 2 各２点×18　3 問１　２点　問２～問４　各３点×３ 4 問１　２点　問２～問４　各３点×３　5, 6 各３点×14	100点

2022年度　作新学院高等学校　総合進学部・情報科学部

理科解答用紙　第1回

評点	／100

部・科・コース		受験	欠席
総合進学部		Ⓑ	◯
情報科学部	商業システム科	Ⓒ	◯
	電気・電子システム科	Ⓓ	◯
	自動車整備士養成科	Ⓔ	◯
	美術デザイン科	Ⓕ	◯
	ライフデザイン科	Ⓖ	◯
	普通科総合選択コース	Ⓗ	◯

受験番号				
万	千	百	十	一
⓪	⓪	⓪	⓪	⓪
①	①	①	①	①
②	②	②	②	②
③	③	③	③	③
④	④	④	④	④
⑤	⑤	⑤	⑤	⑤
⑥	⑥	⑥	⑥	⑥
⑦	⑦	⑦	⑦	⑦
⑧	⑧	⑧	⑧	⑧
⑨	⑨	⑨	⑨	⑨

フリガナ	
氏名	

記入上の注意

1. マークは、必ずHBまたはBの鉛筆で、◯の中からはみ出さないように正確にぬりつぶしてください。
2. 訂正は、プラスチック消しゴムできれいに消してください。
3. 解答用紙は、折り曲げたり、汚したりしないでください。

良い例	●
悪い例	⊙

1	問1	㋐	㋑	㋒	㋓
	問2	㋐	㋑	㋒	㋓
	問3	㋐	㋑	㋒	㋓
	問4	㋐	㋑	㋒	㋓
	問5	㋐	㋑	㋒	㋓
	問6	㋐	㋑	㋒	㋓
	問7	㋐	㋑	㋒	㋓
	問8	㋐	㋑	㋒	㋓

2	問1	㋐	㋑	㋒	㋓
	問2	㋐	㋑	㋒	㋓
	問3	㋐	㋑	㋒	㋓
	問4	㋐	㋑	㋒	㋓

3	問1	㋐	㋑	㋒	㋓
	問2	㋐	㋑	㋒	㋓
	問3	㋐	㋑	㋒	㋓
	問4	㋐	㋑	㋒	㋓

4	問1	㋐	㋑	㋒	㋓
	問2	㋐	㋑	㋒	㋓
	問3	㋐	㋑	㋒	㋓
	問4	㋐	㋑	㋒	㋓

5	問1	㋐	㋑	㋒	㋓
	問2	㋐	㋑	㋒	㋓
	問3	㋐	㋑	㋒	㋓
	問4	㋐	㋑	㋒	㋓

6	問1	㋐	㋑	㋒	㋓
	問2	㋐	㋑	㋒	㋓
	問3	㋐	㋑	㋒	㋓
	問4	㋐	㋑	㋒	㋓

7	問1	㋐	㋑	㋒	㋓
	問2	㋐	㋑	㋒	㋓
	問3	㋐	㋑	㋒	㋓
	問4	㋐	㋑	㋒	㋓

8	問1	㋐	㋑	㋒	㋓
	問2	㋐	㋑	㋒	㋓
	問3	㋐	㋑	㋒	㋓
	問4	㋐	㋑	㋒	㋓

9	問1	㋐	㋑	㋒	㋓
	問2	㋐	㋑	㋒	㋓
	問3	㋐	㋑	㋒	㋓
	問4	㋐	㋑	㋒	㋓

推定配点		計
	1～4 各３点×20　5～9 各２点×20	100点

二〇二二年度　作新学院高等学校　総合進学部・情報科学部

国語解答用紙　第一回

評点	／100

部・科・コース		受験	欠席
総合進学部		Ⓑ	◯
情報科学部	商業システム科	Ⓒ	◯
	電気・電子システム科	Ⓓ	◯
	自動車整備士養成科	Ⓔ	◯
	美術デザイン科	Ⓕ	◯
	ライフデザイン科	Ⓖ	◯
	普通科総合選択コース	Ⓗ	◯

受験番号				
万	千	百	十	一
⓪	⓪	⓪	⓪	⓪
①	①	①	①	①
②	②	②	②	②
③	③	③	③	③
④	④	④	④	④
⑤	⑤	⑤	⑤	⑤
⑥	⑥	⑥	⑥	⑥
⑦	⑦	⑦	⑦	⑦
⑧	⑧	⑧	⑧	⑧
⑨	⑨	⑨	⑨	⑨

フリガナ	
氏名	

記入上の注意

1. マークは、必ずHBまたはBの鉛筆で、◯の中からはみ出さないように正確にぬりつぶしてください。
2. 訂正は、プラスチック消しゴムできれいに消してください。
3. 解答用紙は、折り曲げたり、汚したりしないでください。

良い例　悪い例

一

5	4	3	2	1
㋐	㋐	㋐	㋐	㋐
㋑	㋑	㋑	㋑	㋑
㋒	㋒	㋒	㋒	㋒
㋓	㋓	㋓	㋓	㋓

二

6	5	4	3	2	1
㋐	㋐	㋐	㋐	㋐	㋐
㋑	㋑	㋑	㋑	㋑	㋑
㋒	㋒	㋒	㋒	㋒	㋒
㋓	㋓	㋓	㋓	㋓	㋓

三

5	4	3	2	1
㋐	㋐	㋐	㋐	㋐
㋑	㋑	㋑	㋑	㋑
㋒	㋒	㋒	㋒	㋒
㋓	㋓	㋓	㋓	㋓

四

5	4	3	2	1
㋐	㋐	㋐	㋐	㋐
㋑	㋑	㋑	㋑	㋑
㋒	㋒	㋒	㋒	㋒
㋓	㋓	㋓	㋓	㋓

五

7	6	5	4	3	2	1
㋐	㋐	㋐	㋐	㋐	㋐	㋐
㋑	㋑	㋑	㋑	㋑	㋑	㋑
㋒	㋒	㋒	㋒	㋒	㋒	㋒
㋓	㋓	㋓	㋓	㋓	㋓	㋓

六

7	6	5	4	3	2	1
㋐	㋐	㋐	㋐	㋐	㋐	㋐
㋑	㋑	㋑	㋑	㋑	㋑	㋑
㋒	㋒	㋒	㋒	㋒	㋒	㋒
㋓	㋓	㋓	㋓	㋓	㋓	㋓

（注）この解答用紙は小社で作成いたしました。

推定配点		計
	一～三　各２点×16 四　１～３　各２点×３　４，５　各３点×２ 五，六　各４点×14	100点

２０２２年度　作新学院高等学校　総合進学部・情報科学部

英語解答用紙　第２回

評点	／100

部・科・コース		受験	欠席
総合進学部		Ⓑ	◯
情報科学部	商業システム科	Ⓒ	◯
	電気・電子システム科	Ⓓ	◯
	自動車整備士養成科	Ⓔ	◯
	美術デザイン科	Ⓕ	◯
	ライフデザイン科	Ⓖ	◯
	普通科総合選択コース	Ⓗ	◯

受験番号 万	千	百	十	一
⓪	⓪	⓪	⓪	⓪
①	①	①	①	①
②	②	②	②	②
③	③	③	③	③
④	④	④	④	④
⑤	⑤	⑤	⑤	⑤
⑥	⑥	⑥	⑥	⑥
⑦	⑦	⑦	⑦	⑦
⑧	⑧	⑧	⑧	⑧
⑨	⑨	⑨	⑨	⑨

フリガナ	
氏名	

記入上の注意

1．マークは、必ずHBまたはBの鉛筆で、◯の中からはみ出さないように正確にぬりつぶしてください。
2．訂正は、プラスチック消しゴムできれいに消してください。
3．解答用紙は、折り曲げたり、汚したりしないでください。

良い例	⬬
悪い例	⊙ ⊘ ⦸ ▥

1						
	A	(1)	㋐	㋑	㋒	㋓
		(2)	㋐	㋑	㋒	㋓
		(3)	㋐	㋑	㋒	㋓
		(4)	㋐	㋑	㋒	㋓
		(5)	㋐	㋑	㋒	㋓
	B	(6)	㋐	㋑	㋒	㋓
		(7)	㋐	㋑	㋒	㋓
		(8)	㋐	㋑	㋒	㋓
		(9)	㋐	㋑	㋒	㋓
		(10)	㋐	㋑	㋒	㋓

2					
	(1)	㋐	㋑	㋒	㋓
	(2)	㋐	㋑	㋒	㋓
	(3)	㋐	㋑	㋒	㋓
	(4)	㋐	㋑	㋒	㋓
	(5)	㋐	㋑	㋒	㋓
	(6)	㋐	㋑	㋒	㋓
	(7)	㋐	㋑	㋒	㋓
	(8)	㋐	㋑	㋒	㋓
	(9)	㋐	㋑	㋒	㋓
	(10)	㋐	㋑	㋒	㋓

3							
	(1)	2番目	㋐	㋑	㋒	㋓	㋔
		4番目	㋐	㋑	㋒	㋓	㋔
	(2)	2番目	㋐	㋑	㋒	㋓	㋔
		4番目	㋐	㋑	㋒	㋓	㋔
	(3)	2番目	㋐	㋑	㋒	㋓	㋔
		4番目	㋐	㋑	㋒	㋓	㋔
	(4)	2番目	㋐	㋑	㋒	㋓	㋔
		4番目	㋐	㋑	㋒	㋓	㋔
	(5)	2番目	㋐	㋑	㋒	㋓	㋔
		4番目	㋐	㋑	㋒	㋓	㋔

4					
	(1)	㋐	㋑	㋒	㋓
	(2)	㋐	㋑	㋒	㋓
	(3)	㋐	㋑	㋒	㋓
	(4)	㋐	㋑	㋒	㋓

5					
	(1)	㋐	㋑	㋒	㋓
	(2)	㋐	㋑	㋒	㋓
	(3)	㋐	㋑	㋒	㋓
	(4)	㋐	㋑	㋒	㋓
	(5)	㋐	㋑	㋒	㋓
	(6)	㋐	㋑	㋒	㋓

（注）この解答用紙は小社で作成いたしました。

推定配点		計
	1　A　各２点×５　B　各３点×５　　2～5　各３点×25	100点

2022年度　　作新学院高等学校　総合進学部・情報科学部

数学解答用紙　第2回

番号		氏名	

評点	／100

大問	小問	記号	マイナス	0	1	2	3	4	5	6	7	8	9
1	(1)	ア	－	0	1	2	3	4	5	6	7	8	9
		イ	－	0	1	2	3	4	5	6	7	8	9
	(2)	ウ	－	0	1	2	3	4	5	6	7	8	9
		エ	－	0	1	2	3	4	5	6	7	8	9
		オ	－	0	1	2	3	4	5	6	7	8	9
	(3)	カ	－	0	1	2	3	4	5	6	7	8	9
		キ	－	0	1	2	3	4	5	6	7	8	9
		ク	－	0	1	2	3	4	5	6	7	8	9
		ケ	－	0	1	2	3	4	5	6	7	8	9
	(4)	コ	－	0	1	2	3	4	5	6	7	8	9
		サ	－	0	1	2	3	4	5	6	7	8	9
		シ	－	0	1	2	3	4	5	6	7	8	9
		ス	－	0	1	2	3	4	5	6	7	8	9
	(5)	セ	－	0	1	2	3	4	5	6	7	8	9
		ソ	－	0	1	2	3	4	5	6	7	8	9
	(6)	タ	－	0	1	2	3	4	5	6	7	8	9
		チ	－	0	1	2	3	4	5	6	7	8	9
	(7)	ツ	－	0	1	2	3	4	5	6	7	8	9
		テ	－	0	1	2	3	4	5	6	7	8	9
	(8)	ト	－	0	1	2	3	4	5	6	7	8	9
		ナ	－	0	1	2	3	4	5	6	7	8	9
		ニ	－	0	1	2	3	4	5	6	7	8	9
	(9)	ヌ	－	0	1	2	3	4	5	6	7	8	9
		ネ	－	0	1	2	3	4	5	6	7	8	9
	(10)	ノ	－	0	1	2	3	4	5	6	7	8	9
		ハ	－	0	1	2	3	4	5	6	7	8	9
2	(1)	ア	－	0	1	2	3	4	5	6	7	8	9
	(2)	イ	－	0	1	2	3	4	5	6	7	8	9
		ウ	－	0	1	2	3	4	5	6	7	8	9
		エ	－	0	1	2	3	4	5	6	7	8	9
	(3)	オ	－	0	1	2	3	4	5	6	7	8	9
		カ	－	0	1	2	3	4	5	6	7	8	9
	(4)	キ	－	0	1	2	3	4	5	6	7	8	9
		ク	－	0	1	2	3	4	5	6	7	8	9
	(5)	ケ	－	0	1	2	3	4	5	6	7	8	9
		コ	－	0	1	2	3	4	5	6	7	8	9
	(6)	サ	－	0	1	2	3	4	5	6	7	8	9
3	(1)	ア	－	0	1	2	3	4	5	6	7	8	9
		イ	－	0	1	2	3	4	5	6	7	8	9
	(2)	ウ	－	0	1	2	3	4	5	6	7	8	9
		エ	－	0	1	2	3	4	5	6	7	8	9
	(3)	オ	－	0	1	2	3	4	5	6	7	8	9
		カ	－	0	1	2	3	4	5	6	7	8	9
4	(1)	ア	－	0	1	2	3	4	5	6	7	8	9
	(2)	イ	－	0	1	2	3	4	5	6	7	8	9
		ウ	－	0	1	2	3	4	5	6	7	8	9
		エ	－	0	1	2	3	4	5	6	7	8	9
		オ	－	0	1	2	3	4	5	6	7	8	9
		カ	－	0	1	2	3	4	5	6	7	8	9
		キ	－	0	1	2	3	4	5	6	7	8	9
		ク	－	0	1	2	3	4	5	6	7	8	9
		ケ	－	0	1	2	3	4	5	6	7	8	9
		コ	－	0	1	2	3	4	5	6	7	8	9
		サ	－	0	1	2	3	4	5	6	7	8	9
		シ	－	0	1	2	3	4	5	6	7	8	9
	(3)	ス	－	0	1	2	3	4	5	6	7	8	9
		セ	－	0	1	2	3	4	5	6	7	8	9
		ソ	－	0	1	2	3	4	5	6	7	8	9
		タ	－	0	1	2	3	4	5	6	7	8	9
		チ	－	0	1	2	3	4	5	6	7	8	9
5	(1)	ア	－	0	1	2	3	4	5	6	7	8	9
		イ	－	0	1	2	3	4	5	6	7	8	9
	(2)	ウ	－	0	1	2	3	4	5	6	7	8	9
		エ	－	0	1	2	3	4	5	6	7	8	9
		オ	－	0	1	2	3	4	5	6	7	8	9
	(3)	カ	－	0	1	2	3	4	5	6	7	8	9
		キ	－	0	1	2	3	4	5	6	7	8	9
		ク	－	0	1	2	3	4	5	6	7	8	9
		ケ	－	0	1	2	3	4	5	6	7	8	9
		コ	－	0	1	2	3	4	5	6	7	8	9

推定配点		計
	1 各3点×10　2, 3 各4点×9 4 各3点×6　5 各4点×4	100点

二〇二二年度　　作新学院高等学校　総合進学部・情報科学部

国語解答用紙　第二回

評点	／100

部・科・コース		受験	欠席
総合進学部		Ⓑ	○
情報科学部	商業システム科	Ⓒ	○
	電気・電子システム科	Ⓓ	○
	自動車整備士養成科	Ⓔ	○
	美術デザイン科	Ⓕ	○
	ライフデザイン科	Ⓖ	○
	普通科総合選択コース	Ⓗ	○

受験番号 万	千	百	十	一
0	0	0	0	0
1	1	1	1	1
2	2	2	2	2
3	3	3	3	3
4	4	4	4	4
5	5	5	5	5
6	6	6	6	6
7	7	7	7	7
8	8	8	8	8
9	9	9	9	9

フリガナ	
氏名	

記入上の注意

1. マークは、必ずHBまたはBの鉛筆で、○の中からはみ出さないように正確にぬりつぶしてください。
2. 訂正は、プラスチック消しゴムできれいに消してください。
3. 解答用紙は、折り曲げたり、汚したりしないでください。

良い例　悪い例

一

1	2	3	4	5
ア	ア	ア	ア	ア
イ	イ	イ	イ	イ
ウ	ウ	ウ	ウ	ウ
エ	エ	エ	エ	エ

二

1	2	3	4	5	6
ア	ア	ア	ア	ア	ア
イ	イ	イ	イ	イ	イ
ウ	ウ	ウ	ウ	ウ	ウ
エ	エ	エ	エ	エ	エ

三

1	2	3	4	5
ア	ア	ア	ア	ア
イ	イ	イ	イ	イ
ウ	ウ	ウ	ウ	ウ
エ	エ	エ	エ	エ

四

1	2	3	4	5
ア	ア	ア	ア	ア
イ	イ	イ	イ	イ
ウ	ウ	ウ	ウ	ウ
エ	エ	エ	エ	エ

五

1	2	3	4	5	6	7
ア	ア	ア	ア	ア	ア	ア
イ	イ	イ	イ	イ	イ	イ
ウ	ウ	ウ	ウ	ウ	ウ	ウ
エ	エ	エ	エ	エ	エ	エ

六

1	2	3	4	5	6	7
ア	ア	ア	ア	ア	ア	ア
イ	イ	イ	イ	イ	イ	イ
ウ	ウ	ウ	ウ	ウ	ウ	ウ
エ	エ	エ	エ	エ	エ	エ

推定配点		計
	一～三 各2点×16 四 1～3 各2点×3　4，5 各3点×2 五, 六 各4点×14	100点